# स्वतंत्र भारत की 75 प्रमुख राजनीतिक घटनाएँ

# स्वतंत्र भारत की 75 प्रमुख राजनीतिक घटनाएँ

डॉ. ममता चंद्रशेखर

प्रभात पेपरबैक्स
www.prabhatbooks.com

*प्रकाशक*

**प्रभात पेपरबैक्स**

**प्रभात प्रकाशन प्रा. लि.** का उपक्रम

4/19 आसफ अली रोड, नई दिल्ली–110002

फोन : 23289777 • हेल्पलाइन नं. : 7827007777

इ–मेल : prabhatbooks@gmail.com ❖ वेब ठिकाना : www.prabhatbooks.com

*संस्करण*

प्रथम, 2023



*मूल्य*

पाँच सौ रुपए

*मुद्रक*

आर–टेक ऑफसेट प्रिंटर्स, दिल्ली

———————— ★ ————————

**SWATANTRA BHARAT KI**
**75 PRAMUKH RAJNEETIK GHATNAYEN**
*by* Dr. Mamta Chandrasekhar

Published by **PRABHAT PAPERBACKS**
An imprint of Prabhat Prakashan Pvt. Ltd.
4/19 Asaf Ali Road, New Delhi-110002

ISBN 978-93-5521-388-4

₹ 500.00

# प्रस्तावना

'आजादी का अमृत महोत्सव' भारत के गौरवमय स्वाधीनता संग्राम की गाथा को वर्तमान की छाती पर उकेरने का एक सुनहरा अवसर है। भारतीय स्वाधीनता के 75 वर्ष पूर्ण होने की इस पावन वेला में यह वक्त है उन जाने-अनजाने अनंत बलिदानियों को श्रद्धांजलि अर्पित करने का, उनके प्रति अपनी कृतज्ञता व्यक्त करने का, जिनके खून से सींची गई जमीं पर आज हम भारतीय अपने सुकून की चादर बिछा रहे हैं, अपने गरिमामय जीवन की बुनियाद गढ़ रहे हैं, सुखों के संसार में सपनों की दुनिया बुन रहे हैं। भारतीय संविधान के अनुच्छेद 51 (क) की भी यही मंशा है कि 'हम स्वतंत्रता के लिए राष्ट्रीय आंदोलन को प्रेरित करनेवाले उच्च आदर्शों को हृदय में सँजोए रखें और उनका पालन करें।'

वर्तमान भारत सरकार ने इसी संवैधानिक भावना के प्रति आदर-भाव व्यक्त करते हुए एक आधिकारिक राष्ट्रीय पर्व के आयोजन की शुरुआत 12 मार्च, 2021 को की थी। सर्वविदित है कि 15 अगस्त, 2022 को 'भारतीय स्वाधीनता' के 75 साल पूर्ण हो चुके हैं। आजादी की दुलहनिया अब अपने 76वें साल में प्रवेश कर चुकी है। ऐसा लगता है, मानो आजादी की 75वीं सालगिरह हम सबसे पूछ रही है कि स्वाधीनता की चुनरिया तो ओढ़ा दी, परंतु वह क्षण कब आएगा, जब भारतमाता के सिर पर कोहिनूर से जड़ा ताज सजेगा? वह वक्त कब आएगा, जब भारत विकसित राष्ट्रों की श्रेणी में समाहित होगा?

इन्हीं प्रश्नों पर विचार-मंथन करने के लिए हमारे प्रधानमंत्री माननीय नरेंद्र मोदी समूचे भारतवासियों को प्रेरित कर रहे हैं। उन्हें राष्ट्र विकास की मुख्य धारा से जुड़ने के लिए प्रोत्साहित कर रहे हैं। अस्तु, सरकार की मंशानुसार भारतीय स्वतंत्रता की 75वीं वर्षगाँठ के उपरांत मंथन का यह काल 15 अगस्त, 2023 तक चलेगा। इस समयावधि में हम भारतीयों को अपने व्यक्तित्व व कृतित्व का लेखा-जोखा कर आत्म-परीक्षण करना है। इन 75 सालों में हमने क्या खोया है? क्या पाया है? क्या पाया जा सकता है? क्यों 75 साल के बाद भी भारत वैश्विक महाशक्ति नहीं बन पाया है? इन तमाम पहलुओं

पर हम सबको मिलकर विचार करना है। अपने समाज व राष्ट्र के प्रति अपनी भूमिका को तय करना है। उल्लेखनीय है कि केंद्र व राज्य सरकारें तो जन्म से लेकर मरण तक विविध रूपों में कल्याणकारी कार्य करती हैं। प्रत्येक नागरिक को रोटी-कपड़ा व मकान मुहैया करवाने की हरसंभव कोशिश करती हैं।

प्रश्न यह है कि हम नागरिक क्या करते हैं? लोक कल्याणकारी राज्य की विविध सुविधाएँ लेकर हम भारतमाता को क्या लौटाते हैं? क्या हम भारतीय रोटी-कपड़ा-मकान की चाह में एक दायरे में सिमटकर रह गए हैं? हम नव-निर्माण, नव-आविष्कार व नव-खोज में अपने कौशल का उपयोग क्यों नहीं कर पाते? क्या शासकीय योजनाओं से प्राप्त लाभ आलस्य की अदृश्य चादर साथ लेकर चलते हैं? जो भी हो, यह मंथन का काल है। हमें खुद ही खुद से बातें कर 'आजादी के अमृत महोत्सव' के उपलक्ष्य में कतिपय जिम्मेदारियाँ अपने कंधों पर उठानी पड़ेंगी, तभी स्वामी विवेकानंद की शिक्षाओं की सार्थकता साबित कर दुनिया में भारतमाता को शान-चुनरिया ओढ़ाकर बलिदानों के प्रति सच में श्रद्धा-भाव व्यक्त कर पाएँगे तथा उनके द्वारा सौंपे गए स्वतंत्र भारत को विकसित राष्ट्र की श्रेणी में ला पाएँगे।

मेरे विचार से राष्ट्र को महाशक्तिशाली बनाने का रास्ता हर भारतीय के मन से होकर गुजरता है। ईश्वरकृत हर मानव में कोई-न-कोई हुनर होता ही है। यह हुनर ही शक्ति है। अपने हुनर की पहचान कर उसे राष्ट्र के विकास में लगाना ही राष्ट्रभक्ति है। हम जो हैं, जैसे हैं, उसे स्वीकार कर अपने आप में निहित संभावनाओं को खोजना, उन पर गर्व करना ही राष्ट्रीयता का भाव है। जब हम खुद पर गर्व करना सीख जाएँगे तो राष्ट्र की संस्कृति व उससे जुड़े तमाम पहलुओं पर भी गर्व करना सीख जाएँगे। अपनी मातृभूमि, मातृभाषा व मातृसंस्कृति के प्रति सम्मान के भाव ही राष्ट्रीयता के पर्याय हैं। यही भाव देश को आगे ले जाता है।

आज जब हम पीछे मुड़कर इतिहास के आँगन में झाँककर देखते हैं तो बीते 75 सालों में राजनीतिक गलियारे में घटित एक-एक घटना नजरों के सामने से यों गुजरती है, मानो कोई फिल्म चल रही हो! यहाँ पर हम 75 वर्षीय भारतवर्ष की यात्रा का वृत्तांत रखेंगे। 1947 से 2022 तक की प्रमुख 75 राजनीतिक घटनाओं की चर्चा करेंगे।

स्वतंत्रता एक सुंदर शब्द है, एक सुखद अनुभूति है। यह एक ऐसी छावँ है, जिसके तले मानवता किलकारियाँ लेती है। इसी की उँगली थाम मानव अपने समुचित विकास की गौरवगाथा लिखता है। स्वतंत्रता मानव की आधारभूत आवश्यकता है। प्रसिद्ध विद्वान् रसेल का मानना है कि 'स्वतंत्रता की इच्छा व्यक्ति की एक स्वाभाविक प्रवृत्ति है और इसी के आधार पर सामाजिक जीवन का निर्माण संभव है।'

इस धरा की सर्वाधिक खूबसूरत जमीं भारत में अध्यात्म की गंगा बहती है। यह

वह भूमि है, जहाँ ज्ञान व बौद्धिक संपदा की अद्‌भुत परंपरा है। सरस्वती के साथ ही लक्ष्मीजी की भी भारतभूमि पर विशेष कृपा रही है। इसलिए तो भारत को सोने की चिड़िया कहा जाता था। भारतीय वैभव को उस समय नजर लग गई, जब 20 मई, 1498 को वास्कोडिगामा ने पहली बार भारत की भूमि पर पैर रखा। उसके बाद तो विदेशियों के आगमन का सिलसिला प्रारंभ हो गया। पुर्तगाली, डच, अंग्रेज व फ्रांसीसी आते गए।

ब्रिटिश हुकूमत ने भारतमाता को सर्वाधिक आहत किया। 1600 ई. में व्यापारी बनकर आई ईस्ट इंडिया कंपनी ने प्लासी युद्ध (1757 ई.) के बाद भारतवासियों पर अनंत जुल्म ढाए। उसके अत्याचारों से तिलमिलाए भारतीयों का आक्रोश 1857 में ज्वाला बनकर फूट पड़ा। इसकी प्रतिक्रियास्वरूप जैसे-जैसे अंग्रेजों का दमनचक्र बढ़ता गया, वैसे-वैसे भारतीयों के मन में स्वतंत्रता की चाह भी सयानी होती गई। सन् 1885 से भारतीय आंदोलन ने एक आकार लेना प्रारंभ किया। नरम दल, गरम दल एवं गांधीवाद के प्रयासों तथा अहिंसात्मक सिद्धांतों से लेकर क्रांतिकारियों के बलिदानों तक की गाथा ने भारतीय स्वतंत्रता आंदोलन को एक ऐसे मुकाम पर लाकर खड़ा कर दिया, जब अंग्रेजी हुकूमत को भारत छोड़ने की घोषणा करनी पड़ी।

15 अगस्त, 1947 की सुबह भारतीय इतिहास के आँगन की वह वेला थी, जिसमें सभी भारतवासियों के चेहरों पर मिश्रित भाव थे। दरअसल हर भारतीय के मन में बसे खौफ में ही आजादी की अनकही दास्ताँ है। इस दास्ताँ में कई किरदार रहे हैं। नेतृत्व की चिंतनभूमि के कई रंग रहे हैं। भाँति-भाँति की चुनौतियों से सजे कँटीले मुकाम रहे हैं। संघर्ष के रंग में रँगी मातृभूमि के वजूद को ध्वस्त कर देनेवाले कई भयानक हालात रहे हैं। भारत को परतंत्रता से मुक्त करने में अनंत तत्त्वों का योगदान रहा, लेकिन वास्तविकता के धरातल पर देखें तो आजादी का मर्म वही समझ सकता है, जो कभी गुलाम रहा हो, जिसने उपनिवेशवाद के जहर को पिया हो, गुलामी के दर्द को झेला हो, महसूस किया हो, आत्मसम्मान की लहूलुहान गलियों में जीवन बसर किया हो, अपनों के खून से लथपथ शरीर को अपने कंधों पर उठाया हो, अपनी माँ-बहनों को सरेआम बेआबरू होते देखा हो, मासूम बच्चों को तलवारों के वार से बिलखते देखा हो तथा जुल्म की आँधी को बहुत ही करीब से गुरजते हुए देखा हो।

एक कहावत है—'कुछ पाने के लिए कुछ खोना पड़ता है।' भारत ने अपनी आजादी की कीमत अपने ही जिस्म के दो टुकड़े करके अदा की है। यानी आजादी का सुख दर्द की चादर में लिपटकर आया। 14 अगस्त, 1947 को पाकिस्तान के रूप में भारत का एक टुकड़ा भारत से हमेशा के लिए अलग हो गया; लेकिन किसी ने ठीक ही कहा है कि विभाजन सिर्फ किसी देश की भूमि का ही नहीं होता है, बल्कि लोगों की भावनाओं का भी होता है। विभाजन का दर्द वे ही अच्छी तरह महसूस कर सकते

हैं, जिन्होंने इसे प्रत्यक्ष रूप से देखा हो, उसकी सिहरन को महसूस किया हो, अपने घर व गलियों को छोड़ना पड़ा हो, अपनों को खोना पड़ा हो। भारत-पाकिस्तान हो या उत्तर-दक्षिण कोरिया विभाजन या फिर जर्मनी का विभाजन हो, यह आम लोगों के लिए काफी त्रासदीपूर्ण रहता है।

नवोदित राष्ट्र भारत अभी आजादी से मिले सुकून को महसूस कर ही रहा था कि 22 अक्तूबर, 1947 का दिन सबक सीखने के लिए सामने आ खड़ा हुआ। उस दिन पाकिस्तान ने भारत पर हमला करके हमें यह जता दिया कि विभाजन स्वीकार करना भारत की एक भूल थी। गवर्नर जनरल लुईस माउंटबेटन की योजनानुसार भारत को दो हिस्सों में चीर तो दिया गया, परंतु शांति बहाली नहीं हो सकी।

महात्मा गांधी की अपनी विचारधारा व कार्यशैली थी। कई बार विचारों की तकरार भी गंभीर मोड़ पर आकर ठहर जाती है। पाकिस्तान को उसके हिस्से के पैसे दिलवाने की गांधीजी की जिद ने राष्ट्रवादी नाथूराम गोडसे के दिमाग में विपरीत असर डाला। तब उन्हें लगा कि महात्मा गांधी का यह काम देशहित के विरुद्ध है। अतः उन्होंने काफी सोच-विचार कर एक योजना बनाई और 30 जनवरी, 1948 की शाम सवा पाँच बजे नई दिल्ली स्थित बिड़ला भवन में आयोजित संध्याकालीन प्रार्थना स्थल पर पहुँचे। उस समय गांधीजी आभा और मनु के कंधों पर हाथ रखकर मंच की तरफ जा रहे थे। उनके आस-पास उनके अन्य सेवकगण भी थे। तभी नाथूराम गोडसे ने गांधीजी के एकदम सामने जाकर उनका अभिवादन किया। वे क्षणभर के लिए उनके सामने झुके और फिर अपनी बैरेटा पिस्तौल निकालकर धड़ाधड़ तीन गोलियाँ गांधीजी के सीने में उतार दीं।

562 देशी रियासतों का एकीकरण स्वतंत्र भारत का एक महत्त्वपूर्व राजनीतिक घटनाक्रम था। यह कोई आसान कार्य नहीं था, लेकिन लौहपुरुष सरदार वल्लभ भाई पटेल ने अपनी सूझ-बूझ से इन रियासतों का एकीकरण कर एक इतिहास रच दिया। एक ऐसा इतिहास, जिसके बलबूते पर एक सशक्त भारत की नींव रखी जा सकी।

दुनिया का सबसे बड़ा लोकतांत्रिक राष्ट्र भारत के संविधान निर्माण की यात्रा 9 दिसंबर, 1946 से प्रारंभ होती है। संविधान सभा ने 2 वर्ष, 11 माह और 18 दिन की समयावधि में 395 अनुच्छेद, 22 भाग और 8 अनुसूचियों का एक विशाल संविधान बनाकर 26 नवंबर, 1949 को तत्कालीन राष्ट्रपति राजेंद्र प्रसाद को सौंप दिया था। प्रारूप समिति के अध्यक्ष डॉ. बी.आर. आंबेडकर व संविधान सभा के 284 सदस्यों के अथक प्रयासों व सूझ-बूझ के कारण हम 26 जनवरी, 1950 को अपना संविधान क्रियान्वित कर पाए।

यों तो वक्त को कोई कैद नहीं कर सकता, मगर कुछ बातें ऐसी होती हैं, जो

इतिहास के पन्नों में दर्ज होकर अमर हो जाती हैं। 21 अक्तूबर, 1951 की तारीख भारतीय राजनीति के इतिहास में एक खास स्थान रखती है। यह वह दिन था, जब डॉ. श्यामाप्रसाद मुकर्जी के मन में उभरे एक विचार ने क्रियान्वयन की चादर ओढ़कर 'भारतीय जनसंघ' नामक एक नव राजनीतिक दल की स्थापना की। ऐसा कहा जाता है कि विचारों में मतभेद होना ही प्रजातंत्र की खूबसूरती है।

सन् 1947 में अंग्रेजी हुकूमत से आजादी मिलने के बाद भारत में पहली बार 1951-52 में आम चुनाव हुए। सारी दुनिया की निगाह भारत पर टिकी हुई थी। सबके मन में यही सवाल था कि नव-स्वतंत्र राष्ट्र भारत क्या चुनावों को सफलतापूर्वक अंजाम दे पाएगा? भारत ने यह चुनौती स्वीकार की। 25 अक्तूबर, 1951 से 21 फरवरी, 1952 तक करीब 4 महीनों की सीमा-अवधि में 68 चरणों में सफलतापूर्वक आम चुनाव संपन्न करवाए गए। भारत की कुल 36 करोड़ आबादी में से करीब 17.3 करोड़ मतदाता थे। उस समय लोकसभा की कुल 489 सीटों के लिए 1874 उम्मीदवार चुनाव मैदान में थे। उल्लेखनीय है कि प्रथम आम चुनाव का पहला वोट हिमाचल प्रदेश के छिनी नामक तहसील में पड़ा था।

भारत ने अपने सिद्धांतों के अनुरूप पड़ोसी राष्ट्रों से सहज, सरस व मधुर संबंधों की स्थापना करने का प्रयास किया। इसी तारतम्य में 29 अप्रैल, 1954 को भारत और चीन के बीच एक समझौता हुआ था, जिसे 'पंचशील समझौता' के नाम से जाना जाता है। दरअसल भारत और चीन के मध्य लगभग 3,500 वर्ग किलोमीटर की सीमा-रेखा है। सीमा पर स्थित इलाकों के संबंध में जब-तब दोनों देशों के बीच मतभेद होते रहते हैं। इस तनाव को कम करने के लिए पं. नेहरू ने 'पंचशील समझौता' किया। इस समझौते को बाद में पं. नेहरू की सबसे बड़ी भूल करार दिया गया।

धर्म व राजनीति का गहरा नाता रहा है। भारत के प्रथम विधिमंत्री व संविधानवेत्ता डॉ. भीमराव आंबेडकर को प्रचलित तत्कालीन सामाजिक व धार्मिक परंपराओं ने जिज्ञासु बना दिया। अत: उन्होंने विश्व के सभी प्रमुख धर्मों का गहन अध्ययन किया। फिर उन्होंने 1956 में बौद्ध धर्म पर आधारित एक प्रसिद्ध ग्रंथ 'द बुद्ध ऐंड हिज धम्म' का लेखन किया। इसके बाद 14 अक्तूबर, 1956 को उन्होंने नागपुर शहर में एक औपचारिक सार्वजनिक धर्मांतरण समारोह में भिक्षु महास्थवीर चंद्रमणि से पारंपरिक तरीके से त्रिरत्न और पंचशील को अपनाते हुए बौद्ध धर्म ग्रहण किया। साथ ही उन्होंने अपने 5,00,000 अनुयायियों को त्रिरत्न, पंचशील और 22 प्रतिज्ञाएँ दिलाते हुए उन्हें भी बौद्ध धर्म में सम्मिलित किया।

अपनी भाषा का सम्मान करना स्वाभाविक है, लेकिन अपनी भाषा के आधार पर राष्ट्रीय एकता को दाँव पर लगाना घातक है। एक सामाजिक कार्यकर्ता पोट्टी श्रीरामलू

की मद्रास से आंध्र प्रदेश को भाषा के आधार पर अलग किए जाने की माँग को लेकर 58 दिन के आमरण अनशन के बाद मृत्यु हो गई थी, जिससे उत्पन्न जनाक्रोश को दबाने के लिए 1953 में प्रथम भाषायी राज्य 'आंध्र प्रदेश' का गठन किया गया। इस तेलुगुभाषी राज्य के गठन के बाद भाषायी आधार पर सीमाओं के पुनर्निर्धारण की माँग अन्य क्षेत्रों से भी उठने लगी। अत: संसद को राज्य पुनर्गठन अधिनियम 1956 पारित करना पड़ा।

उल्लेखनीय है कि परिवर्तन जीवन का अटल नियम है। 5 अप्रैल, 1957 का दिन बदलाव की एक ऐसी ही सौगात लेकर आया, जबकि भारत के तटवर्तीय राज्य केरल में एलामकुलम मणक्कल शंकरन नंबूदरीपाद (एम.एस.) के नेतृत्व में देश की पहली गैर-कांग्रेसी सरकार बनी। उस समय तक दुनिया में सिर्फ एक जगह रिपब्लिक ऑफ सान मैरिनो में ही साम्यवादी विचारधारा की सरकार थी। केरल ही एकमात्र ऐसा राज्य था, जहाँ लोकतांत्रिक तरीके से चुनी हुई कम्युनिस्ट सरकार थी। इसके अलावा जहाँ भी कम्युनिस्ट सरकारें थीं, वे सभी 'एकदलीय व्यवस्था' के जरिए सत्ता में आई थीं।

15 अगस्त, 1947 को भारत तो स्वतंत्र हो गया, परंतु गोवा अब भी परतंत्रता की जंजीरों में जकड़ा सिसक रहा था। ऐसा कहा जाता है, जब तक जुल्म को सहन किया जाता रहता है, वह कहर बरसाता रहता है, तब दमन का चक्र चलाता रहता है; लेकिन जैसे ही हम यह ठान लेते हैं कि अब जुल्म नहीं सहना है, तब जुल्म ताश के पत्तों की तरह ढह जाते हैं। सन् 1961 गोवा मुक्ति संघर्ष ऐसे ही एक दृढ़ निर्णय का शानदार उदाहरण है। 450 वर्षों तक पुर्तगाली शासन के कब्जे में रहे गोवा को भारतीय सशस्त्र बलों ने 'ऑपरेशन विजय' के तहत मात्र 36 घंटों में मुक्त करवा लिया। उस अद्भुत जीत की याद में भारत में हर साल 19 दिसंबर को 'गोवा मुक्ति दिवस' मनाया जाता है।

भारत में 'हिंदी-चीनी भाई-भाई' के नारे लगाए जा रहे थे। मगर 1959 में दलाई लामा के भारत में शरण लेने के बाद से दोनों देशों के संबंधों में तनाव बढ़ने लगा। तदुपरांत भारत ने आपसी रिश्तों को सामान्य बनाए रखने के प्रयासों को जारी रखा, लेकिन चीन ने एकाएक 20 अक्तूबर, 1962 को लद्दाख में मैकमोहन रेखा के पार से भारत पर हमले शुरू कर दिए। चीन के इस धोखे से हर कोई हैरान था। चीनी हमले के बारे में भारत ने कभी ख्वाब में भी नहीं सोचा था, इसलिए युद्ध की कोई तैयारी नहीं थी। यह युद्ध पूरे एक महीने तक चलता रहा। 20 नवंबर, 1962 को एकाएक चीन ने युद्धविराम की घोषणा कर दी। यह घटना भारत को एक सबक देकर चली गई।

सन् 1962 के चीनी युद्ध के कारण भारत की छवि धूमिल हो गई। सभी हताश-निराश से बैठे थे। तभी एकाएक लाल बहादुर शास्त्री, जगजीवन राम, मोरारजी देसाई तथा एस.के. पाटिल जैसे नेताओं ने केंद्रीय मंत्रिमंडल से इस्तीफा दे दिया। छह राज्यों के मुख्यमंत्रियों ने भी अपने पद से इस्तीफा दिया, इनमें उत्तर प्रदेश के मुख्यमंत्री चंद्रभानु

गुप्त, मध्य प्रदेश के मंडलोई, ओडिशा के बीजू पटनायक जैसे कद्दावर नेता शामिल थे। दरअसल 1963 में के. कामराज ने एक सिंडीकेट सिस्टम शुरू किया था। इस योजना का मुख्य ध्येय साठ के दशक की शुरुआत में कमजोर होती जा रही कांग्रेस को मजबूत करना था। इसके तहत के. कामराज ने खुद भी तमिलनाडु के मुख्यमंत्री के पद से इस्तीफा दे दिया था। इस समूचे राजनीतिक घटनाक्रम को 'के. कामराज योजना' के नाम से जाना जाता है।

भारत और पाकिस्तान के बीच जम्मू-कश्मीर के मुद्दे के अलावा दोनों देशों के बीच कच्छ का विवाद भी था। जनवरी 1965 में उसने भारत की तुलना में खुद की शक्ति को ज्यादा आँका और 20 मार्च, 1965 को जान-बूझकर कच्छ के रण में झड़पें शुरू कर दीं। प्रारंभ में इनमें केवल सीमा सुरक्षा बल ही शामिल थे, परंतु बाद में 25 मई, 1965 में रन ऑफ कच्छ में पाकिस्तान के युद्धाभियान 'डेजर्ट हॉक' की घोषणा के साथ ही वे झड़पें युद्ध में परिवर्तित हो गईं। भारत ने पाकिस्तान को इसका मुँहतोड़ जवाब दिया।

सन् 1965 में हुए भारत-पाक युद्ध से उत्पन्न तनाव को कम करने के लिए सोवियत संघ के तत्कालीन राष्ट्रपति अलेक्सी कोसीगिन ने भारतीय प्रधानमंत्री लाल बहादुर शास्त्री और पाकिस्तान के राष्ट्रपति अयूब खान को ताशकंद बुलवाया। 10 जनवरी, 1966 को उन दोनों के मध्य एक ऐतिहासिक समझौता करवा दिया, जिसे 'ताशकंद समझौते' के नाम से जाना जाता है। मुसलिम बहुल राज्य उज्बेकिस्तान के ताशकंद शहर में हुए उस शांति समझौते की रात प्रधानमंत्री लाल बहादुर शास्त्री सोए तो दूसरे दिन 11 जनवरी, 1966 की सुबह नींद से नहीं उठ पाए। रहस्यमय परिस्थितियों में उनकी वहीं पर मौत हो गई थी।

सन् 1966 में, जबकि भारत में महिलाएँ अपने अस्तित्व की स्थापना के लिए जमीन तैयार करने हेतु संघर्ष कर रही थीं। देश के सर्वोच्च प्रधानमंत्री के पद पर एक महिला का आसीन होना विचारणीय था। यों तो 1960 में श्रीलंका की श्रीमती सिरिमावो भंडारनायके विश्व की प्रथम महिला प्रधानमंत्री बन चुकी थीं, लेकिन भारत में यह सम्मान भारतीय महिलाओं को पहली बार प्राप्त हुआ। दरअसल लाल बहादुर शास्त्री का निधन हो जाने के बाद तत्कालीन कांग्रेस अध्यक्ष के. कामराज की पहल से श्रीमती इंदिरा गांधी ने 19 जनवरी, 1966 को भारत के प्रधानमंत्री का पद सँभाला था। इंदिरा गांधी अपने सख्त निर्णयों के लिए जानी जाती थीं। रियासतों के राजाओं के 'प्रिवीपर्स' को बंद करने का उनका फैसला भी एक ऐसा ही फैसला था।

भारत में गैर-कांग्रेसवाद की अलख जगानेवाले महान् स्वतंत्रता सेनानी और समाजवादी नेता राम मनोहर लोहिया चाहते थे कि दुनिया भर के समाजवादी एकजुट

होकर मजबूत मंच बनाएँ। वे मानते थे कि अधिक समय तक सत्ता में रहकर कांग्रेस अधिनायकवादी हो गई है। इसलिए उन्होंने कांग्रेस का पुरजोर विरोध किया और समूचे राज्य में गैर-कांग्रेसवाद की अलख जगाई।

दक्षिण एशिया के साथ-साथ वैश्विक भू-राजनीति के क्षेत्र में 1971 का भारत-पाक युद्ध महत्त्वपूर्ण स्थान रखता है। 3 दिसंबर, 1971 को पाकिस्तान के हवाई हमले से प्रारंभ हुए युद्ध का भारत ने मुँहतोड़ जवाब दिया। अंततः यह युद्ध 16 दिसंबर, 1971 को भारतीय सेना और बांग्लादेशी स्वतंत्रता सेनानियों, मुक्तिवाहिनी संयुक्त कमान के समक्ष पाकिस्तानी सेना के आत्मसमर्पण के साथ ही समाप्त हो गया। इस युद्ध के परिणामों से 'बांग्लादेश' नामक एक नया राष्ट्र बनकर उभरा। यह तत्कालीन प्रधानमंत्री इंदिरा गांधी की सूझ-बूझ का परिणाम था। अतः इस दिन की याद में भारत प्रतिवर्ष 16 दिसंबर को 'विजय दिवस' और बांग्लादेश स्थापना दिवस 'बिजोय दिबोस' मनाता है।

कहा जाता है कि समझौता व संधियाँ संबंधों को पुनर्जीवन देने की दिशा में चयनित किया गया एक ऐसा मार्ग है, जो शांति व सौहार्द की ओर जाता है। भारत-पाक युद्ध 1971 के उपरांत उपजी रिक्तता को भरने के लिए 2 जुलाई, 1972 को हिमाचल की खूबसूरत वादियों के बीच शिमला में एक समझौता हुआ। शिमला के राजभवन में तत्कालीन प्रधानमंत्री इंदिरा गांधी और पाकिस्तान के राष्ट्रपति जुल्फिकार अली भुट्टो के बीच इस समझौते पर हस्ताक्षर किए गए।

वैश्विक राजनीति पर काफी विचार-विमर्श करने के उपरांत भारत की तत्कालीन प्रधानमंत्री इंदिरा गांधी ने साहसिक कदम उठाते हुए 18 मई, 1974 को पोखरण में भारत का पहला भूमिगत परमाणु परीक्षण कर डाला। इस परीक्षण का नाम 'स्माइलिंग बुद्धा' (पोखरण-1) रखा गया था। पोखरण का शाब्दिक अर्थ है—पाँच मृगमरीचिकाओं का स्थान। यह परीक्षण-स्थल राजस्थान के जैसलमेर जिले में थार रेगिस्तान में स्थित एक प्राचीन विरासत का शहर रहा है।

भारतीय स्वतंत्रता सेनानी और राजनेता लोकनायक जयप्रकाश नारायण ने 5 जून, 1974 को पटना के गांधी मैदान में औपचारिक रूप से 'संपूर्ण क्रांति' की घोषणा की। 'सर्वोदय' और 'भू-दान आंदोलन' की सीमित सफलता से दुःखी जयप्रकाश नारायण लोकतंत्र को दोषमुक्त बनाना चाहते थे, ताकि जनता का भला हो सके। साथ ही एक ऐसे समाज की रचना की जा सके, जो नर-नारी के बीच समानता व जातिगत भेदभाव की भावना से परे हो। बाद में इस क्रांति में शासन-प्रशासन का तरीका बदलने तथा 'राइट टू रिकॉल' को भी शामिल कर लिया गया।

देश में पहला राष्ट्रीय आपातकाल 25 जून, 1975 को राष्ट्रपति फखरुद्दीन अली अहमद द्वारा प्रधानमंत्री इंदिरा गांधी के कहने पर घोषित किया गया। भारत लगभग 21

महीने तक इस आपातकाल की गिरफ्त में रहा, जो 21 मार्च, 1977 को समाप्त कर दिया गया। दरअसल भारतीय संविधान के अनुच्छेद 352 में प्रावधानित व्यवस्थाओं के तहत ही यह राष्ट्रीय आपातकाल लगाया गया था, लेकिन इसका ध्येय स्वहित से प्रेरित था, सत्ता को बरकरार रखने से संबंधित था, इसलिए आपातकाल में जमकर ज़ुल्मों की बरसात हुई, जिसकी देश-विदेश में आलोचना हुई। प्रधानमंत्री इंदिरा गांधी की तानाशाही प्रवृत्ति से चारों ओर हाहाकार मच गया। फलत: संवैधानिक आपातकालीन प्रावधानों का दुरुपयोग करने के कारण उन्हें अपनी सीट एवं सत्ता—दोनों से हाथ धोना पड़ा।

भारत साम्राज्यवाद का विरोधी है। पड़ोसी राज्यों में हमारी स्थिति 'बिग ब्रादर' की है। हमने कभी भी किसी पड़ोसी राष्ट्र को अपना उपनिवेश नहीं बनाया, बल्कि सिर्फ और सिर्फ लोकतांत्रिक ढंग से समानता के आधार पर शांतिमय संबंधों की स्थापना की है। हमारी इसी विदेश नीति से उपजे भरोसे ने पड़ोसी राज्य सिक्किम को भारत में मिलने के लिए प्रेरित किया। अत: 15 मई, 1975 को खूबसूरत राज्य सिक्किम भारत का 22वाँ राज्य बन गया।

आपातकाल के दौरान इंदिरा गांधी की अध्यक्षता वाली भारतीय राष्ट्रीय कांग्रेस सरकार द्वारा भारतीय संविधान का 42वाँ संशोधन अधिनियम 1976 में अधिनियमित किया गया था। संशोधन के अधिकांश प्रावधान 3 जनवरी, 1977 को लागू हुए, अन्य 1 फरवरी से लागू किए गए, शेष 27 अप्रैल, 1 अप्रैल, 1977 को लागू हुए। यह संवैधानिक संशोधन भारतीय इतिहास का सबसे विवादास्पद संशोधन है, जिसमें कहीं-कहीं सत्ता-साधना की बू भी आती है। इसे 'मिनी संविधान' भी कहा जाता है।

उल्लेखनीय है कि 23 जनवरी, 1977 ही वह दिन था, जब अचानक इंदिरा गांधी ने आकाशवाणी के जरिए देश में आम चुनाव की घोषणा की। उन्होंने बताया कि यह चुनाव 16 मार्च, 1977 से लेकर 19 मार्च, 1977 के बीच तीन दिनों में ही पूर्ण करवा लिये जाएँगे। अस्तु घोषणानुसार नियत तारीख को चुनाव हुए, जिसमें तानाशाही रवैया अपनाने वाली श्रीमती इंदिरा गांधी स्वयं ही रायबरेली लोकसभा सीट से जनता पार्टी के नेता राजनारायण से करीब 55 हजार वोटों से चुनाव हार गईं। उनके कांग्रेस गठबंधन को भी मात्र 153 सीटें ही हासिल हुई थीं।

इस चुनाव में पूरा विपक्ष समाजवादी नेता जयप्रकाश नारायण के नेतृत्व में गोलबंद हुआ था। 'जनता पार्टी' के गठबंधन में कम्युनिस्ट पार्टी ऑफ इंडिया एम, रिवोल्यूशनरी सोशलिस्ट पार्टी, शिरोमणि अकाली दल, पीजेंट्स एंड वर्कर्स पार्टी ऑफ इंडिया, ऑल इंडिया फॉरवर्ड ब्लॉक, रिपब्लिकन पार्टी ऑफ इंडिया और डीएमके आदि शामिल थीं। जनता पार्टी को चुनाव-चिह्न नहीं मिल पाया था, जिसकी वजह से पार्टी ने 'भारतीय लोक दल' के चिह्न 'हलधर किसान' पर चुनाव लड़ा और 298 सीटें जीतीं। अस्तु 23 मार्च,

1977 को मोरारजी देसाई के नेतृत्व में सरकार बनी, लेकिन जनता पार्टी में भीतरी कलह के कारण 28 जुलाई, 1979 को मोरारजी देसाई को प्रधानमंत्री पद से इस्तीफा देना पड़ा।

इस दौरान अटल बिहारी वाजपेयी और लालकृष्ण आडवाणी जनता पार्टी से अलग हो गए थे। अस्तु चौधरी चरण सिंह देश के अगले प्रधानमंत्री बने। चूँकि कांग्रेस के समर्थन से उनकी यह सरकार बनी थी, अत: राजनीतिक दाँव-पेच के बीच विश्वास मत हासिल करने से पहले ही इंदिरा गांधी ने 19 अगस्त, 1979 को अपना समर्थन वापस ले लिया। अत: संसद का एक दिन भी सामना किए बगैर ही चरण सिंह की सरकार गिर गई। मध्यावधि चुनाव हुए और 14 जनवरी, 1980 को इंदिरा गांधी पुन: प्रधानमंत्री पद पर आसीन हो गईं।

उल्लेखनीय है कि भारत के सर्वाधिक बड़े राजनीतिक दल भारतीय जनता पार्टी का आधिकारिक गठन 6 अप्रैल, 1980 को पूर्व प्रधानमंत्री अटल बिहारी वाजपेयी की अध्यक्षता में किया गया। दरअसल यह दल पूर्व जनता पार्टी के विघटन के बाद नवनिर्मित पार्टियों में से एक था। यद्यपि तकनीकी रूप से यह जनसंघ का ही दूसरा रूप था, जिसका उद्देश्य भारतीय 'हिंदू'—सांस्कृतिक पहचान को संरक्षित करना तथा कांग्रेस की मुसलिम और पाकिस्तान के प्रति तुष्टीकरण की नीति को रोकना था।

इस धरा पर कई प्रकार के मानव आते हैं और चले जाते हैं, परंतु कतिपय लोग अपने कृतित्व व व्यक्तित्व की अमिट छाप छोड़ जाते हैं। फिल्मी अभिनेता, निदेशक, निर्माता, राजनेता, तेलुगु देशम पार्टी के स्थापक व आंध्र प्रदेश के मुख्यमंत्री नंदमूरि तारक रामाराव उपाख्य एन.टी.आर. का जादू आंध्र प्रदेश की राजनीति में ऐसा छाया कि लोग उन्हें भगवान् मानने लगे थे।

इतिहास के पन्ने पलटने पर ज्ञात होता है कि क्षेत्रीय राजनीति में पंजाब राज्य भी समस्याओं का केंद्र रहा है। खालिस्तान की माँग यहाँ का मुख्य मुद्दा रहा। 1970 के दशक से अकाली राजनीति में खींचतान और अकालियों की पंजाब संबंधित विविध माँगें सामने आती रहीं। 1973 और 1978 ई. में अकाली दल ने 'आनंदपुर साहिब प्रस्ताव' पारित किया। मूलत: वे भारत के उत्तरी क्षेत्र में स्वायत्तता चाहते थे, जो सर्वदा अस्वीकारणीय बनी रही।

दक्षिण भारत में कांग्रेस की सरकार की नाकामियों की वजह से एन.टी. रामाराव ने 29 मार्च, 1982 को तेलुगु देशम पार्टी की स्थापना की। पार्टी की स्थापना के समय एन.टी.आर. ने कहा था कि 'पिछले पाँच वर्षों में कांग्रेस ने आंध्र प्रदेश में पाँच मुख्यमंत्री बदले हैं। राज्य में एक स्थिर सरकार बनाने के लिए तेलुगु देशम पार्टी का निर्माण करना पड़ा।'

प्रधानमंत्री इंदिरा गाधी ने 1984 में एक साहसिक निर्णय लेते हुए स्वर्ण मंदिर को

भिंडरावाला से मुक्त करवाने हेतु 'ऑपरेशन ब्लू स्टार' नामक एक मुहिम चलाई। यह अभियान सफल रहा। चार दिनों की कारवाई में ही 6 जून को अमृतसर स्थित हरिमंदिर साहिब परिसर के अंदर जरनैल सिंह भिंडरावाला का शव बरामद कर लिया गया। 7 जून, 1984 को स्वर्ण मंदिर पर सेना का नियंत्रण स्थापित हो गया, लेकिन यहाँ का सिख पुस्तकालय जल गया। मंदिर में पाठ नहीं हो पाया। इससे सिख समुदाय की भावनाएँ आहत हुईं। कैप्टन अमरिंदर सिंह समेत कई सिख नेताओं ने कांग्रेस से इस्तीफा दे दिया। खुशवंत सिंह समेत कई लेखकों ने अपने अवॉर्ड वापस कर दिए।

पर्यवेक्षक बताते हैं कि 'ऑपरेशन ब्लू स्टार' के कारण आहत सिखों की धार्मिक भावनाओं का दुष्परिणाम इंदिरा गांधी की नृशंस हत्या के रूप में सामने आया। अस्तु 31 अक्तूबर, 1984 की सुबह 9:29 बजे नई दिल्ली के सफदरजंग रोड स्थित उनके आवास पर ही उनके दो सिख अंगरक्षकों—बेअंत सिंह और सतवंत सिंह—ने उन्हें गोली मार दी थी। प्रतिक्रियास्वरूप समूचे भारत में सिख-विरोधी दंगे हुए।

जीवन का यह दस्तूर है कि सकारात्मक कार्य भले ही समय की गर्द में छुप जाएँ, परंतु बुरे कार्य कभी-न-कभी, किसी-न-किसी रूप में जमाने के सामने आ ही जाते हैं। 16 अप्रैल, 1987 में भी यही हुआ। स्वीडन के रेडियो ने खुलासा किया कि 'स्वीडन की हथियार कंपनी बोफोर्स ने भारतीय सेना को तोपें सप्लाई करने का सौदा हथियाने के लिए 80 लाख डॉलर की दलाली चुकाई थी।' इस समाचार के बाद भारत में हड़कंप मच गया। आरोप लगाया गया कि राजीव गांधी परिवार के नजदीकी बताए जानेवाले इतालवी व्यापारी ओत्तावियो क्वात्रोची को फायदा पहुँचाने के लिए यह सौदा किया गया। इस समूचे प्रकरण को 'बोफोर्स घोटाला' या 'बोफोर्स कांड' के नाम से जाना जाता है। इस प्रकरण के कारण 1989 में राजीव गांधी चुनाव हार गए और वी.पी. सिंह की सरकार बनी।

कई दफा हमें अपनी सरहदों के उस पार अपनों की सुरक्षा व शांति स्थापना के लिए कार्य करना पड़ता है। 11 अक्तूबर, 1987 को भारतीय शांति सेना को भी एक ऐसी ही मुहिम छेड़नी पड़ी। इस सैनिक अभियान को 'ऑपरेशन पवन' के नाम से जाना जाता है। इस मुहिम का मुख्य ध्येय श्रीलंका में जाफना को लिट्टे के कब्जे से मुक्त करवाना था। यद्यपि बाद में भारतीय शांति सेना अपने उद्देश्यों से भटक गई। इसकी पृष्ठभूमि में भारत और श्रीलंका के बीच 29 जुलाई, 1987 को हुआ वह शांति समझौता था, जिसमें भारत के तत्कालीन प्रधानमंत्री राजीव गांधी और श्रीलंका के तत्कालीन राष्ट्रपति जे.आर. जयवर्धने ने हस्ताक्षर किए थे।

कोई धर्म को अफीम की भाँति मानता है, तो कोई जीवन-घुट्टी। दरअसल धर्म मानव की आस्था का विषय है, इसलिए सरकारों को जनमानस की अवधारणानुसार कार्य करना पड़ता है। वर्ष 1989 में राम मंदिर निर्माण को लेकर पूरे देश में जो लहर

थी, उसे देखते हुए तत्कालीन प्रधानमंत्री राजीव गांधी ने विवादित स्थल के पास राम मंदिर के शिलान्यास की इजाजत दे दी। अत: 9 नवंबर, 1989 को विश्व हिंदू परिषद् (विहिप) की अगुवाई में हजारों हिंदू कार्यकर्ताओं ने अयोध्या में विवादित स्थल के पास राम मंदिर का शिलान्यास कर दिया। हजारों राजनैतिक हस्तियों, बड़े-बड़े साधु-संतों ने अपनी उपस्थिति में यह शिलान्यास एक 35 वर्षीय दलित युवक कामेश्वर चौपाल के हाथों से करवाया।

अपनी पसंद के धर्म का पालन व संवर्धन करना ठीक है, लेकिन दूसरे के धर्म का अनादर करना मानवता के विरुद्ध है। 1989 में कश्मीर घाटी में जे.के.एल.एफ. एवं अन्य इसलामी उपद्रवियों द्वारा यही किया गया। उन्होंने वहाँ के अल्पसंख्यक हिंदू धर्मावलंबियों को इस कदर सताया कि वे घाटी छोड़कर भागने को मजबूर हो गए। अस्तु 1989 में, जहाँ कश्मीर घाटी में रहनेवाले हिंदुओं की संख्या लगभग तीन लाख से छह लाख तक थी, वह 2016 आते-आते मात्र 2,000-3,000 के बीच रह गई। आज भी कश्मीरी पंडित 19 जनवरी, 1990 के दिन को 'दुखद बहिर्गमन दिवस' के रूप में याद करते हैं।

भारतीय जनता पार्टी और उसके हिंदू राष्ट्रवादी सहयोगी के साझा प्रयासों से भाजपा के तत्कालीन अध्यक्ष लालकृष्ण आडवाणी के नेतृत्व में सितंबर 1990 को सोमनाथ से यात्रा शुरू हुई। इस यात्रा का प्रमुख उद्‍देश्य बाबरी मसजिद के स्थल पर हिंदू देवता राम का मंदिर बनाने के लिए संघ परिवार के आंदोलन का समर्थन करना था।

मोरारजी देसाई सरकार ने भारत में एक समतामूलक समाज की स्थापना करने के लिए बी.पी. मंडल की अध्यक्षता में एक आयोग का गठन किया था। 1983 में ही इसका प्रतिवेदन आ गया था, जिसे क्रियान्वित करने का जिम्मा वी.पी. सिंह सरकार ने उठाया। अस्तु 7 अगस्त, 1990 को उसने यह घोषणा की कि वह केंद्रीय सेवाओं और सार्वजनिक उपक्रमों में नौकरियों के लिए 'सामाजिक और शैक्षणिक रूप से पिछड़े वर्गों' को 27 प्रतिशत आरक्षण प्रदान करेगी। प्रतिक्रियास्वरूप देश भर में इसका विरोध शुरू हो गया। देश के विभिन्न हिस्सों में लगभग 200 छात्रों ने आत्मदाह किया, जिनमें से 62 छात्र जलकर मर गए।

बदलाव जीवन की रीत है। अपने अस्तित्व के संरक्षण के लिए बदलाव के साथ खुद को बदलना पड़ता है। 1991 में भारत ने भी यही किया। तत्कालीन प्रधानमंत्री नरसिम्हा राव ने सुधारों के इस नए मॉडल एल.पी.जी. अर्थात् उदारीकरण, निजीकरण और वैश्वीकरण के साथ खुद को समायोजित कर लिया था। इस मॉडल का अनुसरण करने का मुख्य उद्‍देश्य दुनिया की सबसे बड़ी अर्थव्यवस्थाओं के साथ भारत की अर्थव्यवस्था को तेजी से विकसित अर्थव्यवस्था बनाना था।

पंचायती राज व्यवस्था समाज को संचालित करने की प्राचीनतम व्यवस्था है। इस व्यवस्था में प्रारंभ से ही प्रभावशाली वर्ग का प्रभुत्व रहा। इस प्रभुत्व को कम करने के लिए 1991 में संविधान में 73वाँ संशोधन अधिनियम, 1992 पारित करके पंचायती राज संस्था को संवैधानिक मान्यता दे दी गई। इस अधिनियम के पारित होते ही महात्मा गांधी के 'ग्राम स्वराज' के स्वप्न को वास्तविकता में बदलने की दिशा में कारगर कदम बढ़ाने की शुरुआत हो गई।

सन् 1992 में भारतीय राजनीति में एक ऐसा मोड़ आया, जब धर्म की शाश्वत आस्था को सार्वजनिक भावना के साथ जोड़ा गया। उत्तर प्रदेश के अयोध्या जिले में रामकोट पहाड़ी पर स्थित बाबरी मसजिद हिंदू-मुसलिम आस्था के टकराव के कारण विवादों के घेरे में आ गई। 1,50,000 लोगों की एक अनियंत्रित भीड़ ने बाबरी ढाँचे को विध्वस्त कर दिया। दंगों में 2,000 से अधिक लोग मारे गए। इसी मुद्दे पर चल रही राजनीतिक, ऐतिहासिक और सामाजिक, धार्मिक बहस को 'अयोध्या विवाद' के नाम से जाना जाता है। बाबरी मसजिद विवाद की आग मुंबई को भी झुलसा गई। यहाँ पर 12 मार्च, 1993 को 12 बम विस्फोट हुए। ज्यादातर कार-बम थे, लेकिन कुछ स्कूटर में भी हुए थे। उन विस्फोटों में 50 लोग मारे गए थे।

3 जून, 1995 को भारतीय समाज में व्याप्त यह अवधारणा धूमिल पड़ गई कि सत्ता के शीर्ष पर मात्र स्थापित लोग ही बैठ सकते हैं। दूसरी बात, यह भ्रांति भी मिटा दी कि किसी महिला की पहचान उसके पति से ही होती है। देश के सबसे बड़े जनसंख्यावाले राज्य उत्तर प्रदेश की मुख्यमंत्री बनकर मायावती ने सारे पूर्वग्रहों को खारिज कर दिया। वे 4 बार उत्तर प्रदेश के मुख्यमंत्री के पद पर रहीं।

कुछ राजनीतिक घटनाएँ इतिहास के पन्नों पर अपनी अमिट छाप छोड़ देती हैं। ये घटनाएँ कुछ सिखा जाती हैं और कुछ सतर्क भी कर जाती हैं। अप्रैल-मई 1996 में हुए ग्यारहवीं लोकसभा के चुनाव में किसी भी पार्टी को पूर्ण बहुमत नहीं मिला। 543 सीटों में से 161 सीटें जीतकर बी.जे.पी. सबसे बड़े दल के रूप में उभरी। अस्तु अटल बिहारी वाजपेयी को सरकार बनाने के लिए आमंत्रित किया गया। अटल बिहारी वाजपेयी ने 16 मई, 1996 को प्रधानमंत्री का पद सँभाला, लेकिन बहुमत साबित न कर पाने की वजह से उन्हें 13 दिन में ही अपने पद से इस्तीफा देना पड़ा।

वैश्विक राजनीति के बदलते रुख के अनुरूप तत्कालीन प्रधानमंत्री अटल बिहारी वाजपेयी ने 11 और 13 मई, 1998 को राजस्थान के पोखरण परमाणु स्थल पर पाँच परमाणु परीक्षण किए थे। ये पाँचों परमाणु बम परीक्षणों की श्रृंखला का एक हिस्सा थे। इन परीक्षणों के उपरांत भारत दुनिया के शक्तिशाली देशों की अग्रणी सूची में शामिल हो गया।

पूर्व प्रधानमंत्री अटल बिहारी वाजपेयी को 'भारतीय राजनीति का अजातशत्रु' कहा जाता है। इसका सर्वोत्तम उदाहरण है उनकी लाहौर बस-यात्रा। पड़ोसी राष्ट्र पाकिस्तान से संबंधों को मजबूत करने के लिए 19 फरवरी, 1999 को अटल बिहारी वाजपेयी ने देवानंद, लेखक जावेद अख्तर और क्रिकेटर कपिल देव जैसी शख्सियतों के साथ अमृतसर से लाहौर की यात्रा की। बाघा बॉर्डर पर प्रधानमंत्री नवाज शरीफ ने खुद वाजपेयी का स्वागत किया था।

भारत की ओर से प्रधानमंत्री अटल बिहारी वाजपेयी से शांति व सद्भावनापूर्ण संबंधों की स्थापाना की पूरी कोशिश की, लेकिन अपनी फितरत के अनुरूप पाकिस्तान ने 3 मई, 1999 को कारगिल की ऊँची पहाड़ियों पर 5,000 सैनिकों के साथ घुसपैठ कर दी। भारत के सैनिकों ने उनको खदेड़ने के लिए 'ऑपरेशन विजय' चलाया, जिसमें भारत सफल हुआ।

31 दिसंबर, 1999 को तत्कालीन अटल बिहारी वाजपेयी सरकार के समक्ष एक बड़ी चुनौती सामने आ गई। पाकिस्तान समर्थित आतंकवादी संगठन तालिबान ने इंडियन एयरलाइंस के विमान आई.सी.-814 का अपहरण कर लिया। उसमें सवार 180 यात्रियों में ज्यादातर यात्री भारतीय ही थे। लगभग सात दिनों की बातचीत और तमाम कोशिशों के बाद भारत सरकार ने अपने यात्रियों से भरे विमान को सकुशल रिहा करवा लिया।

संसद लोकतंत्र का मंदिर है। यहीं पर समूचे देश की भावनाएँ बसती हैं। 13 दिसंबर, 2001 को लश्कर-ए-तैयबा और जैश-ए-मोहम्मद के आतंकवादियों ने संसद् भवन पर हमला कर दिया। वे भारतीय लोकतंत्र की हिम्मत तोड़ना चाहते थे, मगर हमारे सुरक्षाकर्मियों ने जान की बाजी लगाकर उनके मंसूबों को नाकामयाब कर दिया।

कहते हैं कि हिंसा का हर चेहरा घिनौना होता है। यह धर्म, जाति व क्षेत्र नहीं देखती। जहाँ इसकी छाया पड़ जाए, सर्वनाश कर देती है। 27 फरवरी, 2002 को गुजरात में स्थित गोधरा शहर में मचा हिंसा का तांडव कई लोगों की जान ले गया। 2002 के दंगों का अध्ययन करनेवाले विद्वानों का कहना है कि उन्हें यह प्रकरण पूर्व निर्धारित किया गया प्रतीत होता है, लेकिन राज्य सरकार और कानून प्रवर्तन हिंसा में उलझ गए थे।

भारतीय प्रधानमंत्री डॉ. मनमोहन सिंह की अमेरिकी यात्रा के दौरान वाशिंगटन में राष्ट्रपति बुश द्वारा जारी 18 जुलाई, 2005 के संयुक्त वक्तव्य में यह घोषणा की कि वे भारत के साथ असैनिक परमाणु ऊर्जा में सहयोग करेंगे। इसके बाद एक नवयुग का आगाज हो गया। वैसे इसके पूर्व मार्च 2006 में जब बुश भारत की यात्रा पर आए तो सैनिक और असैनिक परमाणु रिएक्टरों को अलग करने पर भी सहमति बन गई थी।

भारत एक ऐसा देश है, जहाँ माताओं के मंदिर ऊँचे टीले पर बने हैं। कन्याएँ देवीतुल्य पूजी जाती हैं। साथ ही वे विभिन्न रूपों में प्रताड़ित व शोषित भी होती हैं। ऐसे

सामाजिक परिदृश्य में 25 जुलाई, 2007 को प्रतिभा देवी सिंह पाटिल देश की पहली महिला राष्ट्रपति बनीं। भारत की गौरवमयी गाथा का यह एक सुखद क्षण था।

एक वक्त था, जब अन्ना की आँधी में पूरा भारत थरथरा रहा था। अन्ना के सत्य की मशाल यों तो दिल्ली में जलाई गई थी, परंतु उसकी तपन से देश का कोई कोना अछूता न रह सका। 5 अप्रैल, 2011 को समाजसेवी अन्ना हजारे एवं उनके साथियों के जंतर-मंतर पर देशव्यापी अनशन के साथ इस आंदोलन का आरंभ किया था, जिनमें मैग्सेसे पुरस्कार विजेता अरविंद केजरीवाल, भारत की पहली महिला प्रशासनिक अधिकारी किरण बेदी, प्रसिद्ध लोकधर्मी वकील प्रशांत भूषण आदि शामिल थे।

भारत की केंद्रीय राजनीति में नरेंद्र दामोदर दास मोदी के आने के पूर्व नेतृत्व का संकट चारों ओर मँडरा रहा था। एक करिश्माई नेतृत्व की कमी को सभी जगह महसूस किया जा रहा था। सोलहवीं लोकसभा के आम चुनाव में यह कमी पूरी हो गई। नरेंद्र मोदी के नेतृत्व में 7 अप्रैल से 12 मई, 2014 को 9 चरणों में चुनाव संपन्न हुए, जिसमें 81.45 करोड़ मतदाताओं ने अपने मताधिकार का प्रयोग कर भारतीय जनता पार्टी को अभूतपूर्व समर्थन दिया। यह सब नरेंद्र मोदी के नेतृत्व के जादू का कमाल था। उनके प्रधानमंत्री बनते ही देश की दशा व दिशा, दोनों में सकारात्मक बदलाव आने लगे।

भारतीय लोकतंत्र के इतिहास में यह पहला मौका था, जब देश का प्रधानमंत्री जनता से सीधे जुड़कर अपने मन की बात कहे। आकाशवाणी तो आजादी के पहले से मौजूद थी, लेकिन किसी प्रधानमंत्री के मन में अपने देशवासियों से अपने मन की बात कहने की सोच नहीं थी। 3 अक्तूबर, 2014 को प्रधानमंत्री नरेंद्र मोदी द्वारा प्रारंभ किया गया यह नवाचार निश्चित तौर पर भारतीय लोकतंत्र की जड़ों को पोषित करेगा, जिसके बल पर भारत एक महाशक्ति बनकर उभरेगा। उल्लेखनीय है कि 25 सितंबर, 2022 तक इस कार्यक्रम के माध्यम से प्रधानमंत्री 94 बार अपने मन की बात कह चुके हैं।

वर्ष 2014 में मोदी सरकार के सत्ता में आने बाद तत्कालीन व्यवस्थाओं की शल्य-चिकित्सा की गई। इसी तारतम्य में भारत सरकार ने 1 जनवरी, 2015 को पूर्ववर्ती योजना आयोग के स्थान पर नीति आयोग (राष्ट्रीय भारत परिवर्तन संस्थान) का गठन किया। यह एक बहुसदस्यीय संस्था है।

आम आदमी लोकतंत्र की प्राणवायु होता है। इसी आम आदमी पर लोकतंत्र की भव्य इमारत खड़ी होती है। अन्ना आंदोलन के सहभागीदार अरविंद केजरीवाल ने इसी आम आदमी के बलबूते पर दिल्ली की गद्दी पर अपना एकाधिकार जमाया। 2015 में उनकी 'आम आदमी पार्टी' ने दिल्ली के विधानसभा चुनावों में अद्भुत प्रदर्शन करते हुए सबको चौंका दिया। आम आदमी पार्टी ने 70 सीटोंवाली दिल्ली विधानसभा में 67

सीटें जीतीं, जबकि भारतीय जनता पार्टी ने मात्र 3 सीटें, तो वहीं कांग्रेस खाता भी नहीं खोल पाई।

लोकप्रिय व सशक्त नेता जे. जयललिता की मृत्यु से पूरे तमिलनाडु में हाहाकार मच गया। विरह में 597 लोगों ने अपनी जान दे दी। लोग सड़कों पर आकर बिलख-बिलखकर रोने लगे, क्योंकि वे तमिलनाडु में भगवान् की तरह पूँजी जाती थीं। उल्लेखनीय है कि जयललिता को डिहाइड्रेशन होने के कारण 22 सितंबर, 2016 को अपोलो अस्पताल में भरती कराया गया था। जहाँ 5 दिसंबर, 2016 को उनका निधन हो गया।

अभी तक का इतिहास यह बताता है कि पाकिस्तान से सामान्य संबंध स्थापित करने हेतु भारत सदैव झुकता रहा और पाकिस्तान झुकाता रहा। कहते हैं—'सब दिन होत न एक समान।' नरेंद्र मोदी के प्रधानमंत्री बनते ही भारतीय विदेश नीति में भी बदलाव के बादल उमड़ने-घुमड़ने लगे। उनके नेतृत्व में भारत ने पाकिस्तान को बता दिया कि अब वह किसी प्रकार की खुराफात सहन नहीं करेगा और ईंट का जवाब पत्थर से देगा। इसलिए पाकिस्तान ने 18 सितंबर, 2016 को जब भारतीय सीमा पर स्थित उड़ी में घुसपैठ की तो भारत ने उसका करारा जवाब दिया।

अर्थव्यस्था में निहित अव्यवस्थाओं को दूर करने व भ्रष्टाचार का उन्मूलन करने के लिए प्रधानमंत्री नरेंद्र मोदी ने एक कड़ा कदम उठाते हुए 8 नवंबर, 2016 को रात आठ बजे 500 और 1,000 रुपए के नोटों की नोटबंटी कर दी, जिसका मुख्य उद्देश्य काले धन पर नियंत्रण ही नहीं, बल्कि जाली नोटों से छुटकारा पाना भी था। इससे निश्चित तौर पर आम जनता को परेशानी हुई, परंतु देश के विकास के लिए यह एक आवश्यक काररवाई थी।

सिक्किम राज्य की सीमा पर डोकलाम नामक स्थान है, जो चीन और भूटान के पठारी सीमा को भी छूता है, इसलिए यह स्थान हमेशा से विवादास्पद रहा है। 2017 में डोकलाम में एक सड़क निर्माण को लेकर भारतीय सशस्त्र बलों और चीन की पीपुल्स लिबरेशन आर्मी के बीच सैन्य सीमा गतिरोध उत्पन्न हो गया था। इस स्थिति में पहली बार चीन ने समझदारी से काम लेते हुए अपनी सेनाएँ पीछे हटाने का निर्णय लिया। अत: 28 अगस्त, 2017 को दोनों देशों की सेनाएँ पीछे हट गईं और समस्या का शांतिपूर्ण समाधान हो गया। दरअसल अब चीन भी यह समझ चुका है कि भारत अब 1962 वाला भारत नहीं रहा।

5 अगस्त, 2019 को 70 साल पहले की गई भूल को सुधार लिया गया। कश्मीर की तत्कालीन परिस्थितियों को देखते हुए पं. जवाहर लाल नेहरू ने अक्तूबर 1949 को एक संविधान संशोधन कर जम्मू-कश्मीर को 'विशेष राज्य' का दर्जा देने के लिए संविधान में अनुच्छेद 370 का प्रावधान रखा था। यह प्रावधान शांति स्थापित करने के

लिए किया गया था, लेकिन ऐसा हो न सका। भारत-विरोधी ताकतें जब-तब सिर उठाती रहीं। अतः प्रधानमंत्री नरेंद्र मोदी ने एक साहसिक कदम उठाते हुए इस धारा को ही हमेशा-हमेशा के लिए समाप्त कर भारतीय राजनीति को एक खूबसूरत मोड़ दे दिया। भारतीय जनसंघ के संस्थापक श्यामा प्रसाद मुकर्जी ने शुरू से ही अनुच्छेद 370 का विरोध किया था।

अयोध्या में श्रीराम मंदिर ही बनेगा, न्यायालय का यह फैसला सुनते ही सारा देश खुशी से झूम उठा। जब 5 अगस्त, 2020 को सनातन धर्म के अनुरूप अभिजीत मुहूर्त में प्रधानमंत्री नरेंद्र मोदी ने अयोध्या में भूमि-पूजन कर मंदिर निर्माण की नींव रखी तो समूचे देशवासियों की आँखों से आस्था के आँसू बहने लगे। आत्मा सुकून की सैर करने लगी। मन दृढ़ नेतृत्व को दुआ देने लगा। इस भूमि-पूजन के अवसर पर आर.एस.एस. प्रमुख मोहन भागवत और उ.प्र. की राज्यपाल आनंदीबेन पटेल, मुख्यमंत्री योगी आदित्यनाथ समेत लगभग 175 लोग इस ऐतिहासिक लम्हे के गवाह बने।

महिलाओं का शोषण करनेवाली अनेक प्रथाएँ भारत में प्रचलित हैं। उन्हीं में से एक है तिहरा तलाक या तीन तलाक की प्रथा। इस कुप्रथा की आड़ में कोई भी मुसलमान पुरुष अपनी पत्नी को तीन बार 'तलाक' बोलकर, लिखकर या किसी इलेक्ट्रॉनिक रूप में भेजकर उससे विवाह-संबंध-विच्छेद (तलाक) कर लेता था, जबकि कुरान में सीधे तौर पर तीन तलाक का कोई जिक्र नहीं है और न ही पैगंबर मोहम्मद ने इसके बारे में सीधे तौर पर कुछ कहा है। अस्तु मुसलिम महिलाओं के अधिकारों के संरक्षण हेतु 30 जुलाई, 2019 को तीन तलाक बिल पारित कर यह प्रथा समाप्त कर दी गई। ऐसी स्थिति में यदि आनेवाले समय में प्रधानमंत्री नरेंद्र मोदी का नाम राजा राममोहन राय और ईश्वरचंद्र विद्यासागर जैसे सामाजिक सुधारकों की श्रेणी में रखा जाएगा तो यह गलत नहीं होगा। एक कहावत है कि 'जहाँ चाह है, वहाँ राह है।'

राजनीतिक व्यवस्थाएँ मानव जीवन को सुलभ व सुरक्षित बनाने के लिए होती हैं। सत्ता व आधिपत्य की राजनीतिक प्रक्रिया में मानव का मूल्य कई बार कमतर दृष्टिगत होता है। स्वयं को जोर-तोड़ का बादशाह समझनेवाले नेतागण व उनके तहत कार्य करनेवाले ज्ञान-विज्ञान के जानकारों ने कभी सपने में भी नहीं सोचा होगा कि एक दिन उनकी सत्ता व शक्ति को कोई नन्हा सा विषाणु चुनौती दे जाएगा! आश्चर्य किंतु सत्य, 2019 में यह सब हुआ। एक नन्हे विषाणु से उपजी कोविड-19 महामारी ने समूची मानवजाति को जीवन का रहस्य समझा दिया। वैश्विक जगत् में राजनीतिक गलियारों की दशा व दिशा मोड़ दी।

वैश्विक राजनीतिक पटल पर भारत ने कोरोना के खिलाफ जंग में महती भूमिका का निर्वहन किया है। भारत की राजनीतिक व्यवस्था एकतात्मकता की ओर झुककर

संघात्मक स्वरूप का आधारस्तंभ बनी। सभी को साथ लेकर चलने की नीति ने भारत को कोरोना संकट से उबार दिया। 28 सितंबर, 2022 को प्रधानमंत्री श्री नरेंद्र मोदी ने देशवासियों से आग्रह किया कि 'अब हमें जल्दी-से-जल्दी कोरोना के खौफ से बाहर निकल भारत को आगे ले जाने में अपनी-अपनी भूमिकाओं का निर्वहण करना है।' यह अत्यधिक हर्ष का विषय है कि कोरोना संकट के समय भारत एक सशक्त नेतृत्व के हाथों में था। मेरा मानना है कि 'यह नेतृत्व की सशक्तता का ही परिणाम है कि भारत कोरोना वायरस के प्रकोप से अपने राष्ट्र के साथ-साथ अपने पड़ोसी राष्ट्रों व जरूरतमंद राष्ट्रों की भी मदद कर पाया। यही सफल नेतृत्व भारत को वैश्विक महाशक्ति की ओर अग्रसर करेगा।'

# अनुक्रम

# 1

# जश्न आजादी का

कहते हैं कि हर चीज का अंत होता है। भारतीय स्वतंत्रता अधिनियम, 1947 के तहत अंग्रेजी हुकूमत का भी अंत हो गया और 14 अगस्त, 1947 की वह अर्धरात्रि आ गई, जिसमें चाँद की दूधिया रोशनी में समूचा देश खुली आँखों से आजादी का जश्न मना रहा था। नई दिल्ली के काउंसिल भवन के केंद्रीय कक्ष में शंखों के घोष, तालियों की गड़गड़ाहट और 'भारतमाता की जय' के नारों की गुंजन के बीच पं. जवाहरलाल नेहरू ने देश के पहले प्रधानमंत्री के बतौर शपथ ली।

यह वह ऐतिहासिक क्षण था, जब लोग खुशी से झूम रहे थे। आजादी के कुछ दीवाने रंग-बिरंगी रोशनी से अपने घरों को रोशन कर रहे थे तो कुछ ताल से ताल मिलाकर नृत्य कर रहे थे। यह वक्त था—यथार्थ के धरातल पर स्वतंत्रता की खुशबू को समेट लेने का, आत्मार्पित कर लेने का; तेजी से गुजरते लम्हों को महसूस कर लेने का। अस्तु, हर कोई रोमांचित व उत्साहित था। सुकून का शृंगार कर हर भारतीय का मन आजाद भारत के हवा के झोंकों के संग लहरा रहा था।

इस अवसर पर श्रीमती सुचेता कृपलानी ने अपनी मधुर आवाज में 'जन गण मन' के राष्ट्रीय गीत के साथ ही शायर इकबाल का 'सारे जहाँ से अच्छा हिंदोस्ताँ हमारा' गाया। इस गीत को सुनकर सब मंत्रमुग्ध हो गए।

15 अगस्त की सुबह लाल किले पर तिरंगा फहराते हुए पं. नेहरू ने सुभाष चंद्र बोस को याद करते हुए कहा कि उन्होंने ही सबसे पहले 'दिल्ली चलो' का आह्वान किया था। उन्होंने यह भी कहा था कि 'लाल किले पर तिरंगा गाड़ दो।' इसी अवसर पर उनके द्वारा दिया गया नारा 'जय हिंद' को अधिकृत तौर पर अपना लिया गया।

आजादी के जश्न के दौरान लाल किले में एकत्र देशवासियों की भीड़ के बीच में से बारंबार एक ही आवाज आ रही थी, 'महात्मा गांधी की जय हो।' परंतु उनकी जय-जयकार सुनने या स्वतंत्रता के जश्न को महसूस करने के लिए गांधीजी तो वहाँ थे ही नहीं! सवाल उठता है कि आजादी का मसीहा आजादी के जश्न से दूर कहाँ था?

15 अगस्त, 1947 की रात नई दिल्ली के काउंसिल भवन के केंद्रीय कक्ष में प्रधानमंत्री पद ग्रहण करते पं. जवाहरलाल नेहरू।

प्रथम दिन पं. जवाहरलाल नेहरू का 'नियति से वादा' नामक भाषण के दौरान का ऐतिहासिक चित्र।

15 अगस्त, 1947 की सुबह नई दिल्ली के लाल किले पर लहराता तिरंगा।

15 अगस्त, 1947 की सुबह के अखबारों की कुछ झलकियाँ।

दरअसल, आजादी के सुख के साथ ही मिले विभाजन के दुःख से द्रवित होकर वे कलकत्ता की उन गलियों का भ्रमण कर रहे थे, जहाँ आजादी से उपजी सांप्रदायिकता की आग धधक रही थी।

इस अवसर पर आजादी के रंग में रँगे हर भारतीय की आँखें आँसुओं से लबालब होकर उन्हें याद कर रही थीं, जो आजादी की सुनहरी चुनरिया देशवासियों को ओढ़ाकर खुद कफन लपेटकर चिरनिद्रा में सो गए। गुलामी की जंजीर तोड़ने के लिए खुद को मिटा देने वाले महाबलिदानियों को नम आँखों से स्मरण कर हर कोई स्वतंत्रता का जश्न मना रहा था।

सुखद व दुःखद अनुभूतियों से लिपटी वह बड़ी ही अद्भुत वेला थी—15 अगस्त, 1947 की सुबह। लोगों के मुँह से कभी अनायास ही आह निकलती तो कभी खुशी के आँसू छलक आते। सन् 1600 में व्यापारी बनकर आए अंग्रेजों के जुल्म का अंत होते देख भारतीयों के चेहरे कमल-से खिल उठे। अपनी जमीन पर अपनों के बीच सदियों से उत्पीड़न, अत्याचार व अवहेलना की मार सहते भारतीय को अपने वजूद का अहसास हो रहा था। समूचा देश प्यारे तिरंगे के लहराने से गर्व से फूला नहीं समा रहा था। यह आजादी उस गौरवपूर्ण संघर्ष की परिणति थी, जो राष्ट्रीय एवं क्षेत्रीय आह्वानों, उत्तेजनाओं एवं प्रयत्नों से प्रेरित, भारतीय राजनीतिक संगठनों द्वारा संचालित अहिंसावादी और सैन्यवादी प्रयत्नों का समन्वय था।

स्वतंत्रता के इस महापर्व की आहट द्वितीय विश्वयुद्ध में ब्रिटेन के पराभव के साथ ही हौले से कुछ सुनाने लगी थी। शक्ति का केंद्र अमेरिका व सोवियत संघ के दायरे में आ जाने से भारतीय के मन में आशा का एक बिंदु जगमगाने लगा था। ऐसा प्रतीत होने लगा था कि अब पीड़ा, यातना व अपमान के जीवन की ढलान समीप है। संघर्ष के बादल छँटनेवाले हैं। आजादी का सूर्य चमकनेवाला है। अनंत शहीदों के खून से रँगी कहानी का सुखद अंत होनेवाला है।

दुनिया के सर्वाधिक शक्तिशाली राज्य के साम्राज्यवादी चंगुल से आजादी की चिड़िया को नव पंख देने की दास्तान बहुत लंबी है। आजादी का मर्म वही जान सकता है, जो कभी गुलाम रहा हो, जिसने उपनिवेशवाद के जहर को पिया हो। भारतीयों ने इस जहर को पिया है। गुलामी के दर्द को झेला है, महसूस किया है। आत्मसम्मान की लहूलुहान गलियों में जीवन बसर किया है। भारतमाता की शान की रक्षा करते हुए अपनों को खोया है। उनके खून से लथपथ शरीर को अपने कंधों पर उठाया है। अपनी माँ-बहनों को सरेआम बेआबरू होते देखा है। मासूम बच्चों को तलवारों के वार से बिलखते देखा है। अपने हक को अन्याय से रौंदते देखा है। जुल्म की आँधी को बहुत ही करीब से गुजरते देखा है।

हर भारतीय के मन में बसे खौफ में ही आजादी की अनकही दास्तान है। इस दास्तान में कई किरदार रहे हैं। नेतृत्व की चिंतनभूति के कई रंग रहे। भाँति-भाँति की चुनौतियों से सजे कँटीले मुकाम रहे। संघर्ष के रंग में रँगी मातृभूमि के वजूद को ध्वस्त कर देनेवाले कई भयावह हालात रहे। अर्थात् भारत को दर्द की लंबी दास्तान से मुक्त करने में अनंत तत्त्वों का योगदान रहा, जिनमें से कतिपय महत्त्वपूर्ण तथ्यों का लेखा-जोखा इस प्रकार है—

## 1. 1857 का प्रथम मुक्ति संग्राम

दरअसल, जब अंग्रेजों ने व्यापार करने के बहाने भारत में प्रवेश किया था तो मुगल सम्राट् को इस बात का जरा भी अंदाजा नहीं था कि व्यापार के बहाने आनेवाले ये अंग्रेज एक दिन उन्हें ही उनकी भूमि में गुलाम बना देंगे! व्यापार की आड़ में समूचे भारतवर्ष को अपना उपनिवेश बना लेंगे। इस दिशा में 1757 में प्लासी की लड़ाई अहम स्थान रखती है। इस युद्ध में मीर जाफर ने बंगाल के नवाब सिराजुद्दौला के प्रति विश्वासघात करके रॉबर्ट क्लाइव को अपनी वफाएँ बेच दीं।

1848 में लॉर्ड डलहौजी के कार्यकाल से अंग्रेजी हुकूमत राजनीतिक सत्ता को अपने बाजुओं में समेटने में सफल होने लगी, इससे अंग्रेजों की स्थिति को सशक्तता प्राप्त हुई। यहाँ यह उल्लेखनीय है कि भारत का उत्तर-पश्चिमी भाग अंग्रेजी हुकूमत के निशाने पर रहा, उन्होंने यहीं से अपने पाँव जमाने शुरू किए।

1856 तक भारत की राजनीतिक परिस्थितियों में काफी बदलाव आया। अंग्रेजी हुकूमत ने अपने वर्चस्व को व्यापकता देने की भरसक कोशिश की। इस क्रम में उनके अत्याचार और लूट-खसोट का यह सिलसिला गति पकड़ने लगा। भारतवासी अपने ही देश में प्रताड़ित व अपमानित होने के लिए विवश होने लगे।

अंततः नाराज और असंतुष्ट स्थानीय शासकों, किसानों और बेरोजगार सैनिकों ने अंग्रेज हुकूमत के विरुद्ध विद्रोह का डंका बजा दिया। 1857 में हुए इस विद्रोह को 'प्रथम स्वतंत्रता संग्राम' कहना उपयुक्त होगा है। यह अंग्रेजी हुकूमत के खिलाफ विरोध जतानेवाला जनविरोध था, जिसमें समाज के लगभग हर वर्ग ने यथा—नर-नारी, राजा-रंक, हिंदू-मुसलिम, अमीर व गरीब, सभी ने अपने-अपने हिस्से की लड़ाई लड़ी। इस जन आंदोलन को प्रारंभ करने का श्रेय सैनिकों को जाता है। जब उन्हें इस बात की भनक लगी कि अंग्रेजी शासन उनके धर्म को भ्रष्ट करने के लिए नई एनफील्ड राइफल में प्रयोग किए जानेवाले कारतूसों में गाय और सूअर की चरबी से बने ग्रीस का प्रयोग कर रही है तो सैनिकों में आक्रोश उत्पन्न हो गया और फिर हौले से यह आक्रोश विद्रोह में बदल गया।

अस्तु 10 मई, 1857 को मेरठ में विद्रोह की प्रथम चिनगारी भड़की, जो हौले-हौले भभकती हुई आग का गोला बनकर भारत के अन्य हिस्सों में भी फैल गई। इसने दिल्ली, अवध, रोहिलखंड, बुंदेलखंड, इलाहाबाद, आगरा, मेरठ और पश्चिमी बिहार को सबसे ज्यादा प्रभावित किया। इस आक्रोश को दबाने के लिए अंग्रेजी हुकूमत द्वारा किया गया दमन व अत्याचार का दौर दिल दहलानेवाला था।

अंततोगत्वा 1857 के स्वतंत्रता संग्राम को भले ही बेरहमी से कुचल दिया गया हो, लेकिन तदुपरांत यह कहा जा सकता है कि जुलाई 1859 तक चलनेवाले इस जनविद्रोह ने अंग्रेजी हुकूमत की जड़ों पर गहरा आघात किया था। तभी तो भारत की औपनिवेशिक सत्ता को नियंत्रित करने की चाबी ईस्ट इंडिया कंपनी के हाथों से लेकर महारानी विक्टोरिया के हाथों में सौंप दी गई। हिंदू-मुसलिम एकता को देखकर बौखलाए अंग्रेजों ने 'फूट डालो और राज करो' की नीति का अनुसरण किया।

सांप्रदायिकता की कोख में पलनेवाला यही वह विषैला बीज था, जो 1947 में वटवृक्ष बनकर विभाजन का मुख्य कारक बना। अपनी इस 'फूट डालो और राज करो' नीति पर दृढ़ता से चलने के कारण ही अंग्रेज भारत के दोनों प्रमुख संप्रदायों को आपस में लड़वाने और फिर उन्हें कमजोर करके कुचलने में सफल रहे।

तदुपरांत यह कहा जा सकता है कि 1857 का प्रथम स्वतंत्रता संग्राम आजादी की राह में बोया गया वह नन्हा बीज था, जिसने वक्त की कोख में धीरे-धीरे बढ़ना-पलना शुरू कर दिया। यद्यपि समय-समय पर तेज आँधियाँ आईं व घनघोर बारिश भी हुई, परंतु प्रथम स्वतंत्रता का यह नन्हा बीज अडिग रहा। राष्ट्रीयता के भाव से ओत-प्रोत हवा व भारतमाता की आन-बान-शान की चाह में भीगे पानी और देशभक्तों के अदम्य साहस से चमकते सूर्य की ऊष्मा ने इस बीज को आजादी की अमरबेल के रूप में प्रफुल्लित होने में योग दिया।

## 2. भारतीय राष्ट्रीय आंदोलन का दबाव

31 दिसंबर, 1885 को अस्तित्व में आई भारतीय राष्ट्रीय कांग्रेस के साथ ही भारतीयों में राष्ट्रीयता के भाव उमड़-घुमड़कर जुबान पर आने लगे। चूँकि इसकी स्थापना के पीछे एक अंग्रेज अधिकारी ए.ओ. ह्यूम का हाथ था, इसलिए भारतीय बेधड़क अपने भावों को शब्दों का जामा पहनाने लगे। यद्यपि यह भी कहा जाता है कि भारतीय जनमानस के मन की बात जानने के लिए अंग्रेजों की यह कूटनीतिक चाल थी। वे कांग्रेस का इस्तेमाल एक 'सेफ्टी वॉल्व' के रूप करना चाहते थे, ताकि 1857 की भाँति आनेवाले किसी भी अन्य राष्ट्रीय चेतना के भूचाल को आने से पूर्व ही रोका जा सके।

विदेश हुकूमत का नजरिया जो भी रहा हो, लेकिन यह बात तो तय है कि इस मंच से राष्ट्रीय स्तर पर विचारों का आदान-प्रदान प्रारंभ हो गया। भारतीयों के मध्य विचार मंथन का दौर अँगड़ाइयाँ लेने लगा। मुंबई में आयोजित प्रथम अधिवेशन के नेतृत्व की बागडोर डब्ल्यू.सी. बनर्जी के हाथों में थी। 72 सदस्यों से प्रारंभ हुई कांग्रेस की सदस्यीय ताकत बढ़ने लगी और फिर एक ऐसा वक्त आया, जबकि इस मंच से कलकत्ता में हुए वार्षिक अधिवेशन में 'स्वराज' की प्राप्ति की घोषणा कर दी गई। शनैः-शनैः 'स्वदेशी आंदोलन' शुरू हो गया। इसे दबाने के लिए अंग्रेजों ने 20 जुलाई, 1905 को बंगाल को दो भागों—पूर्वी बंगाल व पश्चिम बंगाल—में विभाजित कर दिया। देश की राजधानी कलकत्ता से बदलकर दिल्ली कर दी गई।

संकट के इस दौर में तिलक ने अपनी आमद दर्ज कर भारतीय स्वतंत्रता संग्राम में एक नई आत्मा फूँक दी। उन्होंने लाला लाजपत राय व बिपिन चंद्र पाल के संग मिलकर गरम दल का बीजारोपण किया। दूसरी ओर अंग्रेज सरकार क्रमशः अपनी हुकूमत को मजबूती प्रदान करने की कोशिश कर रही थी। इसी तारतम्य में उन्होंने वर्ष 1909 में 'मार्ले-मिंटो एक्ट' पारित कर नरमपंथियों को खुश करने की कोशिश थी। विशेषज्ञों का मानना है कि इन सुधारों की आड़ में हिंदू और मुसलिमों के मध्य वैधानिक मतभेद का बीजारोपण कर देना ही अंग्रेजों का मुख्य मकसद था। आगे चलकर वे अपनी इस चाल में सफल भी हुए।

भारतीय एकता को खंडित करनेवाले बंगाल विभाजन का जमकर विरोध हुआ। अंततोगत्वा अंग्रेजी शासन को इस विरोध के सामने अपने घुटने टेकने पड़े और 1911 में यह विभाजन रद्द कर दिया गया। आजादी की लौ विदेशी भूमि में जलाने का कार्य लाला हरदयाल ने किया। उन्होंने 1913 में अमेरिका और कनाडा में बसे भारतीय क्रांतिकारियों को जोड़कर 'गदर पार्टी' नामक दल स्थापित किया।

1914 में प्रारंभ हुए प्रथम विश्वयुद्ध का कहर भारतीय जनमानस पर भी टूटा। अन्याय के खिलाफ आवाज उठाने के लिए 1915-16 में लोकमान्य तिलक और एनी बेसेंट के नेतृत्व में मुंबई व मद्रास में 'होमरूल लीग' की स्थापना की गई। तिलक का नारा था—'स्वराज मेरा जन्मसिद्ध अधिकार है और मैं इसे लेकर रहूँगा।'

वर्ष 1916 आजादी की राह में एक सुखद संयोग का वर्ष था। इस साल सूरत की फूट से पृथक् हुए नरमपंथी और गरमपंथी पुनः एक हो गए। इसी साल अहमदाबाद में साबरमती आश्रम की स्थापना की गई। 1917 में गांधीजी के नेतृत्व में सबसे पहले बिहार में 'चंपारण सत्याग्रह आंदोलन' की शुरुआत हुई। नील की खेती करनेवाले किसानों पर हो रहे घोर अत्याचार के विरोध में गांधीजी द्वारा यह सत्याग्रह शुरू किया गया था। इसके बाद हुए 'खेड़ा सत्याग्रह' की सफलता ने गांधीजी की

विश्वसनीयता को बढ़ा दिया। भारतीय जनमानस उनकी ओर आशान्वित निगाहों से देखने लगा।

दुनिया की आँखों में धूल झोंकने के लिए अंग्रेजी हुकूमत देश में दोहरी चाल चल रही थी। जहाँ एक ओर वह सुधारवादी योजनाएँ बनाने का ढोंग कर रही थी, वहीं दूसरी ओर 'रॉलेट एक्ट' बनाकर अत्याचार का ताना-बाना बुन रही थी और भारतीयों का मनोबल गिराने के लिए उन्हें प्रताड़ित करने के नित नए हथकंडे अपना रही थी। भारतीयों ने 'रॉलेट एक्ट' को काले कानून की संज्ञा दी। इस कानून के प्रावधानानुसार किसी भी भारतीय पर बिना वजह बताए मुकदमा चलाया जा सकता था और बिना दंड दिए उसे जेल में बंद किया जा सकता था।

अत: इस एक्ट के विरोध में देशव्यापी हड़तालें, जुलूस और प्रदर्शन होने लगे। विदेशी कपड़ों की होली जलाई जाने लगी। गांधीजी ने व्यापक हड़ताल का आह्वान किया। इसी दौरान आंदोलनकर्ता डॉ. सैफुद्दीन किचलू और डॉ. सत्यपाल को गिरफ्तार कर लिया गया। सार्वजनिक स्थानों पर ले जाकर उनके साथ भाँति-भाँति के अत्याचार व शारीरिक प्रताड़ना दी गई। उनकी गिरफ्तारी व जुल्म से उपजे आक्रोश को व्यक्त करने के लिए बड़ी संख्या में 13 अप्रैल, 1919 को बैसाखी के पर्व पर जलियाँवाला बाग में लोगों की भीड़ इकट्ठी हुई।

उसी समय वहाँ अमृतसर में तैनात क्रूर फौजी कमांडर जनरल डायर 303 ली-इनफिल्ड बोल्ट एक्शन राइफल और मशीनगन से लैस अपने सैनिकों के साथ आ पहुँचा। उसके सैनिकों ने पूरे मैदान को चारों तरफ से घेर लिया और बिना चेतावनी के अंधाधुंध गोलियाँ बरसानी शुरू कर दी गईं। गोलियों से हजारों लोगों के सीने छलनी हो गए। भीड़ में शामिल कई महिलाएँ और बच्चे भी उसकी क्रूरता के शिकार हुए। औपनिवेशिक ब्रिटिश राज के सूत्रों के द्वारा यह बताया गया कि इस घटना में लगभग 379 लोग मारे गए थे और 1,100 लोग घायल हुए थे। जबकि एक सिविल सर्जन डॉ. स्मिथ के अनुसार, यह अनुमान लगाया गया कि 1,526 लोग घायल हुए, लेकिन सही आँकड़ों के बारे में आज भी पता नहीं है। अपने आप को बचाने के लिए बहुत सारे लोग पास के ही एक कुएँ में कूद गए थे। बाद में इसी कुएँ से 120 लाशों को बाहर निकाला गया। यह घटना आज भी, ब्रिटिश हुकूमत के काले अध्याय के रूप में स्मरण की जाती है।

देश में व्याप्त असंतोष को असहयोग आंदोलन के रूप में मुखरता प्राप्त हुई। गांधीजी के नेतृत्व में 1 अगस्त, 1920 को यह आंदोलन प्रारंभ हो गया। स्कूलों, कॉलेजों और अदालतों के बहिष्कार की योजना बनी। हर पग पर विदेशी हुकूमत का असहयोग करने का संकल्प लिया गया। प्रथम विश्वयुद्ध के उपरांत भारतीय मुसलमान अपने धर्मगुरु तुर्की के खलीफा के साथ अंग्रेजों की वादाखिलाफी के कारण नाराज थे, अस्तु

वे भी उनके विरुद्ध अपना आक्रोश जताने के लिए असहयोग आंदोलन में शामिल हो गए। खिलाफत आंदोलन के समाहित होने से असहयोग आंदोलन काफी प्रभावशाली हो गया था।

गांधीजी के नेतृत्व में यह आंदोलन अपनी सफलता के नित नए पायदानों पर बढ़ ही रहा था कि तभी 5 फरवरी, 1922 को उत्तर प्रदेश के गोरखपुर शहर के चौरा-चौरी नामक एक गाँव से आंदोलनकारियों का जुलूस निकला। पुलिसवालों द्वारा उनके साथ बदसलूकी के प्रतिक्रियास्वरूप भीड़ ने पुलिस पर हमला बोल दिया। इस हिंसा में 22 पुलिसकर्मी मारे गए। इस घटना की सूचना मिलने पर 12 फरवरी, 1922 को गांधीजी ने असहयोग आंदोलन को स्थगित करने की घोषणा कर दी। मोतीलाल नेहरू, सी.आर. दास, जवाहरलाल नेहरू व सुभाष चंद्र बोस भौचक्के रह गए। गांधीजी के सामने किसी की न चली। इसके उपरांत मुसलिम लीग कांग्रेस की समूची कार्यविधि से पृथक् हो गई और इसके बाद वह फिर कभी भी, किसी भी आंदोलन में कांग्रेस के साथ नहीं मिल सकी।

देश में व्याप्त खालीपन को भरने का किंचित् प्रयास करते हुए दिसंबर 1922 में चितरंजन दास और मोतीलाल नेहरू ने मिलकर 'स्वराज पार्टी' की स्थापना की। मोतीलाल इसके अध्यक्ष बने। दोनों अपनी शैली में स्वतंत्रता की लौ को जलाए रखने का प्रयास कर ही रहे थे कि जून 1925 में चितरंजन दास का निधन हो जाने के कारण आजादी की लड़ाई का यह पायदान कमजोर पड़ गया।

भारत में 1919 के अधिनियम के संवैधानिक सुधारों की समीक्षा कर, उनको लागू करने के ध्येय से अंग्रेजी हुकूमत ने 1927 को एक कमीशन बनाया, लेकिन इसमें किसी भारतीय सदस्य को शामिल नहीं किया। इस बात का भारतीयों ने विरोध किया। अस्तु 3 फरवरी, 1928 को 'साइमन कमीशन' मुंबई आया तो बड़े पैमाने पर इसका विरोध किया गया। 'साइमन गो बैक' के नारे लगाए गए। लाला लाजपत राय के नेतृत्व में कई बड़े प्रदर्शन किए गए। लाहौर में पुलिस ने उन पर बेरहमी से लाठियाँ बरसाईं, जिससे बाद में उनकी मौत हो गई।

अंग्रेज सरकार ने कांग्रेस को चुनौती दी कि यदि उसे साइमन कमीशन की रिपोर्ट स्वीकार नहीं है तो वह कोई ऐसा प्रतिवेदन बनाए, जो सभी दलों को स्वीकार्य हो। मोतीलाल नेहरू की अध्यक्षता में बनी समिति ने एक 28 सूत्रीय प्रतिवेदन तैयार किया, जिसमें स्वराज की माँग को प्रमुखता से रखा गया। वैमनस्यवश मुसलिम लीग ने इस प्रतिवेदन को अस्वीकार करते हुए अपने खुद के नेता मोहम्मद अली जिन्ना द्वारा बनाया गया 14 सूत्रीय प्रतिवेदन प्रस्तुत किया।

कांग्रेस ने अपनी माँगों को पूरा करने हेतु साल भर का समय अंग्रेजी सरकार को दिया। जब सरकार ने उनके प्रतिवेदन पर ध्यान नहीं दिया तो 31 दिसंबर,

1929 को लाहौर में रावी नदी के किनारे आयोजित अधिवेशन में जवाहरलाल नेहरू ने स्वाधीनता की माँग रखते हुए एक स्वीकृत तिरंगा झंडा फहराया। साथ ही इस अधिवेशन में यह तय किया गया कि 26 जनवरी, 1930 से समूचे भारत में जन आंदोलन प्रारंभ किया जाएगा।

*डांडी यात्रा में गांधी अपने 78 साथियों के साथ।*

*नमक सत्याग्रह 1930, महात्मा गांधी 'नमक कानून' तोड़ते हुए।*

12 मार्च, 1930 को गांधीजी अपने 78 अनुयायी के साथ साबरमती आश्रम से दांडी यात्रा पर चल दिए। 240 मील की दूरी पार करके वे समुद्र तट पर पहुँचे और समंदर से मुट्ठी भर नमक अपनी मुट्ठी में उठाकर 'नमक कानून' तोड़ा। इसी के साथ 'सविनय अवज्ञा आंदोलन' प्रारंभ हो गया। एक अनुमान के अनुसार, देश के विभिन्न हिस्सों में करीब 7 लाख लोगों ने एक साथ 'नमक कानून' का विरोध कर अंग्रेजी हुकूमत के एकाधिकार को ललकारा। इस दौर में राष्ट्रीय संदेश को पहुँचाने के लिए 'जादुई लालटेनें' काम में लाई गईं। इस आंदोलन में स्त्रियों व बच्चों ने भी बड़ी संख्या में भाग लिया। कहीं पर बच्चों के लिए 'वानर सेना' तो कहीं लड़कियों के लिए 'माजेरी सेना' संगठित की गई।

दुर्भाग्यवश, यह आंदोलन भी उस वक्त अंग्रेजी शासन की कूटनीतिक चाल का शिकार हो गया, जबकि यह अपनी सफलता के उच्चतम शिखर को छू रहा था। अंग्रेजों के लुभावने वादों पर यकीन करके गांधीजी ने 1931 में 'गांधी-इरविन समझौता' कर लिया और कतिपय शर्तों के आधार पर यह आंदोलन स्थगित कर दिया गया। कुछ लोगों ने इसे 'अस्थायी करार' नाम दिया। इसी दौरान भगत सिंह, सुखदेव और राजगुरु को गिरफ्तार कर फाँसी दी गई। आलोचक कहते हैं कि गांधीजी ने इन्हें बचाने के लिए इस समझौते में कोई शर्त क्यों नहीं रखी? खैर, गांधीजी 'गोलमेज परिषद्' की बैठक में शामिल होने के लिए लंदन गए और जब वापस आए तो कहने लगे कि 'मैं खाली हाथ लौटा हूँ।' दरअसल, उनके साथ छल हुआ था।

खैर, महात्मा गांधी ने जवाहरलाल नेहरू और सुभाष चंद्र बोस इत्यादि की परस्पर सहमति से पुन: 'सविनय अवज्ञा आंदोलन' को प्रारंभ करने का निर्णय लिया, लेकिन इस बार सरकार पहले से ही इस आंदोलन को विफल करने के लिए तैयार थी। अत: जनवरी 1932 की शुरुआत से ही सरकार ने कांग्रेस और अन्य राष्ट्रवादी दलों के सदस्यों को गिरफ्तार करना शुरू कर दिया। वे आपस में मिलकर कोई योजना न बना सके। इस संशय के कारण समस्त राजनीतिक बंदियों को अलग-अलग गुप्त जेलों में रखा गया।

8 अगस्त, 1942 को प्रारंभ किए गए 'भारत छोड़ो आंदोलन' को गर्भ में ही कुचल दिया गया। 'करो या मरो' का नारा देनेवाले गांधीजी और अन्य बड़े नेताओं को 9 अगस्त के तड़के ही गिरफ्तार कर अज्ञात स्थानों पर भेज दिया गया; यानी सिर मुँड़ाते ही ओले पड़ गए थे। ऐसी स्थिति में इस आंदोलन को भूमिगत होना पड़ा। भूमिगत संगठनात्मक ढाँचे की बागडोर अच्युत पटवर्धन, अरुणा आसफ अली, राममनोहर लोहिया, सुचेता कृपलानी, छोटू भाई पुराणिक, बीजू पटनायक, आर.पी. गोयनका व जयप्रकाश नारायण इत्यादि के हाथों में थी। इस दौरान तोड़-फोड़ और

हिंसक घटनाओं की कई वारदातें भी सामने आईं। लगभग 60 हजार देशभक्त गिरफ्तार हुए व 26 हजार को सजा हुई। आंदोलन को कुचलने में अंग्रेजी हुकूमत ने कोई कसर नहीं छोड़ी थी, फिर भी उन्हें अब यह अहसास हो गया था कि अब भारत को गुलाम बनाए रखना टेढ़ी खीर है।

12 मार्च, 1942 को 'क्रिप्स मिशन' भारत आया। इसमें सर स्टेफोर्ड क्रिप्स नामक प्रतिनिधि ही एकमात्र सदस्य थे। कांग्रेस व मुसलिम लीग दोनों ने इस मिशन के प्रस्तावों को अस्वीकृत कर दिया। इसके उपरांत 1943 में आई 'वेवल योजना' की असफलता के बाद 1946 में 'कैबिनेट मिशन योजना' प्रस्तुत की गई, जिसके तहत भारत में एक संविधान सभा गठित करने का प्रस्ताव रखा गया। इस समय तक समूचे देश में जागरण का बिगुल बज चुका था। ऐसी अवस्था में अंग्रेजों को इस बात का अंदाजा हो गया था कि अब उनकी विदाई का अंतिम समय नजदीक आ गया है। इसलिए 1946 में आए ब्रिटिश संसदीय पर्यवेक्षण दल ने भी अपने प्रतिवेदन में लिख दिया था कि 'अब भारत को गुलाम नहीं रखा जा सकता था।'

अंततोगत्वा पर्याप्त विचार-विमर्श के उपरांत विभाजन की नींव पर 'माउंटबेटन योजना' नामक विशाल इमारत खड़ी की गई, जिसे भारतीयों ने बड़े ही भारी मन से अपनी स्वीकृति दे दी। जिसके आधार पर 5 अगस्त, 1947 को भारतीय स्वतंत्रता अधिनियम, 1947 पारित हुआ और लंबे काल से चले आ रहे भारतीय स्वतंत्रता संग्राम की गाथा का सुखद अंत हो गया।

## 3. क्रांतिकारियों का हौसला

अहिंसा का अपना एक दायरा है। अत्याचारी को अत्याचार की भाषा ही समझ में आती है। उत्पीड़न व जुल्म के उस दौर में अंग्रेजों द्वारा की जानेवाली हत्या का बदला हत्या से लेने की नीति अपनानेवाले क्रांतिकारियों का मानना था कि यही एक ऐसा मार्ग है, जिस पर चलकर अंग्रेजों के मन में खौफ पैदा किया जा सकता है। यद्यपि उन्हें इस बात का आभास था कि आजादी का यह रास्ता जोखिमों से भरपूर है। फिर भी वे इस मार्ग पर आगे बढ़े और हँसते-हँसते अनगिनत बहादुरों ने आजादी के पावन कुंड में अपनी शहादत दे दी। श्री मन्मथनाथ गुप्त ने अपनी पुस्तक 'क्रांतिकारी आंदोलन का इतिहास' में लिखा है—"विश्लेषण करने पर यह तथ्य सामने आया है कि पूर्ण स्वतंत्रता का नारा सर्वप्रथम क्रांतिकारियों ने ही दिया था। नारा ही नहीं, बल्कि उसके लिए उन्होंने समुचित त्याग व तपस्या की और हँसते-हँसते फाँसी पर चढ़े।"

अहिंसक आंदोलन के साथ-साथ चलनेवाले इस प्रचंड आंदोलन का बीजारोपण 1857 में ही 'कूका आंदोलन' व वासुदेव बलवंत फड़के के शंखनाद से

हो गया था। यह आंदोलन बंगाल व महाराष्ट्र की भूमि में पला-बढ़ा। बाद में वारींद्र घोष व भूपेंद्रनाथ दत्त भी इस आंदोलन के अग्रदूत बने। चापेकर बंधुओं—दामोदर, बालकृष्ण व वासुदेव ने क्रांति के महायज्ञ में अपने प्राणों की आहुति दे दी। 1905 में श्यामजी कृष्ण ने लंदन में एक क्रांतिकारी संगठन 'नेशनल होमरूल सोसाइटी' स्थापित किया।

वीर सावरकर व गणेश बंधुओं ने भी अपने हिस्से की कुरबानी दी। 1906 में अंग्रेजी हुकूमत के अत्याचारों से त्रस्त खुदीराम बोस और प्रफुल्ल चाकी ने 1908 में मुजफ्फरपुर में बम फेंका। गिरफ्तारी से बचने के लिए प्रफुल्ल चाकी ने खुद को गोली मार ली, लेकिन खुदीराम बोस पकड़े गए और उन्हें फाँसी की सजा दी गई। कालांतर में उत्तर भारत में भी इस आंदोलन की चिनगारी फैलने लगी। सरदार अजीत सिंह, सूफी अंबा प्रसाद, सरदार किशनसिंह, सरदार स्वर्णसिंह, शचींद्रनाथ सान्याल, अवधबिहारी, गणेशीलाल, बालमुकुंद, व बसंत कुमार विश्वास ने क्रांति का दामन थामकर देश की आजादी के लिए अपना सर्वस्व न्योछावर किया।

प्रथम विश्वयुद्ध के दौरान कतिपय क्रांतिकारियों ने अफगानिस्तान, ईरान, इंग्लैंड, फ्रांस व अमेरिका में भी क्रांतिकारी संगठनों की स्थापना कर गुलामी के विरुद्ध अलख जगाई। यद्यपि इस आंदोलन को बुरी तरह से रौंद दिया गया था। कुछ क्रांतिकारियों को जेल की सलाखों के पीछे भेज दिया गया तो कुछ स्वयं ही भूमिगत हो गए। कालांतर में अपनी धूमिल छवि को उज्ज्वल बनाने के लिए 1920 में अंग्रेजी हुकूमत ने कई क्रांतिकारियों को जेल से रिहा कर दिया। अत: ये लोग असहयोग आंदोलन के सहभागी बन गए; लेकिन इस असहयोग आंदोलन के स्थगित होते ही ये नवयुवक पुनः निराशा की गर्त में चले गए। उनकी आस्था अहिंसक आंदोलन के प्रति फीकी पड़ने लगी। अस्तु, वे पुनः क्रांति के मार्ग पर अग्रसर होने लगे।

19 दिसंबर, 1926 को काकोरी की घटना के आरोप में जब रामप्रसाद बिस्मिल को फाँसी देने के लिए तख्ते तक ले जाया गया तो वे बोल उठे—'वंदे मातरम्', 'भारतमाता की जय'। फाँसी के फंदे को गले में पहनने से पूर्व क्रांतिकारी राजेंद्र लाहिड़ी ने अपने एक दोस्त को पत्र में लिखा था—"यदि यह सच है कि इतिहास पलटा खाता है तो मैं समझता हूँ कि हमारी मृत्यु व्यर्थ नहीं जाएगी।" जतिन दास और उनके साथियों ने लाहौर में कैद के दौरान जेल प्रशासन के अत्याचार के खिलाफ भूख हड़ताल रखी। अंततः भूख हड़ताल के 63 दिन बाद 13 सितंबर, 1929 को अमर बलिदानी जतिन दास मौत के आगोश में समा गए। 27 फरवरी, 1931 को इलाहाबाद के अल्फ्रेड पार्क में अंग्रेजों की गिरफ्तारी से बचने के लिए चंद्रशेखर आजाद ने खुद को गोली मार ली और इस तरह आजादी का एक और वीर सिपाही शहीद हो गया।

8 अप्रैल, 1929 को भगत सिंह ने क्रांतिकारी साथी बटुकेश्वर दत्त के साथ मिलकर नई दिल्ली स्थित ब्रिटिश भारत की तत्कालीन सेंट्रल असेंबली के सभागार संसद भवन में बम और परचे फेंके थे। इसके बाद वे दोनों वहाँ से भागे नहीं, बल्कि खड़े रहे। अंततः दोनों क्रांतिकारियों को मौके पर गिरफ्तार कर लिया गया था।

श्री एच.वी. कामथ के अनुसार—"इतिहासकारों को यह मालूम है कि ब्रिटिश साम्राज्यवाद पर अंतिम व निर्णायक प्रहार महात्मा गांधी के सत्याग्रह ने नहीं, बल्कि नेताजी सुभाष चंद्र बोस की 'आजाद हिंद फौज' ने किया था। यदि महात्मा गांधी के 'भारत छोड़ो आंदोलन' की मंद गुहार नेताजी के युद्धघोष 'दिल्ली चलो' ने तेज न की गई होती और यदि इसकी प्रतिध्वनि सिंगापुर से मणिपुर तक गूँजी न होती तो उस स्थिति में न तो 15 अगस्त, 1947 को भारत स्वतंत्र होता और न ही 26 जनवरी को भारतीय गणतंत्र होता।"

## 4. सेना में विद्रोह

सेना प्रशासनिक व्यवस्था की प्राणवायु होती है, यदि यही अवरुद्ध हो जाए तो हुकूमत का मृतप्राय होना निश्चित है। अंग्रेजी शासन के साथ भी यही हुआ, उन्होंने सेना के बल पर समूचे देश को काबू में करके उसे गुलामी की जंजीरों से कसकर बाँधे रखा, लेकिन द्वितीय विश्वयुद्ध के उपरांत हवा का रुख बदलने लगा। राष्ट्रीय जागरण केवल नागरिकों तक ही सीमित न रहा, बल्कि इसकी लहर पुलिस व सेना तक भी पहुँच चुकी थी।

ब्रिटिश हुकूमत ने जैसे ही 'आजाद हिंद फौज' के सैनिकों पर मुकदमा चलाए जाने का निर्णय लिया, पूरे देश में इसकी तीव्र प्रतिक्रिया हुई। इन सैनिकों के बचाव में समूचा देश आगे आ गया। कांग्रेस ने सैनिकों के बचाव हेतु 'आजाद हिंद फौज बचाव समिति' का गठन कर दिया। इन सैनिकों को आर्थिक सहायता देने तथा उनके लिए रोजगार की व्यवस्था करने हेतु 'आजाद हिंद फौज राहत व जाँच समिति' भी बनाई गई।

जब लाल किले में एक हिंदू (प्रेम कुमार सहगल), एक मुसलमान (शाहनवाज खान) तथा एक सिख (गुरुबख्श सिंह ढिल्लों) को एक ही कठघरे में खड़ा करके मुकदमा चलाया गया तो उस स्थिति में बचाव पक्ष की ओर से भूलाभाई देसाई और तेजबहादुर सप्रू के साथ पं. जवाहरलाल नेहरू भी पैरवी करने आ गए। इस प्रकरण में काटजू एवं आसफ अली उनके सहायक बनकर खड़े थे।

*आजाद हिंद फौज व नेताजी सुभाष चंद्र के कतिपय चित्र।*

'आजाद हिंद फौज' के अधिकारियों पर चलाए गए मुकदमों के फलस्वरूप सेना में भी नवीन चेतना आ गई थी। 17 फरवरी, 1946 को बंबई में नौसैनिक विद्रोह हो गया। अंग्रेजी हुकूमत के विरुद्ध बगावत का झंडा लेकर लगभग तीन हजार नौसैनिक जवान सड़क पर आ गए। उन्होंने कई गोरे लोगों पर शारीरिक हमले भी किए। बंदरगाहों पर खड़े कई समुद्री जहाजों पर से विलायती झंडे को हटाकर तिरंगा लहरा दिया गया। भारतीय सेना के विद्रोह ने ब्रिटिश साम्राज्यवाद को हिला दिया। इस विद्रोह की तीव्रता इतनी ज्यादा थी कि मात्र दो ही दिनों में अंग्रेजी हुकूमत खुद को असहाय-सा महसूस करने लगी। जब स्थिति उनके नियंत्रण से बाहर हो गई तो अंग्रेजों ने नौसैनिकों को नियंत्रण में करने के लिए सेना बुलाई, लेकिन उन्होंने अपने भाइयों पर गोलियाँ चलाने से इनकार कर दिया। अंततोगत्वा शासन को गोरी फौज बुलानी पड़ी, लेकिन स्थिति उनसे भी नहीं सँभली।

तब सरदार वल्लभभाई पटेल को स्थिति सँभालने के लिए आगे आना पड़ा। दरअसल, सैनिक अनुशासन ही शासन का आधारस्तंभ होता है। अत: भारत के बड़े नेतागण नहीं चाहते थे कि आजाद भारत में सेना किसी भी प्रकार की अनुशासनहीनता करे। इसलिए उन्होंने समझाइश देकर सैनिक विद्रोह को शीघ्रातिशीघ्र शांत कर दिया।

इसके अतिरिक्त, आजाद हिंद फौज की सक्रियता व भारतीय वायुसेना की हड़ताल ने भी ब्रिटिश सरकार को इस तथ्य से अवगत करा दिया था कि अब भारतीय सेना पर विश्वास नहीं किया जा सकता और भारत में अंग्रेजी सेना रखना काफी खर्चीला है। अत: सैनिक दृष्टिकोण से भी ब्रिटिश साम्राज्य का भारत में टिका रहना कठिन प्रतीत होने लगा। अस्तु, ब्रिटिश राजनीतिज्ञों ने व्यवहारकुशलता और राजनीतिक दूरदर्शिता के साथ विचार किया। परिवर्तित हालात में उन्होंने यह फैसला किया कि ऐसी स्थिति में सम्मानपूर्वक भारत छोड़ देना ही उचित होगा।

क्रांतिकारी बी.सी. दत्त के शब्दों में—"सैनिक विद्रोह ने स्वतंत्रता की प्रक्रिया को और तेज कर दिया था। अब स्वतंत्रता किसी भी क्षण आ सकती थी।"

## 5. वैश्विक शक्ति का बदलता केंद्र

द्वितीय विश्वयुद्ध से पूर्व इंग्लैंड एक प्रथम श्रेणी का राष्ट्र था। ऐसा कहा जाता था कि "इंग्लैंड के राज में कभी सूर्य अस्त नहीं होता।" अपने विशालकाय साम्राज्य के मद में चूर ब्रिटेन के बारे में किसी ने सपने में भी नहीं सोचा होगा कि एक दिन उसका साम्राज्य ताश के पत्तों की तरह एक-एक कर ढह जाएगा! लेकिन ऐसा हुआ। शक्ति चंचल होती है। वह किसी एक स्थान पर ज्यादा दिनों तक नहीं टिकती है। अस्तु, द्वितीय विश्वयुद्ध के उपरांत ब्रिटेन के हाथों से शक्ति रेत की भाँति फिसल गई। उसकी स्थिति

बहुत निर्बल हो गई। उसकी अर्थव्यवस्था को भारी आघात पहुँचा। जनशक्ति कम हो गई। अत: अब वह इस अवस्था में नहीं था कि भारत पर नियंत्रण बनाए रख सके तथा उसके आर्थिक और सैनिक भार को सहन कर सके। इसलिए उसने भारत को स्वतंत्र कर देने में ही अपनी भलाई समझी।

दूसरी बात, द्वितीय विश्वयुद्ध के उपरांत शक्ति का केंद्र बदल गया। फासिस्ट और नाजी शक्तियाँ तथा जापानी साम्राज्यवादी शक्तियाँ पूर्णतया परास्त हो चुकी थीं। यद्यपि आंग्ल-अमेरिकन साम्राज्यवाद विजयी हो गया था, परंतु साम्राज्यवाद को बहुत भारी धक्का लगा। बदले हालातों में दो महान् शक्तियाँ—संयुक्त राज्य अमेरिका और पूर्व सोवियत संघ विश्वपटल पर उभरकर सामने आईं। इस तारतम्य में यह बड़ा सुखद संयोग था कि सोवियत संघ उन सभी देशों की पैरवी कर रहा था, जो स्वतंत्रता-प्राप्ति के लिए संघर्षरत थे। राष्ट्रपति रूजवेल्ट और च्यांग काई शेक ने ब्रिटेन पर भारतीय स्वतंत्रता के लिए काफी दबाव डाला। युद्धकाल के बाद अमेरिकी राष्ट्रपति ट्रूमैन ने इस दबाव में वृद्धि कर दी। ब्रिटेन ने अमेरिकी सहयोग से ही विजय प्राप्त की थी और युद्धोत्तर काल में इंग्लैंड का आर्थिक पुनरुद्धार अमेरिकी सहायता पर ही निर्भर था। ऐसी स्थिति में इंग्लैंड, अमेरिका की अवहेलना करने का साहस नहीं कर सकता था।

## 6. ब्रिटेन में मजदूर दल की सत्ता

हर राजनीतिक दल अपने द्वारा बनाए दायरों के अनुसार कार्य करता है। सत्ता में आने के उपरांत अपनी मौलिक विचारधारा के अनुरूप निर्णय निर्माण करता है। द्वितीय विश्वयुद्ध के समय चर्चिल के हाथों में ब्रिटेन के नेतृत्व की बागडोर थी, लेकिन महायुद्ध के बाद नेतृत्व का यह दायित्व क्लीमेंट रिचर्ड एटली के हाथों में चला गया। वे एक ब्रिटिश राजनीतिज्ञ व लेबर पार्टी के नेता थे। वे प्रारंभ से ही भारत के प्रति सकारात्मक नजरिया रखते थे। उनका सत्ता में आना ही भारत की स्वतंत्रता के लिए वरदान स्वरूप था।

विद्वानों का मानना है कि 1945 के आम चुनाव में ब्रिटेन में मजदूर दल की विजय का एक कारण मजदूर दल की भारत के प्रति सहानुभूतिपूर्ण नीति भी थी। सत्तारूढ़ होने के पूर्व से ही मजदूर नेताओं ने भारतीय समस्या को सहानुभूतिपूर्वक सुलझाने का आश्वासन दिया था और सत्तारूढ़ होते ही उन्होंने इस आश्वासन को पूरा किया। प्रधानमंत्री एटली ने स्पष्ट कहा, "अब भारत को आजाद कर देने का वक्त आ गया है। परिवर्तित हालातों में भारत को अब और गुलाम बनाकर नहीं रखा जा सकता।" प्रधानमंत्री का पदभार ग्रहण करते ही उन्होंने 1945 में भारत को औपनिवेशिक स्वराज देने की घोषणा कर दी और फिर 1947 में पूर्ण स्वतंत्रता दे दी।

## 7. ब्रिटिश जनमत

सर्वविदित है कि द्वितीय विश्वयुद्ध ने दुनिया में कई मूलभूत बदलाव किए। उन्हीं बदलावों में एक महत्त्वपूर्ण बदलाव यह था कि साम्राज्यवादी ब्रिटेन के निवासी भारत के प्रति सहानुभूति रखने लगे। कतिपय लोग तो भारतीय स्वतंत्रता का समर्थन भी करने लगे थे। इसके पीछे कतिपय कारक थे—पहला तो यही कि उन्होंने 1935 के अधिनियम के सफल क्रियान्वयन के माध्यम से भारतीयों की राजनीतिक क्षमता को व्यावहारिक धरातल पर देख लिया था।

दूसरी बात, प्रथम व द्वितीय महायुद्ध में भारतीयों ने ब्रिटेन को जो सहयोग दिया था, उससे प्रभावित होकर ब्रिटिशवासी भारत को अपना मित्र मानने लगे थे। दरअसल द्वितीय विश्वयुद्ध के समय भारत में आजादी का संघर्ष चल रहा था और भारत अंग्रेजों के कब्जे में था। भारत ने भी नाजी जर्मनी के विरुद्ध 1939 में युद्ध की घोषणा कर दी। गुलाम भारत से 20 लाख से अधिक सैनिक युद्ध के लिए भेजे गए, जिन्होंने ब्रिटिश के अधीन धुरी शक्तियों के विरुद्ध युद्ध लड़ा। इसके अलावा सभी देशी रियासतों ने भी अपनी क्षमतानुसार युद्ध के लिए बड़ी मात्रा में अंग्रेजों को धनराशि प्रदान की। भारतीय सैनिकों ने इथोपिया में इतालवी सेना के खिलाफ; मिस्र, लीबिया और ट्यूनीशिया में इतालवी और जर्मन सेना के खिलाफ और इतालवी सेना के आत्मसमर्पण के बाद इटली में जर्मन सेना के खिलाफ युद्ध लड़ा था।

तीसरी बात, ब्रिटेन के निवासी गांधीजी की चिंतनभूमि व अहिंसक कार्यशैली के आंदोलन से प्रभावित थे। वे गांधीजी की सत्यनिष्ठा व नैतिक मूल्यों के कायल थे। जैसाकि सर्वविदित है कि 1 सितंबर, 1939 को जर्मनी ने पोलैंड पर हमला कर द्वितीय विश्वयुद्ध की शुरुआत कर दी और उसके बाद फ्रांस ने जर्मनी पर युद्ध की घोषणा कर दी तथा इंग्लैंड और अन्य राष्ट्रमंडल देशों ने भी इसका अनुमोदन किया। देखते-ही-देखते लगभग 70 देशों की करीब 10 करोड़ थल-जल-वायु सेनाएँ इस युद्ध में सम्मिलित हो गईं। इस युद्ध में विश्व दो भागों में बँटा हुआ था—मित्र राष्ट्र और धुरी राष्ट्र। ब्रिटेन मित्र राष्ट्रों के संग युद्ध में उतरा था।

इसी दौरान भारत में प्रांतों की नवीन व्यवस्थापिकाएँ गठित हुईं। पंजाब व बंगाल को छोड़कर लगभग सभी स्थानों पर कांग्रेस को विजय हासिल हुई। गांधीजी के समर्थित उम्मीदवार पट्टाभि सीतारमैया को हराकर नेताजी सुभाष चंद्र बोस कांग्रेस के अध्यक्ष पद पर निर्वाचित हुए। अध्यक्ष के बतौर उन्होंने गांधीजी को सलाह दी—"भारत के लिए यह स्वर्ण अवसर है। ऐसी अवस्था में, जबकि ब्रिटेन यूरोप में युद्ध में व्यस्त है, उसे हमारी सहायता की आवश्यकता है। हम शासन से कह देंगे कि यह सहायता तभी मिलेगी, जब भारत को आजाद कर दिया जाएगा। यदि वे हमें स्वतंत्रता नहीं देते हैं तो हम स्वयं

स्वतंत्रता प्राप्त करने के लिए आंदोलन प्रारंभ कर दें। यानी ब्रिटेन के विनाश में ही हमारी स्वतंत्रता है।" सुझाव तो सही था, परंतु गांधीजी की सोच अलग प्रकार की चिंतनभूमि में विकसित हुई थी; उन्होंने कह दिया, "हम इंग्लैंड के विनाश पर अपना कल्याण नहीं करना चाहते।" अत: ऐसे महान् देश व उसकी जनता के पक्ष में ब्रिटिश जनमानस का होना स्वाभाविक था।

## 8. एशिया में नवजागरण की लहर

वस्तुत: 20वीं सदी स्वतंत्रता की प्रचंड लहर के साए में बढ़ी चली जा रही थी, लगभग संपूर्ण एशियाई देशों में आजादी हासिल करने के लिए संघर्ष चल रहा था। द्वितीय विश्वयुद्ध के उपरांत लगभग समस्त एशियाई देश अपनी परतंत्रता की लंबी निद्रा से जाग चुके थे। एशियावासियों को यह महसूस होने लगा था कि पश्चिमी राष्ट्रों द्वारा उनको धोखे में रखकर उनका शोषण किया जा रहा है। उनकी आँख में मिर्ची झोंकी गई है। अब भारत की स्वतंत्रता की ललक भी अन्य देशों से पृथक् नहीं थी, परंतु आजादी का जज्बा भारतीयों के लंबे संघर्ष की दास्तान है। इस दास्तान को वैश्विक परिवर्तन, खासकर एशियाई देशों के जागरण में फायदा अवश्य मिला। मध्य-पूर्व के देशों में उपनिवेशवाद का अंत करने का दृढ़ निश्चय एक बुलंद आवाज बनकर अंग्रेजी हुकूमत की नींव को हिला रहा था। अत: समय की नजाकत को समझकर अंग्रेजों ने भारत को आजाद कर दिया।

राधाकृष्णन ने संविधान सभा में कहा था—"ब्रिटेन बधाई का पात्र है कि वह समय को पहचानकर भारत से ससम्मान विदा हो रहा है और फ्रांस व हॉलैंड की भाँति हठधर्मिता नहीं कर रहा है।" तत्कालीन संघर्ष व आंदोलन की आँधी में भारत अगुआ था। अंततोगत्वा जब भारत को आजादी हासिल हुई तो वह अन्य एशियाई देशों के लिए प्रेरक तत्त्व बनी।

## 9. साम्यवाद का खतरा

विश्व में दो विचारधाराओं की प्रबल धारा ने तमाम राज्यों को दो टुकड़ों में बाँट दिया। पूँजीवादी व साम्यवादी देश वर्चस्व की लड़ाई में इतने मगरूर हो गए कि उनकी आपसी प्रतिद्वंद्विता देखकर ऐसा लगने लगा, मानो दुनिया में पूँजीवाद व साम्यवाद के रूप में दो ही रंग हैं—एक सफेद और दूसरा काला। इसके अतिरिक्त, दुनिया में अन्य कोई न तो रंग हैं और न ही विचारधारा है।

ब्रिटेन एक पूँजीवादी देश है, जिसका साम्यवाद से जन्मजात विरोध है। अत: द्वितीय विश्वयुद्ध के दौरान जब जर्मनी ने सोवियत रूस पर हमला कर दिया तो जापान ने

भी पर्ल हाइबर पर आक्रमण कर अमेरिका को बौखला दिया। अपनी सशक्त सैन्य शक्ति के सहारे जापान आश्चर्यजनित ढंग से निरंतर जीत हासिल करता जा रहा था। कुछ ही सप्ताह में उसने हिंद-चीन, इंडोनेशिया, मलाया व सिंगापुर पर अपना झंडा फहरा दिया। बर्मा को भी जापान ने अधिकृत कर लिया। अंडमान-निकोबार का भी पतन हो गया। शनैः-शनैः जापानी जहाज बंगाल की खाड़ी की ओर बढ़ने लगे। इससे मित्र राष्ट्र खेमे में खलबली मच गई। अंग्रेजी हुकूमत भी बौखला गई।

इन परिस्थितियों में अमेरिका ने भी ब्रिटेन पर इस बात के लिए दबाव डालना प्रारंभ कर दिया कि कांग्रेस से समझौता कर लिया जाए। अस्तु, आनन-फानन में अंग्रेजों ने भारतीयों का सहयोग प्राप्त करने के लिए भारतीय स्वाधीनता संग्राम के प्रति थोड़ी नरमी बरतना शुरू कर दी। दिसंबर 1941 में कई राजनीतिक बंदियों को रिहा कर दिया। बातचीत के रास्ते खोल दिए। कांग्रेस ने व्यक्तिगत सत्याग्रह स्थगित कर दिया। परंतु उससे कोई फायदा नहीं हुआ। 1942 में प्रारंभ हुए 'भारत छोड़ो आंदोलन' को सिर उठाने से पहले ही कुचल दिया गया। इसी दौरान गांधीजी ने 'हरिजन' नामक पत्रिका में लिखा—"अब समय आ गया है, जब अंग्रेजों को भारत छोड़ देना होगा। परंतु अंग्रेजो! भारत को जापान के लिए मत छोड़ो, बल्कि भारत को भारतीयों के लिए व्यवस्थित रूप में छोड़ जाओ।"

1946 में ही समूचा विश्व शीतयुद्ध की चपेट में आ गया था। दुनिया दो भागों में बँट गई। शक्ति संतुलन एक गंभीर समस्या बनकर प्रकट होने लगा। अंग्रेजी हुकूमत के कमजोर पड़ते ही साम्यवाद शनैः-शनैः भारत की ओर बढ़ने लगा। अस्तु, कांग्रेस के नेतृत्व से निराश जनता साम्यवाद की ओर झुकने लगी। यह स्थिति देखकर अंग्रेजों को यह संशय हो गया कि यदि शीघ्र सत्ता हस्तांतरण नहीं किया गया तो भारत में साम्यवाद का उदय हो सकता है। अतः ब्रिटिश शासन सतर्क हो गया, क्योंकि अपनी विरोधी शक्तियों को प्रोत्साहित करने की गलती वह कतई नहीं कर सकता था।

## 10. ब्रिटिश राज का प्रभाव

यों तो अंग्रेजों ने भारत का अधिकाधिक शोषण करने के लिए सुविधाओं के जाल फैलाए। प्रशासकीय एकता, आवागमन तथा यातायात के साधनों का विकास और शिक्षा के प्रसार के लिए अंग्रेजी को माध्यम बनाया, लेकिन इन समस्त गतिविधियों से भारतीयों को आमूलचूल लाभ हुआ। इसके परिणामस्वरूप देश के विभिन्न भागों में निवासरत भारतीय एक-दूसरे के नजदीक आए। उनमें एकता व अखंडता की भावना की जड़ें मजबूत हो गईं। भारतीयता के भाव से भरे भारतीय अपने देश के लिए कुछ भी करने के

लिए तत्पर हो गए। अपनी मातृभूमि की आन-बान-शान को बचाने के लिए जनमानस में प्रतिबद्धता का विकास हुआ, जोकि एक अद्‌भुत मंजर था।

इस प्रकार यह कहा जा सकता है कि ब्रिटिश हुकूमत के इन सभी कार्यों से भारतीय स्वतंत्रता की जमीन तैयार हुई, जो सहयोग की चादर ओढ़कर झट से आजादी की चिनगारी जला गई। यदि ये विकास कार्य नहीं होते तो संभवतया हमें आजादी के लिए अभी और इंतजार करना पड़ता। संघर्ष की लौ को कुछ और सालों तक जलाए रखनी पड़ती। अंग्रेजों के द्वारा किए गए जाने-अनजाने प्रयत्नों के फलस्वरूप राष्ट्रीय कांग्रेस पार्टी अस्तित्व में आई, जिसने अंतत: महात्मा गांधी के नेतृत्व में राष्ट्रीय आंदोलन को नया जीवन प्रदान किया। समस्त राष्ट्रीय शक्तियों का संचय कर उसे गति प्रदान की। कांग्रेस के सफल नेतृत्व से ही भारतीयों में देशभक्ति और राष्ट्र-प्रेम की भावनाओं को बल मिला। समस्त देश में राष्ट्रीयता की लहर फैल गई और समूचा भारत अंग्रेजी चंगुल से मुक्त होने के लिए मचलने लगा।

## 11. 'माउंटबेटन योजना' की स्वीकृति

सर्वविदित है कि 20 फरवरी, 1947 को ब्रिटिश प्रधानमंत्री ने यह घोषित कर दिया था कि "जून 1948 तक अंग्रेज भारत को छोड़ देंगे।" इस घोषणा से उपजा सबसे बड़ा सवाल यही था कि अंग्रेज जब भारत छोड़ेंगे तो सत्ता किसे सौंपेंगे? उन्होंने तो स्पष्ट कह दिया कि "भारतीयों को सत्ता सौंपकर भारत से चले जाएँगे।" परंतु भारतीयों के अंदरूनी मतभेदों के कारण यह मसला हल नहीं हो पा रहा था कि सत्ता किसे सौंपी जाए? कांग्रेस दल और मुसलिम लीग दोनों के मध्य सत्ता को लेकर पैदा हुई तकरार सांप्रदायिक दंगे में बदल गई थी। पूरे भारत में सांप्रदायिक दंगे हो रहे थे।

इस प्रकार भारतीय स्वतंत्रता के मार्ग की सबसे बड़ी बाधा कांग्रेस और मुसलिम लीग का पारस्परिक विरोध था। काफी विचार-विमर्श के उपरांत ब्रिटिश शासन ने लॉर्ड माउंटबेटन को भारत भेजा। उन्होंने समस्त पक्षों व परिस्थितियों के गंभीरतापूर्वक अवलोकन के उपरांत यह तय किया कि भारत में शांति व्यवस्था व सुदृढ़ता की स्थापना के लिए यह आवश्यक है कि भारत को दो भागों में विभाजित कर दिया जाए। उनके मतानुसार यही इस समस्या का एकमात्र समाधान है।

गांधीजी ने जब यह बात सुनी तो उन्होंने कहा, "अगर सारे भारत में आग भी लग जाए तो भी पाकिस्तान का निर्माण संभव नहीं है।" आगे उन्होंने यह भी कहा, "पाकिस्तान का निर्माण मेरे शव पर होगा।" उस समय भारत के नेतृत्व की डोर पं. जवाहरलाल नेहरू व सरदार वल्लभभाई पटेल के हाथों में थी, इसलिए लॉर्ड माउंटबेटन ने गांधीजी की तारीफ करके उन्हें टाल दिया।

लंबे विचार-मंथन के बाद अंततः 3 जून, 1947 को कांग्रेस और लीग दोनों के द्वारा 'माउंटबेटन योजना' स्वीकृत कर ली गई। इस प्रकार सत्ता हस्तांतरण के मार्ग की अंतिम बाधा भी समाप्त हो गई। परिवर्तित परिस्थितियों के दबाव के कारण कांग्रेस ने यह समझ लिया कि भारत का विभाजन ही गतिरोध दूर करने का एकमात्र उपाय रह गया है। मुसलिम लीग ने भी समय की नजाकत को समझते हुए 'लँगड़े पाकिस्तान' को स्वीकार करने में व्यावहारिकता का परिचय दिया। इस तरह सभी पक्षों द्वारा 'माउंटबेटन योजना' स्वीकार कर लिये जाने पर लॉर्ड माउंटबेटन ने भारत के विभाजन का कार्य शीघ्रातिशीघ्र पूरा कर दिया। अस्तु, 15 अगस्त, 1947 को भारत स्वतंत्र राष्ट्रों की श्रेणी में आ गया।

इस प्रकार यह कहा जा सकता है कि भारतीय स्वतंत्रता किसी एक तत्त्व का परिणाम नहीं, वरन् अनेक तत्त्वों के सामूहिक प्रयत्नों का परिणाम थी। जिसमें भारतीयों के अदम्य साहस, निरंतर चले स्वाधीनता संघर्ष, समय की गति और परिस्थितियों के दबाव व स्वतंत्रता सेनानियों द्वारा रचित राष्ट्रीय चेतना व बलिदान इत्यादि समाहित हैं। □

## 2

# दर्द विभाजन का

एक कहावत है—'कुछ पाने के लिए कुछ खोना पड़ता है।' भारत ने अपनी आजादी की कीमत अपने ही जिस्म के दो टुकड़े करके अदा की है। आजादी का सुख दर्द की चादर में लिपटकर आया। सिसकते हुए उसने झंडे को फहराया। दरअसल विभाजन किसी देश की भूमि का ही नहीं होता है, बल्कि लोगों की भावनाओं का भी होता है। विभाजन का दर्द वे ही अच्छी तरह महसूस कर सकते हैं, जिन्होंने इसे प्रत्यक्ष रूप से देखा हो। उसकी सिहरन को सहा हो। अपना घर व गलियाँ छोड़नी पड़ी हों। अपनों को खोना पड़ा हो। भारत-पाकिस्तान हो या फिर उत्तर-दक्षिण कोरिया विभाजन या फिर जर्मनी का विभाजन हो, यह आम लोगों के लिए काफी त्रासदीपूर्ण रहता है; लेकिन आजादी के सुनहरे भविष्य की आस में देश की जनता को विभाजन का जहरीला घूँट पीना पड़ा।

3 जून, 1947 को भारत के अंतिम ब्रिटिश गवर्नर जनरल के बतौर वाइसकाउंट लुइस माउंटबेटन ने अपनी कुरसी सँभाली। उस समय भारत में अंतरिम सरकार कार्यरत थी, जिसमें 5 कांग्रेस समर्थक तो 5 मुसलिम लीग के सदस्य थे। इन पाँचों सदस्यों ने कुछ इस प्रकार का वातावरण निर्मित कर रखा था कि सरकार अपना कार्य भलीभाँति नहीं कर पा रही थी। यह सब नियोजित व पोषित गतिविधियाँ थीं। पूर्व वायसराय वेवल का उनके सिर पर हाथ था। मुसलिम लीग की पूर्व निर्धारित योजनानुसार वे अपने आचरण को कार्यरूप दे रहे थे। इसलिए तो पं. नेहरू ने कहा था कि मुसलिम लीग व अंग्रेजी हुकूमत के उच्चाधिकारियों के मध्य समझौता हो चुका है।

उन्होंने आगे कहा, "वह धीरे-धीरे कार के पहिए निकाल रहा है और इससे स्थिति और भी भयंकर बन रही है।" स्थिति को सामान्य बनाने के लिए पं. नेहरू, मो. अली जिन्ना व बलदेव को लंदन बुलाकर अंग्रेजी शासन ने समझाइश देने की कोशिश की,

लेकिन परिणाम वही 'ढाक के तीन पात'! सच तो यह है कि अंग्रेजी हुकूमत यह चाहती ही नहीं थी कि भारत के सभी दल मिल-जुलकर रहें, अस्तु, औपचारिकतावश उन्हें यह सम्मेलन आयोजित करना पड़ा था।

*लॉर्ड 'माउंटबेटन योजना' को स्वीकृत करने के ऐतिहासिक क्षण का चित्र।*
*(लॉर्ड माउंटबेटन के साथ पं. जवाहरलाल नेहरू व मो. अली जिन्ना)*

*भारत-विभाजन के कतिपय दृश्य।*

कांग्रेस व मुसलिम लीग के बीच निरंतर खाई बढ़ती ही जा रही थी, जिसके परिणामस्वरूप अंतरिम सरकार का कार्य लगभग ठप-सा हो गया था।

इसी कशमकश के बीच 9 दिसंबर, 1946 को संविधान सभा की प्रथम बैठक हुई। सभा के सबसे बुजुर्ग सदस्य डॉ. सच्चिदानंद सिन्हा को सभा का अस्थायी अध्यक्ष चुना गया। इसमें कुल 389 सदस्यों में से प्रांतों के 296 सदस्यों ने हिस्सा लिया। इसमें कांग्रेस के 208, मुसलिम लीग के 73 एवं 15 अन्य दलों के स्वतंत्र उम्मीदवारों से भाग लिया। प्रथम अधिवेशन के दौरान मुसलिम लीग के असहयोगात्मक रवैये में इस कदर वृद्धि हो गई कि अब वह बहिष्कार पर उतारू हो गई। अत: इस अधिवेशन का बहिष्कार कर मुसलिम लीग के सभी 73 सदस्य सभा से बाहर आ गए। सभा के बाहर आकर उन्होंने पाकिस्तान के लिए अलग संविधान सभा की माँग भी कर डाली।

मुसलिम लीग के बहिष्कार के उपरांत संविधान सभा का कार्य निर्बाध रूप से चलता रहा। एक अच्छा संविधान निर्मित करने का प्रयास भी किया जा रहा था, परंतु मुसलिम लीग को इसमें कोई रुचि नहीं थी। उसने कांग्रेस के साथ कार्य नहीं करने का निश्चय कर लिया था। इसलिए तो वह हरसंभव, हर कदम पर, तमाम गतिरोध उत्पन्न कर रही थी और पूरी ताकत के साथ एक पृथक् संविधान सभा की माँग को एक मुखर आवाज देने का प्रयास कर रही थी।

इसी तारतम्य में इस बात का उल्लेख किया जाना भी महत्त्वपूर्ण होगा कि जब लॉर्ड माउंटबेटन का भारत आगमन हुआ, उस समय भारत सांप्रदायिक दंगों की चपेट में था। 16 अगस्त, 1946 को मो. अली जिन्ना ने 'सीधी काररवाई' का आदेश देकर समूचे देश में सांप्रदायिक दंगों को खुलेआम समर्थन दिया। दरअसल, मुसलिम लीग की इस काररवाई को अंग्रेजी हुकूमत का प्रश्रय प्राप्त था। अत: दहशत फैलाने के लिए मुसलिम गुंडों के द्वारा हिंदुओं को मारा जाने लगा। नरसंहार के इस दिल दहला देनेवाले दौर में पुलिस व सेना ने कोई कार्यगत काररवाई नहीं की। इसलिए कांग्रेस का यह आरोप था कि पुलिस प्रशासन भी मुसलिम लीग के गैर-कानूनी कार्य का समर्थन कर रहा है। कारण जो भी रहा हो, लेकिन यह बात सत्य है कि उस समय सांप्रदायिक दंगों से पूरा देश थरथरा रहा था।

पंजाब के दौरे पर गए पं. नेहरू ने सांप्रदायिक दंगों से उपजी अमानुषिकता का दृश्य अपनी आँखों से देखा। 11 मार्च, 1947 को उन्होंने लिखा—"मैंने बीभत्स दृश्य देखे हैं। मैंने उन व्यवहारों को देखा है, जिससे पशुत्व भी लज्जित हो जाए।" 3 जून, 1947 को जैसे ही वे दिल्ली पहुँचे, उसी शाम को सरकारी तौर पर यह घोषित किया गया कि पंजाब में होनेवाले सांप्रदायिक दंगों में अब तक 2049 लोग मारे गए और करीब 1,000 लोग घायल हो गए हैं। अस्तु, उस दौर के हालात को देखकर माउंटबेटन ने तुरंत

यह निर्णय लिया कि देश में शांति व व्यवस्था को कायम रखने के लिए मुसलिम लीग की माँग को मान लिया जाए। आलोचक कहते हैं, "यह अंग्रेजी हुकूमत की सोची-समझी चाल के तहत लिया गया निर्णय था। वे तो यही चाहते थे कि भारत बँट जाए।"

गांधीजी को जब लॉर्ड माउंटबेटन के इस निर्णय की भनक लगी तो वे भड़क उठे। उन्होंने कहा, "भले ही पूरे भारत में आग लग जाए, परंतु वे पाकिस्तान का निर्माण नहीं होने देंगे।" बड़ी ही दृढ़ता के साथ गांधीजी ने कहा कि "पाकिस्तान का निर्माण मेरे शव पर होगा।" उस समय तक गांधीजी के प्रभाव का ग्राफ थोड़ा नीचे आ गया था। नेहरू और वल्लभभाई पटेल का दबदबा प्रारंभ हो गया था। अस्तु, अंग्रेजी हुकूमत ने कूटनीतिक ढंग से इस मुद्दे का समाधान किया। उन्होंने गांधीजी की प्रशंसा करके उन्हें हलके में लिया।

विभाजन का विरोध कर रहे पं. नेहरू व पटेल का समर्थन प्राप्त करना एक चुनौतीपूर्ण कार्य था। अस्तु, अपने इस निर्णय को कार्यरूप देने के लिए उन्होंने अपनी पत्नी श्रीमती एडविना सिंथिया एनेट एशले के सौंदर्य का उपयोग किया। पं. नेहरू को मनाने का कार्य उनकी पत्नी ने सँभाला व पटेल को समझाने का जिम्मा उन्होंने खुद लिया। अंततः जब वे आश्वस्त हो गए कि भारत में अब उनकी योजना का विरोध करनेवाला कोई नहीं बचा, तब उन्होंने 'माउंटबेटन योजना' नामक यह प्रस्ताव पेश कर दिया।

इस प्रकार व्यापक विचार मंथन के उपरांत 3 जून, 1947 को भारत के विभाजन के ढाँचे को मंजूरी दे दी गई। 'माउंटबेटन योजना' को कांग्रेस व मुसलिम लीग दोनों के द्वारा स्वीकार कर लिया गया।

उल्लेखनीय है कि इस समय ब्रिटिश भारत में बहुत से ऐसे राज्य थे, जिनके राजाओं के साथ ब्रिटिश सरकार ने तरह-तरह के समझौते कर रखे थे। अतः ये 565 रियासतें किस राज्य में सम्मिलित होंगी? यह इनके स्वविवेक पर छोड़ दिया गया। भारत या पाकिस्तान में किसी एक का चुनाव करते हुए इन रियासतों में से ज्यादातर ने धर्म के आधार पर अपना निर्णय लिया।

'माउंटबेटन योजना' के प्रमुख तथ्य इस प्रकार थे—

1. **सत्ता हस्तांतरण की तिथि में बदलाव :** करीब एक माह पूर्व 20 फरवरी, 1947 को ब्रिटिश प्रधानमंत्री एटली ने यह घोषित कर दिया था कि "जून 1948 तक अंग्रेज भारतीयों को सत्ता सौंपकर भारत से चले जाएँगे।" तत्कालीन परिस्थिति का आकलन करते हुए 'माउंटबेटन योजना' में यह कहा गया कि "अब ब्रिटिश सरकार सत्ता हस्तांतरण के लिए जून 1948 तक इंतजार नहीं करेगी, बल्कि वह अगस्त 1947 में ही सत्ता का हस्तांतरण कर देगी।"

2. **भारत के विभाजन का प्रावधान :** लॉर्ड माउंटबेटन ने स्पष्ट कर दिया था कि भारत में होनेवाले सांप्रदायिक दंगों व अव्यवस्था का एकमात्र उपाय है भारत विभाजन। अस्तु, उन्होंने अपनी योजना में दो अधिराज्यों—भारत व पाकिस्तान को सत्ता सौंपने की बात कही।
3. **लँगड़े पाकिस्तान की संरचना :** 'माउंटबेटन योजना' के तहत जिस पाकिस्तान को स्वीकृति दी गई, उस पर प्रतिक्रिया व्यक्त करते हुए मोहम्मद अली जिन्ना ने कहा था कि "यह तो एक लँगड़ा पाकिस्तान है।" दरअसल, मो. अली जिन्ना ने जिस पाकिस्तान की माँग की थी, उसमें पश्चिम में पंजाब, सिंध, सीमा प्रांत व बलूचिस्तान के प्रांत और पूर्व में बंगाल व असम समाहित थे। इसके साथ ही, उन्होंने पूर्वी भाग से पश्चिम को जोड़नेवाला एक गलियारा भी माँगा था। लेकिन 'माउंटबेटन योजना' में उनकी इस माँग को अस्वीकृत कर दिया गया। मो. जिन्ना द्वारा माँगे गए पश्चिमी पाकिस्तान में से पंजाब, पूर्वी पाकिस्तान में से बंगाल व असम को हटा दिया गया। गलियारेवाली माँग को भी नजरअंदाज कर दिया गया।
4. **सीमा प्रांत में जनमत की व्यवस्था :** उस दौर की जनसांख्यिकीय स्थिति को देखा जाए तो यह स्पष्ट होता है कि सीमा प्रांत में रहनेवाले अधिकांश लोग मुसलिम संप्रदाय के थे, लेकिन वहाँ पर कांग्रेस की सरकार थी। इसलिए इस योजना में यह प्रस्तावित किया गया कि सीमा प्रांत के क्षेत्रों के भविष्य का निर्धारण जनमत-संग्रह के द्वारा किया जाए।
5. **सीमांकन हेतु एक कमीशन का प्रावधान :** भारत के विभाजन का सीमांकन करने का कार्य संपन्न करने हेतु एक कमीशन गठित करने का प्रावधान भी 'माउंटबेटन योजना' में रखा गया। लंदन के अधिवक्ता सर सिरिल रेडक्लिफ की अध्यक्षता में यह कार्य किया जाना सुनिश्चित किया गया। उनसे यह अपेक्षा की गई कि वे भारत-पाकिस्तान के भौगोलिक ढाँचे की संरचना का निर्धारण करते हुए इस बात का ध्यान रखेंगे कि हिंदू बहुल इलाके भारत में और मुसलिम बहुल इलाके पाकिस्तान में शामिल किए जाएँ।

व्यावहारिकता के धरातल पर जब इस योजना का क्रियान्वयन किया जाने लगा तो मो. अली जिन्ना ने इस योजना को स्वीकार करने से मना कर दिया, क्योंकि उन्हें वे क्षेत्र नहीं दिए गए थे, जिसकी उन्होंने माँग की थी। भारतीय चिंतक श्री प्यारे लाल ने अपनी पुस्तक 'द लास्ट फेज' में लिखा है—"मो. अली जिन्ना ने लँगड़े पाकिस्तान को स्वीकार करने से मना कर दिया था, परंतु उसे लॉर्ड माउंटबेटन के दबाव के कारण स्वीकार करना पड़ा।"

बदले हुए हालात में मो. अली जिन्ना को यह कहते हुए पाया गया—"पाकिस्तान न होने से लँगड़ा पाकिस्तान ही अच्छा है।" भले ही मो. अली जिन्ना ने लँगड़ा पाकिस्तान स्वीकार कर लिया हो, लेकिन एक अन्य मुसलिम नेता मौलाना आजाद का कहना था—"हिंदुस्तान में मुसलमानों के हित ज्यादा सुरक्षित रहेंगे।" राममनोहर लोहिया व पुरुषोत्तम दास टंडन अंत तक भारत-विभाजन के खिलाफ रहे, परंतु नियति को भारत का विभाजन ही मंजूर था। 15 जून, 1947 को कांग्रेस महासमिति की बैठक हुई। काफी विचार-विमर्श के उपरांत 'माउंटबेटन योजना' के पक्ष में 157 मत आए, जबकि विपक्ष में मात्र 9 मत आए। इस अवसर पर महात्मा गांधी ने कहा था—"यद्यपि ज्यादातर नेताओं ने अंग्रेजों की योजना को स्वीकार कर लिया है, परंतु आप चाहें तो इसे उलट सकते हैं। ...किंतु ऐसा आप तभी कर सकते हैं, जब आप एक बड़ी क्रांति के लिए तैयार हों। मैं नहीं समझता कि अब आप इसके लिए तैयार होंगे।"

गांधीजी की इस बात को सुनकर पं. नेहरू व पटेल जैसे बड़े नेता चुप रहे। यह देखकर पुरुषोत्तम दास टंडन ने आवेश में कहा था, "नेहरू अंग्रेजी शासन व लीग से दब गए हैं।" इस स्थिति पर टीप करते हुए दुर्गादास बसु ने कहा है—"यदि उस समय सभी कांग्रेसी नेता एक साथ खड़े होकर कहते कि 'हाँ-हाँ, हम क्रांति के लिए तैयार हैं' तो शायद गांधीजी देश के लिए अपने कर्तव्य के प्रति पुनर्विचार करते और संभवतया आज भारत की स्थिति कुछ और होती।"

शायद उस समय कांग्रेस के नेताओं को थकान व ठहराव ने घेर लिया था। अब उनमें और संघर्ष करने की इच्छाशक्ति नहीं बची थी। दूसरी बात, एक दबाव की राजनीति भी उनके सिर पर मँडरा रही थी। इन सबसे महत्त्वपूर्ण बात यह थी कि मात्र विभाजन ही देश में आग की तरह फैलते सांप्रदायिक दंगों को रोकने का एकमात्र उपाय प्रतीत हो रहा था। ज्यादातर लोगों का यह मानना था कि विभाजन से मार-काट व हिंसा रुक जाएगी व शांति व्यवस्था कायम हो जाएगी। दरअसल, इस विश्वास का बीजारोपण अंग्रेजी हुकूमत द्वारा उनके दिमाग में कर दिया गया था।

सरदार वल्लभभाई पटेल का कहना था—"मैंने यह अनुभव किया कि देश का विभाजन स्वीकार न करने पर देश अनेक टुकड़ों में बँटकर बरबाद हो जाता। इस प्रकार एक नहीं, अनेक पाकिस्तान बन जाते। एक-एक दफ्तर में पाकिस्तानी कीटाणु घर कर जाते।" यह सर्वविदित है कि ब्रिटिश हुकूमत भारत में सत्ता हस्तांतरण का मन बना चुकी थी। ऐसी स्थिति में यदि 'माउंटबेटन योजना' अस्वीकृत कर दी जाती तो अंग्रेज भारत के कई अन्य छोटे-बड़े दलों को सत्ता सौंपकर चले जाते। उन्हें तो जाना ही था, इसलिए सत्ता की बागडोर कोई भी सँभाले, इससे उन्हें क्या फर्क पड़ता!

...परंतु हाँ, इसका भारत पर जरूर असर पड़ता। संभवतया सत्ता छोटी-छोटी रियासतों में बिखरकर अपना वजूद ही मिटा लेती। बंगाल, पंजाब, दिल्ली इत्यादि पृथक्-पृथक् राज्य बन जाते। इस भयानक स्थिति से बचने के लिए भारत-विभाजन को स्वीकार करना एक बुद्धिमत्तापूर्ण निर्णय माना जाता है। सरदार पटेल ने कहा था—"मैंने विभाजन को अंतिम उपाय के रूप में तब स्वीकार किया था, जब संपूर्ण भारत के हमारे हाथों से निकल जाने की संभावना हो गई थी।"

यह भी माना जाने लगा था कि पाकिस्तान रूपी कैंसर का फोड़ा भारत के शरीर में बना रहना खतरनाक है। इसलिए इसका शरीर से पृथक् होना आवश्यक है। ऐसा हो जाने से भारत में स्थायी एकता, शांति व आर्थिक प्रगति की उम्मीद की जाने लगी थी। गोविंद बल्लभ पंत का मानना था, "3 जून, 1947 की स्वीकृति ही स्वतंत्रता-प्राप्ति का एकमेव मार्ग है। इससे भारत शक्तिशाली केंद्र बनेगा व उसकी उन्नति हो सकेगी।"

उस समय यह भी तर्क दिया जा रहा था कि यदि मुसलिम लीग को कटा-छँटा पाकिस्तान स्वीकार है तो भारत को भी इस अवसर का लाभ उठा लेना चाहिए। बँटवारा भारत के पक्ष में दृष्टिगोचर होने की बात कही जा रही थी। भारत के कुछ हिस्से पाकिस्तान में चले जाने के बाद भी भारत एक विशाल देश है।

इन तमाम बातों को मद्देनजर रखकर कांग्रेस व मुसलिम लीग के हारे-थके बूढ़े नेताओं ने माउंटबेटन की योजना को अपनी स्वीकृति दे दी। इन आशाओं के साथ कि सुबह का सूरज खुशियों व शांति से भरपूर होगा। आज हम वास्तविकता के धरातल पर देख रहे हैं कि वे सब एक इंद्रधनुषीय स्वप्न थे, जो दूर से देखने में तो मोहक प्रतीत हो रहे थे, परंतु वे यथार्थ से कोसों दूर थे।

खैर, 'माउंटबेटन योजना' का दामन थाम ब्रिटिश संसद ने 18 जुलाई को भारतीय स्वतंत्रता अधिनियम, 1947 पारित कर दिया। जिसमें यह प्रावधानित किया गया कि "15 अगस्त, 1947 को भारत व पाकिस्तान अधिराज्य नामक दो स्वायत्तोपनिवेश बना दिए जाएँगे और उनको ब्रिटिश सरकार सत्ता सौंप देगी।" अस्तु, क्रियान्वयनस्वरूप 14 अगस्त, 1947 को 11:57 बजे, पाकिस्तान एक भिन्न राष्ट्र घोषित कर दिया गया और मध्यरात्रि के तुरंत बाद 15 अगस्त, 1947 को 12:02 बजे भारत भी एक संप्रभु और लोकतांत्रिक राष्ट्र बन गया। इस प्रकार स्वतंत्रता के साथ ही विभाजन का दर्द भी संग-संग चला आया।

पाकिस्तान में सत्ता परिवर्तन की रस्में 14 अगस्त को कराची में की गईं और 15 अगस्त को नई दिल्ली में। वायसराय लुइस माउंटबेटन ने दोनों देशों के स्वतंत्रता समारोहों में हिस्सा लेकर उसे ऐतिहासिक बना दिया।

भारत-विभाजन से करोड़ों लोग प्रभावित हुए। इस दौरान हुई हिंसा में करीब 10 लाख लोग मारे गए और करीब 1.45 करोड़ शरणार्थियों ने अपना घर-बार छोड़कर

बहुमत संप्रदायवाले देश में शरण ली। कई लोगों के घरों के साथ-साथ उनके अपने भी छूट गए। यह वह घड़ी थी, जबकि ब्रिटिश शासक 'भारत में फूट डालो और राज करो' की नीति की सफलता की दहलीज पर खड़े होकर दाँत निपोर रहे थे। उनकी कूटनीतिक चाल इतराकर मुसकरा रही थी…और हम हताश-निराश होकर बगलें झाँक रहे थे। हमारे देखते-ही-देखते नफरत का नन्हा सा बीज अब वटवृक्ष बन चुका था। अंग्रेजी हुकूमत अपने लक्ष्य को प्राप्त करने में कामयाब रही। हिंदू-मुसलिम संप्रदायों के मध्य भेदभाव के भाव पैदा करके उसने ऐसा वातावरण निर्मित कर दिया था कि 20वीं सदी आते-आते मुसलमान हिंदुओं के बहुमत से डरने लगे और हिंदुओं को भी लगने लगा कि ब्रिटिश सरकार मुसलमानों को विशेषाधिकार देकर हिंदुओं के प्रति भेदभाव करने लगी है और फिर 15 अगस्त, 1947 को ऐसी जबरदस्त आँधी आई कि 1857 के प्रथम स्वतंत्रता संग्राम में कंधे-से-कंधा मिलाकर लड़नेवाले हिंदू-मुसलिम भाई हमेशा के लिए अलग कर दिए गए।

**विभाजन की ऐतिहासिक मीमांसा :** विभाजन के इस दर्द की गाथा को टटोलने के लिए यदि इतिहास के झरोखे में देखें तो यह विदित होगा कि विभाजन को कार्यरूप देने की तैयारी मुसलिम लीग के उद्‍भव के साथ ही शुरू हो गई थी। दरअसल, बंगाल के विभाजन ने सांप्रदायिक विभाजन को भी जन्म दे दिया था। इससे प्रोत्साहित नवाब आगा खान और नवाब मोहसिन-उल-मुल्क के नेतृत्व में भारतीय मुसलिमों के अधिकारों की रक्षा के लिए 30 दिसंबर, 1906 को ढाका में मुसलिम लीग का गठन किया गया। मुसलिम लीग के गठन को प्रोत्साहित करनेवाले तमाम कारण थे, जैसे—ब्रिटिश योजना, शिक्षा का अभाव, मुसलिमों की संप्रभुता का पतन, धार्मिक भावनाओं की अभिव्यक्ति, भारत का आर्थिक पिछड़ापन इत्यादि।

उस समय इन नेताओं का विचार था कि मुसलमानों को बहुसंख्यक हिंदुओं से कमतर अधिकार उपलब्ध थे। वे भारतीय राष्ट्रीय कांग्रेस को हिंदुओं का प्रतिनिधित्व करनेवाला दल मानते थे। इसलिए मुसलिम लीग ने यह सोचना प्रारंभ कर दिया था कि भारत में मुसलमानों का पृथक् अस्तित्व होना चाहिए। इसी तारतम्य में 1930 में हुए मुसलिम लीग के सम्मेलन में प्रसिद्ध उर्दू कवि मुहम्मद इकबाल ने अपने भाषण में पहली बार मुसलमानों के लिए एक अलग राज्य की माँग उठाई थी।

1935 में भी सिंध प्रांत की विधानसभा में भी यही माँग दुहराई गई। इकबाल और मौलाना मुहम्मद अली जौहर ने मुहम्मद अली जिन्ना को इस माँग का समर्थन करने को कहा, लेकिन उस समय जिन्ना ने उनकी इस माँग को मानने से इनकार कर दिया। वे एक पक्के राष्ट्रवादी व हिंदू-मुसलिम एकता के कट्टर समर्थक थे। मो. अली जिन्ना पर मुसलिम लीग का दबाव बढ़ने लगा तो वे एकांतवास में लंदन चले गए। गहन चिंतन-

मनन करने के बाद जब वे लंदन से भारत लौटे तो पक्के संप्रदायवादी बन चुके थे। 'फूट डालो व राज करो' की नीति का शिकार बने मो. अली जिन्ना ने धीरे-धीरे यह आरोप लगाना शुरू कर दिया कि कांग्रेसी नेता मुसलमानों के हितों पर ध्यान नहीं दे रहे।

अंततः 1940 में लाहौर में आयोजित मुसलिम लीग सम्मेलन में जिन्ना ने साफ तौर पर कहा कि "वे दो अलग-अलग राष्ट्र चाहते हैं।" यह सत्य है कि हिंदुओं और मुसलमानों के धर्म, विचारधाराएँ, रीति-रिवाज, विश्वास व परंपराएँ बिल्कुल अलग-अलग हैं, तथापि 'हिंदू महासभा' जैसे हिंदू संगठन भारत के बँटवारे के प्रबल विरोधी थे। वे मानते थे कि हिंदुओं और मुसलमानों में मतभेद हैं, लेकिन विभाजन इसका समाधान नहीं हो सकता।

1937 में इलाहाबाद में 'हिंदू महासभा' के सम्मेलन में एक भाषण में विनायक दामोदर सावरकर ने कहा था—"आज के दिन भारत एक राष्ट्र नहीं है, यहाँ पर दो राष्ट्र हैं—हिंदू और मुसलमान।" कांग्रेस के अधिकतर नेता पंथनिरपेक्ष थे और संप्रदाय के आधार पर भारत का विभाजन करने के विरुद्ध थे। महात्मा गांधी का विश्वास था—"हिंदू और मुसलमान साथ रह सकते हैं और उन्हें साथ रहना चाहिए।" अपने इसी विश्वास के कारण उन्होंने विभाजन का घोर विरोध किया। "मेरी पूरी आत्मा इस विचार के विरुद्ध विद्रोह करती है कि हिंदू और मुसलमान दो विरोधी मत और संस्कृतियाँ हैं। ऐसे सिद्धांत का अनुमोदन करना मेरे लिए ईश्वर को नकारने के समान है।" बहुत सालों तक गांधीजी और उनके अनुयायियों ने कोशिश की कि मुसलमान कांग्रेस को छोड़कर न जाएँ।

अंग्रेजी हुकूमत ने योजनाबद्ध तरीके से हिंदू और मुसलमान दोनों संप्रदायों में एक-दूसरे के प्रति शक को बढ़ावा दिया। अतः अंग्रेजी हुकूमत के पुचकारने से मुसलिम लीग ने अगस्त 1946 में 'सीधी काररवाई दिवस' मनाया और कलकत्ता में भीषण दंगे किए, जिसमें करीब 5,000 लोग मारे गए और बहुत से घायल हुए। ऐसे माहौल में सभी नेताओं पर दबाव पड़ने लगा कि वे विभाजन को स्वीकार करें, ताकि देश पूरी तरह गृहयुद्ध की स्थिति में न आ जाए। अंततोगत्वा विभाजन हो गया।

विभाजन के बाद के महीनों में दोनों नए देशों के बीच विशाल जन स्थानांतरण की दर्द भरी दास्तान आँसू बहाती रही। नफरत में डूबे पाकिस्तान में बहुत से हिंदुओं और सिखों को बलात् बेघर कर दिया गया, लेकिन भारत में ऐसा कुछ नहीं किया गया। भारत में मुसलमानों को अपना मनपसंद स्थान चयनित करने की स्वतंत्रता दी गई। यह कहा गया कि वे चाहें तो भारत में रहें या पाकिस्तान चले जाएँ।

भारत का यह विभाजन अठारहवीं सदी में यूरोप, एशिया, अफ्रीका और मध्य-पूर्व में किए गए अनेक विभाजनों में से एक है। प्रायः अधिकांश विभाजनों में जिस तरह विभिन्न धार्मिक समुदायों के बीच जितनी हिंसा हुई, उससे कहीं अधिक हिंसा इस

विभाजन में हुई। साम्राज्यवादी ब्रिटेन ने भारत का यह विभाजन करने से पूर्व आयरलैंड, फिलिस्तीन और साइप्रस के भी विभाजन करा दिए थे। उसने इन विभाजनों का कारण यह बताया कि अलग-अलग समुदायों के लोग एक साथ मिलकर नहीं रह सकते, जबकि असल कारण यह नहीं था। इन विभाजनों के पीछे केवल धार्मिक और नस्ली कारण नहीं थे, बल्कि ब्रिटेन के सामरिक और राजनीतिक हित भी शामिल थे, जिनके आधार पर समझौतों के समय उसने अपनी रणनीति बनाई। अत: भारत सहित अन्य तीनों देश भी ब्रिटिश शासन की इन्हीं चालों के शिकार हुए।

भारत-पाक विभाजन की सीमा-रेखाएँ तय होने के बाद एक खौफनाक मंजर उभरकर सामने आया। लगभग 1.45 करोड़ लोगों ने हिंसा से भयभीत होकर सीमा पार करके बहुमत संप्रदाय के देश में शरण ली। उल्लेखनीय है कि 1951 में की गई जनगणना के अनुसार विभाजन के उपरांत 72,26,000 मुसलमान भारत छोड़कर पाकिस्तान गए और 72,49,000 हिंदू और सिख पाकिस्तान छोड़कर भारत आए। इसमें से 78 प्रतिशत स्थानांतरण मुख्यतया पंजाब में हुआ। पाकिस्तान बनने के उपरांत भारत के शेष भागों में एकता बनी रहे, इस उद्‌देश्य से सरदार वल्लभभाई पटेल ने 565 रियासतों को भारतीय संघ में एकीकृत करने का उत्तरदायित्व अपने हाथों में लिया। जूनागढ़ और हैदराबाद राज्य को भारत में एकीकृत करने हेतु उन्हें सैन्य बल का भी उपयोग करना पड़ा। पं. नेहरूजी ने कश्मीर का मुद्दा अपने हाथों में रखा।

15 अगस्त, 1947 को स्वतंत्र हुए दोनों राज्य पाकिस्तान और भारत को ब्रिटिश कॉमनवेल्थ में रहने या उससे निकलने का अधिकार दिया गया था। पर्याप्त विचार-विमर्श के उपरांत भारत ने कॉमनवेल्थ में बने रहने का निर्णय लिया। यहाँ यह भी उल्लेखनीय है कि विभाजन के बाद पाकिस्तान को संयुक्त राष्ट्र में नए सदस्य के रूप में शामिल किया गया, जबकि भारत ने ब्रिटिश भारत की कुरसी सँभाली। इस प्रकार अगस्त 1947 में भारत और पाकिस्तान में सत्ता के हस्तांतरण से ब्रिटेन का उपनिवेशवादी शासन तो समाप्त हो गया, लेकिन उस विभाजन के दर्द से टूटे टुकड़े अब भी नासूर बनकर रुला रहे हैं। सीमा पार से अशांति व खौफ को फैलाने की कोशिश अब भी होती रहती है। इसे देखकर लगता है कि हमारे साथ धोखा हुआ है। सवाल यह उठता है कि यदि 75 वर्षीय 'भारतीय स्वतंत्रता' को अब भी संप्रदायवाद में लिपटी सुबह देखनी पड़ रही है तो फिर हमने भारत-विभाजन का दर्द क्यों सहा ?

□

# 3
# पाकिस्तानी आक्रमण

अभी आजादी से मिले सुकून को महसूस करने का दौर चल ही रहा था कि 22 अक्तूबर, 1947 का दिन सबक सिखाने के लिए आ गया। उस दिन पाकिस्तान ने भारत पर हमला करके यह जता दिया कि विभाजन स्वीकार करना भारत की एक बड़ी भूल थी। गवर्नर जनरल लुइस माउंटबेटन उस समय भारत के गवर्नर जनरल थे, उन्हीं की योजनानुसार पाकिस्तान देश बनाया गया। भारत को दो हिस्सों में चीर दिया गया, तदुपरांत शांति बहाली नहीं हो सकी।

यद्यपि 3 जून, 1947 की 'माउंटबेटन योजना' के अनुसार भारत की प्रत्येक रियासत को अपने स्वविवेक से भारत या पाकिस्तान में से किसी भी अधिराज्य में सम्मिलित होने का अधिकार था। वे चाहें तो स्वतंत्र रहकर भी अपने अस्तित्व को बरकरार रख सकते थे। उल्लेखनीय है कि ब्रिटिश भारत में कुल 9 प्रांत व 600 देशी रियासतें थीं, जिनमें 542 रियासतों को छोड़कर शेष पाकिस्तान राज्य में शामिल हो गईं। 542 रियासतों में से तीन रियासतों—जूनागढ़, हैदराबाद व जम्मू-कश्मीर को भारत में विलय कराने में काफी कठिनाइयों का सामना करना पड़ा। जूनागढ़ रियासत को 1948 में जनमत-संग्रह के आधार पर भारत में मिला लिया गया। इस समय यहाँ पर बाबी राजवंश का शासन था। सितंबर 1948 में हैदराबाद की रियासत को भारत में सम्मिलित करने के लिए सरदार वल्लभभाई पटेल को सैन्य काररवाई करनी पड़ी थी।

सर्वविदित है कि कश्मीर इस धरा की जन्नत है। आजादी के समय जम्मू-कश्मीर रियासत में महाराजा हरिसिंह का शासन था। वे अपनी रियासत को स्वतंत्र राज्य के बतौर रखना चाहते थे, इसलिए वे किसी भी अधिराज्य में शामिल नहीं हुए। दूसरी ओर कश्मीर के मुख्य राजनीतिक दल 'मुसलिम कॉन्फ्रेंस' के नेता शेख अब्दुल्ला सहित कश्मीरी पंडित व ज्यादातर मुसलमान कश्मीर का भारत में ही विलय चाहते थे। उन्हें लगता था कि भारत एक धर्मनिरपेक्ष राज्य है, इसलिए उनके हित वहाँ पर ज्यादा सुरक्षित रहेंगे। यह

बात पाकिस्तान को बरदाश्त ही नहीं थी कि कोई भी मुसलिम बहुल प्रांत भारत में रहे। चूँकि वहाँ पर रहनेवाले अधिकांश लोग मुसलिम वर्ग के थे, इसलिए उनमें से ज्यादातर लोगों का झुकाव पाकिस्तान की ओर था। अस्तु, आजादी के कुछ हफ्तों बाद ही जम्मू व कश्मीर को अपने राज्य में मिलाने का प्रयास करते हुए पाकिस्तान ने वजीरिस्तान से आदिवासी लश्कर 'मिलिशिया' और अपनी छद्म सेना से साँठ–गाँठ करके कश्मीर पर आक्रमण करवा दिया।

महाराजा हरिसिंह को पुंछ में अपने मुसलिम कबायलियों व सेना के विद्रोह का सामना करना पड़ा। दरअसल, प्रारंभ में जम्मू और कश्मीर रियासत की सेना आजाद कश्मीर के कबीलाई लड़ाकुओं के शुरुआती हमलों के लिए तैयार नहीं थी। उसे केवल सीमा की रखवाली के लिए बहुत कम संख्या में तैनात किया गया था, इसलिए आक्रमण होते ही उनकी रक्षा प्रणाली तुरंत ढह गई और उनकी कुछ टुकड़ियाँ दुश्मनों से जा मिलीं। इसलिए उनकी सेना ने अपने राज्य के पश्चिमी जिलों पर नियंत्रण खो दिया। 22 अक्तूबर, 1947 को पाकिस्तान की पश्तून आदिवासी सेनाएँ राज्य की सीमा पार कर गईं और फिर राज्य का काफी हिस्सा हथियाकर ये स्थानीय जनजातीय कबीले और अनियमित पाकिस्तानी सेनाएँ श्रीनगर से होती हुई बारामूला की आरे बढ़ने लगीं।

इस आक्रमण से घबराए महाराजा हरिसिंह ने भारत सरकार से सहायता की माँग की तो तत्कालीन प्रधानमंत्री जवाहरलाल नेहरू ने मोहम्मद अली जिन्ना के समक्ष यह प्रस्ताव रखा कि "वे कश्मीर रियासत के विलय का मुद्दा जनमत–संग्रह के माध्यम से सुलझाने को तैयार हैं।" उनके इस प्रस्ताव को जिन्ना ने उस समय ठुकरा दिया, क्योंकि उनको अपनी सैन्य काररवाई पर पूरा भरोसा था। दूसरी ओर पाकिस्तान की यह भी दलील थी कि महाराजा को भारतीय सेना बुलाने का अधिकार नहीं था, क्योंकि अंग्रेजी हुकूमत के आने से पहले कश्मीर के महाराजा का कोई पद नहीं था और यह पद केवल अंग्रेजों के द्वारा की गई नियुक्ति के फलस्वरूप उत्पन्न हुआ है।

पाकिस्तान के इस नजरिए को नजरअंदाज करते हुए उसके ही सेना प्रमुख डगलस ग्रेसी ने यह तर्क दिया कि कश्मीर पर कब्जा कर रही भारतीय सेनाएँ ब्रिटिश राजसत्ता का प्रतिनिधित्व कर रही हैं, इसलिए वे उससे युद्ध नहीं कर सकते। हालाँकि बाद में पाकिस्तान ने सेनाएँ भेज दी थीं। आजाद कश्मीर के कबीलाई लड़ाकू प्रारंभ में आसानी से सफलताओं के नित नए आयामों को छूते गए। अपनी आसान जीत के मद में वे जीते हुए क्षेत्रों में लूटपाट करने में व्यस्त हो गए। यदि वे लूटपाट करने के बजाय निरंतर आगे बढ़ते जाते तो वे नए इलाकों में आसानी से कब्जा कर सकते थे, लेकिन उन्होंने नए इलाकों पर हमला करने में देर कर दी।

पाकिस्तान की इस गलती का फायदा महाराजा हरिसिंह को मिला। उन्होंने कश्मीर पर हुए हमले से खुद को सुरक्षित करने के उद्देश्य से शेख अब्दुल्ला से विचार-विमर्श किया। फिर आपसी सहमति के आधार पर विलय-पत्र पर हस्ताक्षर करके अपनी रियासत को सशर्त भारत में मिला दिया। इस प्रकार 26 अक्तूबर, 1947 को जम्मू व कश्मीर राज्य का भारत में विलय हो गया। अस्तु, त्वरित गति से भारतीय सेना विमानों की मदद से शीघ्रातिशीघ्र मौके पर पहुँच गई। विद्वानों का मानना है कि जम्मू और कश्मीर का भारत में विलय तत्कालीन गृहमंत्री सरदार वल्लभभाई पटेल की दूरदर्शिता और साहसपूर्ण कूटनीति की बड़ी विजय थी।

चूँकि अब जम्मू और कश्मीर भारत का अभिन्न अंग बन गया था, इसलिए अपने राज्य को बचाने के लिए भारत ने एड़ी-चोटी की ताकत लगा दी। तत्कालीन प्रधानमंत्री जवाहरलाल नेहरू के नेतृत्व में महाराजा हरिसिंह व उनके प्रधानमंत्री मेहरचंद महाजन, अंतरिम प्रमुख शेख अब्दुल्ला, जनरल रॉबर्ट लॉकहार्ट, जनरल रॉय बुचर, एयर मार्शल थॉमस एल्महर्स्ट, लेफ्टिनेंट जनरल डुडले रसेल, लेफ्टिनेंट जनरल के.एम. करिअप्पा, लेफ्टिनेंट जनरल एस.एम. श्रीनागेश, मेजर जनरल के.एस. थिमैया, मेजर जनरल कुलवंत सिंह, ब्रिगेडियर राजिंदर सिंह, लेफ्टिनेंट कर्नल कश्मीर सिंह कटोच इत्यादि ने एकजुट होकर पाकिस्तान के इस हमले का सामना किया।

भारत ने विमानों के द्वारा बड़ी तादाद में सेना और सैनिक उपकरण श्रीनगर पहुँचाकर जम्मू व कश्मीर की सेना को मजबूत किया और श्रीनगर के चारों ओर एक मजबूत सुरक्षा घेरा बनाया, जिससे आजाद कश्मीर की सेना हार गई। इस सुरक्षा घेरे में भारतीय सेना के बख्तरबंद वाहनों के द्वारा दुश्मन की टुकड़ी को पीछे से घेरना भी शामिल था। भारत के जाँबाज सैनिकों ने बारामूला और उरी में पाकिस्तानी सेना को हराकर पीछे तक खदेड़ते हुए इन दोनों शहरों को मुक्त करवा लिया।

अब भारतीय सेना का अगला लक्ष्य पुंछ घाटी में पाकिस्तानी सेना के द्वारा की गई घेराबंदी को तोड़ना था। यहाँ यह उल्लेख करना आवश्यक है कि गिलगित में आजाद कश्मीर की कबीलाई सेना के संग गिलगित राज्य के अर्धसैनिक बल भी शामिल हो गए। चित्राल के जागीरदार ने जब खुद के राज्य को पाकिस्तान में मिला देने की घोषणा की तो उसकी सेना ने भी पाकिस्तानी सेना में शामिल होने की घोषणा कर दी।

उरी और बारामूला पर कब्जे के बाद भारतीय सेना ने आजाद कश्मीर की सेना का पीछा करना बंद कर दिया। भारतीय सेना ने एक योजना बनाकर अपनी एक सहायता टुकड़ी दक्षिण दिशा में पुंछ की घेराबंदी तोड़ने के लिए भेजी। यह सहायता टुकड़ी पुंछ तक तो पहुँच गई, परंतु वह घेराबंदी नहीं तोड़ पाई। वह दुश्मन की चाल की शिकार हो गई और वहीं पर चारों ओर से फँस गई। अस्तु, उसे छुड़वाने के लिए एक दूसरी सहायता टुकड़ी

भेजी गई, जो कोटली तक पहुँच गई, लेकिन उसे कोटली की मोरचाबंदी को छोड़कर पीछे हटना पड़ा। इसी बीच मीरपुर पर आजाद कश्मीर की सेना का कब्जा हो गया।

*1947 के भारत-पाक युद्ध की कतिपय तसवीरें।*

पाकिस्तान की आजाद कश्मीर सेना ने झांगेर नामक स्थान के पश्चात् नौशेरा पर भी हमला कर दिया। यद्यपि भारतीय सेना ने मुँहतोड़ जवाब देकर उसके हमले को नाकाम कर दिया। भारतीय सेना के हौसलों के सामने पाकिस्तान की सेना की दूसरी टुकड़ियाँ भी उरी में निरंतर नाकाम होती रहीं। इसी समय भारतीय सेना की एक टुकड़ी ने एक छोटा सा आक्रमण कर छंब पर अपना कब्जा बना लिया। इस समय तक भारतीय सेना के पास अतिरिक्त सैन्य बल उपलब्ध होने लगे थे। अत: नियंत्रण रेखा पर स्थितियाँ स्थिर होने लगीं। परंतु आजाद कश्मीर सेना ने कश्मीर घाटी में उरी के सुरक्षा तंत्र पर आक्रमण जारी रखा और उत्तर में स्कार्दू की घेराबंदी कर दी।

जब आजाद कश्मीर की सेना को नियमित पाकिस्तानी सैनिकों की मदद प्राप्त होने लगी थी। तब आजाद कश्मीर की सेना ने झांगेर पर अनेक आक्रमण किए। इसके बावजूद भारतीय सेना ने झांगेर पर से अपने नियंत्रण को समाप्त नहीं होने दिया। बहादुरी का परिचय देते हुए भारतीय सेना ने कश्मीर घाटी में आक्रमण कर टिटवाल पर कब्जा कर लिया। दुर्भाग्यवश, ऊँचे हिमालय के क्षेत्रों में आजाद कश्मीर की सेना को अच्छी बढ़त मिल रही थी। उन्होंने टुकड़ियों की घुसपैठ करके कारगिल पर घेराबंदी कर दी तथा स्कार्दू की मदद के लिए जा रहे भारतीय सैन्य दस्तों को रास्ते में ही हरा दिया।

फिर भी भारतीय सैनिक बलों ने कश्मीर घाटी में हमला जारी रखा। अस्तु, उत्तर की ओर आगे बढ़कर केरान और गुराऐस पर भारतीय सेना ने कब्जा कर लिया। उन्होंने टिटवाल पर किए गए एक जवाबी हमले में सफलता हासिल की। इससे पुंछ में फँसी भारतीय सैनिक टुकड़ी घेराबंदी तोड़कर कुछ समय के लिए बाहर आ गई।

पाकिस्तानी सेना लेह की ओर न बढ़ पाए, इस उद्देश्य की पूर्ति के लिए कश्मीर रियासत की एक टुकड़ी गिलगित स्काउट से स्कार्दू की रक्षा करने के लिए लंबे समय तक एक ही स्थान पर जमी रही। उसका यह त्याग सफल रहा। अस्तु, पाकिस्तान की सेना को अपना मार्ग बदलना पड़ा।

जब नियंत्रण रेखा स्थापित होने लगी थी तो दोनों राज्य अपने नियंत्रणवाले क्षेत्रों की रक्षा के प्रति ज्यादा सतर्कता बरतने लगे। इस दौरान केवल एक महत्त्वपूर्ण अभियान चलाया गया, वह था 'डक अभियान'। जिसके तहत भारतीय सैनिकों द्वारा द्रास पर कब्जा स्थापित करने के लिए पुंछ पर घेराबंदी की जा रही थी।

अब भारतीय सेना सभी क्षेत्रों पर पाकिस्तानी सेना और उससे समर्थित आजाद कश्मीर सेना पर भारी पड़ने लगी थी। पुंछ को एक साल की लंबी घेराबंदी के बाद स्वतंत्र करा लिया गया था। इसके साथ ही गिलगित स्काउट, जोकि अब तक अच्छी कामयाबी हासिल कर रही थी, उसे भी पराजित करके भारतीय सेना ने कारगिल को आजाद करा लिया था।

अभी दबदबा बढ़ाने का सिलसिला चल ही रहा था कि भारतीय सेना के समक्ष रसद की आपूर्ति की समस्या आ खड़ी हुई। अत: टैंक की मदद से जोजिला दर्रे पर कब्जा करके उसे वहीं पर रुकना पड़ा। पाकिस्तानी सेना को टैंक के इस्तेमाल की जरा भी उम्मीद नहीं थी। भारतीय सेना की इस योजना से उसके पाँव उखड़ गए। टैंक का इस्तेमाल बर्मा युद्ध से मिले अनुभव के कारण ही संभव हो पाया था। इस दर्रे पर कब्जे के बाद भारतीय सेना का द्रास पर आसानी से कब्जा हो गया।

युद्ध की समीक्षा करने के उपरांत भारतीय प्रधानमंत्री ने इस मामले को संयुक्त राष्ट्र की महासभा के समक्ष रखकर उसका समाधान करवाने का मन बना लिया। मामला वैश्विक पटल पर रखा गया और विचार-विमर्श के उपरांत संयुक्त राष्ट्र के द्वारा युद्धविराम की घोषणा की गई। अत: 1 साल, 2 माह, 1 सप्ताह व 3 दिन तक चले इस युद्ध का 31 दिसंबर, 1948 की रात को 23:59 बजे एक औपचारिक युद्धविराम के द्वारा समापन किया गया। इस प्रकार भारत व पाकिस्तान के मध्य के प्रथम युद्ध का 1 जनवरी, 1949 को अंत हो गया।

यह बात अलग है कि इस युद्ध का परिणाम अनिर्णायक रहा। हालाँकि, संयुक्त राष्ट्र संघ द्वारा पाकिस्तान को यह निर्देशित किया गया था कि वह अपने नियमित और अनियमित सैनिकों को विवादित क्षेत्र से पूरी तरह से हटा ले। तभी जम्मू व कश्मीर में जनमत-संग्रह होगा, जिसके आधार पर इस राज्य का भविष्य और मालिकाना हक तय होगा। अपनी हठधर्मिता के कारण पाकिस्तान ने जम्मू-कश्मीर से अपनी सेना कभी नहीं हटाई, अस्तु, यहाँ पर जनमत-संग्रह नहीं हो पाया।

यह माना जाता है कि इस युद्ध में भारत विजेता था, क्योंकि भारतीय सेना ने कश्मीर घाटी, जम्मू और लद्दाख सहित कश्मीर के दो-तिहाई हिस्से को सफलतापूर्वक बचा लिया था। यद्यपि इसके बदले उसे करीब 1,104 लोगों की जान की आहुति देनी पड़ी। इस युद्ध में 3,145 लोग हताहत भी हुए थे। पाकिस्तान को भी जनधन की हानि हुई, उसके भी इस युद्ध में लगभग 6,000 लोग मारे गए और 14,000 घायल हुए।

उल्लेखनीय है कि भारतीय जम्मू और कश्मीर राज्य के तीन मुख्य अंचल हैं— जम्मू (हिंदू बहुल), कश्मीर (मुसलिम बहुल) और लद्दाख (बौद्ध बहुल)। प्रदेश की ग्रीष्मकालीन राजधानी श्रीनगर और शीतकालीन राजधानी जम्मू है। कश्मीर को 'दुनिया का स्वर्ग' माना गया है। अधिकांश जिले हिमालय पर्वत से ढके हुए हैं। यहाँ की मुख्य नदियाँ हैं—सिंधु, झेलम और चेनाब। यहाँ कई खूबसूरत झीलें हैं, जैसे—डल, वुलर और नगीन। जम्मू प्रांत का सबसे बड़ा नगर है। जम्मू और कश्मीर में जम्मू (पुंछ सहित), कश्मीर, बाल्टिस्तान एवं गिलगित के क्षेत्र सम्मिलित हैं। यहाँ निवासरत ज्यादातर लोग

मुसलमान हैं। कश्मीर के सीमांत क्षेत्र पाकिस्तान, अफगानिस्तान, सिंक्यांग तथा तिब्बत से मिले हुए हैं।

ऐतिहासिक दृष्टि से देखें तो कश्मीर में ईसा पूर्व तीसरी शताब्दी में सम्राट् अशोक ने बौद्ध धर्म का प्रसार किया था। बाद में कनिष्क ने इसकी जड़ों को और मजबूत बनाया। छठी शताब्दी के आरंभ में कश्मीर पर हूणों का अधिकार हो गया। यद्यपि सन् 530 में घाटी फिर स्वतंत्र हो गई, लेकिन इसके तुरंत बाद इस पर उज्जैन के सम्राट् विक्रमादित्य ने अपना नियंत्रण स्थापित कर लिया। उनका पतन होने के पश्चात् कश्मीर पर स्थानीय शासकों का राज हो गया। उस समय वहाँ पर हिंदू और बौद्ध संस्कृतियों का संयोजन चरम सीमा पर था।

कश्मीर के विभिन्न हिंदू राजाओं में ललितादित्य सबसे प्रसिद्ध राजा हुए, जिनका कार्यकाल सन् 697 से सन् 738 तक रहा। उनके राज्य का प्रसार पूर्व में बंगाल तक, दक्षिण में कोंकण, उत्तर-पश्चिम में तुर्किस्तान और उत्तर-पूर्व में तिब्बत तक था। उन्होंने अपने कार्यकाल में अनेक भव्य भवनों का निर्माण करवाया। जम्मू का उल्लेख 'महाभारत' में भी मिलता है।

13वीं से 14वीं शताब्दी की समयावधि में कश्मीर में इसलाम शासकों का दबदबा प्रारंभ हुआ। तमाम मुसलिम शासकों में से जैन-उल-अबिदीन सबसे कीर्तिमान शासक हुए। जिस समय उन्होंने कश्मीर में सत्ता की बागडोर सँभाली, ठीक उसी समय तातरें ने हिंदू राजा सिंहदेव पर हमला कर दिया था, जिसके कारण उन्हें वहाँ से भागना पड़ा था। कालांतर में चक शासकों ने जैन-उल-अबिदीन के पुत्र हैदरशाह की सेना को खदेड़ दिया और सन् 1586 तक कश्मीर पर राज किया। सन् 1586 में सम्राट् अकबर ने कश्मीर को जीत लिया। सन् 1752 में कश्मीर का शासन तत्कालीन कमजोर मुगल शासक के हाथ से निकलकर अफगानिस्तान के अहमद शाह अब्दाली के हाथों में चला गया। उसने करीब 67 साल तक कश्मीर घाटी पर शासन किया।

हाल ही में अखनूर से प्राप्त हड़प्पाकालीन अवशेषों तथा मौर्य, कुषाण और गुप्त काल की कलाकृतियों से जम्मू के प्राचीन स्वरूप पर नया प्रकाश पड़ा है। जम्मू 22 पहाड़ी रियासतों में बँटा हुआ था। राजा मालदेव ने कई क्षेत्रों को जीतकर अपने विशाल राज्य की स्थापना की। सन् 1733 से 1782 तक राजा रंजीत देव ने जम्मू पर शासन किया, किंतु उनके उत्तराधिकारी की दुर्बलता के कारण महाराजा रणजीत सिंह ने जम्मू को अपने राज्य पंजाब में मिला लिया था। बाद में उन्होंने डोगरा शाही खानदान के वंशज राजा गुलाब सिंह को जम्मू राज्य सौंप दिया। 1819 में यह पंजाब के सिख शासन के अंतर्गत आया और 1846 में डोगरा राजवंश उनके अधीन हो गया। गुलाब सिंह रणजीत

सिंह के गवर्नरों में सबसे शक्तिशाली बन गए और लगभग समूचे जम्मू क्षेत्र को उन्होंने अपने राज्य में सम्मिलित कर लिया।

वर्तमान परिदृश्य पर नजर डालें तो आज जम्मू व कश्मीर की स्थिति एकदम भिन्न है। कश्मीर की स्वायत्तता का मुद्दा स्वतः ही समाप्त हो गया है, लेकिन इतिहास का अपना महत्त्व है। जैसाकि पहले बताया जा चुका है कि जम्मू-कश्मीर का मुद्दा महाराजा हरिसिंह की ओर से भारतीय प्रभुत्व को स्वीकार करने के कानूनी कागजात 'इंस्ट्रूमेंट ऑफ एक्सेशन' पर किए गए दस्तखत से जुड़ा है, जिसकी वजह से भारतीय संविधान में अनुच्छेद 370 का विशेष प्रावधान करना पड़ा था।

इस दौरान दोनों देश के प्रधानमंत्रियों ने इस समस्या के समाधान की विभिन्न कोशिशें कीं, लेकिन वे सफल नहीं हो सकीं। इनमें 'दिल्ली संधि' और शेख अब्दुल्ला व इंदिरा गांधी के बीच का समझौता भी शामिल है। इस समस्या के स्थायी समाधान हेतु वर्तमान सरकार ने अलगाववादियों को मुख्य धारा से जोड़ने और गठबंधन करने के उद्देश्य से मुख्यमंत्री महबूबा मुफ्ती और कट्टरपंथियों से बातचीत का दो-स्तरीय फॉर्मूला चलाया था। इससे यह स्पष्ट हो गया था कि यह कार्य काफी मुश्किल तो है, लेकिन असंभव नहीं।

अंततः देश की जनता को विश्वास में लेकर 5 अगस्त, 2019 को केंद्र की मोदी सरकार ने एक साहसिक निर्णय लेते हुए 'जम्मू-कश्मीर राज्य पुनर्गठन अधिनियम-2019' को पारित कर भारतीय संविधान के अनुच्छेद 370 को समाप्त कर दिया। इसके साथ ही, जम्मू-कश्मीर राज्य को प्राप्त विशेष दर्जा समाप्त हो गया। 31 अक्तूबर, 2019 को जम्मू व कश्मीर नामक दो केंद्रशासित राज्यों का निर्माण किया गया। इस संविधान संशोधन के निश्चित तौर पर दूरगामी परिणाम होंगे। निश्चित तौर पर देशहित सर्वोपरि है। पहले देश, फिर व्यक्ति है। इसलिए यदि किसी प्रांत में अलगाववाद सिर उठाता है तो उसको उसी के स्तर पर समझाने हेतु भारतीय विदेश नीति में परिवर्तन करना भी समयोचित होगा।

□

# 4

# महात्मा गांधी का यूँ जाना!

भारत को आजाद हुए अभी चार माह ही बीते थे। भारत पाकिस्तानी हमले से जूझ रहा था। पाकिस्तान के इस कारनामे से भारतीय जनसामान्य में आक्रोश था, लेकिन महात्मा गांधी के दिल में अभी भी पाकिस्तान के प्रति सहानुभूति की लहर उमड़-घुमड़ रही थी। वे न जाने किस मिट्टी के बने थे! अपने सिद्धांतों के अनुकूल उन्होंने भारत सरकार पर यह दबाव डाला कि वह पाकिस्तान को धन जल्दी भेजे। भारत और पाकिस्तान युद्ध में फँसी भारत सरकार पर दबाव बढ़ाने के लिए गांधीजी ने 13 जनवरी, 1948 को करीब 12 बजे से अनशन शुरू कर दिया। तुषार गांधी ने कहा—"जाहिर है, बापू पाकिस्तान को 55 करोड़ रुपए देने की माँग भी कर रहे थे, लेकिन उनका मुख्य मकसद पाकिस्तान को 55 करोड़ रुपए दिलवाना नहीं था, बल्कि सांप्रदायिक हिंसा को रोकना और सांप्रदायिक सद्भावना कायम करना था।" अंततः भारत सरकार को उनकी जिद के आगे झुकना पड़ा और गांधीजी की भूख हड़ताल के तीसरे दिन, यानी 15 जनवरी को भारत सरकार ने घोषणा की कि "वह पाकिस्तान को तत्काल 55 करोड़ रुपए देगी।"

इस घोषणा से उग्रपंथी हिंदू गांधीजी से बहुत नाराज हो गए, खासतौर पर 'हिंदू महासभा'। उन्हें लगा कि यह राशि पाकिस्तान को भारत के हितों के विपरीत दी जा रही है। उन्हें महात्मा गांधीजी का यह भाषण भी नागवार गुजरा कि मुसलमानों को उनके घरों से बेदखल नहीं किया जाना चाहिए। हिंदू शरणार्थियों को किसी भी ऐसी हिंसा में शामिल नहीं होना चाहिए, जिसकी वजह से मुसलमान अपना घर-बार छोड़ने पर मजबूर हों।

दरअसल 22 अक्तूबर, 1947 को पाकिस्तान द्वारा कश्मीर पर आक्रमण करने से पूर्व ही माउंटबेटन ने भारत सरकार से पाकिस्तान सरकार को 55 करोड़ रुपए की राशि देने का परामर्श दिया था। लेकिन जैसे ही पाकिस्तान ने हमला किया, भारत के केंद्रीय मंत्रिमंडल ने यह राशि देने की प्रक्रिया को टाल दिया।

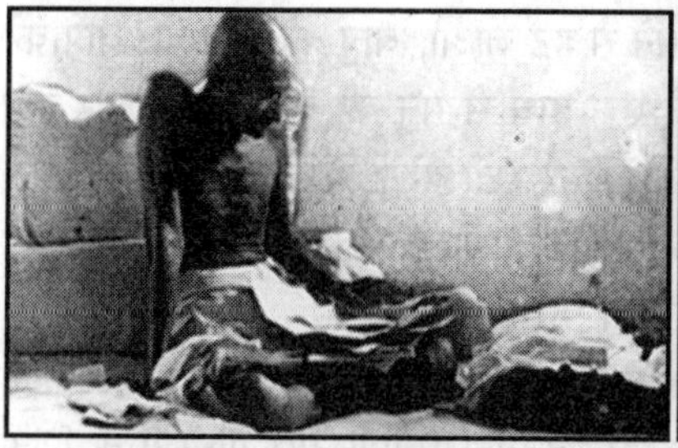

30 जनवरी, 1948 की सुबह महात्मा गांधी।

महात्मा गांधी संग आभा व मनु।

गांधीजी का पार्थिव शरीर।

गांधीजी के अंतिम संस्कार में उमड़ी भीड़।

बिड़ला भवन, जहाँ उन्हें गोली लगी।

गांधीजी की इस जिद ने राष्ट्रवादी नाथूराम गोडसे के दिमाग में विपरीत असर डाला। उन्हें लगा कि महात्मा गांधी का यह काम देशहित के विरुद्ध है। अत: काफी सोच-विचार के उपरांत उन्होंने मोहनदास करमचंद गांधीजी को उस समय सरेआम मार दिया, जब वे 30 जनवरी, 1948 की शाम सवा पाँच बजे, नई दिल्ली स्थित बिड़ला भवन में आयोजित संध्याकालीन प्रार्थना के लिए अपनी सहयोगी आभा और मनु के कंधों पर हाथ रखकर मंच की तरफ जा रहे थे। उनके आसपास उनके अन्य सेवकगण थे। तभी नाथूराम गोडसे ने उनके सामने जाकर उनका अभिवादन किया, फिर क्षण भर के लिए झुके तो सेविका मनु को लगा कि गांधीजी के चरर्ण स्पर्श करने के लिए झुक रहे हैं।

उन्हें हटाने के लिए मनु ने कहा, "भैया! सामने से हट जाओ, बापू को जाने दो। बापू को पहले ही देर हो चुकी है।" लेकिन गोडसे ने एक हाथ से मनु को धक्का देकर दूर हटा दिया और अपने दूसरे हाथ से अपने वस्त्रों में छुपाकर रखी बैरेटा पिस्तौल को निकालकर धड़ाधड़ तीन गोलियाँ गांधीजी के सीने में उतार दीं। दो गोली बापू के शरीर से होती हुई निकल गईं, जबकि एक गोली उनके शरीर में ही फँसी रह गई।

महात्मा गांधी के करीबी नंदलाल मेहता के मुताबिक—"बापूजी के मुख से निकला अंतिम शब्द 'हे राम' था।" यद्यपि इस संबंध में स्वतंत्रता सेनानी और गांधीजी के निजी सचिव के तौर पर काम कर चुके वी. कल्याणम् का दावा है कि यह बात सच नहीं है। घटना के वक्त गांधीजी के ठीक पीछे खड़े कल्याणम् का कहना है—"गोली लगने के बाद गांधीजी के मुँह से एक भी शब्द निकलने का सवाल ही नहीं उठता। हालाँकि वे अकसर यह जरूर कहा करते थे कि जब वे मरेंगे तो उनके होंठों पर राम का नाम ही होगा।" जब कभी वे बीमार होते या बिस्तर पर पड़े होते, तब भी उनके मुँह से जरूर 'राम' का नाम ही निकलता। खैर, जो भी हो, लेकिन संप्रति युग में यही माना जाता है कि बापू के मुँह से निकले आखिरी शब्द 'हे राम' थे।" यह बात आस्था पर आधारित है, तथ्यात्मक तौर पर इसे साबित नहीं किया जा सका है।

खैर, 78 साल के मोहनदास करमचंद गांधी, जिन्हें दुनिया 'महात्मा गांधी' के नाम से संबोधित करती है, वे इस दुनिया से विदा ले चुके थे। उनका मृत शरीर बिड़ला हाउस में ढककर रखा गया था, लेकिन जब उनके सबसे छोटे बेटे देवदास गांधी वहाँ पहुँचे तो उन्होंने आक्रोशवश अपने पिता के शरीर से कपड़ा हटा दिया, ताकि दुनिया शांति और अहिंसा के पुजारी के साथ हुई हिंसा को देख सके।

सवाल यह उठता है कि भारत के प्रधानमंत्री व बापू के चहेते नेता पं. जवाहरलाल नेहरू व भारत के गृहमंत्री सरदार वल्लभभाई पटेल उनकी सुरक्षा को लेकर गंभीर क्यों नहीं थे? इसी बिड़ला भवन में प्रार्थना सभा के दौरान 10 दिन पहले ही उन पर हमला हुआ था। मदनलाल पाहवा नाम के एक पंजाबी शरणार्थी ने महात्मा गांधी को निशाना बनाकर उन पर बम फेंका था। बम सामने की दीवार से टकराकर फट गया। दीवार टूट गई, लेकिन उस वक्त गांधीजी बाल-बाल बच गए।

इसके बावजूद उनकी सुरक्षा में इतनी ढील थी कि कोई भी व्यक्ति बिना किसी रोक-टोक के उनके एकदम सामने जाकर उन्हें गोली मार सकता था या उन पर बम बरसा सकता था! विद्वानों का मानना था कि गांधीजी को ईश्वर में गहरी आस्था थी। उन्हें लगता था कि वह जो करेगा, सही करेगा। इसलिए तो बापू अकसर कहा करते थे कि उनकी जिंदगी ईश्वर के हाथ में है और यदि उन्हें मरना हुआ तो कोई बचा नहीं सकता।

उन्होंने एक बार यह भी कहा था, "जो आजादी के बजाय सुरक्षा चाहते हैं, उन्हें जीने का कोई हक नहीं है।" हालाँकि, जहाँ पर वे रोजाना प्रार्थना के लिए जाते थे, उस बिड़ला भवन के गेट पर एक पहरेदार जरूर रहता था। तत्कालीन गृहमंत्री सरदार पटेल ने एहतियात के तौर पर बिड़ला हाउस पर एक हेड कॉन्स्टेबल और चार कॉन्स्टेबलों की तैनाती के भी आदेश दिए थे। बापू के साथ सादे कपड़ों में पुलिस तैनात रहती थी, जो हर संदिग्ध व्यक्ति पर नजर रखती थी। वहाँ तैनात पुलिस ने सोचा कि एहतियात के तौर पर यदि प्रार्थना सभा में हिस्सा लेने के लिए आनेवाले लोगों की तलाशी लेकर उन्हें बिड़ला भवन के परिसर में घुसने की इजाजत दी जाए तो बेहतर रहेगा, परंतु इस विचार से गांधी सहमत नहीं थे। पुलिस के डी.आई.जी. स्तर के एक अधिकारी ने गांधीजी से इस संबंध में चर्चा भी की, लेकिन गांधीजी नहीं माने।

अपनी मृत्यु से दो दिन पहले ही 28 जनवरी, 1948 को गांधीजी ने कहा था— "अगर मुझे किसी पागल आदमी की गोली से भी मरना हो तो मुझे मुसकराते हुए मरना चाहिए। मेरे दिलो-जुबान पर सिर्फ भगवान् का ही नाम होना चाहिए और अगर ऐसा कुछ होता है तो तुम लोगों को आँसू का एक कतरा भी नहीं बहाना चाहिए।"

दरअसल, गांधीजी ने कभी सोचा नहीं था कि कोई उन्हें जान से मार सकता है! उन्हें राष्ट्रवादियों के दिल में पल रहे आक्रोश का भी अंदाजा नहीं था। इसलिए वे आजाद भारत की जमीन पर दिल्ली में अपने पहले आमरण अनशन पर बैठ गए। उनकी सरकार से माँग थी कि देश के विभिन्न हिस्सों में फैली सांप्रदायिक हिंसा तत्काल समाप्त की जाए और पाकिस्तान को 55 करोड़ रुपए का भुगतान कर दिया जाए।

दरअसल, गांधीजी को अंदेशा था कि यदि पाकिस्तान में अस्थिरता और असुरक्षा फैलेगी तो इसका असर भारत पर भी होगा। पाकिस्तानियों का गुस्सा सीमा पर हिंसा फैला सकता है। बापू की जिद के सामने सरकार तो झुक गई, लेकिन देशभक्त हिंदू संगठनों को यह सब घटनाक्रम पसंद नहीं आया। उन्हें लगा कि गांधीजी मुसलमानों को खुश करने के लिए चाल चल रहे हैं, इसलिए बम ब्लास्ट की इस घटना को भी गांधीजी की इसी जिद से जोड़कर देखा गया।

यहाँ यह उल्लेख करना आवश्यक है कि नाथूराम गोडसे ने मई 1934 और सितंबर 1944 के दरमियान तीन बार बापू को मारने की असफल कोशिश की थी। अंततः हताश होकर वह अपने दोस्त नारायण आप्टे के साथ वापस बंबई चला गया। इन दोनों ने दत्तात्रेय परचुरे और गंगाधर दंडवते के साथ मिलकर बैरेटा नामक एक पिस्टल खरीदी। असलेह के साथ ये दोनों 29 जनवरी, 1948 को दिल्ली वापस आ गए। यहाँ पर पहुँचकर उन्होंने दिल्ली स्टेशन के रिटायरिंग रूम में कमरा क्रमांक 6 में अपना डेरा डाला, फिर 30 जनवरी की सुबह दिल्ली रेलवे स्टेशन के रेस्तराँ से नाश्ता करके नाथूराम गोडसे

मद्रास होटल में अपने एक साथी विष्णु करकरे से मिले। वहाँ से निकलकर करीब दो बजे दोपहर वे दोनों पुरानी दिल्ली के रेलवे स्टेशन पहुँचे। वहाँ पर एक अन्य साथी नारायण आप्टे से मिले। वहाँ से शाम के 4:30 बजे रेलवे स्टेशन से वे तीनों ताँगे में बैठकर बिड़ला मंदिर पहुँच गए।

गोडसे ने बिड़ला मंदिर के पीछे लगी शिवाजी की मूर्ति के दर्शन किए। फिर बिड़ला मंदिर के पीछे स्थित जंगल में जाकर अपनी पिस्टल को जाँचने के लिए तीन या चार राउंड हवा में फायर किए। उसके साथी आप्टे और करकरे वहाँ से करीब चार किलोमीटर दूर अलबुकर्क रोड पर स्थित बिड़ला भवन में चले गए। वहाँ से मौका देखकर बिड़ला प्रार्थना सभा की ओर बढ़ रहे गांधीजी को समीप जाकर 5:17 पर पिस्टल की गोलियों से मार दिया। इसके उपरांत उन्होंने एक गहरी साँस लेकर आसमान की ओर देखा। मानो कह रहे हों कि हे ईश्वर! मैंने भारतमाता के लिए अपने कर्तव्य का निर्वहन कर दिया!

*मित्रों के साथ विनायक दामोदर सावरकर।*

***खड़े हुए :*** *शंकर किस्तैया, गोपाल गोडसे, मदनलाल पाहवा, दिगंबर बड़गे।*

***बैठे हुए :*** *नारायण आप्टे, विनायक दामोदर सावरकर, नाथूराम गोडसे, विष्णु रामकृष्ण करकरे।*

*न्यायालयीन काररवाई। मदनलाल पाहवा।*

गांधीजी की हत्या के आरोप में मुख्य अभियुक्त नाथूराम गोडसे सहित कुल आठ व्यक्तियों को आरोपी बनाकर मुकदमा चलाया गया था, जोकि इस प्रकार हैं—विनायक दामोदर सावरकर, शंकर किस्तैया, दिगंबर बड़गे, गोपाल गोडसे, मदनलाल पाहवा, विष्णु रामकृष्ण करकरे व नारायण आप्टे।

लाल किले में चले मुकदमे में न्यायाधीश श्री आत्माचरण की अदालत में नाथूराम गोडसे ने अपना गुनाह बाकी मुजरिमों की तरह छिपाने की कोशिश नहीं की, बल्कि स्पष्ट रूप से अपना गुनाह कबूल करते हुए कहा कि उन्होंने ही गांधी को मारा है। अपना पक्ष रखते हुए गोडसे ने कहा, "गांधीजी ने देश की जो सेवा की है, उसका मैं आदर करता हूँ, इसलिए उन पर गोली चलाने से पूर्व मैं उनके सम्मान में नतमस्तक हुआ था, किंतु जनता को धोखा देकर पूज्य मातृभूमि के विभाजन का अधिकार किसी बड़े-से-बड़े महात्मा को भी नहीं है। गांधीजी ने देश के साथ छल कर देश के टुकड़े किए, लेकिन उन्हें इस अपराध की सजा देने के लिए ऐसा न्यायालय और कानून नहीं था, जिसके आधार पर ऐसे अपराधी को दंड दिया जा सकता, इसलिए मैंने गांधी को गोली मारी।"

गांधीजी की हत्या के बाद नाथूराम गोडसे पर केस चलने के साथ उनका जगह-जगह काफी विरोध हुआ। पूरे देश में दंगे शुरू हो गए। ब्राह्मण और मुसलिमों के बीच भयानक लड़ाई शुरू हो गई, यहाँ तक कि महाराष्ट्र में ब्राह्मणों के कई घर जला दिए गए। देश के विभिन्न हिस्सों में फैले गांधीजी के समर्थकों ने इसके लिए भारत सरकार को भी दोषी ठहराया और गोडसे को फाँसी की सजा देने की भी माँग की गई।

अस्तु 8 नवंबर, 1949 को न्यायालय ने गोडसे को फाँसी की सजा देने की घोषणा की गई और फिर 15 नवंबर, 1949 को उत्तर पंजाब की अंबाला जेल में उन्हें फाँसी पर लटका दिया गया। उसके एक साथी नारायण आप्टे को भी सजा-ए-मौत दी गई। इस प्रकरण के सहभागी आरोपी गोपाल गोडसे, मदनलाल पाहवा और विष्णु रामकृष्ण करकरे को आजीवन कारावास की सजा दी गई।

अन्य आरोपियों में से विनायक दामोदर सावरकर के खिलाफ कोई सबूत नहीं मिलने की वजह से उन्हें जुर्म से मुक्त कर दिया गया। शंकर किस्तैया ने उच्च न्यायालय में अपील की, अस्तु, अदालत ने उसे भी छोड़ने का निर्णय लिया। गोडसे के एक अन्य साथी दिगंबर बड़गे को सरकारी गवाह बनाया गया। बाद में वह भी बरी हो गया।

नाथूराम गोडसे के भाई गोपाल गोडसे ने अपनी पुस्तक 'गांधी वध और मैं' में लिखा है—"जब नाथूराम संसद मार्ग स्थित थाने में बंद थे तो सलाखों के पीछे खड़े गोडसे को देखने कई लोग आया करते थे। एक बार सलाखों के बाहर खड़े एक व्यक्ति से नाथूराम की आँखें मिलीं तो उन्होंने उस व्यक्ति से कहा, "मैं समझता हूँ, आप देवदास गांधी हैं।" गांधी के पुत्र ने जवाब दिया, "हाँ, आप कैसे पहचानते हैं?" गोडसे ने प्रत्युत्तर

में कहा, "मैंने आपको एक संवाददाता सम्मेलन में देखा था। आप आज पितृविहीन हो चुके है और उसका कारण बना हूँ मैं। आप पर और आपके परिवार पर जो वज्रपात हुआ है, उसका मुझे खेद है, लेकिन आप यकीन मानिए, किसी व्यक्तिगत शत्रुता की वजह से मैंने ऐसा नहीं किया है।"

बाद में देवदास ने भी नाथूराम को एक पत्र लिखा और लिखकर कहा, "आपने मेरे पिता की नाशवान देह का ही अंत किया है और कुछ नहीं। इसका ज्ञान आपको एक दिन जरूर होगा, क्योंकि मुझ पर ही नहीं, संपूर्ण संसार के लाखों लोगों के दिलों में उनके विचार अभी तक विद्यमान हैं और हमेशा रहेंगे।"

आइंस्टाइन ने बापू के बारे में लिखा है—"महात्मा गांधी की उपलब्धियाँ राजनीतिक इतिहास में अद्‍भुत हैं। उन्होंने देश को दासता से मुक्त कराने के लिए संघर्ष का ऐसा नया मार्ग चुना, जो मानवीय और अनोखा है। यह एक ऐसा मार्ग है, जो पूरी दुनिया के सभ्य समाज को मानवता के बारे में सोचने को मजबूर करता है।" उन्होंने लिखा कि "हमें इस बात पर प्रसन्न होना चाहिए कि तकदीर ने हमें अपने समय में एक ऐसा व्यक्ति तोहफे में दिया, जो आनेवाली पीढ़ियों के लिए पथ-प्रदर्शक बनेगा।"

गांधी की हत्या की वजह जो भी रही हो, लेकिन अंतरराष्ट्रीय स्तर पर अपना स्थान रखनेवाले महापुरुष का यूँ चले जाना सभी को अचंभित कर देनेवाला था।

□

# 5
# देशी रियासतों का एकीकरण

भारत में स्थित 562 देशी रियासतों का एकीकरण एक महत्त्वपूर्ण राजनीतिक घटनाक्रम है। स्वतंत्र भारत में हुए इस एकीकरण की जड़ें 19वीं सदी में समाहित हैं। 1857 ई. में ब्रिटिश हुकूमत के विरुद्ध हुए प्रथम स्वाधीनता संग्राम के दौरान कुछ भारतीय नरेशों ने अंग्रेजों के प्रति अपनी स्वामिभक्ति का परिचय दिया था तो कुछ ने स्वतंत्रता संग्राम सेनानियों का। इसका परिणाम यह हुआ कि महारानी विक्टोरिया ने भविष्य में देशी राज्यों का ब्रिटिश साम्राज्य में विलय नहीं करने की औपचारिक घोषणा कर दी। अत: सभी देशी रियासतों को अपना प्रशासन अपने हिसाब से चलाने की आदत पड़ गई थी, इसलिए ब्रिटिश प्रांतों व देशी रियासतों के प्रशासन में एकरूपता की कमी थी। प्रशासन के स्वरूप, क्षेत्रफल, जनसंख्या और वित्तीय संसाधनों की दृष्टि से समस्त देशी रियासतों में असमानता थी।

ब्रिटिश सरकार ने अपनी पूर्व प्रचलित 'फूट डालो और राज करो' की नीति का अनुपालन करते हुए 1935 के अधिनियम में यह प्रावधानित किया कि भारतीय संघ में देशी रियासतें भी शामिल होने के लिए अधिकृत हैं, लेकिन 1937 में जब यह अधिनियम लागू किया, तब संघीय व्यवस्था को लागू ही नहीं किया गया। 1946 ई. में 'कैबिनेट मिशन' ने यह घोषणा कर दी कि "भारत में देशी रियासतों पर ब्रिटिश सर्वोच्चता समाप्त कर दी जाएगी। उन्हें यह भी अधिकार दे दिया गया कि यह उनकी इच्छा पर निर्भर होगा कि वे संघ के संविधान को मानें या न मानें।"

अस्तु 1947 को ब्रिटिश सरकार ने जब भारत की सत्ता भारतीयों को हस्तांतरित करने का निश्चय कर लिया और 4 अगस्त, 1947 को ब्रिटिश संसद ने भारतीय स्वतंत्रता अधिनियम पारित किया, तब अंग्रेजी हुकूमत ने देशी रियायतों को ब्रिटिश सर्वोच्चता पुन: लौटा दी गई, अर्थात् देशी रियासतों को पूर्ण स्वतंत्रता हासिल हो गई। अब यह उनकी इच्छा पर निर्भर था कि वे चाहें तो पाकिस्तान में मिलें या हिंदुस्तान में, अथवा चाहें तो अपना स्वतंत्र अस्तित्व भी बनाए रख सकती हैं।

इस प्रकार अंग्रेजी हुकूमत ने भारत से जाते-जाते देश की एकता व अखंडता को नष्ट करने का कार्य किया। ब्रिटिश सत्ता के इस निर्णय से कतिपय भारतीय नरेशों को हार्दिक प्रसन्नता हुई और वे पूरी तरह से स्वतंत्र रहने के स्वप्न देखने लगे। कतिपय रियासतों ने यह भी सोचा कि कुछ दिन तो पूर्ण स्वतंत्रता का उपभोग करें, फिर आवश्यकता पड़ेगी तो मनचाही शर्तों पर भारत या पाकिस्तान से या किसी अन्य राज्य के साथ संबंध स्थापित कर लेंगे।

भारतीय नरेशों की यही भावना एकीकरण के मार्ग में एक बड़ी चुनौती थी। यद्यपि अंग्रेजी हुकूमत ने भारतीय एकता को रौंदने में कोई कसर नहीं छोड़ी, तथापि लौहपुरुष सरदार वल्लभभाई पटेल ने इस समस्या का शांतिपूर्ण समाधान कर दिया। वे अंतरिम सरकार के गृहमंत्री थे। अस्तु, सर्वप्रथम उन्होंने 5 जुलाई, 1947 ई. को अपने निर्देशन में राज्य मंत्रालय की स्थापना की और उन्हें भारत की ओर से देशी नरेशों के साथ बातचीत करने का उत्तरदायित्व सौंपा।

15 अगस्त, 1947 को भारत आजाद हो गया। उसी दिन खैरपुर, बहावलपुर आदि रियासतें पाकिस्तान में शामिल हो गईं और शेष भारत में रह गईं। सरदार वल्लभभाई पटेल ने भारतीय नरेशों से अपील की कि भारत के सामूहिक हितों को ध्यान में रखते हुए वे देश की अखंडता को बनाए रखने में मदद करें। उन्होंने प्रतिरक्षा, विदेशी संबंध और संचार व्यवस्था जैसे तीन मुख्य विषयों के संबंध में ही रियासतों को भारतीय संघ में सम्मिलित होने के लिए प्रोत्साहित किया। उन्होंने राजाओं की सांस्कृतिक भावना को जाग्रत् करते हुए, उनके आर्थिक हितों की वकालत करते हुए मैत्री और सद्भावाना का हाथ बढ़ाया। साथ ही विभिन्न रियासतों के नरेशों को यह विश्वास भी दिलाया कि भारतीय कांग्रेस उनके आंतरिक मामलों में किसी प्रकार का हस्तक्षेप नहीं करेगी।

उल्लेखनीय है कि भारत की लगभग सभी रियासतों में निरंकुश राजतंत्र था एवं राजा के दैवी अधिकारों में विश्वास किया जाता था। इन रियासतों का विलय दुष्कर कार्य था, पर सरदार वल्लभभाई पटेल ने इस कार्य को करने में आसाधारण योग्यता का परिचय दिया एवं रियासतों से अपील की कि वे भारत की अखंडता को बनाए रखने में सहयोग दें। सरदार वल्लभभाई पटेल के कार्य के संबंध में 'लंदन टाइम्स' ने लिखा था—"भारतीय रियासतों के एकीकरण का कार्य उन्हें बिस्मार्क और संभवत: उनसे भी ऊँचा स्थान प्रदान कर देता है।"

इस दिशा में लॉर्ड माउंटबेटन तथा राज्य मंत्रालय के सचिव वी.पी. मेनन और चैंबर ऑफ प्रिंसेज के चांसलर महाराजा पटियाला का सरदार वल्लभभाई को पूर्ण सहयोग मिल रहा था, फिर भी सरदार पटेल का रास्ता सरल नहीं था, क्योंकि अधिकांश देशी नरेशों ने भारतीय संघ में शामिल होना पसंद नहीं किया था।

दूसरी ओर मो. अली जिन्ना भी इन देशी रियासतों को अपने राज्य में मिलाने की भरसक कोशिश कर रहे थे। वे देशी नरेशों को बहला-फुसलाकर उनकी प्रत्येक शर्त को मानने के लिए तैयार थे। इसी समय भोपाल के नवाब जैसे कुछ राजाओं ने समस्या को जटिलता का जामा पहनाना प्रारंभ कर दिया। उन्होंने पाकिस्तान और भारत—दोनों राज्यों के साथ कूटनीतिक संबंध कायम करने की कोशिश की, ताकि उनकी स्वतंत्र सत्ता बनी रह सके, परंतु लॉर्ड माउंटबेटन ने इन देशी नरेशों को भौगोलिक एवं ऐतिहासिक संबंधों का स्मरण कराकर उन्हें अपने पक्ष में करने का प्रयास किया।

अंततोगत्वा देशी रियासतों के भारतीय संघ में शामिल होने के लिए एक विधिवत् प्रक्रिया तय कर दी गई। भारतीय संघ में सम्मिलित होने की इच्छुक रियासतों को दो दस्तावेजों पर हस्ताक्षर करने होते थे—

पहला, 'इंस्ट्रूमेंट ऑफ एक्सेशन' नामक दस्तावेज, जिस पर हस्ताक्षर करके कोई भी नरेश भारतीय संघ में सम्मिलित हो सकता था, परंतु उसके लिए प्रतिरक्षा, विदेशी मामले और यातायात व संचार व्यवस्था का उत्तरदायित्व संघीय सरकार को सौंपना जरूरी था।

दूसरा, 'स्टेंडस्टिल एग्रीमेंट' नामक दस्तावेज पर हस्ताक्षर करने थे, जिसका मतलब यह था कि रियासतों की जो स्थिति अंग्रेजी शासनकाल में केंद्रीय सरकार में थी, वही स्थिति अब स्वतंत्र भारत की केंद्रीय सरकार में भी होगी।

सरदार पटेल ने अपनी सूझ-बूझ से एक तरफ तो छोटी-छोटी रियासतों को मिलाकर एक बड़ा राज्य बनाया और दूसरी तरफ इन राज्यों में प्रजातांत्रिक प्रणाली को लागू किया। उदाहरणार्थ, 1947 ई. में उड़ीसा तथा छत्तीसगढ़ के 39 राज्यों का उड़ीसा व मध्य प्रदेश में विलय कर दिया गया। भारतीय रियासतों में सबसे बड़ा संघ 'वृहत्तर राजस्थान संघ' था, जिसका निर्माण 30 मार्च, 1949 ई. को हुआ। यह भारत की वृहत्तम राजनीतिक तथा प्रशासनिक इकाइयों में से एक था, जिनमें 15 प्राचीन राजपूत रियासतें थीं।

बड़ौदा की बड़ी रियासतें 1 मई, 1949 ई. को बंबई प्रांत में मिल गईं। भोपाल, कूचबिहार, त्रिपुरा व मणिपुर केंद्रीय प्रशासन के नियंत्रण में आ गए। नवंबर 1949 ई. तक जूनागढ़, हैदराबाद व कश्मीर को छोड़कर सभी भारतीय रियासतों का विलय भारतीय संघ में हो गया। सरदार वल्लभभाई पटेल की प्रशंसा करते हुए लॉर्ड माउंटबेटन ने भी कहा था, "रियासत मंत्रालय के अध्यक्ष तथा दूरदर्शी राजनीतिज्ञ सरदार वल्लभभाई पटेल के प्रयत्नों से एक ऐसी योजना बनाई गई, जो मुझे रियासतों तथा भारतीय डोमिनियन के लिए एक-सी लाभदायक प्रतीत हुई।"

जूनागढ़, हैदराबाद तथा कश्मीर की रियासतों के विलीनीकरण में सरदार पटेल को सेना की मदद लेनी पड़ी। दरअसल, उन्होंने देशी रियासतों से अपील की कि वे डोमिनियन में प्रवेश ले लें, लेकिन इस प्रस्ताव को जूनागढ़, हैदराबाद तथा कश्मीर की रियासतों ने अस्वीकार कर दिया। जब तीनों बड़ी रियासतें भारतीय संघ में सम्मिलित नहीं होने की जिद पर अड़ी रहीं, तब विवश होकर सरदार पटेल ने इनके विरुद्ध कठोर काररवाई करने का निर्णय लिया।

जूनागढ़ रियासत का भारत में विलीनीकरण करने में सरदार पटेल को अतिरिक्त प्रयास करने पड़े। काठियावाड़ की इस रियासत जूनागढ़ का नवाब महावत खान तृतीय एक मुसलिम शासक था। उसने सत्ता हस्तांतरण से एक दिन पहले पाकिस्तान में प्रवेश-पत्र पर हस्ताक्षर कर दिए। इस बात पर वहाँ की हिंदू बहुल जनता ने विद्रोह कर दिया। रियासत के विभिन्न हिस्सों में उपद्रव होने लगे। स्थिति को नियंत्रण से बाहर देखकर वहाँ का शासक जान बचाकर पाकिस्तान भाग गया।

अतः जब वहाँ पर अव्यवस्था चरम सीमा पर पहुँच गई तो वहाँ के मुसलिम दीवान ने कानून और व्यवस्था को बनाने के लिए 9 नवंबर, 1947 को भारत सरकार से प्रार्थना की। अस्तु, 20 जनवरी, 1949 को हुए जनमत-संग्रह के आधार पर जूनागढ़ का भारत में विलय हो गया।

अब भारत सरकार के समक्ष अगली चुनौती हैदराबाद के रूप में आकर खड़ी हो गई। हैदराबाद का विलीनीकरण भी कठिनतम कार्य था। यह एक बड़ी रियासत थी, जिसका क्षेत्रफल 82,313 वर्ग मील एवं जनसंख्या 1.86 करोड़ थी। हैदराबाद रियासत की 89 प्रतिशत प्रजा हिंदू थी, परंतु यहाँ का शासक मुसलमान था। इसलिए जब भारत संघ में शामिल होने का निमंत्रण दिया गया तो वहाँ के मुसलमान शासक द्वारा अस्वीकार कर दिया गया। इससे समस्या गंभीर हो गई थी।

हैदराबाद का भारत में विलय करने के लिए लॉर्ड माउंटबेटन ने भी प्रयास किए, यद्यपि वे असफल रहे। स्थिति उस वक्त और बिगड़ गई, जब हैदराबाद के निजाम मीर उस्मान अली ने भारत सरकार से लड़ने का निश्चय कर पाकिस्तान की मदद से एक सेना तैयार करने का प्रयत्न किया। जून 1948 में लॉर्ड माउंटबेटन के इस्तीफे के बाद विवश होकर सरदार पटेल ने हैदराबाद रियासत के विरुद्ध 13 सितंबर, 1948 को पुलिस काररवाई प्रारंभ कर दी। भारतीय सेना ने 'ऑपरेशन पोलो' प्रारंभ कर दिया। अस्तु, तीन दिन के अंदर निजाम ने भारत सरकार के समक्ष अपने हथियार डाल दिए। भारत सरकार द्वारा निजाम को गद्दी से हटाकर हैदराबाद में सैनिक प्रशासन लागू कर दिया गया और अंततः 1 नवंबर, 1948 को हैदराबाद को भारत संघ में मिला लिया गया।

सरदार पटेल और हैदराबाद के 7वें निजाम मीर उस्मान अली खान।

जूनागढ़ के नवाब महावत खानजी तृतीय।

कश्मीर के महाराजा हरिसिंह व उनकी पत्नी रानी तारा देवी।

कश्मीर का भारत में विलीनीकरण का मुद्दा प्रधानमंत्री पं. नेहरू खुद सँभाल रहे थे। 84,471 वर्ग मील के क्षेत्रफलवाले जम्मू-कश्मीर में करीब 44 लाख की आबादी थी, जिनमें मुसलिम आबादी की बहुलता थी। यहाँ के हिंदू राजा हरिसिंह को माउंटबेटन ने भारत संघ में सम्मिलित होने की सलाह दी, किंतु उस समय वह तैयार नहीं हुआ था। दरअसल, वह भारत तथा पाकिस्तान दोनों के साथ यथापूर्व समझौते करना चाहता था, इसलिए वह भारत सरकार के निमंत्रण को एकाएक स्वीकार नहीं कर पाया। ऐसा कहा जाता है कि राजा हरिसिंह ने पूर्व में पाकिस्तान के साथ भी एक समझौता किया था।

इस समझौते के बावजूद पाकिस्तान ने कश्मीर को आवश्यक वस्तुएँ भेजने में आनाकानी की। इतना ही नहीं, 22 अक्तूबर, 1947 को उसने कबाइलियों की मदद से कश्मीर पर आक्रमण कर दिया। हमलावर कबाइली व पाकिस्तानी छद्म सेना जब कश्मीर के विभिन्न इलाकों पर निरंतर कब्जा करने लगी तो मजबूर होकर कश्मीर नरेश ने भारत सरकार से सहायता माँगी। 26 अक्तूबर, 1947 को लिखित समझौते पर हस्ताक्षर कर दिए जाने के पश्चात् भारत सरकार ने अपनी सेना कश्मीर भेजकर अधिकांश हिस्से से आक्रांताओं को निकाल बाहर किया। भारत सरकार ने कश्मीर प्रवेश को अस्थायी रूप से स्वीकार किया। बाद में यह अस्थायी निर्णय संभवत: बड़ी भूल का परिचायक सिद्ध हुआ, क्योंकि इससे कश्मीर की समस्या जटिल हो गई और उस पर कई सालों तक भारत-पाकिस्तान का झगड़ा चलता रहा। अंतत: 5 अगस्त, 2019 को भारत सरकार ने यह झगड़ा भी सदैव के लिए समाप्त कर दिया। इस प्रकार भारत की एकता व अखंडता को बरकरार रखने की दिशा में किया गया यह महत्त्वपूर्ण कार्य है।

यहाँ पर इस तथ्य का उल्लेख करना समयोचित होगा कि स्वातंत्र्योत्तर भारत में शनैः-शनैः भारतीय रियासतों के शासकों के विशेषाधिकारों को समाप्त कर दिया गया। राष्ट्रपति के आदेशानुसार प्रिवी पर्स को प्रतिबंधित करने की अपील को सर्वोच्च न्यायालय द्वारा ठुकरा दिया गया। अंतत: 1971 ई. में रियासती शासकों के समस्त विशेषाधिकार और प्रिवी पर्स समाप्त कर दिए गए।

□

# 6
# संविधान का क्रियान्वयन

दुनिया के सबसे बड़े लोकतांत्रिक राज्य भारत के संविधान निर्माण की यात्रा परतंत्र राज्य के बतौर शुरू होना और फिर एक स्वतंत्र प्रभुत्व जनतंत्रात्मक राज्य के रूप में क्रियान्यवित होना एक अद्भुत राजनीतिक घटना है। 9 दिसंबर, 1946 को भारतीय संविधान सभा के अस्थायी अध्यक्ष डॉ. सच्चिदानंद सिन्हा के नेतृत्व में प्रथम बैठक होना, फिर 2 वर्ष, 11 माह और 18 दिन की समायावधि में 395 अनुच्छेद, 22 भाग और 8 अनुसूचियों का एक विशाल संविधान 26 नवंबर, 1949 को बनाकर तत्कालीन राष्ट्रपति राजेंद्र प्रसाद को सौंपना एक चुनौतीपूर्ण कार्य था। जिसे प्रारूप समिति के अध्यक्ष डॉ. बी.आर. आंबेडकर ने बखूबी प्रमाणित कर दिया। संविधान सभा के 284 सदस्यों के अथक प्रयासों व सूझ-बूझ के कारण हम भारतीय 26 जनवरी, 1950 को अपना संविधान क्रियान्वित कर पाए।

## संविधान सभा का ऐतिहासिक परिदृश्य

द्वितीय विश्वयुद्ध की समाप्ति के बाद बदलते हुए वैश्विक परिदृश्य को मद्देनजर रखते हुए ब्रिटिश हुकूमत ने अपनी नीतियों में बदलाव किया। जुलाई 1945 में ब्रिटेन ने भारत संबंधी अपनी नई नीति की घोषणा की तथा भारत की संविधान सभा के निर्माण के लिए एक 'कैबिनेट मिशन' भारत भेजा, जिसमें 3 मंत्री, पैट्रिक लॉरेंस सर स्टेफोर्ड क्रिप्स व ए.बी. अलेक्जेंडर थे। 4 जुलाई, 1946 को कैबिनेट मिशन के योजनानुसार भारतीय संविधान सभा का गठन किया गया। इसने अपना कार्य 9 दिसंबर, 1947 से आरंभ कर दिया।

'कैबिनेट मिशन' द्वारा संविधान सभा में कुल 389 सदस्य संख्या निर्धारित की गई, जिसमें 293 प्रांतीय विधानमंडलों में निर्वाचित सदस्य, 93 देशी रियासतों से मनोनीत सदस्य और 3 अजमेर-मेरवाड़ा, बलूचिस्तान, कुर्ग, दिल्ली के कमिश्नर

क्षेत्रों के सदस्य थे। जवाहरलाल नेहरू, डॉ. भीमराव आंबेडकर, डॉ. राजेंद्र प्रसाद, सरदार वल्लभभाई पटेल, मौलाना अबुल कलाम आजाद आदि इस सभा के प्रमुख सदस्य थे।

समस्या उस समय उग्र हो गई, जब संविधान सभा के निर्माण हेतु जुलाई 1946 में हुए चुनाव में प्रांतीय विधानमंडलों में निर्वाचित 293 सदस्यों में से कांग्रेस को 208 मुसलिम लीग को 73, विभिन्न पार्टियों को 7 एवं स्वतंत्र और निर्दलीय प्रत्याशियों को 8 सीटें मिलीं। चूँकि चुनाव में मुसलिम लीग को अल्पमत प्राप्त हुआ, अस्तु, कुंठावश उसने 16 अगस्त, 1946 को 'सीधी काररवाई दिवस' मनाया, जिसके तहत भारत के विभिन्न भागों में सुनियोजित तरीके से सांप्रदायिक दंगे करवाए गए।

इस विपरीत परिस्थिति में भी सूझ-बूझ का परिचय देते हुए भारतीय नेताओं ने 9 दिसंबर, 1946 को दिल्ली में संविधान सभा की प्रथम बैठक आयोजित की, जिसमें सच्चिदानंद सिन्हा को अस्थायी अध्यक्ष चुना गया। तत्कालीन राष्ट्रीय कांग्रेस के अध्यक्ष जे.बी. कृपलानी ने डॉ. सच्चिदानंद सिन्हा का नाम अध्यक्ष पद के लिए प्रस्तावित किया एवं सरदार वल्लभभाई पटेल ने उनका नाम अनुमोदित किया था। इस बैठक में 207 सदस्यों ने भाग लिया।

संविधान सभा की दूसरी बैठक के दौरान 11 दिसंबर, 1946 को डॉ. राजेंद्र प्रसाद को संविधान सभा का स्थायी अध्यक्ष चुना गया। 13 दिसंबर, 1946 को पं. जवाहरलाल नेहरू ने उद्देश्य प्रस्ताव पेश कर यह बताया कि संविधान कैसा होना चाहिए? इसी के साथ संविधान निर्माण कार्य का शुभारंभ हो गया। संविधान सभा के उपाध्यक्ष का दायित्व एच.सी. मुखर्जी को सौंपा गया था।

भारतीय संविधान का विधिवत् निर्माण करने हेतु 13 समितियों का गठन किया गया। इन समितियों के मध्य विधिवत् कार्य विभाजन किया गया, ताकि संविधान निर्माण को सर्वोच्च रूप प्रदान किया जा सके। इनमें से कुछ प्रमुख समितियाँ निम्नानुसार हैं—

- संघ शक्ति समिति—पं. जवाहरलाल नेहरू
- मौलिक अधिकार समिति—सरदार वल्लभभाई पटेल
- संघ संविधान समिति—जवाहरलाल नेहरू
- झंडा समिति—जे.बी. कृपलानी
- कार्य-संचालन समिति—के.एम. मुंशी
- तदर्थ समिति—एस. वर्धा
- प्रांतीय संविधान समिति—सरदार वल्लभभाई पटेल
- राष्ट्रध्वज संबंधी तदर्थ समिति—डॉ. राजेंद्र प्रसाद
- प्रारूप समिति—डॉ. भीमराव आंबेडकर

*संविधान सभा की प्रथम बैठक।*

*प्रारूप समिति के सदस्यगण।*

*संविधान सभा के सदस्य।*

*डॉ. राजेंद्र प्रसाद को संविधान सुपुर्द करते डॉ. बी.आर. आंबेडकर।*

*भारतीय संविधान पर हस्ताक्षर करते पं. जवाहरलाल नेहरू।*

इन समस्त समितियों में प्रारूप समिति सर्वाधिक महत्त्वपूर्ण समिति थी, जिसका गठन 29 अगस्त, 1947 को हुआ। डॉ. भीमराव आंबेडकर को इस समिति का अध्यक्ष बनाया गया। उल्लेखनीय है कि संविधान सभा हेतु उनका चयन पश्चिम बंगाल से हुआ था। इस समिति के उपाध्यक्ष के.एम. मुंशी थे। इस समिति में 7 अन्य सदस्य थे। प्रारूप समिति की पहली बैठक 30 अगस्त, 1947 को हुई। संविधान के प्रारूप संरचना पर इस समिति में 114 दिनों तक बहस हुई।

यहाँ यह उल्लेखनीय है कि जिस समय भारत आजाद हुआ, उस समय कोई संसद नहीं थी। इस वजह से संविधान सभा ने अंतरिम संसद के रूप में भी कार्य किया, जिसकी अध्यक्षता जी.वी. मावलंकर कर रहे थे। इस अंतरिम संसद ने अपना कार्य 17 नवंबर, 1947 को शुरू किया। भारत के विभाजन के पश्चात् संविधान सभा में सदस्यों की संख्या

299 रह गई। 229 सदस्य भारतीय प्रांतों से, 70 सदस्य देशी रियासतों से थे। राजस्थान से कुल 12 सदस्य सम्मिलित थे।

संविधान के निर्माण के लिए संविधान सभा के कुल 12 अधिवेशन एवं संविधान का तीन बार वाचन किया गया। संविधान सभा ने संविधान का निर्माण 26 नवंबर, 1949 (मिति मार्गशीर्ष शुक्ल सप्तमी संवत् 2006 विक्रमी) को पूरा किया और इसी दिन इसे आत्मार्पित, अधिनियमित एवं अंगीकृत किया गया। इसी दिन नवनिर्मित संविधान के 15 अनुच्छेदों को तुरंत लागू कर दिया गया। इसी कारण से 26 नवंबर को भारत में 'विधि दिवस' मनाया जाता है। एक आकलन के अनुसार, समूचे संविधान को बनाने में लगभग 63,96,729 रुपए खर्च हुए।

संविधान सभा की अंतिम बैठक 24 जनवरी, 1950 को हुई, जिसमें संविधान सभा के कुल 284 सदस्यों ने संविधान पर हस्ताक्षर किए। इस दिन डॉ. राजेंद्र प्रसाद को भारत का प्रथम राष्ट्रपति नियुक्त किया गया। उल्लेखनीय है कि संविधान सभा में कुल 12 महिलाएँ थीं, जिनमें से 8 महिलाओं ने ही संविधान पर हस्ताक्षर किए। श्रीमती हंसा मेहता ने अपनी सर्वाधिक सक्रियता दर्ज की।

संविधानवेत्ताओं ने काफी परिश्रम के उपरांत संविधान में कुल 395 अनुच्छेद, 22 भाग और 8 अनुसूचियों का प्रावधान रखा था। वर्तमान में इसमें 100 से भी ज्यादा संवैधानिक संशोधन किए जा चुके हैं। अस्तु, आज बदलते परिवेश में भारतीय संविधान में कुल 470 अनुच्छेद, 25 भाग और 12 अनुसूचियाँ हैं।

## संविधान का क्रियान्वयन

सवाल यह उठता है कि जब 26 नवंबर, 1949 को संविधान बन गया था तो उसे उसी दिन लागू क्यों नहीं किया? संविधान को क्रियान्वित करने के लिए दो महीने तक प्रतीक्षा क्यों की गई?

इस प्रश्नों का जवाब इतिहास के आँगन में झाँकते ही मिल जाएगा। बात उस समय की है, जबकि भारत में सुधार करने की आड़ में 3 जनवरी, 1928 को साइमन कमीशन भारत आया। इसमें एक भी भारतीय सदस्य नहीं था, इसलिए इसका बड़े पैमाने पर विरोध किया गया। इसके बावजूद इस मिशन ने भारत की स्थिति का अध्ययन कर अपना प्रतिवेदन दे दिया। इस प्रतिवेदन का कांग्रेस व मुसलिम लीग दोनों ने विरोध किया तो अंग्रेजी हुकूमत ने चुनौती दी—"भारतीय ऐसा कोई प्रस्ताव बनाएँ, जोकि सभी दलों को मान्य हो!" इस चुनौती को स्वीकार करते हुए कांग्रेस ने मोतीलाल नेहरू की अध्यक्षता में एक समिति बनाई, जिसने समस्त भारतीयों की ओर से 28 सूत्रीय प्रस्ताव तैयार किया।

दुविधा की स्थिति उस समय पैदा हो गई, जबकि मो. अली जिन्ना ने भी मुसलिम लीग की ओर से 14 सूत्रीय योजना प्रस्तुत कर दी। इस प्रकार वही हुआ, जिसका संशय था। इस स्थिति को काबू में करने के लिए कांग्रेस ने अंग्रेजी हुकूमत से आग्रह किया कि वह उसकी योजना को स्वीकार कर ले। इस कार्य के लिए उन्होंने सरकार को साल भर का समय भी दिया। साल बीत गया, परंतु सरकार के कान पर जूँ तक नहीं रेंगी।

हताश कांग्रेस ने लाहौर में तीन दिवसीय अधिवेशन आयोजित किया। सभी पहलुओं पर विचार मंथन करने के उपरांत कांग्रेस के सदस्यों ने प्रसन्नतापूर्वक व उल्लास के बीच 31 दिसंबर, 1929 को रावी नदी के तट पर स्वतंत्रता का प्रतीक तिरंगा झंडा फहराया। इस अधिवेशन के अध्यक्ष पं. जवाहरलाल नेहरू ने घोषित किया—"अब हमें औपनिवेशिक स्वराज नहीं, बल्कि 'पूर्ण स्वराज' चाहिए।" सर्वसहमति से उन्होंने यह संकल्प लिया कि 26 जनवरी को पूरे देश में स्वतंत्रता दिवस मनाया जाएगा।

उसी संकल्प के अनुसार 26 जनवरी, 1930 को समूचे देश में सभाओं का आयोजन किया गया, जिसमें सामूहिक रूप से स्वतंत्रता प्राप्त करने के लिए शपथ ली गई। इस कार्यक्रम को भारी सफलता मिली। देश के कोने-कोने में स्थित छोटे-छोटे कस्बों तक में राष्ट्रीय तिरंगा झंडा फहराकर स्वतंत्रता की शपथ ली गई।

रावी नदी के तट पर लिये गए उसी संकल्प के सम्मान में भारत का संविधान 26 जनवरी, 1950 को क्रियान्वित किया गया। यद्यपि समय की माँग को ध्यान में रखते हुए 15 अनुच्छेद, दिनांक 26 नवंबर, 1949 से ही आंशिक रूप से लागू कर दिए गए थे। इस प्रकार यह कहा जा सकता है कि यह निर्णय हजारों स्वतंत्रता संग्राम सेनानियों के प्रति सम्मान प्रकट करने का एक प्रशंसनीय तरीका था। इसके माध्यम से स्वतंत्रता संघर्ष की खट्टी-मीठी स्मृतियों को हमेशा के लिए दिल में कैद कर लिया गया।

## प्रथम गणतंत्र दिवस

समस्त भारतीयों की प्रतीक्षा व प्रतिष्ठा का दिन 26 जनवरी, 1950 कई मायनों में ऐतिहासिक था। इस राष्ट्रीय पर्व की शुरुआत भारत के प्रथम भारतीय गवर्नर जनरल चक्रवर्ती राजगोपालाचारी की उद्घोषणा से हुई। उन्होंने अपने उद्बोधन में भारत के एक गणराज्य बनने की घोषणा की। इसके उपरांत डॉ. राजेंद्र प्रसाद ने भारत के पहले राष्ट्रपति के रूप में शपथ ली। उनके द्वारा संविधान के क्रियान्वयन की औपचारिक घोषणा की गई। इसके साथ ही भारत एक संप्रभु लोकतांत्रिक गणराज्य बन गया।

*डॉ. राजेंद्र प्रसाद प्रथम राष्ट्रपति पद की शपथ लेते हुए।*

*प्रथम राष्ट्रपति डॉ. राजेंद्र प्रसाद कोच पर सवार होकर 26 जनवरी, 1950 के गणतंत्र दिवस समारोह स्थल पर जाते हुए।*

*डॉ. राजेंद्र प्रसाद 26 जनवरी, 1950 के गणतंत्र दिवस समारोह स्थल पर।*

*प्रथम गणतंत्र दिवस के मुख्य अतिथि इंडोनेशिया के राष्ट्रपति डॉ. सुकर्णो।*

*इरविन स्टेडियम (मेजर ध्यानचंद) पर आयोजित प्रथम गणतंत्र दिवस समारोह।*

उसी दिन डॉ. राजेंद्र प्रसाद ने भारत के प्रथम राष्ट्रपति के रूप में अपने पहले भाषण में कहा, "हमारे गणराज्य का उद्देश्य है—इसके नागरिकों के लिए न्याय, स्वतंत्रता और समता प्राप्त करना तथा इस विशाल देश की सीमाओं में निवास करनेवाले लोगों में भ्रातृ-भाव बढ़ाना, जो विभिन्न धर्मों को मानते हैं, भिन्न-भिन्न भाषाएँ बोलते हैं और अपने-अपने रीति-रिवाजों का पालन करते हैं। हम सभी देशों के साथ मित्रता करके रहना चाहते हैं। हमारे भावी कार्यक्रमों में रोग, गरीबी और अज्ञानता का उन्मूलन शामिल है। हम उन सभी विस्थापित लोगों को फिर से बसाने तथा उन्हें फिर से स्थिरता देने के लिए चिंतित हैं, जिन्होंने बड़ी मुसीबतें सहन की हैं और हानियाँ उठाई हैं और जो अभी भी मुसीबत में हैं। जो लोग किसी प्रकार के अधिकारों से वंचित हैं, उन्हें विशेष सहायता मिलनी चाहिए। इस लक्ष्य को प्राप्त करने के लिए यह आवश्यक है कि हम उस स्वतंत्रता को सुरक्षित रखें, जो आज हमें प्राप्त है; लेकिन राजनीतिक स्वतंत्रता के समान ही आर्थिक और सामाजिक स्वतंत्रता भी समय की माँग है। वर्तमान हमसे अतीत की अपेक्षा अधिक निष्ठा और बलिदान माँग रहा है। मैं आशा और प्रार्थना करता हूँ कि हमें जो अवसर मिला है, हम उसका उपयोग करने में समर्थ हो सकेंगे। हमें अपनी सारी भौतिक और शारीरिक शक्तियाँ अपनी जनता की सेवा में लगा देनी चाहिए। मैं यह भी आशा करता हूँ कि इस शुभ और आनंदमय दिवस के आगमन पर खुशियाँ मनाती हुई जनता अपनी जिम्मेदारी का अनुभव करेगी और अपने आप को फिर उस लक्ष्य की पूर्ति के लिए समर्पित कर देगी, जिसके लिए राष्ट्रपिता जिए, काम करते रहे और मर गए।"

यह वह ऐतिहासिक दिन था, जब सदियों से कई भागों में विभाजित छोटी-बड़ी रियासतों के लिए एक समान कोई वैधानिक व्यवस्था संविधान के रूप में लागू होनेवाली थी। समूचे भारतवासियों के लिए एक-से मौलिक अधिकारों का क्रियान्वयन होनेवाला था।

प्रथम गणतंत्र दिवस का आयोजन इरविन स्टेडियम में रखा गया था। इस स्टेडियम को अब मेजर ध्यानचंद स्टेडियम के नाम से जाना जाता है। इस समारोह में शामिल होने के लिए डॉ. राजेंद्र प्रसाद ने अपने राजकीय कोच का इस्तेमाल किया। कार्यक्रम स्थल पर पहुँचकर उन्होंने हजारों लोगों का अभिवादन किया। दरअसल, इस समय तक राजपथ पर होनेवाली परेड की परंपरा शुरू नहीं हुई थी। 1950 से 1954 तक गणतंत्र दिवस समारोह इरविन स्टेडियम, किंग्सवे कैंप, लाल किला और रामलीला ग्राउंड सहित विभिन्न स्थानों पर हुआ। 1955 के बाद से राजपथ गणतंत्र दिवस समारोह का स्थायी स्थल बन गया।

प्रथम गणतंत्र दिवस के इस अवसर पर जब राष्ट्रपति कार्यक्रम स्थल पर पहुँचे तो सशस्त्र बलों ने 31 तोपों की सलामी देकर उनका स्वागत किया। फिर एक जीप में सवार होकर उन्होंने सशस्त्र बलों के 3,000 सदस्यों के साथ स्टेडियम का एक चक्कर लगाया। इस अवसर पर सशस्त्र बलों ने बहुत जबरदस्त प्रदर्शन किया।

इंडोनेशिया के राष्ट्रपति डॉ. सुकर्णो प्रथम गणतंत्र दिवस के मुख्य अतिथि थे। यह तथ्य दरशाता है कि उस समय भारत के इंडोनेशिया के साथ बहुत मजबूत संबंध थे। सौभाग्यवश, उन मधुर संबंधों की परंपरा आज भी बरकरार है।

□

# 7

# भारतीय जनसंघ का गठन

यूँ तो वक्त को कोई कैद नहीं कर सकता, मगर कुछ बातें ऐसी होती हैं, जो इतिहास के पन्नों में दर्ज होकर अमर हो जाती हैं। 21 अक्तूबर, 1951 की तारीख भारतीय राजनीति के इतिहास में एक खास स्थान रखती है। यह वह दिन था, जब डॉ. श्यामाप्रसाद मुखर्जी के मन में उभरे एक विचार ने क्रियान्वयन की चादर ओढ़कर 'भारतीय जनसंघ' नामक एक नव-राजनीतिक दल की स्थापना की। ऐसा कहा जाता है कि विचारों में मतभेद होना ही प्रजातंत्र की खूबसूरती है। मात्र भारत ही नहीं, दुनिया के हर कोने में मतैक्य पाया जाता है। भारत में अंग्रेजी हुकूमत पर प्रहार करनेवाला दल कांग्रेस था, जिसने धर्मनिरपेक्ष राजनीति का आचरण किया। देश तो आजाद हो गया, लेकिन बदले में देश को विभाजन व सांप्रदायिकता का जहर पीना पड़ा।

प्रतिक्रियास्वरूप इस आस्था के परे एक अन्य विचार 'हिंदुत्व' ने भारतमाता की गोद में पलना-बढ़ना प्रारंभ कर दिया। हिंदू धर्म एक जीवन-पद्धति बनकर भारतीयों के रक्त में समाहित हो गया। इसे 'वैदिक सनातन वर्णाश्रम धर्म', 'सनातन धर्म' अथवा 'वैदिक धर्म' भी कहते हैं, जिसका अर्थ है कि इसका अस्तित्व मानव की उत्पत्ति से भी पहले से है। विद्वान् लोग हिंदू धर्म को भारत की विभिन्न संस्कृतियों एवं परंपराओं का सम्मिश्रण मानते हैं, जिसका कोई संस्थापक नहीं है। इसकी जड़ें 'सनातन धर्म' की चिंतन भूमि में गहरे तक जमी हुई हैं।

हिंदू धर्म को विश्व का प्राचीनतम धर्म माना जाता है। इसके अनुयायी भारत में ही नहीं, बल्कि नेपाल, मॉरिशस, सूरीनाम, फिजी इत्यादि में भी बहुतायत में पाए जाते हैं। अनुयायियों की संख्या के आधार पर हिंदू धर्म विश्व का तीसरा सबसे बड़ा धर्म है। इंडोनेशिया में इस धर्म का औपचारिक नाम 'हिंदू आगम' है। हिंदू धर्म केवल एक धर्म या संप्रदाय ही नहीं है, अपितु जीवन जीने की एक पद्धति है।

भारतीय जनसंघ के संस्थापक डॉ. श्यामाप्रसाद मुखर्जी।

भारतीय जनसंघ की सभा।

जनसंघ के कतिपय सदस्यों की तसवीर।

इसी विचारधारा की छाँव तले डॉ. श्यामाप्रसाद मुखर्जी ने राष्ट्रवाद की भावना को सशक्तता प्रदान करने के लिए 'भारतीय जनसंघ' की स्थापना की थी। इसे व्यापक रूप में राष्ट्रीय स्वयंसेवक संघ (आर.एस.एस.) की राजनीतिक शाखा के रूप में जाना जाता था, जोकि स्वैच्छिक रूप से एक हिंदू राष्ट्रवादी संघठन है। इस संगठन का मुख्य उद्देश्य भारत की 'हिंदू' सांस्कृतिक पहचान को संरक्षित करना और कांग्रेस तथा प्रधानमंत्री पं. जवाहरलाल नेहरू के मुसलिम और पाकिस्तान को लेकर तुष्टीकरण को रोकना था।

यहाँ पर इस संगठन के संस्थापक के बारे में कतिपय चर्चा करना आवश्यक है, ताकि इस संगठन की स्थापना से जुड़ी विचारभूमि को समझा जा सके। अपने राजनीतिक जीवन की शुरुआत में डॉ. श्यामाप्रसाद मुखर्जी ने कांग्रेस पार्टी की सदस्यता ग्रहण की। कांग्रेस पार्टी की टिकट पर उन्होंने बंगाल विधान परिषद् में प्रवेश किया। कुछ समय के उपरांत जब कांग्रेस ने विधान परिषद् के बहिष्कार का निर्णय लिया तो वे इस निर्णय से सहमत नहीं थे। इसी कारण उन्होंने कांग्रेस पार्टी से इस्तीफा दे दिया। इस्तीफा देने के बाद वे हिंदुओं के हित के बारे में सोचने लगे। वे बंगाल के हिंदुओं की हितों के संवर्धन के लिए भी सचेत थे। अस्तु, वे 'हिंदू महासभा' में शामिल हुए।

काफी सोच-विचार के बाद उन्होंने स्वतंत्र उम्मीदवार के तौर पर चुनाव लड़ने का फैसला किया। उन्हें इस चुनाव में सफलता मिली। सन् 1941 से लेकर 1942 तक वे बंगाल राज्य के वित्तमंत्री के रूप में रहे और सन् 1944 में 'हिंदू महासभा' के अध्यक्ष बने।

1947 में हुए भारत विभाजन के वे कट्टर विरोधी थे। उन्होंने मो. अली जिन्ना और मुसलिम लीग की सांप्रदायिकतावादी राजनीति का खुलकर विरोध किया। साथ ही उन्होंने मुसलिम लीग द्वारा चलाए जा रहे सांप्रदायिकतावादी दुष्प्रचार से हिंदुओं की रक्षा के लिए कार्य किया। भारत के प्रथम मंत्रिमंडल में शामिल होने हेतु जब महात्मा गांधीजी और सरदार पटेलजी ने उनसे अनुरोध किया, तो वे मंत्रिमंडल में शामिल तो हो गए, लेकिन राष्ट्रवादी चिंतन में मतभेद होने के कारण उन्होंने मंत्रिमंडल से अपना त्याग-पत्र दे दिया और एक नई पार्टी 'जनसंघ' का गठन किया।

अपनी सक्रियता दर्ज करवाते हुए भारतीय जनसंघ ने एक ऐसा आंदोलन शुरू किया, जोकि जम्मू और कश्मीर का भारत में पूर्ण विलय करने से संबंधित था। यह उनका प्रथम आंदोलन था। तत्कालीन सत्ताधारियों के द्वारा डॉ. मुखर्जी को कश्मीर में प्रतिवाद का नेतृत्व नहीं करने के आदेश दिए गए थे, लेकिन उन्होंने उनके आदेशों का उल्लंघन कर आंदोलन जारी रखा तो उन्हें गिरफ्तार कर लिया गया। कश्मीर आंदोलन के विरोध के बावजूद प्रथम आम चुनावों में जनसंघ को लोकसभा में तीन सीटें प्राप्त हुईं। यह उनके मनोबल को बढ़ाने के लिए पर्याप्त था।

दुर्भाग्यवश गिरफ्तारी के कुछ माह बाद ही दिल का दौरा पड़ने से डॉ. श्यामाप्रसाद

मुखर्जी का जेल में ही निधन हो गया। उनके बाद इस संगठन के नेतृत्व की बागडोर दीनदयाल उपाध्याय के हाथों में आ गई। उन्होंने बखूबी अपने दायित्वों का निर्वहन किया।

इसके उपरांत अटल बिहारी वाजपेयी और लालकृष्ण आडवाणी ने भारतीय जनसंघ को सशक्तता प्रदान करने का कार्य किया। इस समय तक इस संगठन की कार्यसूची में समान नागरिकता कानून, गौहत्या पर प्रतिबंध लगाना और जम्मू एवं कश्मीर राज्य को दिए गए विशेष दर्जा खत्म करना, इत्यादि विषय थे।

1967 में भारत की विभिन्न विधानसभा के चुनावों हुए। इन चुनावों में भारतीय जनसंघ अन्य दलों के साथ मिलकर मध्य प्रदेश, बिहार और उत्तर प्रदेश सहित विभिन्न हिंदीभाषी राज्यों में गठबंधन सरकार बनाने में सफल रही।

इसके बाद से इस संगठन ने अपनी खुद की पहचान बनाकर भारत की सक्रिय राजनीति में अपना स्थान सुनिश्चित किया। यद्यपि एक वक्त ऐसा भी आया, जब इस दल को राजनीतिक गठबंधन के साथ तालमेल बिठाने के लिए अपने कट्टरपंथी मार्ग को संतुलन की गली में मोड़ना पड़ा।

□

# 8
# प्रथम आम चुनाव

दुनिया के सबसे बड़े लोकतांत्रिक देश भारत में करीब 90 करोड़ मतदाता हैं। प्रत्येक मतदाता के मत का मूल्य समान है। यही तो लोकतंत्रात्मक पद्धति का मूलाधार है। भारत में 18 वर्ष के ऊपर का कोई भी व्यक्ति अपने मताधिकार का प्रयोग कर अपनी पसंद के राजनीतिक दल या निर्दलीय व्यक्ति को अपना प्रतिनिधि चुन सकता है। लोकतांत्रिक पद्धति का एक खूबसूरत पहलू है। भारतीय संविधान के प्रावधान अनुसार मताधिकार नागरिक का अधिकार है, इसलिए न तो इसे कर्तव्य की श्रेणी में रखा गया है और न ही स्विट्जरलैंड की भाँति मताधिकार का प्रयोग अनिवार्य किया जा सकता है।

भारतीय संविधान के भाग 15 में अनुच्छेद 324 से अनुच्छेद 329 तक निर्वाचन की व्याख्या की गई है। अनुच्छेद 324 में निर्वाचनों का अधीक्षण, निदेशन और नियंत्रण का समूचा कार्य निर्वाचन आयोग में निहित होना बताया गया है। संविधान ने अनुच्छेद 324 में ही निर्वाचन आयोग को चुनाव संपन्न कराने की जिम्मेदारी दी गई है। 1989 तक निर्वाचन आयोग केवल एक सदस्यीय संगठन था, लेकिन 16 अक्तूबर, 1989 को राष्ट्रपति द्वारा एक अधिसूचना जारी कर अन्य निर्वाचन आयुक्तों की नियुक्ति की गई। इस प्रकार अब यह बहुसदस्यीय आयोग बन गया है। 25 जनवरी, 1950 को गठित निर्वाचन आयोग की बागडोर वर्तमान में श्री राजीव कुमार के हाथ में है।

## प्रथम आम चुनाव

1947 में अंग्रेजी हुकूमत से आजादी मिलने के बाद भारत में पहली बार 1951–52 में आम चुनाव हुए। यह चुनाव सिर्फ इसलिए बेहद अहम नहीं था कि यह ऐतिहासिक चुनाव था या फिर स्वतंत्र भारत का पहला चुनाव था, बल्कि इसलिए भी अहम था कि सारी दुनिया की निगाह भारत पर टिकी थी। सबके मन में यही सवाल था कि नव स्वतंत्र राज्य भारत क्या चुनावों को सफलतापूर्वक अंजाम दे पाएगा? एक ऐसा राज्य, वहाँ

पर अशिक्षा ने नागरिकों को कसकर जकड़ रखा था, आर्थिक तंगी मुँह फाड़े बैठी थी। जनसंख्या की बहुलता व संसाधनों के चौतरफा अभाव चुनौती बनकर मुँह चिढ़ा रहे थे।

*प्रथम आम चुनाव में प्रचार की तसवीरें।*

*प्रथम आम चुनाव में प्रचार की तसवीरें।*

*1951 के आम चुनाव के बैलेट पेपर।*

*मतदाताओं के जुनून की एक तसवीर।*

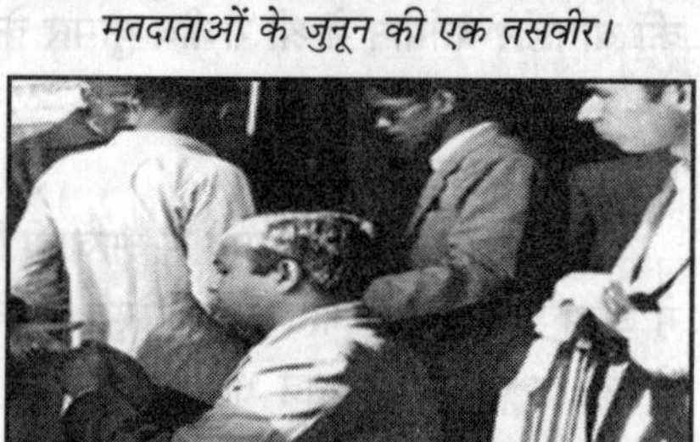

*चुनावी प्रक्रिया के विविध आयाम।*

देश-विदेश की तमाम चुनौतियाँ भारतीय निर्वाचन कार्य के आँगन में चहलकदमी कर रही थीं, इसलिए दुनिया के समूचे राज्य अपलक भारत की ओर देख रहे थे। इन परिस्थितियों में आम चुनाव करवाना सचमुच टेढ़ी खीर थी। खैर, समस्त किंतु-परंतु को नजरअंदाज कर भारतीय चुनाव आयोग ने 489 लोकसभा सीटों के निर्वाचन हेतु अधिसूचना जारी कर दी। देखते-ही-देखते नामांकन-पत्र भरे जाने लगे और फिर उनकी जाँच-पड़ताल करके नाम वापसी की घोषणा कर दी गई।

पहला आम चुनाव 25 अक्तूबर, 1951 से 21 फरवरी, 1952 तक करीब 4 महीनों की सीमा अवधि में 68 चरणों में संपन्न हुआ, जिसमें 21 वर्ष से अधिक आयु के 17,32,00,000 मतदाताओं ने अपने मताधिकार का प्रयोग किया, यानी कुल 36 करोड़ आबादी में करीब 17.3 करोड़ मतदाता थे। उल्लेखनीय है कि प्रथम आम चुनाव का पहला वोट हिमाचल प्रदेश के छिनी नामक तहसील में पड़ा था।

खास बात यह थी कि उस समय लोकसभा की कुल 489 सीटें थीं, लेकिन संसदीय क्षेत्र 401 ही थे। 314 संसदीय क्षेत्र ऐसे थे, जहाँ से सिर्फ एक-एक प्रतिनिधि चुने जाने थे। 86 संसदीय क्षेत्र ऐसे थे, जहाँ एक साथ दो लोगों को सांसद चुना जाना था। इनमें से एक सांसद सामान्य वर्ग से और दूसरा सांसद अनुसूचित जाति व जनजाति समुदाय से चुना गया। एक संसदीय क्षेत्र उत्तर बंगाल में ऐसा भी रहा था, जहाँ से 3 सांसद चुने गए। पहले आम चुनाव में कुल 1874 उम्मीदवारों ने अपना दम दिखाया।

जवाहरलाल नेहरू की अगुआई में कांग्रेस के अलावा श्रीपाद अमृत डांगे के नेतृत्व में कम्युनिस्ट पार्टी ऑफ इंडिया, श्यामाप्रसाद मुखर्जी के भारतीय जनसंघ के आचार्य नरेंद्र देव, जयप्रकाश नारायण और लोहिया की अगुआईवाली सोशलिस्ट पार्टी, आचार्य कृपलानी के नेतृत्व में किसान मजदूर प्रजा पार्टी समेत कुल 53 छोटे-बड़े दल मैदान में थे।

इस आम चुनाव में कुल 45.7 प्रतिशत लोगों ने अपने मताधिकार का इस्तेमाल किया। प्रधानमंत्री जवाहरलाल नेहरू के नेतृत्व में कांग्रेस ने एकतरफा जीत हासिल की। फूलपुर लोकसभा सीट से जवाहरलाल नेहरू ने विशाल अंतर से जीत हासिल की। सरकार बनाने के लिए 245 सीटों की जरूरत थी, लेकिन कांग्रेस ने कुल 489 सीटों में से 364 पर अपना परचम लहराया। इस चुनाव में दूसरे नंबर पर सी.पी.आई. रही, जिसके खाते में 16 सीटें आईं। 12 सीटों के साथ सोशलिस्ट पार्टी तीसरे स्थान पर रही। किसान मजदूर प्रजा पार्टी ने 9, 'हिंदू महासभा' ने 4 और भारतीय जनसंघ व रिवोल्यूशनरी सोशलिस्ट पार्टी ने 3-3 सीटों पर जीत हासिल की।

भारतीय राष्ट्रीय कांग्रेस ने कुल पड़े मतदान का 45 प्रतिशत प्राप्त किया था। एक आकलन के अनुसार, समूचे भारत में 44.87 प्रतिशत मतदाताओं ने अपनी चुनावी

भागीदारी दर्ज की गई। पं. जवाहरलाल नेहरू देश के पहले निर्वाचित प्रधानमंत्री बने। उनके दल को कुल मतदान के 75.99 प्रतिशत मत प्राप्त हुए। 17 अप्रैल, 1952 को गठित हुई पहली लोकसभा के अध्यक्ष का दायित्व श्रीगणेश वासुदेव मावलंकर को सौंपा गया। इस लोकसभा में 677 बैठकें हुईं। यह अब तक हुई बैठकों की अधिकतम संख्या है। 4 अप्रैल, 1957 को प्रथम लोकसभा निर्वाचन से निर्वाचित सदस्यों ने अपना निधारित कार्यकाल पूर्ण किया।

उस समय तक यूँ तो विरोधी दल का अस्तित्व लगभग प्रभावहीन था, लेकिन प्रथम आम चुनाव से ठीक पहले नेहरू के दो पूर्व कैबिनेट सहयोगियों—श्यामाप्रसाद मुखर्जी व भीमराव आंबेडकर ने कांग्रेस के वर्चस्व को चुनौती देने के लिए अपने-अपने राजनीतिक दलों को सक्रियता का जामा पहनाना प्रारंभ कर दिया।

21 अक्तूबर, 1951 को श्यामाप्रसाद मुखर्जी ने 'जनसंघ' की स्थापना करके हिंदुत्व की पताका का बीजारोपण किया। 30 सितंबर, 1956 को डॉ. भीमराव आंबेडकर ने अनुसूचित जाति महासंघ 'रिपब्लिकन पार्टी' को पुनर्जीवित किया। इनके अलावा, आचार्य कृपलानी की किसान मजदूर प्रजा परिषद्, राममनोहर लोहिया और जयप्रकाश नारायण के नेतृत्ववाली समाजवादी पार्टी और भारतीय साम्यवादी दल ने भी भारतीय राजनीति में अपना स्थान बनाना प्रारंभ किया, यद्यपि उन्हें इस बात का अंदाजा था कि वे कांग्रेस के सामने बौने हैं। तदुपरांत कई दिग्गज चुनाव में खड़े हुए। इनमें से कई जीते तो कई हारे।

देश के पहले आम चुनाव में जिन दिग्गजों को हार का सामना करना पड़ा, उनमें देश के पहले कानून मंत्री डॉ. भीमराव आंबेडकर का नाम भी आता है, जिनको बॉम्बे की नॉर्थ सेंट्रल सीट पर कभी अपने ही एक सहयोगी एन.एस. कर्जेलकर के हाथों शिकस्त झेलनी पड़ी। इसके अलावा, किसान मजदूर प्रजा पार्टी के कद्दावर नेता आचार्य कृपलानी भी चुनाव में हार गए थे। खैर, तमाम परेशानियों के बावजूद प्रथम आम चुनाव सफलतापूर्वक संपन्न करवा लिये गए। तमाम चुनौतियों का सामना करते हुए चुनाव आयोग के तत्कालीन अध्यक्ष सुकुमार सेन की तत्परता व सूझ-बूझ ने समूची दुनिया को यह जता दिया कि यदि भारत ठान ले तो कुछ भी कर सकता है।

□

# 9
# पंचशील समझौता

व्यक्ति की भाँति राज्य की भी अपनी एक पृथक् प्रवृत्ति, संस्कृति व स्थिति होती है। विश्वगुरु भारत की भी अपनी प्रवृत्ति है। वैश्विक समाज से मधुर संबंध स्थापित करना व समूची मानव जाति के अस्तित्व को स्वीकार करना भारत की संस्कृति है। पड़ोसी राज्यों के साथ विश्वास व पारस्परिक सहयोग के रिश्ते की बुनियाद रखना भी भारत की प्राचीनतम सांस्कृतिक धरोहर रही है।

आजादी के बाद भी भारत ने अपने सिद्धांतों के अनुरूप पड़ोसी राज्यों से सहज, सरस व मधुर संबंधों को स्थापित करने का प्रयास किया। इसी तारतम्य में 29 अप्रैल, 1954 को भारत और चीन के बीच एक समझौता हुआ था, जिसे 'पंचशील समझौता' के नाम से जाना जाता है। इसे आजाद भारत की विदेश नीति का महत्त्वपूर्ण हिस्सा माना जाता रहा है। दरअसल भारत और चीन के मध्य लगभग 3,500 वर्ग किलोमीटर की सीमा-रेखा है। इस सीमा पर स्थित क्षेत्रों के संबंध में जब-तब दोनों देशों के बीच मतभेद होते रहते हैं। कभी-कभी तनाव की उग्रता दोनों देशों के रिश्तों को बदतर हालातों में ले जाकर खड़ा कर देती है। इस तनाव को कम करने के लिए पं. नेहरू ने 'पंचशील समझौता' किया।

दरअसल, भारत व साम्यवादी चीन का सफर लगभग एक ही साथ प्रारंभ हुआ। 1947 में भारत एक स्वतंत्र राष्ट्र के रूप में उभरकर सामने आया। 1 अक्तूबर, 1949 को चीन भी एक सशक्त साम्यवादी देश के रूप में विश्वपटल पर अंकित हुआ। उसके कुछ ही दिनों के बाद चीन ने साम्राज्यवादी नीति का अनुपालन करते हुए, अपने पड़ोस में स्थित राज्य तिब्बत पर हमला कर दिया और देखते-ही-देखते उस पर अपना कब्जा स्थापित कर, उसे अपना एक अधीनस्थ राज्य घोषित कर दिया।

भारत कुछ समझ पाता या निर्णय ले पाता, इससे पहले ही भारत-चीन की सीमाओं पर स्थित एक 'बफर स्टेट तिब्बत' का अस्तित्व समाप्त हो चुका था। चीन के इस बरताव से भारत में आक्रोश होना स्वाभाविक था, क्योंकि इस कब्जे ने भारत व चीन के मध्य के

उस फासले को हमेशा के लिए खत्म कर दिया, जो अब तक सिर्फ कश्मीर के एक छोटे से हिस्से तक ही सीमित था।

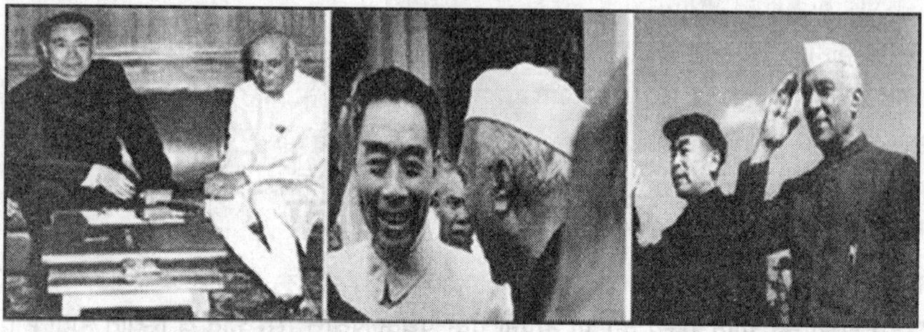

भारत-चीन के मध्य चले मित्रता के दौर की तसवीरों में प्रधानमंत्री पं. नेहरू व चाऊ एनलाई।

शिलालेख में अंकित पंचशील का सिद्धांत।

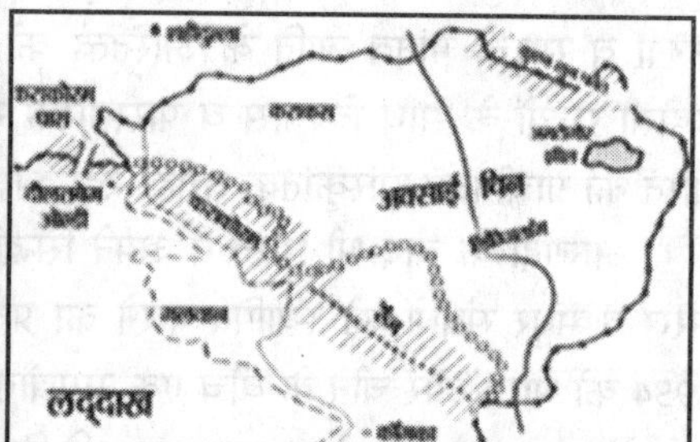


1954 में भारत-चीन सीमा का चिह्न।

प्रधानमंत्री पं. जवाहरलाल नेहरू व चाऊ एनलाई एक सहभोज में।

वह अब बढ़कर आज के उत्तराखंड से लेकर भारत के नॉर्थ रेंज तक फैल गई थी। इसलिए तिब्बत पर हुए चीनी कब्जे का असर सबसे ज्यादा भारत पर पड़नेवाला था।

इसने भारत की सुरक्षा के लिए भी नए सवाल खड़े कर दिए, लेकिन पड़ोसी देश चीन के साथ मधुर संबंधों की डोर जुड़ी रहे, इस उद्देश्य से भारत ने संयम का वरण किया।

जब तत्कालीन प्रधानमंत्री पं. नेहरू से इस संबंध में बात की तो उन्होंने अपने बयान में स्पष्ट कहा—"हमें चीन के साथ अपनी दोस्ती में ही सुरक्षा ढूँढ़नी चाहिए।" इस कथन से यह प्रतीत हो रहा था कि वे तिब्बत पर चीन के कब्जे के बाद भी सीमा का मुद्दा उठाने के लिए तैयार नहीं थे। इस मुद्दे पर उनकी यह सोच थी—"जब तक चीन खुद अपनी तरफ से सीमा का मामला नहीं उठाता, इसके बारे में किसी भी स्तर पर बातचीत की आवश्यकता नहीं है।" जबकि इस प्रकरण पर भारत के तत्कालीन गृहमंत्री वल्लभभाई पटेल के विचार एकदम अलग थे। इसलिए 1950 में उन्होंने एक चिट्ठी लिखकर प्रधानमंत्री पं. नेहरू से कहा—"चीन ने हमारे देश के साथ धोखा और विश्वासघात किया है। चीन असम के कुछ हिस्सों पर भी नजर गड़ाए हुए है। अस्तु, हमें इस समस्या का तत्काल समाधान करना चाहिए।"

अस्तु, स्थिति की गंभीरता को समझते हुए भारत ने 1952 में चीन से बातचीत की पहल की, ताकि उसकी आगामी योजनाओं के बारे में अंदाजा लगाया जा सके। मैकमोहन लाइन के विषय में चीन की चुप्पी को भारत ने उसकी सहमति समझ लिया। भारत को लगा कि मैकमोहन लाइन के विषय में चीन को कोई दिक्कत नहीं है। भारत को चीन का रवैया दोस्ताना से परिपूर्ण लगने लगा। 'हिंदी-चीनी भाई-भाई' के नारे दोनों देशों की सीमाओं को विस्मृत कर गुंजायमान होने लगे। भारत व चीन दोनों देशों ने अपने संबंधों की मधुरता दुनिया के समक्ष प्रकट करने के लिए 29 अप्रैल, 1954 को 'पंचशील समझौता' कर लिया।

'पंचशील' शब्द ऐतिहासिक बौद्ध अभिलेखों से लिया गया। बौद्ध अभिलेखों में भिक्षुओं के व्यवहार को सुनिर्धारित करने के लिए 'पंचशील नियम' अंकित किए गए हैं। सर्वविदित है कि भारत बौद्ध धर्म कर उद्गम स्थल है। अस्तु, इन्हीं बौद्ध अभिलेखों से ही पं. नेहरू ने 'पंचशील' शब्द को चुन लिया था। ये पंचशील सिद्धांत इस प्रकार हैं—

1. एक-दूसरे की अखंडता और संप्रभुता का सम्मान।
2. एक-दूसरे पर आक्रमण न करना।
3. एक-दूसरे के आंतरिक मामलों में हस्तक्षेप नहीं करना।
4. समान और परस्पर लाभ पर आधारित संबंध की स्थापना।
5. शांतिपूर्ण सह-अस्तित्व।

इस समझौते के बाद भारत और चीन के बीच तनाव काफी कम हो गया, जिससे भारत को यह समझौता बहुत फायदेमंद लग रहा था। इस समझौते की हर जगह तारीफ हो रही थी कि दुनिया की दो बड़ी सभ्यताओं ने साथ रहने की नई मिसाल पेश की है। दुनिया के अन्य देशों में भी इस सिद्धांत को अपनाने की बात कही जाने लगी। 1955 में

इंडोनेशिया में हुए गुटनिरपेक्ष आंदोलन के मंच पर इन पंचशील सिद्धांतों में पाँच और सिद्धांत जोड़कर इसे 'दसशील' कर दिया गया।

'पंचशील समझौते' के बाद चीन के प्रधानमंत्री चाऊ एनलाई भारत आए। शिखर वार्त्ता में दुनिया भर की बातें हुईं, पर सीमा विवाद के बारे में कोई चर्चा नहीं हुई। इसके बाद पं. नेहरू भी चीन की यात्रा पर गए, जहाँ उनका जबरदस्त स्वागत हुआ। इसी माहौल में नवंबर 1956 के माह में एक बड़ी घटना हुई। प्रधानमंत्री चाऊ एनलाई भारत के दौरे पर थे, तभी तिब्बत के सबसे बड़े धर्मगुरु दलाई लामा भी भारत आ गए। वे तिब्बत में चीन की नीतियों से परेशान थे। उन्होंने भारत से शरण माँगी, परंतु हम अपने नए दोस्त चीन को नाराज नहीं करना चाहते थे, इसलिए उन्हें शरण देने में भारत में अपनी असमर्थता जताई।

तभी सितंबर 1957 में चीन के एक सरकारी अखबार में एक खबर छपी कि 'चीन के सिंकियांग से तिब्बत तक जानेवाली सड़क पूरी तरह से बन चुकी है।' यह खबर भारत के लिए बहुत बड़ा झटका थी। दरअसल, सिंकियांग से तिब्बत तक जानेवाली सड़क अक्साई चीन से होकर जाती थी। यह वही क्षेत्र था, जिसे भारत अपना मानता था। चीन की अक्साई चीन को लेकर असली नियत क्या है? यह जानने के लिए प्रधानमंत्री ने सीधे चाऊ एनलाई को चिट्ठी लिखी। चीन के प्रधानमंत्री ने करीब एक माह बाद खत का जवाब लिखते हुए कहा था—"चीन और भारत की सीमा औपचारिक तौर पर तय नहीं हुई थी और चीन ने यह मसला इसलिए नहीं उठाया, क्योंकि वह दूसरे कामों में व्यस्त था।" इस कथन से यह साफ हो गया था कि चीन का रवैया बदल रहा था। भारत चीन के इस बदले हुए रुख को परख पाता, इससे पहले ही तत्कालीन घटनाओं ने एक नया रुख ले लिया था।

तिब्बत में चीन के खिलाफ बगावत हो गई। दलाई लामा को लगा कि चीन की फौज उन्हें गिरफ्तार कर लेगी, अस्तु, वे अपने साथियों के साथ तिब्बत से भागकर भारत की तरफ आ गए। बदले हुए समीकरणों में भारत सरकार ने उन्हें आने की इजाजत दे दी और 24 अप्रैल, 1959 को प्रधानमंत्री पं. नेहरू खुद उनसे मिलने मसूरी गए। प्रधानमंत्री का यूँ दलाई लामा से मिलना चीन को रास नहीं आया। दलाई लामा का जिस तरह से भारत में स्वागत हुआ, वह भी उसे अच्छा नहीं लगा। इस घटनाक्रम के उपरांत दोनों देशों के मधुर रिश्तों में खटास आने लगी।

कालांतर में दोनों देश के रिश्तों में दरार बढ़ती गई, जिसका अंतिम हश्र 1962 में भारत पर चीनी आक्रमण के रूप में सामने आया। इसलिए कालांतर में 'पंचशील समझौते' को पं. नेहरू की सबसे बड़ी भूल करार दिया। इस प्रकार अंत में यह कहा जा सकता है कि 'पंचशील समझौता' फरेब की स्याही से लिखा गया एक स्मरणीय दस्तावेज है। □

# 10
# डॉ. आंबेडकर का बौद्ध गमन

इस धरा पर जन्म लेनेवाले सभी व्यक्तियों की अपनी मौलिक सोच, अनुभूति व दायरा होता है, जिसके इर्द-गिर्द उसके जीवन का ताना-बाना बुना जाता है। कौन, कहाँ, किसके यहाँ जन्म लेगा, यह मानव के हाथ में नहीं। वह जहाँ, जिस परिवार, जाति व क्षेत्र में जन्म लेता है, वही उसके वजूद के निर्धारण में महती भूमिका का निर्वहन करता है। सामाजिक व्यवस्था व संरचना उसे उसी परिवेश से बाँध देती है। सामान्यतया व्यक्ति उसी जन्मजात परिवेश में अपना समूचा जीवन गुजार देते हैं। विरले होते हैं, जो जन्मगत पहचान को परिवर्तनशीलता का जामा पहनाने में सफल होते हैं।

भारत के प्रथम विधिमंत्री व संविधानवेत्ता डॉ. भीमराव आंबेडकर उन विरले लोगों में से थे, जिन्हें अपने धर्म से ढेरों शिकायतें थीं। उन्हें अपनी जातिगत अवस्था से पीड़ा थी। उनका मानना था कि उनकी इस पीड़ा की वजह हिंदू धर्म की व्यवस्थाएँ हैं, इसलिए उन्होंने उस धर्म को ही बदल देने का साहसिक निर्णय लिया।

इतिहास गवाह है कि प्रचलित तत्कालीन सामाजिक व धार्मिक परंपराओं ने डॉ. भीमराव आंबेडकर को जिज्ञासु बना दिया। अस्तु उन्होंने विश्व के सभी प्रमुख धर्मों का गहन अध्ययन किया। सामाजिक व्यवस्थाओं से संबंधित तथ्यों का एकत्रीकरण किया। उन्होंने अपने स्तर पर हिंदू धर्म तथा हिंदू समाज को सुधारने, समता तथा सम्मान की प्राप्ति करने के लिए तमाम प्रयत्न किए, परंतु जब वे अपने मकसद में असफल हो गए तो उन्होंने सार्वजनिक कथन दिया—"हालाँकि मैं एक अछूत हिंदू के रूप में पैदा हुआ हूँ, लेकिन मैं एक हिंदू के रूप में हरगिज नहीं मरूँगा!"

गहन चिंतन-मनन के उपरांत वे इस निष्कर्ष पर पहुँचे कि धर्म परिवर्तन कर देना ही उनकी समस्त समस्याओं के निराकरण का मार्ग है। अस्तु, मात्र 21 वर्ष की अवस्था में ही उन्होंने अपनी अंतरात्मा की आवाज सुनी और एक संवेदनशील निर्णय लिया। 13 अक्तूबर, 1935 को नासिक के निकट येवला में एक सम्मेलन में उन्होंने अपने धर्म

परिवर्तन करने की घोषणा कर डाली। साथ ही आह्वान किया कि ज्यादा-से-ज्यादा अनुयायी धर्मांतरण करें। इसी के साथ उन्होंने आह्वान किया—"शिक्षित बनो, संगठित बनो, संघर्ष करो।"

*येवला, नासिक में धर्म परिवर्तन की घोषणा करते डॉ. बी.आर. आंबेडकर।*

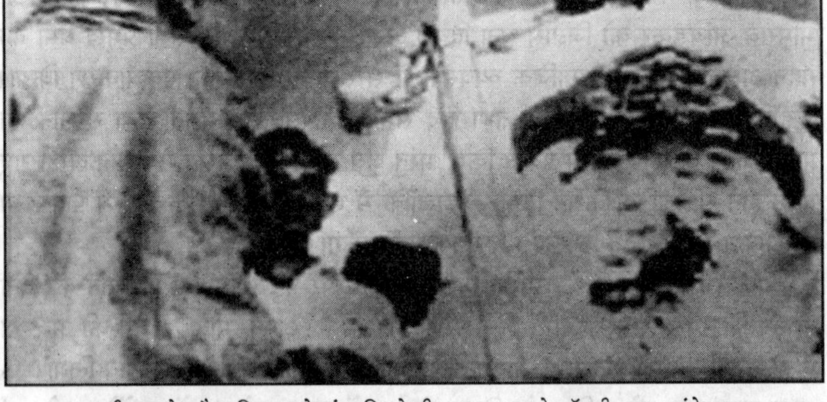

*कुशीनगर के बौद्ध भिक्षु भन्ते चंद्रमणि से दीक्षा ग्रहण करते डॉ. बी.आर. आंबेडकर।*

दीक्षाभूमि स्तूप।

*14 अक्तूबर, 1956 को नागपुर में बौद्ध धर्म दीक्षा समारोह में अपने अनुयायियों को संबोधित करते हुए डॉ. बी.आर. आंबेडकर।*

धर्म परिवर्तन की इस घोषणा के बाद हैदराबाद के इसलाम धर्म के निजाम से लेकर कई ईसाई मिशनरियों ने उन्हें करोड़ों रुपए का प्रलोभन भी दिया कि 'वे उनका धर्म अपना लें।' परंतु उन्होंने उन सभी धर्मावलंबियों के प्रस्ताव को ठुकरा दिया। निस्संदेह वे भी चाहते थे कि दलित समाज की आर्थिक स्थिति में सुधार हो, परंतु पराए धन पर आश्रित होकर नहीं, बल्कि उनके अपने परिश्रम से स्थिति में सुधार आए। इसके अतिरिक्त वे ऐसे धर्म को चुनना चाहते थे, जिसका केंद्र मनुष्य और नैतिकता हो, जिसमें स्वतंत्रता, समता तथा बंधुत्व के भाव हों। वे किसी भी हाल में ऐसे धर्म को नहीं अपनाना चाहते थे, जो वर्णभेद, छुआछूत, अंधविश्वास तथा पाखंडवाद की बीमारी से ग्रसित हो।

21 मार्च, 1936 को महात्मा गांधी ने अपने समाचार-पत्र 'हरिजन' में लिखा—"जब से डॉ. बी.आर. आंबेडकर ने अपने धर्म-परिवर्तन की धमकी का बम गोला हिंदू समाज में फेंका है, तभी से उन्हें अपने निश्चय से डिगाने की हरसंभव कोशिशें की जा रही हैं।"

सवाल यह उठता है कि बौद्ध धर्म के प्रति ही उनके मन में विशेष लगाव क्यों था? जबकि दुनिया में अन्य धर्म भी थे? दरअसल, वे बौद्ध धर्म के उन तीन सिद्धांतों के समन्वित रूप को पसंद करते थे, जिसमें प्रज्ञा (अंधविश्वास तथा अतिप्रकृतिवाद के स्थान पर बुद्धि का प्रयोग), करुणा (प्रेम) और समता (समानता) की शिक्षा समाहित है। डॉ. आंबेडकर के अनुसार—"सच्चा धर्म वही है, जिसका केंद्र मनुष्य तथा नैतिकता हो और जो विज्ञान अथवा बौद्धिक तत्त्व पर आधारित हो, न कि धर्म का केंद्र ईश्वर, आत्मा की मुक्ति और मोक्ष हो। धर्म का कार्य विश्व का पुनर्निर्माण करना होना चाहिए, न कि उसकी उत्पत्ति और अंत की व्याख्या करना।"

ये सब बातें उन्हें एकमात्र बौद्ध धर्म में ही मिलीं, इसलिए सन् 1950 के दशक में वे बौद्ध धर्म के प्रति आकर्षित हुए और बौद्ध भिक्षुओं व विद्वानों के एक सम्मेलन में भाग लेने के लिए श्रीलंका गए। रंगून में तीसरे विश्व बौद्ध फेलोशिप के सम्मेलन में भाग लेने रंगून गए।

1955 में उन्होंने 'भारतीय बौद्ध महासभा' यानी 'बुद्धिस्ट सोसाइटी ऑफ इंडिया' की स्थापना की। उन्होंने बौद्ध धर्म पर आधारित अपना प्रसिद्ध ग्रंथ 'द बुद्ध एंड हिज धम्म' को 1956 में पूरा किया।

14 अक्तूबर, 1956 को उन्होंने नागपुर शहर में अपने समर्थकों के लिए एक औपचारिक सार्वजनिक धर्मांतरण समारोह का आयोजन किया, जिसमें डॉ. आंबेडकर ने अपनी पत्नी सविता एवं कुछ सहयोगियों के साथ सामूहिक रूप से बौद्ध धर्म ग्रहण किया। भिक्षु महास्थवीर चंद्रमणि ने पारंपरिक तरीके से उनका धर्म परिवर्तन किया। इस अवसर पर डॉ. बी.आर. आंबेडकर ने कहा—"मैं भगवान् बुद्ध और उनके मूल

धर्म की शरण में जा रहा हूँ। मैं प्रचलित बौद्ध पंथों से तटस्थ हूँ। मैं जिस बौद्ध धर्म को स्वीकार कर रहा हूँ, वह नव बौद्ध धर्म या नवयान है।" इसके बाद उन्होंने अपने 5,00,000 अनुयायियों को त्रिरत्न, पंचशील और 22 प्रतिज्ञाएँ देते हुए, नवयान बौद्ध धर्म में परिवर्तित किया।

कालांतर में उन्होंने बौद्ध अनुयायियों हेतु बाईस प्रतिज्ञाएँ स्वयं निर्धारित कीं, जो बौद्ध धर्म के दर्शन का ही एक सार है। 2 दिसंबर, 1956 को अपनी अंतिम पांडुलिपि 'भगवान् बुद्ध और उनका धम्म' को पूरा करने के तीन दिन के बाद 6 दिसंबर, 1956 को वे अपने घर में ही महापरिनिर्वाण नींद में समा गए। उस समय उनकी आयु मात्र 64 वर्ष 7 माह थी।

दिल्ली से विशेष विमान द्वारा उनका पार्थिव शरीर मुंबई में उनके घर 'राजगृह' में लाया गया। 7 दिसंबर को मुंबई में दादर चौपाटी समुद्र तट पर बौद्ध शैली में उनका अंतिम संस्कार किया गया। उनके अंतिम संस्कार के समय उनके पार्थिव शरीर को साक्षी मानकर 10,00,000 से अधिक अनुयायियों ने बौद्ध भिक्षु भदंत आनंद कौसल्यायन से बौद्ध धर्म की दीक्षा ली।

□

# 11
# राज्यों का पुनर्गठन

व्यवस्थाएँ बदलाव को जन्म देती हैं। आजादी के तुरंत बाद 562 देशी रियासतों के एकीकरण व पुनर्गठन के लिए 'श्याम कृष्ण दर आयोग' का गठन किया गया। इस आयोग ने अपने प्रतिवेदन में भाषायी आधार पर राज्यों के पुनर्गठन का विरोध किया था। आयोग का मानना था कि राज्यों के पुनर्गठन हेतु प्रशासनिक सुविधाओं को आधार बनाना चाहिए। उस समय तो आयोग की सिफारिशों के मद्देनजर पुनर्गठन का कार्य पूर्ण कर लिया गया, लेकिन बाद में परिवर्तनों के दौर चलते रहे।

ऐतिहासिक दृष्टि से देखें तो अंग्रेजी हुकूमत से पहले भारत सांस्कृतिक आधार पर 21 सूबों में विभाजित था। भारत को अपना उपनिवेश बनाने के बाद अंग्रेजों ने प्रशासनिक सुविधा का खयाल करते हुए मनमाने तरीके से भारत को नए सिरे से बड़े-बड़े प्रांतों में बाँट दिया था। एक भाषा बोलनेवालों की भू-क्षेत्रीय समरसता को भी पूरी तरह भंग कर दिया गया। बहुभाषी व बहुजातीय प्रांत बनाए गए। इतिहासकारों की मान्यता है कि भले ही इन प्रांतों का गठन 'फूट डालो और राज करो' की नीति के तहत नहीं किया गया था, लेकिन उन राज्यों में अपनी सत्ता बरकरार रखने के लिए अंग्रेजों ने इस नीति का खूब उपयोग किया था।

स्वतंत्रता संग्राम की अगुआई करनेवाले लोगों का मानना था कि अंग्रेजों द्वारा रचे गए 'औपनिवेशिक प्रांत' के स्थान पर 'प्रदेश' नामक प्रशासनिक इकाई को संगठित किया जाना उपयुक्त होगा, ताकि भारत की एकता को मजबूत किया जा सके। वस्तुतः 'प्रदेश' नामक इकाई अपने बुनियादी चरित्र में अधिक लोकतांत्रिक, सांस्कृतिक अस्मिता के प्रति अधिक संवेदनशील और क्षेत्रीय अभिजनों की राजनीतिक महत्त्वाकांक्षाओं के प्रति जागरूक प्रतीत होती थी। 1928 में मोतीलाल नेहरू की अध्यक्षता में गठित 'स्वराज समिति' भी भाषा, जन-इच्छा, जनसंख्या, भौगोलिक और वित्तीय स्थिति को राज्य-निर्माण का आधार बनाने की स्वीकृति प्रदान कर चुकी थी।

पोट्टी श्रीरामलू।

न्यायाधीश फजल अली।

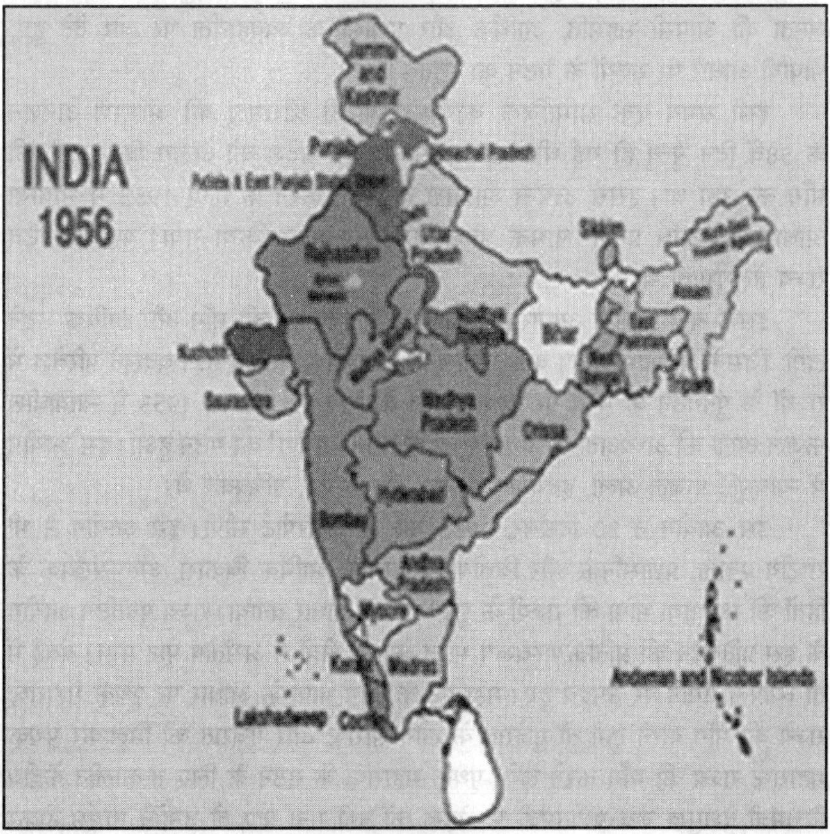


1956 में भारत में राज्यों की स्थिति।

*न्यायाधीश फजल अली की अध्यक्षता में प्रथम राज्य पुनर्गठन आयोग।*

कालांतर में 'जे.बी.पी. आयोग' का गठन किया गया, जिसमें पं. जवाहरलाल नेहरू, वल्लभभाई पटेल, पट्टाभि सीतारमैया थे। उन्होंने भी राज्य पुनर्गठन से प्रभावित जनता की आपसी सहमति, आर्थिक और प्रशासनिक व्यवहार्यता पर जोर देते हुए, भाषायी आधार पर राज्यों के गठन का सुझाव दिया।

इसी समय एक सामाजिक कार्यकर्ता पोट्टी श्रीरामलू की आमरण अनशन के 58वें दिन मृत्यु हो गई थी। वह मद्रास से आंध्र प्रदेश को अलग किए जाने की माँग कर रहा था। इससे उत्पन्न आक्रोश को शांत करने के लिए 1953 में भाषायी आधार पर 'आंध्र प्रदेश' नामक पहले राज्य का गठन किया गया। यह नवगठित राज्य तेलुगुभाषी था।

इसके बाद भाषायी आधार पर राज्यों के पुनर्निर्धारण की माँग और अधिक उठने लगी, जिसके परिणामस्वरूप कई आंदोलन और हिंसक घटनाएँ हुईं। बदलते परिवेश में राज्यों के पुनर्गठन के मुद्दे पर विचार करने के लिए 22 दिसंबर, 1953 में न्यायाधीश फजल अली की अध्यक्षता में 'प्रथम राज्य पुनर्गठन आयोग' का गठन हुआ। इस आयोग में न्यायमूर्ति फजल अली, हृदयनाथ कुंजरू और के.एम. पणिक्कर थे।

इस आयोग ने 30 दिसंबर, 1955 को अपनी रिपोर्ट सौंपी। इस आयोग ने भी राष्ट्रीय एकता, प्रशासनिक और वित्तीय व्यवहार्यता, आर्थिक विकास, अल्पसंख्यक के हितों की रक्षा तथा भाषा को राज्यों के पुनर्गठन का आधार बनाया। राज्य पुनर्गठन आयोग के इस प्रतिवेदन की प्रतिक्रियास्वरूप भारत के कई क्षेत्रों में असंतोष फूट पड़ा। बंबई में तो व्यापक पैमाने पर उपद्रव हुए। महाराष्ट्र के लोग भाषा के आधार पर पृथक् महाराष्ट्र राज्य की माँग करने लगे तो गुजरात के लोग सौराष्ट्र और गुजरात को मिलाकर पृथक् महाराष्ट्र राज्य की माँग करने लगे। पृथक् महाराष्ट्र के गठन के लिए तत्कालीन केंद्रीय वित्तमंत्री देशमुख जब प्रधानमंत्री पं. नेहरू को नहीं मना पाए तो उन्होंने मायूस होकर अपने पद से त्याग-पत्र दे दिया।

राज्य पुनर्गठन आयोग द्वारा प्रस्तुत प्रतिवेदन पर संसद के दोनों सदनों में जोरदार बहस होती रही। अंततोगत्वा केंद्र सरकार ने इस आयोग की संस्तुतियों को कुछ सुधार के साथ मंजूर कर लिया और जुलाई 1956 में राज्य पुनर्गठन अधिनियम संसद में पारित हो गया।

इस अधिनियम के तहत पंजाब और पेप्सू को मिलाकर एक नया राज्य बना दिया गया और हिमाचल प्रदेश को केंद्रीय राज्य का दर्जा दिया गया। बंबई राज्य का आकार बढ़ा दिया गया। विदर्भ राज्य और हैदराबाद राज्य के मराठवाड़ा क्षेत्र को बंबई राज्य में मिला दिया गया। हैदराबाद राज्य के कुछ हिस्से को मैसूर राज्य में मिला दिया गया। बदले में तेलंगाना क्षेत्र को आंध्र प्रदेश में सम्मिलित कर दिया गया। आयोग की अनुशंसा के अनुसार मध्य प्रदेश और केरल दो राज्य बनाए गए और अजमेर को राजस्थान में मिला दिया गया।

इस अधिनियम की एक अन्य विशेषता क, ख, ग और घ श्रेणी के राज्यों के मध्य विद्यमान अंतर को समाप्त कर दिया गया था। उनके स्थान पर केवल दो इकाइयाँ रखी गईं—राज्य तथा केंद्रशासित प्रदेश।

1956 के अधिनियम के तहत 14 राज्य तथा 6 केंद्रशासित प्रदेश बनाए गए। निर्धारित 14 राज्य इस प्रकार थे—1. जम्मू-कश्मीर, 2. पंजाब, 3. उत्तर प्रदेश, 4. बिहार, 5. बंगाल, 6. असम, 7. उड़ीसा, 8. आंध्र प्रदेश, 9. तमिलनाडु, 10. केरल, 11. मैसूर, 12. बंबई, 13. मध्य प्रदेश और 14. राजस्थान।

इस पुनर्गठन अधिनियम के अनुसार हिमाचल प्रदेश, दिल्ली, मणिपुर, त्रिपुरा, अंडमान और निकोबार द्वीप, लक्षद्वीप और मिनिकोयद्वीप को केंद्रशासित प्रदेश के अंतर्गत रखा गया। उल्लेखनीय है कि इस अधिनियम के तहत राज प्रमुखों के पदों को समाप्त करके सभी राज्यों के लिए 'राज्यपाल' के पद की व्यवस्था की गई।

□

# 12

# केरल में साम्यवादी सरकार

1957 में भारत की आबोहवा बदली। इस साल हुए आम चुनावों में केंद्र में तो कांग्रेस की सरकार बन गई, परंतु राज्यों में कांग्रेस के विरोध में स्वर मुखर होने लगे थे। इसी के परिणामस्वरूप तटवर्ती राज्य केरल में साम्यवादी दल की सरकार बनी। यह देश की पहली गैर-कांग्रेसी सरकार थी। उड़ीसा में भी गणतंत्र परिषद् ने कांग्रेस का सूर्य अस्त कर दिया था। यहाँ पर कांग्रेस पार्टी को 20 में से महज सात सीटें ही मिली थीं। महाराष्ट्र और गुजरात में भी उसे कड़ी टक्कर मिली। उधर दक्षिण में ई.वी. रामास्वामी की अगुआई में द्रविड़ मुनेत्र कड़गम (डी.एम.के.) पार्टी ने एक नए प्रदेश 'द्रविड़नाडु' की माँग को लेकर आंदोलन छेड़ दिया था।

केरल में कम्युनिस्ट पार्टी एक मजबूत विकल्प के तौर पर उभरकर सामने आई, इसलिए यहाँ पर कांग्रेस को सबसे बड़ी चुनौती का सामना करना पड़ा। 1957 के चुनाव में उसे 18 लोकसभा सीटों में से नौ पर जीत मिली थी, जबकि कांग्रेस को सिर्फ छह स्थान हासिल हुए। राज्य विधानसभा चुनाव में भी कुल 126 सीटों में से सी.पी.आई. ने 60 सीटें जीती थीं। इससे यह स्पष्ट हो चुका था कि राज्य में कांग्रेस का विकल्प तैयार हो गया है।

5 अप्रैल, 1957 को इलमकुलम मणक्कल शंकरन नंबूदरीपाद (ई.एम.एस.एन.) के नेतृत्व में यहाँ पहली बार साम्यवादी दल की सरकार बनी। जिस समय ई.एम.एस.एन. ने केरल के मुख्यमंत्री पद को सँभाला, उस समय तक दुनिया में सिर्फ रिपब्लिक ऑफ सान मैरिनो में ही साम्यवाद विचारधारा की सरकार थी। यहाँ पर कम्युनिस्ट सरकार 'सिंगल पार्टी सिस्टम' के जरिए सत्ता में आई थी। इस प्रकार समूचे विश्व में केरल ही एकमात्र ऐसा राज्य था, जहाँ साम्यवादी विचारधारा की सरकार लोकतांत्रिक तरीके से चुनी गई।

दरअसल, केरल प्रारंभ से ही साम्यवाद का गढ़ रहा है। यहाँ का साम्यवाद लोकतंत्र मिश्रित व्यवस्था का श्रेष्ठ उदाहरण प्रस्तुत करता है। दरअसल, केरल में कम्युनिस्ट आंदोलन प्रारंभ से ही भारतीय राजनीति की मुख्यधारा में शामिल रहा है। उसने चुनावी राजनीति में हिस्सा लेकर लोकतंत्र के आदर्शों को समाहित किया है।

*5 अप्रैल, 1957 को मुख्यमंत्री पद की शपथ लेते नंबूदरीपाद।*

*केरल में नंबूदरीपाद सरकार।*

इसलिए केरल में सत्तारूढ़ साम्यवाद का स्वरूप परंपरागत साम्यवाद जैसा नहीं था, जिसकी जड़ें हिंसा के साए में पनपती हैं। इस नए किस्म के साम्यवाद की जमीन तैयार करने का कार्य केरल के पहले मुख्यमंत्री इलमकुलम मणक्कल शंकरन नंबूदरीपाद के द्वारा ही किया गया।

13 जून, 1909 को केरल के मलप्पुरम जिले में जनमे नंबूदरीपाद ने अपने राजनीतिक जीवन की शुरुआत जाति-प्रथा के खिलाफ आंदोलन से की थी। उन्होंने 'नंबूदरी को इनसान बनाओ' का नारा देकर ब्राह्मणों के लोकतंत्रीकरण की मुहिम चलाई। जबकि वे खुद इसी जाति से थे। उनका नाम उन आंदोलनकारियों में शामिल था, जिन्होंने भाषा के आधार पर राज्यों के पुनर्गठन की माँग की थी। मुख्यमंत्री बनते ही उनकी सरकार ने भूमि और शिक्षा क्षेत्र में कई अहम कदम उठाए।

## इतिहास की झलक

केरल एक ऐसा तटीय राज्य है, जो प्रारंभ से ही बाहरी दुनिया के संपर्क में रहा है। यहाँ पर अरब से लेकर मुसलमानों तक ने आकर अपना व्यापार शुरू किया था। इस राज्य के यूरोप से भी व्यापारिक संबंध थे। आजादी के वक्त केरल में हिंदू आबादी लगभग 61 फीसदी थी, जबकि ईसाई 21 प्रतिशत और मुसलिम समुदाय के लोग 18 फीसदी थे। ऐसे में हिंदू संस्कृति के साथ मुसलिम और ईसाई संस्कृतियों का जबरदस्त तालमेल हो गया। इसका सर्वाधिक असर समाज व शिक्षा पर पड़ा।

इतिहासकार रामचंद्र गुहा केरल में हुए सामाजिक बदलावों के लिए मिशनरियों का शिक्षा प्रसार का नेटवर्क, कोचीन-त्रावणकोर के राजा और बाद में दीवान सर सी.पी. रामास्वामी अय्यर का नेतृत्व, जातिगत संगठनों का उदय और साम्यवादी दल के प्रभाव इत्यादि को जिम्मेदार मानते हैं।

उल्लेखनीय है कि स्वतंत्र भारत की आबोहवा में केरल के दीवान सी.पी. रामास्वामी अय्यर के मन में भी केरल को एक स्वतंत्र देश बनाने का विचार उमड़-घुमड़ रहा था। कोचीन की रेत में रेडियोधर्मी पदार्थ थोरियम की खोज व दीवान साहब के यूरोप के प्रभावशाली लोगों के साथ अच्छे संबंध उन्हें इस दिशा में सोचने के लिए मजबूर कर रहे थे। 1948 में लंदन की लेबर पार्टी की सरकार में आपूर्ति मंत्री रहे विलमोंट ने इस संभावना को बल देते हुए उनसे यहाँ तक कह दिया कि कोचीन-त्रावणकोर अलग देश बन सकता है।

थोरियम एक ऐसी महत्त्वपूर्ण धातु है, जो आनेवाले दिनों में रूस और अमेरिका की रणनीति पर असर डालनेवाली थी। संभवतया इसलिए रूस और अन्य कम्युनिस्ट देश वहाँ पर साम्यवाद को जिंदा रखना चाहते थे। अस्तु, दीवान साहब की नजदीकियाँ साम्यवादी देशों से बढ़ने लगीं। शंकर घोष द्वारा लिखी 'जवाहरलाल नेहरू की जीवनी' में भी इस बात का स्पष्ट संकेत मिलता है कि कोचीन-त्रावणकोर के दीवान सर सी.पी. रामास्वामी अय्यर ने तत्कालीन महाराजा को भारत में केरल का विलय न करने के लिए समझाया था, परंतु सरदार पटेल की समझाइश, सी.पी.आई. कार्यकर्ताओं के हमले और साम्यवाद के

प्रति उनकी नापसंदगी ने उन्हें ऐसा करने से रोक दिया था।

रामचंद्र गुहा अपनी पुस्तक 'इंडिया आफ्टर गांधी' में लिखते हैं कि 1947 में रूस के इशारे पर सी.पी.आई. केरल में भूमिगत हो गई थी। यह वही सी.पी.आई. थी, जिसने हैदराबाद का भारत संघ में एकीकरण न होने देने के लिए सशस्त्र विद्रोह किया था, परंतु जिसे सरदार वल्लभभाई पटेल ने समूल कुचल दिया था।

यहाँ यह भी उल्लेखनीय है कि सी.पी.आई. के ज्यादातर नेताओं का उदय कांग्रेस दल में ही हुआ था। बाद में उन्होंने किसान संगठनों का गठन करके काश्तकारों के हित में आवाज उठाई और कामगारों के लिए बेहतर सुविधाओं और दिहाड़ी की माँग की। इस कारण से सी.पी.आई. की पहुँच गाँव-गाँव तक हो गई। 1952 के चुनावों में भी उनका प्रदर्शन प्रभावशाली रहा था। 1957 में उसकी स्थिति बेहद मजबूत हो गई। अंततः कुछ अच्छे चुनावी वादों और साफ-सुथरी छवि ने अपना असर दिखाया और केरल में कम्युनिस्ट दल की सरकार बन ही गई।

## भारतीय संविधान के अनुच्छेद 356 का दुरुपयोग

इलमकुलम मणक्कल शंकरन नंबूदरीपाद ने सरकार बनाते ही सामाजिक सुधार के कई कार्यक्रम लागू किए। इनमें भू-सुधार सबसे अहम था। उल्लेखनीय है कि जिस भूमि-सुधार आंदोलन के प्रणेता गांधी और विनोबा भावे थे, उस आंदोलन को सर्वप्रथम कार्यरूप देने का श्रेय सी.पी.आई. को जाता है। भूमिहीन किसानों को खेती के लिए उपयुक्त जमीन दिलाना, ऋण माफी और जमींदारों की ताकत कम करने जैसे कई महत्त्वपूर्ण कार्य किए गए।

नंबूदरीपाद की सरकार ने राज्य का चहुँमुखी विकास करने के उद्‌देश्य से कुछ कार्य परंपरागत साम्यवादी विचारधारा के विपरीत भी किए। जैसे—निजी कंपनियों को बुलावा देना, उन्हें अपने राज्य में निवेश और उद्योग स्थापित करने के लिए निमंत्रण देना इत्यादि।

शिक्षा के क्षेत्र में भी पर्याप्त बदलाव किए गए। शिक्षकों की अच्छी तनख्वाह के साथ काम करने के घंटे तय किए गए। यह भी सुनिश्चित हुआ कि उन निजी स्कूलों का अधिग्रहण कर लिया जाएगा, जो राज्य की नीतियों का पालन नहीं करेंगे। जैसाकि ऊपर जिक्र किया गया है, केरल में ईसाई मिशनरी और कुछ हिंदू संगठनों का शिक्षा पर वर्चस्व था। अस्तु, उनके वर्चस्व में साम्यवाद विचारधारा की दखलअंदाजी होने से उनका नाराज होना लाजिमी था। इस नाराजगी को तब और हवा मिली, जब केरल के स्कूलों के पाठ्यक्रम में साम्यवाद झलकने लगा।

इस मुद्‌दे पर कांग्रेस ने केरल में आंदोलन की आग फूँक दी। ईसाई मिशनरी, हिंदू

संगठन और यहाँ तक कि कुछ मुसलिम संगठन भी कांग्रेस के समर्थन में उसके साथ खड़े हो गए। नायर समाज के मन्नथ पद्मनाभन, जो सरकार से इस बात के लिए नाराज थे कि ई.एम.एस. की सरकार ने उन्हें एक कॉलेज खोलने की अनुमति देने से मना कर दिया था, इसलिए उन्हें भी सरकार को सबक सिखाने का अवसर मिल गया।

अर्थात् केरल में जैसे ही शिक्षा में सुधार से संबंधित बिल पारित हुआ, आंदोलन की गति और तेज हो गई। जुलाई 1959 में हजारों लोग सड़कों पर उतर आए। ई.एम.एस. की सरकार ने आंदोलन को कुचलने के लिए पूरी ताकत झोंक दी। कई जगहों पर लाठीचार्ज हुए और गोलियाँ भी चलीं। कुछ लोगों की मौत भी हो गई। इस घटनाक्रम से कांग्रेस के हाथ जादुई चिराग लग गया था। राज्य में बिगड़े हुए हालात के मद्देनजर राज्य सरकार को बरखास्त करने की माँग होने लगी।

उल्लेखनीय है कि पं. जवाहरलाल नेहरू केरल के मुख्यमंत्री ई.एम.एस. के भूमि सुधार और अन्य कार्यक्रमों से प्रभावित हुए थे, इसलिए जब केरल जल रहा था तो वे कोई निर्णय नहीं ले पा रहे थे। उस समय इंदिरा गांधी कांग्रेस के अध्यक्ष पद पर थीं। वे ई.एम. एस. से उतनी प्रभावित नहीं थीं, जितनी कि उनके पिताजी। इसलिए उन्होंने अन्य कांग्रेसियों के साथ मिलकर पं. नेहरू पर फैसला लेने का दबाव बनाया।

उधर 80 साल के मन्नथ पद्मनाभन ने आखिरी लड़ाई का बन मना लिया था। अत: 26 जुलाई को उनके नेतृत्व में हजारों लोगों ने मिलकर सड़क से संसद तक मार्च करके केरल की साम्यवादी सरकार को गिराने की रणनीति बनाई।

ई.एम.एस. के सामने भी धर्मसंकट खड़ा हो गया था कि सरकार चलाएँ या इस्तीफा देकर नए सिरे से चुनाव करवाएँ? समय बीतता जा रहा था। इसी दौरान केरल के तत्कालीन गवर्नर ने जब केंद्र से हस्तक्षेप करने की लिखित माँग की तो मजबूरन केंद्र सरकार को भारतीय संविधान के अनुच्छेद 356 का सहारा लेकर ई.एम.एस. नंबूदरीपाद की सरकार को बरखास्त करना पड़ा।

कहा तो यह भी जाता है कि नंबूदरीपाद सरकार की बढ़ती लोकप्रियता से पं. नेहरू घबरा गए थे, इसलिए उनकी सरकार ने अनुच्छेद 356 का दुरुपयोग करते हुए केरल की साम्यवादी सरकार को गिरा दिया था। यहाँ दोबारा हुए चुनावों में कांग्रेज को विजय तो हासिल हो गई, परंतु कहा जाता है कि पं. नेहरू अंत तक इस अपराध-बोध से उबर नहीं पाए थे।

□

# 13

# दलाई लामा का शरण माँगना

दुनिया की छत कहा जानेवाला तिब्बत मार्च 1959 में संघर्ष की आग में झुलस रहा था। चीनी सेना बौद्धों को बेरहमी से कुचल रही थी, इसलिए हिमालय की तलहटी की सर्द हवाएँ भी गरमाहट का अहसास करवा रही थीं। बौद्धों का भारत से गहरा जुड़ाव रहा है। अत: तिब्बत में होनेवाली प्रत्येक हलचल से भारतीय राजनीति में सुगबुगाहट होना स्वाभाविक था।

तिब्बत में बढ़ते चीनी अत्याचारों व उससे उत्पन्न खौफ के माहौल में हर कोई खुद को असुरक्षित महसूस कर रहा था। तिब्बत के चौदहवें धर्मगुरु और राजा दलाई लामा तेनजिन ग्यात्सो की जान को खतरा पैदा हो गया। अस्तु उन्होंने बड़े ही नाटकीय ढंग से मैकमोहन रेखा पार करके 31 मार्च, 1959 को अपने परिवार सहित हिंदुस्तान की जमीन पर पाँव रखा। तिब्बत से भारत तक आने में उन्हें 14 दिनों का सफर तय करना पड़ा। यहाँ आकर उनकी जान तो सुरक्षित हो गई, लेकिन चीन उनका दुश्मन बना रहा।

इतिहास गवाह है कि तिब्बत हमेशा से ही आक्रांताओं से पीड़ित रहा है। पहले मंचू, फिर मंगोल, उसके बाद गोरखा और फिर चीनी शासन ने उसे अपना शिकार बनाया। यद्यपि जब-जब चीन कमजोर पड़ा, तिब्बतियों ने भी चीनी सैनिक को पीछे खदेड़ दिया है। बात 20वीं सदी की शुरुआत की है, जबकि यूरोपीय देश विश्व-विजय अभियान चला रहे थे। रूसी जार चीन की तरफ बढ़ रहे थे। सामने खतरे को देखते हुए हिंदुस्तान पर कब्जा जमाए अंग्रेजों ने सेना की टुकड़ी भेजकर तिब्बत की राजधानी ल्हासा पर कब्जा कर लिया था।

इसके बाद रूस और अंग्रेजों के मध्य तिब्बत पर एक संधि की गई। इस समझौते में इस बात का उल्लेख था कि दोनों में से कोई भी देश तिब्बत के आंतरिक मामलों में दखलअंदाजी नहीं करेगा। दोनों राज्य इस मुद्दे पर सहमत थे कि तिब्बत एशिया में उनके उपनिवेशों के बीच एक 'बफर स्टेट' की तरह होगा।

तिब्बत के चौदहवें धर्मगुरु तेनजिन ग्यात्सो दलाई लामा।

भगवान् शिव का वास स्थल कैलास पर्वत, तिब्बत।

यहाँ विडंबना यह थी कि तिब्बत क्या चाहता था, यह किसी भी देश ने जानने का प्रयास नहीं किया। अमेरिकी और यूरोपीय देशों के लिए तिब्बत रूसी जमीन के सामने खड़ा होने के लिए दुनिया की सबसे ऊँची छत मात्र था।

1950 में विश्व राजनीति में आए बदलाव के फलस्वरूप जब चीन ने तिब्बत पर कब्जा किया, उसके बाद दक्षिण एशिया में राजनीतिक हालात हमेशा के लिए बदल गए। जापान, इंडोनेशिया व श्रीलंका इत्यादि देश चीन से खफा हो गए। ये सारे देश भारत की ओर आशा भरी निगाहों से देख रहे थे। उन्हें पं. जवाहरलाल नेहरू से कड़े कदम उठाए जाने की उम्मीद थी, लेकिन जब उन्होंने ऐसा कुछ नहीं किया तो उनकी भरपूर निंदा की गई।

दरअसल, उस समय पं. नेहरू पसोपेश में थे। ऐसा कहा जाता है कि वे अपने व्यक्तिगत सलाहकार वी.के. कृष्ण मेनन और चीन में भारत के राजदूत के.एम. पणिक्कर चीनी नेता माओत्से तुंग और चाऊ एनलाई से खास प्रभावित थे। इसलिए उनसे कोई भी कड़ा निर्णय नहीं ले पा रहा था। 1956 में जब चीनी प्रधानमंत्री चाऊ एनलाई भारत आए थे तो उसी समय दलाई लामा भी भारत आए थे। उन्होंने पं. जवाहरलाल नेहरू से तिब्बत की आजादी की बात छेड़ी। इस मुददे पर वे पहले से ही सतर्क थे, क्योंकि उस समय वे चीन को रणनीतिक दोस्त की तरह देख रहे थे। इसलिए उन्होंने दलाई लामा को समझाया कि वे संपूर्ण आजादी की बात छोड़ें और स्वायत्तता की चाह रखें।

1956 में ही भारत और चीन के बीच मैकमोहन सीमा-रेखा को लेकर विवाद छिड़ने लगा। 1957 में एक चीनी अखबार 'कुंग मिन-जिह-पाओ' ने जब यह खबर छापी कि दुनिया का सबसे ऊँचा राजमार्ग 'सिंकियांग तिब्बत हाईवे' बनकर तैयार हो गया है और उस पर से 20 भारी ट्रक साजो-सामान के साथ तिब्बत की तरफ बढ़ रहे हैं तो इस खबर के फैलते ही भारतीय खुफिया तंत्र में खलबली मच गई। तत्कालीन गृहमंत्री गोविंद बल्लभ पंत को इसके लिए जिम्मेदार माना जाने लगा। स्थिति को सँभालते हुए पं. नेहरू ने मैकमोहन रेखा की दुहाई देकर चीन के समक्ष अपनी बात रखी। प्रत्युत्तर में चीन ने इस रेखा को अंतरराष्ट्रीय सीमा मानने से स्पष्ट इनकार कर दिया।

22 मार्च, 1959 को प्रधानमंत्री ने पुनः चीन को एक खत लिखा। उसका जवाब पाकर भारत को उस समय बड़ा आश्चर्य हुआ, जब चीन, भारत और तिब्बत के बीच सीमा को ही मानने से इनकार कर रहा है। चिंतित प्रधानमंत्री पं. नेहरू ने नक्शों व संधियों का हवाला देकर पुनः अपनी बात रखी। चाऊ एनलाई कोई जवाब देते, इसके पहले ही तिब्बत में घटनाक्रम तेजी से बदल गया, जिसका प्रभाव भारत पर भी पड़ा। दरअसल वहाँ पर चीनी सेना ने ज्यादतियाँ करनी शुरू कर दी थीं। इसके विरोध में तिब्बत की खांबा जनजाति उठ खड़ी हुई। चीनी सरकार ने दलाई लामा से कहा, "वे अपने सैनिकों

को खांबा विद्रोहियों को कुचलने का हुक्म दें।" दलाई लामा ने बुद्ध का हवाला देते हुए विद्रोहियों को हिंसा त्यागने के लिए तो कहा, परंतु उन्होंने अपने सैनिक उनके सामने नहीं उतारे। चीन को लगा, यह कोई चाल चली जा रही है। अत: उसने हिंसात्मक गतिविधियाँ बढ़ा दीं। इससे ल्हासा में हालात बिगड़ते जा रहे थे, परंतु लामाओं और खांबाओं ने यह फैसला कर लिया—"चाहे जो हो जाए, वे जिएँ या मरें, लेकिन उनके भगवान् दलाई लामा को चीनियों का हाथ कभी नहीं लगने देंगे।"

दलाई लामा को चीनी सरकार ने पेकिंग (बीजिंग) में आकर मिलने के लिए कहा। दलाई लामा के एक ऑस्ट्रेलियाई दोस्त और सलाहकार हेंरिच्क हर्रेर ने भाँप लिया कि यह चीन की चाल है। अस्तु, उन्होंने दलाई लामा को ल्हासा छोड़कर भारत जाने की सलाह दी। उनकी सलाह मानकर दलाई लामा ने 17 मार्च, 1959 को अपनी माँ, एक बहन, दो भाइयों व अपने कुछ विश्वस्त सैनिकों के साथ भेष बदलकर भारत की ओर रुख किया।

वहाँ तिब्बत में दलाई लामा को गिरफ्तार करने के लिए चीनी सेनाओं ने समूचे तिब्बत को रौंद डाला। दुनिया भर में चीन की निंदा की जा रही थी, लेकिन भारत अब भी खामोश था। एशियाई देश भारत की तरफ देख रहे थे। जवाहरलाल नेहरू अपनी दुविधाओं में थे। एक ओर, सीमा पर चीन की सीनाजोरी झेल रहा भारत पंचशील समझौते से बँधकर कशमकश में था तो दूसरी ओर पाकिस्तान और अमेरिका के मध्य बढ़ती नजदीकियों से परेशान था।

इसी बीच दलाई लामा हिंदुस्तान की तरफ बढ़ रहे थे। वे दिन में चीनी सैनिकों से बचने के लिए तिब्बती गाँवों में छुपकर रहते और रात में सफर करते। उनके अचानक लापता होने की खबर से दुनिया को एकबारगी तो यह यकीन हो गया कि धर्मगुरु दलाई लामा लड़ाई में मारे गए हैं। इस खबर पर शायद चीनी सैनिक और सरकार को भी यकीन हो गया था। इसलिए अब उन्होंने दलाई लामा की लाश खोजनी प्रारंभ कर दी थी। सुनी-सुनाई खबर पर यकीन कर लेना ही चीनी सैनिकों की सर्वाधिक बड़ी गलती थी।

उधर निरंतर चलते-चलते जब दलाई लामा को ब्रह्मपुत्र नदी सामने नजर आने लगी और गोलियों और धमाकों की आवाजें पीछे छूटने लगीं, तब उन्होंने सुकून की एक हलकी सी साँस ली। फिर जब वे नदी पार करने के लिए एक नाव में सवार हो गए, तो नाव में बैठकर उन्होंने उदास, हताश भाव से पीछे मुड़कर देखा तो तिब्बत कहीं नजर नहीं आ रहा था। उनका सबकुछ पीछे छूट गया था। कुछ देर बाद असम की बोमडीला हवाई पट्टी नजर आने लगी। भारतीय सैनिकों ने उन्हें देखा तो झूम उठे। दलाई लामा के भारत में दाखिल होने की खबर अगले दिन दुनिया भर में फैल गई।

दलाई लामा तेनजिन ग्यात्सो कौन है ? यहाँ यह जानना भी प्रासंगिक होगा। आप तिब्बत के राष्ट्राध्यक्ष और आध्यात्मिक गुरु हैं। उनका जन्म 5 जुलाई, 1935 को उत्तर-पूर्वी तिब्बत के ताकस्तेर क्षेत्र में रहनेवाले ओमान परिवार में हुआ था। दो वर्ष की अवस्था में उनकी पहचान 13वें दलाई लामा थुबटेन ग्यात्सो के अवतार के रूप में की गई। दरअसल, 'दलाई लामा' एक मंगोलियाई पदवी है, जिसका मतलब होता है—'ज्ञान का महासागर'। दलाई लामा के वंशज करुणा, अवलोकेतेश्वर के बुद्ध के गुणों के साक्षात् रूप माने जाते हैं। उन्हें सम्मान से 'परम पावन' कहकर भी संबोधित किया जाता है।

इस प्रकार दलाई लामा के भारत पहुँचने पर चीन को गहरा सदमा लगा। कालांतर में यह सदमा बदले की आग में लिपटकर युद्ध में परिवर्तित हो गया। 1962 के चीनी हमले में इस तथ्य की महती भूमिका रही।

□

# 14
# गोवा मुक्ति संग्राम

15 अगस्त, 1947 को भारत तो स्वतंत्र हो गया, परंतु गोवा अब भी परतंत्रता की जंजीरों में जकड़ा सिसक रहा था। ऐसा कहा जाता है, जब तक जुल्म को सहन किया जाता रहता है, तब तक वह कहर बरसाता रहता है। दमन का चक्र चलाता रहता है, लेकिन जैसे ही हम यह ठान लेते हैं कि अब जुल्म नहीं सहना है, जुल्म ताश के पत्तों की तरह ढल जाते हैं। सन् 1961 का गोवा मुक्ति संघर्ष ऐसे ही एक दृढ़ निर्णय का उम्दा उदाहरण है। 450 वर्षों तक पुर्तगाली शासन के कब्जे में रहे गोवा को भारतीय सशस्त्र बलों ने 'ऑपरेशन विजय' के तहत मात्र 36 घंटों में मुक्त करवा लिया था। उस अद्भुत जीत की याद में भारत में हर साल 19 दिसंबर को 'गोवा मुक्ति दिवस' मनाया जाता है।

इतिहास के आँगन में यदि झाँककर देखें तो पाएँगे कि पुर्तगालियों से पहले गोवा में आदिलशाह का शासन था। पुर्तगाली जहाज समुद्री रास्ते से 1510 में सैनिक टुकड़ियों के साथ गोवा के रीस मार्गोस पहुँचे। कमांडर अल्फॉन्सो ने अल्बुकर्क के नेतृत्व में आदिलशाह पर हमला किया। उस समय गोवा की अपनी कोई सेना नहीं थी, इसलिए बिना किसी विशेष प्रयास के यह खूबसूरत स्थान पुर्तगालियों की झोली में आ गया। यद्यपि कालांतर में भारत के युसूफ आदिल खान ने पुर्तगालियों को गोवा से खदेड़ दिया, परंतु अल्बुकर्क पूरी सैनिक तैयारी के साथ पुनः लौटा और इस बार एक स्थानीय सामंत तिमोजा की मदद से उसने इस समुद्र तटीय शहर गोवा पर फिर से कब्जा कर लिया।

25 नवंबर, 1510 को अल्बुकर्क ने ओल्ड गोवा में प्रवेश किया, लेकिन पूरे गोवा को अपने अधीन करना इतना आसान नहीं था। पूरे गोवा पर कब्जा करने में पुर्तगालियों को तकरीबन 250 साल लग गए। पुर्तगालियों ने 1540 में तिस्वाड़ी और सैलसेट पर कब्जा कर लिया। 1763 में फोंडा, सांगे, काणकोण पर भी पुर्तगालियों का उपनिवेश स्थापित हो गया। 1786 में पेडणे, सत्तरी और बिचोलिम पर भी उनका आधिपत्य स्थापित

हो गया। 1786 तक पूरे गोवा पर पुर्तगालियों का कब्जा हो चुका था। यहाँ पर यह उल्लेख करना प्रासंगिक होगा कि 19वीं सदी तक उन्होंने गोवा, दमन, दीव, दादरा, नगर हवेली और अंजदिवा द्वीप को अपने अधीन करके उन्हें अपना उपनिवेश बना लिया था। गोवा पर कब्जा करने के बाद पुर्तगालियों ने एक हिंदू तिमोजा को वहाँ का प्रशासक नियुक्त किया। इसके साथ ही, गोवा भारत में पुर्तगाली साम्राज्य की राजधानी बन गया। इसे लिस्बन के समान नागरिक अधिकार दिए गए। 1575 से 1600 के बीच यह शहर आर्थिक व सामाजिक क्षेत्र में अग्रणी रहा। अपना कब्जा मजबूत करने के लिए पुर्तगालियों ने गोवा में नौसैनिक अड्डे बनाए व अन्य आवश्यक विकासात्मक कार्य भी किए।

*गोवा मुक्ति संघर्ष के योद्धा राममनोहर लोहिया।*

*गोवा मुक्ति संघर्ष की कुछ तसवीरें।*

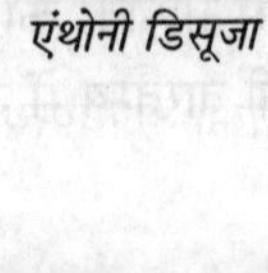

*एंथोनी डिसूजा*

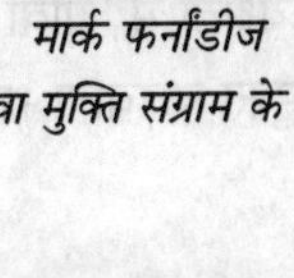

*मार्क फर्नांडीज*

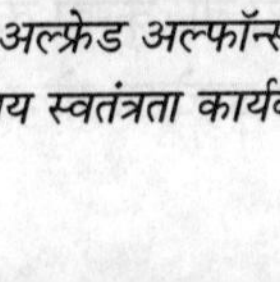

*अल्फ्रेड अल्फॉन्सो*

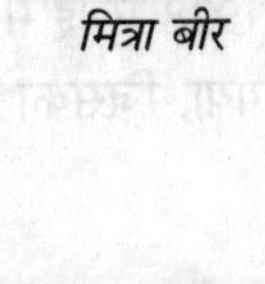

*मित्रा बीर*

*गोवा मुक्ति संग्राम के कतिपय स्वतंत्रता कार्यकर्ता।*

उनके साथ आए ईसाई मिशनरियों ने गोवा में धर्म-प्रचार करना प्रारंभ कर दिया। गोवा में उस समय हिंदू, मुसलिम, यहूदी इत्यादि धर्मों के अनुयायी और कई आदिवासी जनजातियों के लोग रहते थे। उनके इस धर्म-प्रचार ने धीरे-धीरे बड़े धर्म परिवर्तन का रूप ले लिया। स्थानीय देवी-देवताओं की पूजा करने, धार्मिक प्रतीकों के इस्तेमाल करने और उनकी मूर्तियाँ आदि घर में रखने पर प्रतिबंध लगा दिया गया। अनाप-शनाप टैक्स थोप दिए गए। इस प्रकार प्रतिबंधों का शिकंजा निरंतर बढ़ता जा रहा था। परिणामस्वरूप रोष भी बढ़ता जा रहा था, जो कालांतर में एक विद्रोह के रूप में फूटना ही था।

अस्तु, 15 जुलाई, 1583 को कुंकली में पुर्तगाली शासन के खिलाफ पहला विद्रोह उस समय फूट पड़ा, जब धर्म-परिवर्तन के लिए आए पाँच पादरियों पर स्थानीय लोगों ने योजनाबद्ध तरीके से हमला किया और उनकी हत्या कर दी। वस्तुतः स्थानीय लोगों के लिए अब यह अस्मिता और अस्तित्व की लड़ाई बन गई थी। इस घटना का बदला पुर्तगालियों ने धोखे से लिया। उन्होंने कुंकली इलाके के 15 लोगों को बातचीत के लिए बुलाया और धोखे से उन सभी को मौत के घाट उतार दिया गया। इस घटना में मारे गए लोगों को 'गोवा के स्वतंत्रता संग्राम के पहले शहीद' माना जाता है।

पुर्तगाल हुकूमत के विरुद्ध 1788 में दूसरा विद्रोह पिंटो में हुआ। वितोरिनो फारिया और जोस गोंसाल्वेजजो उस समय पुर्तगाल में थे। दोनों यूरोप में लोकतंत्र के आगाज को महसूस कर रहे थे। अस्तु वे दोनों गोवा लौटे और आजादी व लोकतंत्र के विचार को पोषित किया। पिंटो परिवार की मदद से 1788 में विद्रोह हुआ, जिसे कुचल दिया गया। 13 दिसंबर, 1788 को 47 नेताओं को गिरफ्तार कर लिया गया, जिनमें से कई को फाँसी दी गई।

गोवा के स्वतंत्रता आंदोलन में 'राणे सशस्त्र विद्रोह' का बहुत ही महत्त्वपूर्ण स्थान है। 1755 से लेकर 1912 तक राणे समुदाय ने अनेक बार शासकों के विरुद्ध सशस्त्र संघर्ष किया। हर बार इस संघर्ष को बर्बरतापूर्वक कुचल दिया गया। बंदूक, तलवार आदि स्थानीय हथियारों के साथ सत्तरी इलाके के राणों ने बहादुरी से लड़ाई लड़ी और पुर्तगाली शासन के दिल में खौफ पैदा कर दिया। पहाड़ी इलाकों और अंदरूनी जंगलों में तकरीबन 150 सालों तक 'गुरिल्ला लड़ाई' चलती रही।

कालांतर में राजनीतिक घटनाक्रम बदला और 1809-1815 के मध्य पुर्तगाल पर नेपोलियन का कब्जा हो गया। 1815 से 1947 की समयावधि में गोवा पर अंग्रेजों का आधिपत्य स्थापित हो गया। अंग्रेजों ने वहाँ के संसाधनों का जमकर दोहन किया। उस समय गोवा अंग्रेजों के समुद्री व्यापार का मुख्य केंद्र बनकर उभरा।

1928 मुंबई में डॉ. टी.बी. कुन्हा की अध्यक्षता में 'गोवा कांग्रेस समिति' का गठन किया गया, जिसका प्रमुख उद्देश्य गोवा को मुक्त करवाना था। इसी तारतम्य में उनकी

अंग्रेजों और पुर्तगालियों के संग कई छिटपुट मुठभेड़ हुईं। 1946 में समाजवादी नेता डॉ. राममनोहर लोहिया के गोवा पहुँचने से वहाँ का स्वतंत्रता आंदोलन तेज हो गया। उल्लेखनीय है कि जब लोहिया ने नागरिक अधिकारों के हनन के विरोध में गोवा में सभा करने की चेतावनी दी तो उनको गिरफ्तार कर जेल भेज दिया गया।

1930 में पुर्तगाल में 'कोलोनियल एक्ट' पास किया गया, जिसके अनुसार, पुर्तगाल के किसी भी उपनिवेश में रैली, मीटिंग और अन्य सभी सरकार विरोधी सभा और गतिविधि पर प्रतिबंध लगा दिया गया। उस समय यदि कोई 'जय हिंद' तक बोल देता तो उसे भी जेल में डाल दिया जाता। 1932 में अतोनियो द ओलिवीरा सालाजार के शासनकाल में पुर्तगाल में दमनचक्र अपनी चरम सीमा पर पहुँच गया था। यहाँ तक कि शादी के कार्ड भी सेंसर किए जाने लगे कि कहीं आजादी का कोई गुप्त संदेश तो नहीं फैलाया जा रहा!

1947 में अंग्रेजी हुकूमत ने भारत को तो मुक्त कर दिया, लेकिन पुर्तगाल के दबाव में आकर गोवा को फिर से पुर्तगालियों के हवाले कर दिया। हालाँकि, जवाहरलाल नेहरू ने कई बार अग्रेजों से गोवा को भारत के अधीन करने की माँग की थी, लेकिन उन्होंने भारत की बात को गंभीरता से नहीं लिया। विद्वानों का मानना है—"यह अंग्रेजों की सोची-समझी चाल का नतीजा था।" समय-समय पर तत्कालीन प्रधानमंत्री जवाहरलाल नेहरू, रक्षामंत्री कृष्ण मेनन और गृहमंत्री सरदार वल्लभभाई पटेल ने कई बार पुर्तगाली शासन से भी अनुरोध किया कि वे गोवा को खाली कर दें, लेकिन हर बार उनकी माँग ठुकरा दी गई। मामला अंतरराष्ट्रीय संस्था संयुक्त राष्ट्र संघ तक गया। इस दौरान पुर्तगाली सैनिकों की हिंसक गतिविधियाँ भी जारी रहीं। उस समय दमन-दीव भी गोवा का हिस्सा था। 1954 के मध्य में गोवा के राष्ट्रवादियों ने दादर और नगर हवेली की बस्तियों पर अपना कब्जा जमा लिया और भारत समर्थक प्रशासन की स्थापना की। यह उनकी एक बड़ी सफलता मानी जाती है।

भारत सरकार को पुर्तगालियों के साथ कई दौर की वार्त्ताएँ और असंख्य कूटनीतिक प्रयास किए जाने के उपरांत जब सफलता नहीं मिली तो यह स्पष्ट हो गया कि बातचीत के जरिए पुर्तगाली गोवा को खाली करने को तैयार नहीं होंगे। इसके लिए उँगली को टेढ़ा करना पड़ेगा। अंततोगत्वा भारत के पूर्व प्रधानमंत्री जवाहरलाल नेहरू ने फैसला किया कि अब सैन्य हस्तक्षेप ही एकमात्र विकल्प रह गया है। अस्तु, 1961 में भारत सरकार ने अपनी थलसेना, वायुसेना और नौसेना को युद्ध के लिए तैयार हो जाने के आदेश दे दिए। मेजर जनरल के.पी. कैंडेथ को 17 इन्फैंट्री डिवीजन और 50 पैरा ब्रिगेड का प्रभार मिला। गोवा पर हवाई काररवाई करने का दायित्व एयर वाइस मार्शल एरलिक पिंटो के सुपुर्द किया गया था।

आश्चर्य, किंतु सत्य, भारत की इन सब गतिविधियों का पुर्तगालियों पर किसी भी प्रकार का असर नहीं पड़ रहा था। अत: 8 और 9 दिसंबर, 1961 को वायुसेना ने पुर्तगाली ठिकानों पर अचूक बमबारी करना प्रारंभ कर दिया। थलसेना ने भी जमीनी और नौसेना ने समुद्री मार्ग से घेराबंदी बढ़ा दी। अपने आप को चारों तरफ से घिरा पाकर 19 दिसंबर, 1961 को तत्कालीन पुर्तगाली गवर्नर जनरल मैनुअल एंटोनियो वासालो ई. सिल्वा ने आत्मसमर्पण के प्रमाण-पत्र पर हस्ताक्षर किए और इसके साथ ही गोवा, दमन और दीव से पुर्तगालियों के 451 साल पुराने औपनिवेशिक शासन का खात्मा हो गया।

दूसरे शब्दों में कहें तो भारत को मिली आजादी के 14 साल बाद गोवा को आजादी मिली। गोवा के मुक्ति संघर्ष में महिलाओं ने भी महती भूमिका का निर्वहन किया, जिनमें वीरांगना सुधाताई जोशी का नाम अग्रणी श्रेणी में आता है। उन्हें तिरंगा लहराते हुए 'जय हिंद' के नारे लगाने के जुर्म में जेल जाना पड़ा। उनके अतिरिक्त वत्सला कितानी, शारदा साव, सिंधू देशपांडे, लिबिया लोबो, अंबिका दांडेकर, मित्रा बीर, सेलिना मोनिझ, शालिनी लोलयेकर, किशोरी हरमलकर इत्यादि ऐसी अनेक महिलाएँ थीं, जिन्होंने गोवा मुक्ति संग्राम में अपनी सक्रियता दर्ज की और कुरबानियाँ दीं।

अंतत: 20 दिसंबर, 1962 को दयानंद भंडारकर गोवा के पहले निर्वाचित मुख्यमंत्री बने। 30 मई, 1987 को गोवा को पूर्ण राज्य का दर्जा मिला था, जिसके बाद यहाँ भारतीय संविधान पूर्ण रूप से लागू हो गया। उल्लेखनीय है कि इसी दिन यानी 30 मई को प्रतिवर्ष गोवा अपना 'स्थापना दिवस' मनाता है।

□

# 15
# चीनी आक्रमण

स्वातंत्र्योत्तर भारत सरकार शुरू से ही चीन के साथ मित्रवत् संबंधों की स्थापना करने की पक्षधर रही थी। 1949 में माओत्से तुंग के नेतृत्व में साम्यवादी दल ने 1 अक्तूबर, 1949 को चीनी लोक गणराज्य (पीपल्स रिपब्लिक ऑफ चाइना) की स्थापना की। उस दौर में जब चीन सारी दुनिया में अलग-थलग पड़ गया था, ऐसे समय में भारत चीन के समर्थन में उसके साथ खड़ा था। उस समय चीन ने पं. नेहरू को जाने कौन सी घुट्टी पिला दी थी कि वे चीन को सुरक्षा परिषद् की स्थायी सदस्यता दिलवाने के लिए पूरी दुनिया में पैरवी करने लगे!

यद्यपि तत्कालीन गृहमंत्री सरदार वल्लभभाई पटेल ने चीन की चाल को भाँप लिया था। वर्ष 1950 में उन्होंने नेहरू को चीन से सावधान रहने के लिए कहा था। अपनी मृत्यु से मात्र एक महीने पहले, 7 नवंबर, 1950 को उन्होंने चीन के खतरे के प्रति उन्हें आगाह करते हुए एक चिट्ठी भी लिखी थी। जिसमें उन्होंने लिखा था—"भले ही हम चीन को मित्र के बतौर देखते हैं, लेकिन साम्यवादी चीन की अपनी महत्त्वाकांक्षाएँ और उद्देश्य हैं। हमें ध्यान रखना चाहिए कि तिब्बत के गायब होने के बाद अब चीन हमारे दरवाजे तक पहुँच गया है।"

जाने क्यों अपने अंतरराष्ट्रीय आभामंडल और कूटनीतिक समझ के सामने प्रधानमंत्री पं. नेहरू ने किसी की भी सलाह को अहमियत नहीं दी! भारत में 'हिंदी-चीनी भाई-भाई' के नारे लगाए जा रहे थे, मगर 1959 में दलाई लामा के भारत में शरण लेने के बाद से दोनों देशों के संबंधों में तनाव आने लगा। तदुपरांत भारत ने आपसी रिश्तों को सामान्य बनाए रखने के लिए अपनी कोशिशें जारी रखीं। दूसरी ओर चीन के सुरक्षाबलों ने 1961 के मध्य तक सिक्यांग-तिब्बत सड़क से चलकर भारत की 14 हजार वर्ग मील जमीन पर अपना कब्जा कर लिया।

इस खबर से देश में खलबली मच गई। तीखी प्रतिक्रियाओं के दौर प्रारंभ हो

गए। भारत सरकार आलोचनाओं के घेरे में आ गई। अंततः आलोचनाओं से तंग आकर नेहरू ने तत्कालीन सेना प्रमुख पी.एन. थापर को चीनी सैनिकों को भारतीय इलाके से खदेड़ने का आदेश दिया। उल्लेखनीय है कि थापर बहुत पहले से ही पं. नेहरू को सेना की बदहाली से अवगत कराते आ रहे थे। वे बार-बार सरकार से आवश्यक हथियारों और संसाधनों की माँग कर रहे थे, लेकिन उनकी बात पर न तो रक्षामंत्री वी. कृष्ण मेनन ने ध्यान दिया और न ही प्रधानमंत्री ने। 13 अक्तूबर, 1962 को जब पं. नेहरू श्रीलंका जा रहे थे तो चेन्नई में मीडिया के समक्ष बयान देते हुए उन्होंने कहा, "सेना को आदेश दिया है कि वह चीनियों को भारतीय सीमा से बाहर निकाल फेंके।"

पं. नेहरू के इस बयान के आठ दिन बाद ही चीनी सेना ने 20 अक्तूबर, 1962 को लद्दाख में और मैकमोहन रेखा के पार से भारत पर एकाएक हमले शुरू किए। चीनी सेना दोनों मोरचों पर भारतीय सैनिक बल पर उन्नत साबित हुई और पश्चिमी क्षेत्र में चुशूल में रेजांग-ला एवं पूर्व में तवांग पर अवैध कब्जा कर लिया। चीन के इस धोखे से हर कोई हैरान था। भारत ने कभी यह ख्वाब में भी सोचा था कि चीन हमला भी कर सकता है! इसी वजह से भारत की ओर से युद्ध की कोई तैयारी नहीं की गई थी।

अस्तु युद्ध क्षेत्र में भारत ने सैनिकों की सिर्फ दो टुकड़ियों को तैनात किया, जबकि चीन की वहाँ तीन रेजिमेंट्स तैनात थीं। चीनी सैनिकों ने भारत की टेलीफोन लाइन भी काट दी थी। फलस्वरूप भारतीय सैनिकों के लिए अपने मुख्यालय से संपर्क स्थापित करना दुष्कर हो गया था। चीन के लगभग 80 हजार सैनिकों का मुकाबला करने के लिए भारत की ओर से मात्र 10-20 हजार सैनिक ही युद्ध के मैदान में थे। इस स्थिति में युद्ध के हर मोरचे पर भारत की हार हो रही थी, जोकि अप्रत्याशित नहीं थी। बिना तैयारी के युद्ध का सामना करने पर यह होना संभावित था।

यह युद्ध पूरे एक महीने तक चलता रहा। फिर अनायास ही 20 नवंबर, 1962 को चीन ने एकाएक युद्धविराम की घोषणा कर दी। साथ ही विवादित दो क्षेत्रों में से एक से अपनी वापसी की घोषणा भी की। हालाँकि, अक्साई चिन से भारतीय पोस्ट और गश्ती दल हटा दिए गए थे। 1962 के भारत-चीन युद्ध के दौरान अरुणाचल प्रदेश के आधे से भी ज्यादा हिस्से पर चीनी पीपल्स लिबरेशन आर्मी ने अस्थायी रूप से कब्जा कर लिया। इसके उपरांत उसकी चीनी सेना मैकमोहन रेखा के पीछे लौट गई।

आधिकारिक तौर पर इस युद्ध में भारत के 1,383 सैनिक मारे गए तथा 1,047 घायल हुए। 1,696 सैनिक लापता हो गए और करीब 3,968 लोगों को चीन द्वारा बंदी बना लिया गया।

1949 में माओत्से तुंग चीन में।

हिंदी-चीनी भाई-भाई के चित्र।

संसद में अपनी हार स्वीकार करते पं. नेहरू।

सेना प्रमुख बी.जी. कौल,
रक्षामंत्री वी.के. कृष्ण मेनन व पं. नेहरू।

1962 में चीनी युद्ध में हार से हताश सैनिक।

## आखिर चीन ने आक्रमण क्यों किया था?

सवाल यह उठता है कि जबकि दोनों देशों में सबकुछ सामान्य चल रहा था, पंचशील का समझौता हो चुका था, भारत में 'हिंदी-चीनी भाई-भाई' के नारों के स्वर गुंजायमान थे। छोटी-मोटी झड़प होना तो चलता है, लेकिन एकाएक आक्रमण करना हैरत में डालनेवाला था। आखिर 1962 में भारत पर चीन ने हमला क्यों किया था? इस युद्ध के पीछे चीन की मंशा क्या थी? इस सवाल के जवाब में मतांतर देखने को मिलते हैं।

कई लोग भारत-चीन युद्ध को भारत-चीन सीमा विवाद के रूप में देखते हैं। कुछ का मानना है कि चीन में 1959 के तिब्बती विद्रोह के बाद जब भारत ने दलाई लामा को शरण दी, संभवतः यही भारत-चीन युद्ध की बड़ी वजह बना, क्योंकि इसके बाद से ही भारत-चीन सीमा पर हिंसक घटनाओं की एक श्रृंखला शुरू हो गई। इस संबंध में चीन के एक शीर्ष रणनीतिकार वांग जिसी का पृथक् मत था कि "चीन के बड़े नेता माओत्से तुंग ने 'ग्रेट लीप फॉरवर्ड' आंदोलन की असफलता के बाद सत्ताधारी कम्युनिस्ट पार्टी पर अपना फिर से नियंत्रण कायम करने के लिए भारत के साथ वर्ष 1962 का युद्ध छेड़ा था।" दरअसल, माओ यह साबित करना चाहते थे कि वे अभी भी सत्ता में हैं, विशेष रूप से सेना का नियंत्रण उनके हाथों में है।

जेम्स केल्विन के अनुसार—"भले ही चीन ने एक सैन्य विजय पा ली, परंतु उसने अपनी अंतरराष्ट्रीय छवि इस मामले में खो दी। पश्चिमी देशों, खासकर अमेरिका को पहले से ही चीनी नजरिए, इरादों और कार्यों पर शक था।" इन देशों ने चीन के लक्ष्यों को विश्व-विजय के रूप में देखा और स्पष्ट रूप से यह माना कि सीमा युद्ध में चीन हमलावर के रूप में था। चीन की अक्तूबर 1964 में प्रथम परमाणु हथियार परीक्षण करने और 1965 के भारत-पाकिस्तान युद्ध के दौरान पाकिस्तान को समर्थन करने से कम्युनिस्टों के लक्ष्य तथा उद्देश्यों एवं पूरे पाकिस्तान में चीनी प्रभाव की अमेरिकी राय की पुष्टि हो जाती है।

1962 के दौर में 'टाइम' के संवाददाता के तौर पर दिल्ली में काम कर रहे मैक्स नेविल का दावा था कि 'इस हार के लिए नेहरू की नीतियाँ जिम्मेदार थीं।' नेहरू की फॉरवर्ड पॉलिसी पूरी तरह नाकाम साबित हुई। साथ ही दिल्ली और सेना के फील्ड कमांडरों के बीच तालमेल की बेहद कमी, सैनिकों की खराब तैयारियाँ और संसाधनों की कमी को भी जिम्मेदार ठहराया गया।

प्रधानमंत्री पं. जवाहरलाल नेहरू ने भी खुद संसद में खेदपूर्वक कहा था—"हम आधुनिक दुनिया की सच्चाई से दूर हो गए थे और हम एक बनावटी माहौल में रह रहे थे, जिसे हमने ही तैयार किया था।" चीनी आक्रमण से उन्हें गहरा आघात लगा। युद्ध में मिली हार के सदमे से नेहरू कभी उबर नहीं पाए। इस युद्ध ने नेहरू की इन आशाओं को खत्म कर दिया कि भारत और चीन एक मजबूत एशियाई ध्रुव बना सकते हैं।

युद्ध के बाद भारतीय सेना में व्यापक बदलाव आए और भविष्य में इसी तरह के संघर्ष के लिए तैयार रहने की जरूरत महसूस की गई। भारतीयों में देशभक्ति की भारी लहर उठनी शुरू हो गई और युद्ध में शहीद हुए भारतीय सैनिकों के लिए कई स्मारक बनाए गए। भारत ने इस युद्ध के बाद अपने ही देश को मजबूत बनाने की जरूरत पर बल दिया गया। साथ ही चीन के साथ पं. नेहरू की 'भाईचारे' वाली विदेश नीति में भी बदलाव किए गए।

इतिहास गवाह है कि हिंदुस्तानियों ने कई लड़ाइयाँ लड़ीं और लगभग हर बार देश ने जीत का सेहरा अपने सिर पर बाँधा, लेकिन वे चीनी आक्रमण से पराजित हो गए। दरअसल, यह एक ऐसा युद्ध था, जो छल पर आधारित था। इस युद्ध की आड़ में दोस्ती पर दगाबाजी का खंजर चलाया गया था। बहरहाल, चीनी हमले ने यह सुनिश्चित कर दिया कि अब भविष्य में भारत चीन पर किंचित् मात्र भी विश्वास नहीं कर सकता। अब भारत चीन की हर चाल को समझने लगा है, इसलिए अब भारत हर स्थिति का सामना करने के लिए तत्पर है। इस तथ्य से चीन भी अवगत है, इसलिए अब 1962 की गलती दोहराने से पूर्व वह कई बार सोचेगा।

□

# 16

# पुडुचेरी की स्वतंत्रता

यूँ तो 15 अगस्त, 1947 को देश आजाद हो गया, लेकिन भारत के कई हिस्से अब भी परतंत्रता की जकड़ में कसमसा रहे थे। आजादी की राह देखते क्षेत्रों में पुडुचेरी, गोवा, दादरा-नगर हवेली इत्यादि प्रमुख थे। यहाँ पर पुडुचेरी की विस्तार से चर्चा की जा रही है। तमिलनाडु के पास स्थित एक छोटा सा फ्रांसीसी उपनिवेश पुडुचेरी 10 अगस्त, 1962 को पूर्णत: भारत का अंग बन गया और उसे भारत के केंद्रशासित प्रदेश का दर्जा प्राप्त हो गया।

पुडुचेरी को महान् ऋषि अगस्त्य की भूमि माना जाता है। कहा जाता है कि ये वही अगस्त्य मुनि हैं, जिन्होंने समुद्र को पी लिया था। यह भी मान्यता है, इन्हीं ने तमिल भाषा का आविष्कार किया।

कुल 479 वर्ग किलोमीटर में फैले इस राज्य पुडुचेरी पर प्रारंभ में कांचीपुरम् के पल्लव साम्राज्य का आधिपत्य रहा। शताब्दियों के बाद यहाँ पर दक्षिण के विभिन्न राजवंशों का कब्जा हो गया। 10वीं शताब्दी ईसवी में तोंडजावुर (तमिलनाडु) के चोलों द्वारा पुडुचेरी पर कब्जा कर लिया गया। 13वीं शताब्दी में चोलों को पांडयों द्वारा प्रतिस्थापित किया गया था। बाद में पुडुचेरी में मुसलिम आक्रमणों की एक शृंखला भी देखी गई।

1673 में भारत के साथ एक समझौते के तहत पुडुचेरी फ्रांसीसी ईस्ट इंडिया कंपनी का एक व्यापारिक केंद्र बन गया। इसी स्थान पर डच और ब्रिटिश व्यापारिक कंपनियाँ भी अपने व्यापारिक केंद्र स्थापित करना चाहती थीं। परिणामस्वरूप पुडुचेरी में अपना-अपना आधिपत्य स्थापित करने के लिए तीनों पक्षों के बीच युद्ध हो गया।

1693 में डच ने पुडुचेरी पर कब्जा कर लिया, लेकिन छह साल बाद राइसविक की संधि द्वारा पुडुचेरी डचों के द्वारा फ्रांस को वापस दी गईं। फ्रांसीसी कंपनी ने 1720, 1731 और 1798 में पुडुचेरी के माहे, यानम और कराईकल भागों पर भी अपना अधिग्रहण स्थापित कर लिया।

1742–1760 के दौरान परिस्थितियों में पुनः बदलाव आया। 16 जनवरी, 1761 को अंग्रेजों ने फ्रेंच से पुडुचेरी को छीन लिया, लेकिन पेरिस की संधि द्वारा पुडुचेरी फिर से फ्रांसीसियों को वापस कर दिया गया था। फ्रांसीसी क्रांति के दौर में 1793 में अंग्रेजों द्वारा फिर से पुडुचेरी पर कब्जा कर लिया गया था, लेकिन 1814 में पुनः बाजी पलट गई और पुडुचेरी फिर से फ्रांस को लौटा दिया गया।

कालांतर में फ्रांसीसी साम्राज्यवाद के विरुद्ध उपजे आक्रोश के रूप में 1928 में यहाँ छात्र आंदोलन होने लगे। प्रशासन के द्वारा कुछ गिरफ्तारियाँ कर लेने से शासकों के प्रति लोगों का गुस्सा बढ़ने लगा। 1930 के उत्तरार्ध वर्ष में पुडुचेरी और कराईकल में 'महाजन सभा' नामक संगठन स्थापित किए गए। इन सभा के सदस्यों ने ट्रेड यूनियनों के साथ मिलकर असहयोग आंदोलन किया। महात्मा गांधी, जवाहरलाल नेहरू और बालगंगाधर तिलक जैसे महान् नेताओं ने पुडुचेरी का दौरा किया और स्थिति को नियंत्रित करने का प्रयास किया।

द्वितीय विश्वयुद्ध के दौरान पुडुचेरी ने फ्रांस का समर्थन किया। 1946 में यहाँ पर 'फ्रांसीसी भारत कांग्रेस' का गठन किया गया, जिसका लक्ष्य भारत में फ्रांसीसी संपत्ति को शामिल करना था। 1948 में 'फ्रांसीसी पीपल्स कन्वेंशन' ने भारत के साथ फ्रांसीसी संपत्ति को शामिल करने हेतु एक संकल्प भी पारित किया। जून 1948 में भारत ने फ्रांस के साथ एक समझौते पर हस्ताक्षर किए, जिसने लोगों को अपनी भूमि की राजनीतिक स्थिति निर्धारित करने के लिए शक्ति दी। इस समझौते के परिणामस्वरूप पुडुचेरी, कराईकल और यानम में नगरपालिका चुनाव हुए। ज्यादातर सीटों पर 'फ्रांसीसी भारत सोशलिस्ट पार्टी' का नगरपालिकाओं पर कब्जा हो गया। नए पार्षदों ने फ्रांसीसी सरकार द्वारा प्रस्तावित स्वशासन को स्वीकार किया। इस दौरान भारत सरकार पुडुचेरी को एक अलग राज्य का दर्जा देने के लिए अपना दबाव बनाती रही।

18 मार्च, 1954 को एकाएक पुडुचेरी की राजनीति में बदलाव आया। वहाँ के कार्यकारी परिषद् के महापौरों और विभिन्न समुदायों के सात सदस्यों ने जनमत-संग्रह के बिना ही भारत में पुडुचेरी के विलय की घोषणा कर दी। जब 'समाजवादी दल' विलय के इस प्रस्ताव को आगे बढ़ाने की तैयारी कर रहा था, ठीक उसी समय फ्रांसीसी गवर्नर ने सत्र स्थगित करके इसे रद्द कर दिया। इस घटनाक्रम ने समाजवादियों को आक्रोश से भर दिया। उन्होंने इस प्रस्ताव को पारित करने की ठान ली। अस्तु, अब पुडुचेरी को भारत में मिलाने के लिए सीधी कारवाई का अभियान गति पकड़ने लगा। वी. सुब्बैया के नेतृत्व में एक आंदोलन शुरू हो गया।

*ब्रिटिश व फ्रांसीसी संघर्ष काल का पुडुचेरी।*

*1954 में पुडुचेरी में हुए जनमत-संग्रह की एक तसवीर।*

*2 नवंबर, 1954 को पुडुचेरी में लहराता तिरंगा।*

पुडुचेरी में आंदोलन के दौरान राष्ट्रीय ध्वज फहरा दिया, जिसे फ्रांसीसी भारतीय पुलिस ने नीचे उतारकर उसे फाड़ दिया। इस घटना की तीव प्रतिक्रिया हुई। राष्ट्रीय युवा कांग्रेस जैसे अन्य राजनीतिक दल भी पुडुचेरी के स्वतंत्रता संग्राम में सक्रिय हो गए। बड़े पैमाने पर सत्याग्रह शुरू कर दिया गया। स्वतंत्रता सेनानियों के जुलूसों पर स्थानीय सरकार द्वारा लाठीचार्ज किया जाता। जुल्म व दमन बढ़ता जा रहा था। भारत में विलय के लिए उपजे व्यापक आंदोलन से पुडुचेरी में माहौल बहुत तनावपूर्ण हो गया।

कई महीनों के तांडव के उपरांत 13 अक्तूबर, 1954 को भारत और फ्रांस ने फ्रांसीसी बस्तियों की स्थिति को तय करने के लिए एक संयुक्त बयान जारी किया। 18 अक्तूबर, 1954 को कीलूर में हुए जनमत-संग्रह में प्रतिनिधि सभा के निर्वाचित सदस्य और पुडुचेरी और कराईकल के नगर पार्षदों ने भाग लिया। कुल 178 सदस्यों में से 170 सदस्यों ने भारत मातृभूमि के साथ फ्रांसीसी भारतीय क्षेत्रों के विलय का समर्थन

किया। अस्तु तीन दिनों के बाद दोनों देशों के बीच नई दिल्ली में एक समझौते पर हस्ताक्षर किए गए, जिसमें फ्रांसीसी क्षेत्रों के हस्तांतरण से संबंधित व्यापक प्रावधान समाहित थे।

16 अगस्त, 1962 को वह दिन आ गया, जब भारत और फ्रांस ने अपने अनुमोदन का आदान-प्रदान किया, जिसके तहत फ्रांस ने पुडुचेरी में अपने कब्जे वाले क्षेत्रों पर भारत को पूर्ण संप्रभुता प्रदान कर दी। इस प्रकार यह खूबसूरत समुद्रतटीय राज्य पुडुचेरी औपचारिक रूप से 16 अगस्त, 1962 को भारतीय गणराज्य का हिस्सा बन गया। जुलाई 1963 में पुडुचेरी को भारत के एक केंद्रशासित प्रदेश का दर्जा दिया गया। उल्लेखनीय है कि कराईकल, माहे और यानम इत्यादि क्षेत्रों को भी केंद्रशासित प्रदेश पुडुचेरी के रूप में प्रशासित किया गया।

□

# 17
# के. कामराज योजना

1963 में एक बड़ा राजनीतिक तूफान आया और एकाएक लालबहादुर शास्त्री, जगजीवन राम, मोरारजी देसाई तथा एस.के. पाटिल जैसे नेताओं ने केंद्रीय मंत्रिमंडल से इस्तीफा दे दिया। भारत के छह राज्यों के मुख्यमंत्रियों ने भी अपने पद से इस्तीफा दिया, जिनमें उत्तर प्रदेश के चंद्रभानु गुप्त, एम.पी. के मंडलोई, ओडिशा के बीजू पटनायक जैसे कद्दावर नेता शामिल थे।

सवाल यह उठता है कि आखिर भारतीय राजनीति में ऐसा क्या भूचाल आ गया था कि इतने सारे नेताओं ने एक के बाद एक अपने पदों का त्याग कर दिया? दरअसल, यह सारा घटनाक्रम विधिवत् रचित किया गया था, ताकि 'कामराज योजना' को भलीभाँति क्रियान्वित किया जा सके। दरअसल, 'कामराज योजना' एक ऐसी योजना है, जिसे के. कामराज ने एक सिंडिकेट सिस्टम के तहत शुरू किया था, जिसमें कांग्रेस के छह कैबिनेट मंत्रियों व छह मुख्यमंत्रियों ने सत्ता छोड़कर पार्टी के लिए काम किया।

इस योजना का मुख्य ध्येय साठ के दशक की शुरुआत में कमजोर होती जा रही कांग्रेस को मजबूत करना था। इसलिए के. कामराज ने केंद्र सरकार को यह सुझाव दिया कि पार्टी के बड़े नेता सरकार में अपने पदों से इस्तीफा दे दें और अपनी समूची ऊर्जा कांग्रेस संगठन में नई जान फूँकने के लिए लगाएँ। उनकी इस योजना के तहत उन्होंने खुद भी तमिलनाडु के मुख्यमंत्री पद से इस्तीफा दे दिया था। 1963 की यही योजना 'कामराज प्लान' के नाम से विख्यात हुई।

भले ही उस योजना का उद्देश्य कांग्रेस संगठन को मजबूत करना बताया गया था, लेकिन वास्तविकता के धरातल पर देखें तो इस योजना ने नेहरू को अपनी नई टीम बनाने के लिए स्वतंत्र कर दिया था। जिन मंत्रियों की छवि 1962 के चीनी युद्ध के कारण धूमिल हुई थी, उन सबको बदल दिया गया। केंद्र व राज्यों में बड़े पैमाने पर रद्दोबदल हुए।

सवाल उठता है कि आखिर के. कामराज कौन थे? दरअसल, वे एक गांधीवादी स्वतंत्रता संग्राम सेनानी थे। तीन बार तमिलनाडु के मुख्यमंत्री के पद पर रह चुके थे। वे तीन बार कांग्रेस अध्यक्ष भी रहे। पं. नेहरू के निधन के बाद लालबहादुर शास्त्री और इंदिरा गांधी को प्रधानमंत्री बनवाने में उनकी भूमिका किंगमेकर की रही। नाडर जाति में 15 जुलाई, 1903 को विरुधुनगर, मदुरै (तमिलनाडु) में जनमे के. कामराज महात्मा गांधी के विचारों से प्रभावित थे। मात्र 15 साल की उम्र में वे जलियाँवाला बाग कांड व 18 साल की आयु में असहयोग आंदोलन में सक्रिय हो गए थे। 1930 में कामराज ने 'नमक सत्याग्रह' में हिस्सा लिया और इसी आंदोलन के दौरान वे पहली बार जेल गए। इसके बाद तो उनके जेल जाने-आने का सिलसिला शुरू हो गया। ब्रिटिश हुकूमत ने उन्हें करीब छह बार जेल भेजा। उन्होंने करीब 3,000 दिन जेल में बिताए। जेल में रहते हुए ही उन्हें म्युनिसिपल काउंसिल का अध्यक्ष चुना गया था। कामराज जॉर्ज जोसेफ के नेतृत्ववाले 'वायकॉम' सत्याग्रह से राजनीति की तरफ झुकने लगे थे। कामराज ने मंदिरों से हरिजनों के बहिष्कार के खिलाफ 1920 में जॉर्ज जोसेफ के नेतृत्व में सत्याग्रह में भाग लिया था।

आजादी मिलने के बाद 13 अप्रैल, 1954 को कामराज ने अनिच्छा से तमिलनाडु का मुख्यमंत्री पद स्वीकार किया, लेकिन प्रदेश को एक ऐसा नेता मिल गया, जो उनके लिए कई क्रांतिकारी कदम उठानेवाला था। कामराज लगातार तीन बार तमिलनाडु के मुख्यमंत्री रहे। उन्होंने प्रदेश की साक्षरता दर, जो कभी सात फीसदी हुआ करती थी, उसे बढ़ाकर 37 फीसदी के स्तर तक पहुँचा दिया। वर्तमान में देशभर में चल रही मिड-डे-मील और निःशुल्क शिक्षा की नींव कामराज ने ही डाली थी। इस योजना की शुरुआत करने के पीछे उनका मानना था कि गरीब तबके से आनेवाले बच्चे एक समय का खाना तो अच्छे से खा सकेंगे।

गांधीवादी विचारक कामराज ने अपनी ही योजना को क्रियान्वित करने के लिए 2 अक्तूबर, 1963 को मुख्यमंत्री पद से इस्तीफा दे दिया और प्रदेश कांग्रेस अध्यक्ष बनाए जाने की बात कही। उनका कहना था कि कांग्रेस के सब बुजुर्ग नेताओं में सत्ता-लोभ घर कर रहा है। उन्हें वापस संगठन में लौटना चाहिए।

इस प्रकार के. कामराज ने 1963 में कांग्रेस को मजबूत करने का बीड़ा तो उठा लिया, लेकिन कुछ ही दिनों में 1964 में पं. नेहरू के गुजर जाने के बाद प्रधानमंत्री पद के लिए कांग्रेस में दो दावेदारों के बीच संघर्ष शुरू हुआ तो प्रधानमंत्री चुनने का सारा दारोमदार कामराज के कंधों पर आ गया। काफी चिंतन-मनन करने के उपरांत उन्होंने प्रधानमंत्री पद के लिए लालबहादुर शास्त्री का समर्थन किया।

*के. कामराज के विविध चित्र।*

दुर्भाग्यवश, जनवरी 1966 में लालबहादुर शास्त्री की भी मौत हो गई। कामराज के समक्ष पुनः राजनीति संकट आ खड़ा हुआ। मोरारजी देसाई ने सर्वसम्मति की बात मानने से इनकार कर दिया। इस बार वे मतदान कराने की बात पर अडिग हो गए। सिंडिकेट ने प्रधानमंत्री पद के लिए कामराज का नाम प्रस्तावित किया, लेकिन कामराज ने इस प्रस्ताव को मानने से साफ मना कर दिया।

दरअसल, बंगाल के नेता अतुल्य घोष ने कहा था—"जिसे ठीक से हिंदी और अंग्रेजी न आती हो, उसे इस देश का प्रधानमंत्री नहीं बनना चाहिए।" अत: कामराज ने प्रधानमंत्री पद के लिए इंदिरा गांधी का समर्थन किया। अत: कामराज के प्रयासों से वे कुल 355 सांसदों का समर्थन पाकर प्रधानमंत्री बन गईं।

इस प्रकार कामराज ने भारत के दो प्रधानमंत्री बनाने में मुख्य भूमिका का निर्वहण किया। जिसकी वजह से उनको 'किंगमेकर' कहा जाता है; लेकिन उनका जादू 1967 के लोकसभा चुनाव में नहीं चल पाया। कांग्रेस की कई राज्यों में हार हुई। उसे लोकसभा में भी महज 285 सीटें मिलीं। बदलाव की इस आँधी में के. कामराज तमिलनाडु में अपनी गृह विधानसभा विरदुनगर की सीट तक नहीं बचा पाए थे।

□

# 18
# द्वितीय पाकिस्तानी आक्रमण

भारत अभी चीनी हमले से उबरने का प्रयास कर ही रहा था कि करीब ढाई साल बाद ही पाकिस्तान ने भारत पर दूसरी बार आक्रमण कर दिया। उस समय भारत के प्रधानमंत्री पद पर लालबहादुर शास्त्री थे। पाकिस्तान का अनुमान था कि वर्तमान सरकार कमजोर है। शास्त्री युद्ध को झेलने में असमर्थ होंगे, भारत अशक्त है और उसका सामना नहीं कर सकेगा। उसने भारत की तुलना में खुद की शक्ति को अपेक्षाकृत अधिक आँका। पाकिस्तानी हुकूमत ने यह भी अंदाजा लगाया कि कश्मीरी आवाम भारत से आजादी चाहती है। इस प्रकार अपने खुद के आकलन के आधार पर पाकिस्तान ने 1965 में भारत पर हमला करने का मन बना लिया।

पाकिस्तान यह भूल गया था कि दूध का जला छाछ को भी फूँक-फूँककर पीता है। 1962 के चीनी हमले ने भारतीयों को सचेत कर दिया था। उनमें अपनी हार से उपजे आक्रोश का बोझ उफन रहा था। भारत सरकार ने अपना रक्षा बजट बढ़ा दिया था। सेना को मुस्तैद कर तीनों सेनाओं को नवीनतम सुविधाओं से सुसज्जित करने की भरसक कोशिश कर रहा था। खैर, इन सब तथ्यों से अनजान पाकिस्तान ने अपने ताने-बाने की व्यूह-रचना बना ली और भारत को सबक सिखाने के लिए तैयार हो गया।

दरअसल, जम्मू और कश्मीर के मुद्दे के अलावा भारत व पाकिस्तान के बीच कच्छ का विवाद भी था। कच्छ गुजरात प्रांत का एक जिला है, जो एक बंजर इलाका है। इस इलाके के बँटवारे पर भी पाकिस्तान ने विवाद प्रारंभ कर दिया था। जनवरी 1965 से उसने इस सीमा पर गश्त शुरू कर दी थी और फिर 20 मार्च, 1965 को उसने जानबूझकर कच्छ के रण में झड़पें शुरू कर दी थीं। प्रारंभ में इनमें केवल सीमा सुरक्षाबल ही शामिल थे, परंतु बाद में 25 मई, 1965 को रण ऑफ कच्छ में पाकिस्तान के युद्धाभियान 'डेजर्ट हॉक' की घोषणा के साथ ही ये झड़पें युद्ध में परिवर्तित हो गईं। रसल ब्रायन की पुस्तक 'इंडो-पाकिस्तान कॉन्फ्लिक्ट' के

अनुसार—"पाकिस्तान द्वारा भारत के खिलाफ रची गई युद्ध की साजिश का पहला चरण 'ऑपरेशन डेजर्ट हॉक' था।"

हौले-हौले जब इस युद्ध में दोनों देशों की सेना भी शामिल हो गई तो यह युद्ध भीषण रूप धारण करने की ओर अग्रसर होने लगा। बात ज्यादा बिगड़े, इसके पूर्व ही 30 जून, 1965 को तत्कालीन ब्रिटिश प्रधानमंत्री हैरोल्ड विल्सन ने दोनों पक्षों के बीच मध्यस्थता कर विवाद को सुलझाने के लिए एक निष्पक्ष मध्यस्थ न्यायालय की स्थापना कर दी।

अभी यह ट्रिब्यूनल कच्छ विवाद के निराकरण के लिए कार्य कर रही थी कि कच्छ के रण में मिली सफलता से उत्साहित पाकिस्तान के राजनेताओं, खासकर तत्कालीन विदेश मंत्री जुल्फिकार अली भुट्टो ने राष्ट्रपति और सेनाध्यक्ष जनरल अयूब खान पर दबाव डाला कि वे कश्मीर पर हमले का आदेश दें। दरअसल, उनका अनुमान था कि भारत उस समय युद्ध का सामना करने की स्थिति में नहीं था, क्योंकि अभी-अभी तो वह चीन से पराजित हुआ है।

इसके अलावा, भुट्टो और उनके विचार से सहमत जनरल याहिया खान और टिक्का खान का यह भी मानना था कि—"कश्मीर की जनता भारत से आजाद होकर पाकिस्तान में विलय की इच्छुक है और सैनिकों को घुसपैठियों के वेश में भेजने पर उनके समर्थन में विद्रोह कर देगी।"

पाकिस्तानी हुकूमत को भी यह लगने लगा था—"उसके सेना प्रमुख जनरल अयूब खान ने जब कच्छ सीमा के विवाद को हल कर लिया है तो फिर वे भारत से कुछ भी हासिल कर सकते हैं।" सरकार की इस उम्मीद के कारण जनरल अयूब खान दबाव में आ गए और उन्होंने 5 अगस्त, 1965 को अपना दूसरा युद्धाभियान 'जिब्राल्टर' को प्रारंभ करने का आदेश दे दिया। इस अभियान का मुख्य उद्देश्य कश्मीर की जनता में विद्रोह भड़काना और भारतीय संचार तंत्र एवं परिवहन व्यवस्था को ठप करना था।

अपनी योजनानुसार पाकिस्तान ने अपने घुसपैठियों को भेष बदलकर कश्मीर में भेज दिया। स्थानीय लोगों द्वारा उन्हें जल्दी ही पहचान लिया गया और विद्रोहियों का साथ देने के बजाय कश्मीरी जनता ने इसकी सूचना भारतीय सैनिकों को दे दी। भारतीय सेना पाकिस्तान की हर चाल का सामना करने के लिए तैयार थी।

अस्तु, उसने इस हमले का करारा जवाब दिया। 15 अगस्त, 1965 को पाकिस्तान के 33,000 सैनिकों ने लाइन ऑफ कंट्रोल को पार किया किया तो भारत के भी 26,000 सैनिकों ने सीमा पार कर दी। वे सैनिक कश्मीर के कई इलाकों में पहुँच गए। शुरुआत से ही भारतीय सेना को अच्छी सफलता मिली। उसने तोपखाने की मदद से तीन महत्त्वपूर्ण पहाड़ी ठिकानों को अपने कब्जे में ले लिया।

युद्धरत सैनिक।

विमान से उतरे पाकिस्तानी सैनिक।

भारत–पाक युद्ध में प्रयुक्त टैंक।

भारतीय युद्धक विमान 'हंटर्स'।

लाहौर पुलिस थाने पर फहराया तिरंगा।

युद्ध के मैदान में खुशी जीत की।

एक तरफ पाकिस्तान ने भी कश्मीर के उरी और पुंछ जैसे इलाकों पर अपना कब्जा स्थापित कर लिया था, परंतु तीन दिन बाद ही पाकिस्तानी सेना की शक्ति में काफी कमी आ गई थी, जबकि भारत की अतिरिक्त टुकड़ियाँ युद्धस्थल तक जाने में

सफल रहीं। 28 अगस्त, 1965 को भारत ने पाकिस्तान के कब्जेवाले कश्मीर में 8 किलोमीटर अंदर घुसकर हाजी पीर पर कब्जा कर लिया। इस प्रकार भारत ने पाकिस्तान के 'जिब्रॉल्टर अभियान' को पूर्णत: विफल कर दिया।

पाकिस्तानी हुकूमत को जब यह लगने लगा कि पाकिस्तानी कश्मीर का महत्त्वपूर्ण शहर मुजफ्फराबाद अब भारतीय सेना के कब्जे में जाने ही वाला है तो मुजफ्फराबाद को बचाने के लिए पाकिस्तानी सेना ने 1 सितंबर, 1965 को 'ग्रैंड स्लैम' नामक एक नया युद्धाभियान शुरू कर दिया। इस अभियान के दो अन्य मकसद भी थे—प्रथम, जम्मू के अखनूर सेक्टर को अपने कब्जे में लेना और दूसरा, कश्मीर घाटी का शेष भारत से संपर्क तोड़ना, ताकि उसकी रसद और संचार व्यवस्था को भंग कर दिया जाए।

यह अभियान काफी हद तक अपने निर्धारित लक्ष्यों को प्राप्त करने में सफल रहा। अपने ध्येय के अनुरूप इसने भारतीय सेना को खासा नुकसान पहुँचाया। कई सप्लाई रूट्स को क्षतिग्रस्त कर दिया गया। जब भारत के पश्चिमी कमान के सेना प्रमुख को यह महसूस हुआ कि पाकिस्तान बहुत बेहतर स्थिति में है और उसको रोकने के लिए उन्होंने लाहौर पर आक्रमण करने का प्रस्ताव तत्कालीन सेनाध्यक्ष जनरल चौधरी को दिया, परंतु जनरल चौधरी उनकी इस बात से असहमत थे। बाद में, तत्कालीन प्रधानमंत्री लालबहादुर शास्त्री के आदेश से भारतीय सेना ने लाहौर के हवाई अड्डे पर हमला कर दिया।

इस हमले के साथ ही भारत ने अंतरराष्ट्रीय सीमा को पार करते हुए पश्चिमी मोरचे पर हमला करने की शुरुआत कर दी थी। द्वितीय विश्वयुद्ध के अनुभवी मेजर जनरल प्रसाद के नेतृत्व में भारतीय फौज ने इच्छोगिल नहर को पार कर पाकिस्तान की सीमा में प्रवेश किया। इच्छोगिल नहर भारत-पाक की वास्तविक सीमा थी। तेजी से आक्रमण करती हुई भारतीय थलसेना लाहौर की ओर बढ़ रही थी। इस कड़ी में उसने लाहौर हवाई अड्डे के नजदीक डेरा डाल लिया। लाहौर के एक पुलिस स्टेशन पर तिरंगा झंडा फहरा दिया। भारतीय सेना की इस दिलेरी से पाकिस्तान सहित अमेरिका भी दंग रह गया। घबराए हुए अमेरिका ने भारतीय सेना से आग्रह किया कि कुछ समय के लिए युद्धविराम कर दे, ताकि वह लाहौर में फँसे अपने नागरिकों को बाहर निकाल सके। भारत ने अमेरिका का यह आग्रह मान लिया, लेकिन इससे भारत को बड़ी मात्रा में नुकसान उठाना पड़ा।

उधर पाक ने अपने ऊपर बढ़ते हमले को देखकर कश्मीर के साथ ही पंजाब को भी निशाना बनाना शुरू किया, लेकिन यहाँ भी उसे मुँह की खानी पड़ी। यहाँ पर पाकिस्तान का ध्यान बँटाने के लिए भारत ने 6 सितंबर को पंजाब फ्रंट खोल दिया।

परिणामस्वरूप भारतीय फौजें बरकी तक जा पहुँचीं। 7 सितंबर को भारतीय फौजों ने सियालकोट सेक्टर में बढ़त लेनी शुरू की।

इधर अमृतसर पर कब्जे के इरादे से 7 सितंबर को पाकिस्तान ने खेमकरण पर हमला बोला और 8 सितंबर तक असल उत्तर गाँव तक आ पहुँचा। यहाँ लड़े गए टैंक युद्ध को सबसे भीषण युद्ध में से एक कहा गया। यहाँ की लड़ाई में उसके 97 टैंक भारतीय सेना के कब्जे में आ गए थे, जबकि भारत के सिर्फ 30 टैंक ही क्षतिग्रस्त हुए थे। इस तरह से पाक की ओर से चलाया गया 'ऑपरेशन ग्रैंड स्लैम' भी बुरी तरह से असफल हो गया था। इसके बाद अचानक दोनों सेनाओं की ओर से युद्ध की गति धीमी हो गई। दोनों ने ही एक-दूसरे के जीते हुए इलाकों पर अपनी-अपनी नजरें गड़ा दीं।

संयुक्त राष्ट्र द्वारा युद्धविराम की घोषणा के साथ ही 23 सितंबर, 1965 को यह युद्ध समाप्त हो गया। दोनों देशों की तोपों और बंदूकों ने आग उगलनी बंद की। भारत और पाकिस्तान के बीच चले इस 17 दिवसीय आधिकारिक युद्ध में दोनों ही पक्षों को जान-माल का काफी नुकसान उठाना पड़ा। भारतीय सेना के 3,000 और पाकिस्तानी सेना के 3,800 जवान शहीद हो चुके थे। भारत ने युद्ध में 710 वर्ग किलोमीटर इलाके पर और पाकिस्तान ने 210 वर्ग किलोमीटर इलाके पर कब्जा कर लिया था। भारत के कब्जे में सियालकोट, लाहौर और कश्मीर के उपजाऊ इलाके थे, जबकि पाकिस्तान के कब्जे में सिंध और छंब के बंजर इलाके थे। अमेरिकी विशेषज्ञों के मतानुसार—"भारत और पाक के बीच हुई इस जंग में टैंकों का प्रयोग द्वितीय विश्वयुद्ध के बाद सबसे ज्यादा हुआ था। पाकिस्तान के पास उस समय अमेरिका में बने कई बेहतरीन टैंक थे, जिनमें पैटन एम-47, एम-48 और एम-4 शैरमैन टैंक्स खासतौर पर शामिल थे। इन टैंक्स की वजह से पाक ने शुरुआत में भारत पर हावी होने की कोशिशें की थीं।"

□

# 19

# ताशकंद समझौता

समझौता शांति की ओर ले जानेवाला श्रेष्ठ मार्ग है। इसी के बलबूते पर विश्व शांति सशक्त होती है। परस्पर विश्वास व बंधुत्व की नींव दृढ़ होती है। इसलिए तो सदियों से समझौतों को अंतरराष्ट्रीय राजनीति में महत्त्वपूर्ण स्थान हासिल है। भारत-पाक युद्ध से उत्पन्न तनाव को कम करने व संबंधों को सामान्य बनाने हेतु सोवियत संघ के तत्कालीन राष्ट्रपति अलेक्सी कोसिगिन ने भारतीय प्रधानमंत्री लालबहादुर शास्त्री और पाकिस्तान के राष्ट्रपति अयूब खान को ताशकंद बुलवाया। 10 जनवरी, 1966 को राष्ट्रपति अलेक्सी कोसिगिन ने भारत व पाकिस्तान के मध्य एक ऐतिहासिक समझौता करवा दिया, जिसे 'ताशकंद समझौते' के नाम से जाना जाता है।

उस दौर में सोवियत संघ एक महाशक्ति था। अस्तु, उसके द्वारा की गई मध्यस्थता बहुत मायने रखती थी। सोवियत संघ में शामिल एक मुसलिम बहुल राज्य उज्बेकिस्तान के ताशकंद शहर में हुए इस शांति समझौते को संयुक्त रूप से प्रकाशित किया गया, जिसमें निम्नलिखित तथ्यों का समावेशन था—

- भारत और पाकिस्तान शक्ति का प्रयोग नहीं करेंगे और अपने-अपने झगड़ों को शांतिपूर्ण ढंग से सुलझाएँगे।
- दोनों देश 25 फरवरी, 1966 तक अपनी सेनाएँ 5 अगस्त, 1965 की सीमा-रेखा पर पीछे हटा लेंगे।
- इन दोनों देशों के बीच आपसी हित के मामलों में शिखर वार्त्ताएँ तथा अन्य स्तरों पर वार्त्ताएँ जारी रहेंगी।
- भारत और पाकिस्तान के बीच संबंध एक-दूसरे के आंतरिक मामलों में हस्तक्षेप न करने पर आधारित होंगे।
- दोनों देशों के बीच राजनयिक संबंध फिर से स्थापित कर दिए जाएँगे।
- एक-दूसरे के बीच में प्रचार के कार्य को फिर से सुचारु कर दिया जाएगा।

10 जनवरी, 1966 को हुए ताशकंद शांति समझौते के चित्र।

परिवारजनों के बीच प्रधानमंत्री लालबहादुर शास्त्री का पार्थिव शरीर।

- आर्थिक एवं व्यापारिक संबंधों तथा संचार संबंधों की फिर से स्थापना तथा सांस्कृतिक आदान-प्रदान फिर से शुरू करने पर विचार किया जाएगा।
- ऐसी परिस्थितियाँ उत्पन्न की जाएँगी कि दोनों देशों के लोगों का निर्गमन निर्बाध रूप से हो।
- शरणार्थियों की समस्याओं तथा अवैध प्रवासी के प्रश्न पर विचार-विमर्श जारी रखा जाएगा तथा हाल के संघर्ष में जब्त की गई एक-दूसरे की संपत्ति को लौटाने के प्रश्न पर विचार किया जाएगा।

इस प्रकार दोनों ने इस घोषणा-पत्र पर हस्ताक्षर करते हुए विवादित मुद्दों को बातचीत के जरिए हल करने का भरोसा दिलाया। सर्वविदित है कि भारत-पाक युद्ध में भारत ने पाकिस्तान के सियालकोट, लाहौर और कश्मीर के कुछ उपजाऊ इलाके जीत लिये थे। पाकिस्तान ने भारत के छंब और सिंध जैसे इलाकों पर कब्जा कर लिया था। भारत फायदे में था और पाकिस्तान नुकसान में, लेकिन 'ताशकंद समझौते' के तहत दोनों देश इस बात पर राजी हुए कि पाँच अगस्त से पहले की स्थिति का पालन करेंगे और जीती हुई जमीन से कब्जा छोड़ेंगे।

उल्लेखनीय है कि अपने नेतृत्व में पाकिस्तान द्वारा थोपे गए 1965 के युद्ध में बड़ी जाँबाजी से दुश्मन के दाँत खट्टे करनेवाले प्रधानमंत्री शास्त्री युद्धविराम के बाद जनवरी 1966 में पाकिस्तान से शांति समझौता करने ताशकंद शहर गए और फिर लौटकर नहीं आए। 'ताशकंद शांति समझौते' पर हस्ताक्षर करने के कुछ ही घंटों बाद वे रात को सोए तो 11 जनवरी, 1966 की सुबह नींद से नहीं जागे। भारत के प्रधानमंत्री लालबहादुर शास्त्री की रहस्यमय परिस्थितियों में मौत हो गई थी।

अंदाजा यह लगाया जाता है कि शास्त्रीजी पर 'ताशकंद समझौते' में पाकिस्तान का जीता हुआ इलाका छोड़ने का बड़ा दबाव था, इसलिए उन्होंने अनमनेपन से समझौते के दस्तावेज पर दस्तखत किए थे। उसी सदमे में उनकी जान गई। उनकी इस रहस्यमयी मौत पर तमाम प्रश्न उठने लगे। आधिकारिक तौर पर ताशकंद में हुए पोस्टमार्टम के अनुसार, उनका देहांत दिल के दौरे से हुआ था, लेकिन भारत में शास्त्रीजी की पत्नी ललिता शास्त्री और उनके बेटों ने इसे मानने से इनकार कर दिया था। उनके मुताबिक, उन्हें शास्त्रीजी के पार्थिव शरीर पर नीले निशान पड़े दिखे थे, इसलिए इस प्रकरण की जाँच की जाए। बहरहाल, परिवार की माँग पर शास्त्रीजी की मौत के कारणों की जाँच भी हुई, मगर किसी संतोषजनक परिणाम तक नहीं पहुँचा जा सका।

यदि उनके व्यक्तित्व व कृतित्व की बात की जाए तो इकहरी कद-काठी के शास्त्रीजी अपनी दृढ़ इच्छाशक्ति व संकल्प के धनी थे। वे आजादी के नायक और 'जय जवान-जय किसान' का कालजयी नारा देनेवाले प्रधानमंत्री थे। अस्तु उनकी रहस्यमय

मृत्यु से समूचे देश में खलबली मच गई। देश के नागरिक उनके अंतिम दर्शन के लिए उमड़ पड़े। उनकी अस्थियाँ जब इलाहाबाद और हरिद्वार ले जाई गईं तो पूरे रास्ते देशवासियों ने कदम-कदम पर उन्हें अपनी श्रद्धांजलि अर्पित की। शास्त्रीजी की समाधि दिल्ली के शांति वन के पीछे 'विजय घाट' में आज भी मौजूद है। उनकी मौत पर संशय अब भी कायम है।

उल्लेखनीय है कि 1992 में सोवियत संघ से अलग होने के बाद उज्बेकिस्तान के शहरों में लगी लेनिन की मूर्तियाँ तक ढहा दी गई थीं। सोवियत क्रांति से जुड़ी सभी महत्त्वपूर्ण शख्सियतों से जुड़ी यादों का नामोनिशान ध्वस्त कर दिया गया था, लेकिन शास्त्रीजी की स्मृति ताशकंद में आज तक बरकरार है। उज्बेकिस्तान जैसे मुसलिम बहुल देश भारत से भावनात्मक सद्‌भाव और मैत्री संबंधों को जीवंत रखना चाहता है, इसलिए आज भी उसने प्रधानमंत्री शास्त्रीजी की नामपट्टी को नहीं बदला। ताशकंद में लगा 'लालबहादुर शास्त्री स्ट्रीट' का बोर्ड और उसके पास चौराहे पर लगी शास्त्रीजी की मुसकराती प्रतिमा आज भी पर्यटकों का ध्यान अपनी ओर खींचती है, उन्हें 1966 के इतिहास के अहम पन्ने से रूबरू करवाती है।

□

# 20
# पंजाबी सूबा आंदोलन

भारत एक संघात्मक राज्य है, जिसमें 28 राज्य व 8 केंद्रशासित प्रदेश हैं। उन्हीं में से एक है पंजाब। यह प्रदेश अपने वर्तमान स्वरूप में 1 नवंबर, 1966 को हमारे सामने आया। इतिहास के झरोखे से देखें तो विभाजन का दंश झेलने से पहले ही पंजाब को टुकड़ों में बाँटने की माँग उठनी शुरू हो गई थी।

सन् 1930 में शायर मुहम्मद इकबाल ने भारत के उत्तर-पश्चिमी चार प्रांतों सिंध, बलूचिस्तान, पंजाब तथा अफगान (सूबा-ए-सरहद) को मिलाकर एक अलग राष्ट्र की माँग की थी। 1947 में देश को आजादी मिलने के साथ ही पंजाब के भी दो टुकड़े हो गए—एक पूर्वी पंजाब और दूसरा पश्चिमी पंजाब। पश्चिमी पंजाब आज पाकिस्तान में स्थित है, जोकि पाकिस्तान का सबसे बड़ा प्रांत है। पाकिस्तान में स्थित पंजाब में आज भी पंजाबी संस्कृति का अनुपालन होता है। यहाँ के करीब 48 प्रतिशत लोग सिर्फ पंजाबी भाषा ही समझते और बोलते हैं।

1950 के दशक में शिरोमणि अकाली दल के नेतृत्व में 'पंजाबी सूबा आंदोलन' पंजाब क्षेत्र में पंजाबी 'सूबा' (प्रदेश) बनाने के लिए चला था। भारत के भाषायी समूहों ने राज्यत्व की माँग उठाई, जिसके परिणामस्वरूप दिसंबर 1956 में राज्य पुनर्गठन आयोग की स्थापना की गई। उस समय पंजाब प्रदेश में वर्तमान पंजाब, हरियाणा, हिमाचल प्रदेश के कुछ क्षेत्र तथा चंडीगढ़ समाहित थे और सिखों का एक बड़ा हिस्सा इसी हिंदू बहुल पंजाब में निवासरत था। अकाली दल ने एक पंजाबी सूबा (प्रांत) बनाने की माँग की। सिखों के नेता फतेह सिंह ने भाषा को आधार बनाकर एक अलग राज्य की माँग की, ताकि सिखों की पहचान को संरक्षित किया जा सके। केंद्र सरकार इस माँग के पक्ष में नहीं थी, क्योंकि ऐसा करने का तात्पर्य धार्मिक आधार पर राज्य का विभाजन करने से था। भारत सरकार धर्म आधारित विभाजन के लिए तैयार नहीं थी, क्योंकि धर्म के आधार पर विभाजित पाकिस्तान का कटु अनुभव भारत के सामने था। इसलिए सरकार किसी भी हालत में वही गलती नहीं दोहराने के लिए दृढ़ प्रतिज्ञ थी।

*पंजाबी सूबा आंदोलन।*

इसी दौरान जालंधर के हिंदी समाचार-पत्रों ने पंजाबी हिंदुओं से हिंदी को अपनी 'मातृभाषा' बनाने का आग्रह किया, ताकि उनकी माँग को भाषायी न बताया जा सके। यही तथ्य कालांतर में पंजाब के सिखों एवं हिंदुओं के बीच दरार को पैदा करने का एक कारण बना। जब इस मामले को राज्य पुनर्गठन आयोग के समक्ष प्रस्तुत किया गया तो राज्य पुनर्गठन आयोग ने पंजाबी को हिंदी से अलग न मानते हुए इस प्रस्ताव को अस्वीकार कर दिया। आयोग ने अपनी रिपोर्ट में इसका दूसरा कारण 'आंदोलन में लोगों के समर्थन के अभाव' को बताया। राज्य पुनर्गठन अधिनियम के अनुसार, पटियाला और

पूर्वी पंजाब राज्य संघ का पंजाब के साथ विलय कर दिया गया था। हालाँकि, राज्य में अभी भी एक बड़ा हिंदीभाषी क्षेत्र होने के कारण एक स्पष्ट पंजाबी बहुमत नहीं था।

अकाली दल के नेताओं ने पंजाब के विलय के उपरांत भी 'पंजाबी सूबे' के निर्माण के लिए अपने आंदोलन को जारी रखा। अकाल तख्त ने चुनाव-प्रचार करने के लिए सिखों के आंदोलन में महत्त्वपूर्ण भूमिका का निर्वहन किया। पंजाबी सूबा आंदोलन के दौरान वर्ष 1955 में 12,000 और वर्ष 1960-61 के बीच 26,000 सिखों को उनके शांतिपूर्ण प्रदर्शनों के लिए गिरफ्तार किया गया था।

अत: सितंबर 1966 में इंदिरा गांधी की सरकार ने सिखों की माँग को स्वीकार करते हुए 'पंजाब पुनर्गठन अधिनियम' के तहत पंजाब को तीन भागों में बाँट दिया—

- पंजाब का वह दक्षिणी भाग, जहाँ हरियाणवी बोली जाती थी, वह हरियाणा बन गया।
- पंजाब का वह भाग, जहाँ पहाड़ी बोली जाती थी, उसे हिमाचल प्रदेश में मिला दिया गया।
- चंडीगढ़ को छोड़कर शेष क्षेत्रों को नए पंजाबी बहुल राज्य में समाहित कर दिया गया।

इस प्रकार यह स्पष्ट होता है कि 1966 तक पंजाब में 68.7 प्रतिशत हिंदू थे, जिन्हें जिलों के भाषायी विभाजन के दौरान राज्य से पृथक् कर दिया गया। चंडीगढ़ को विभाजन के बाद राजधानी के रूप में प्रतिस्थापित किया गया। इस पर पंजाब और हरियाणा, दोनों राज्यों ने अपना-अपना अधिकार जताया। विवाद का समाधान करने के लिए इसे केंद्रशासित प्रदेश घोषित कर दिया गया। साथ ही, यह भी व्यवस्था की गई कि चंडीगढ़ दोनों राज्यों के लिए राजधानी की तरह होगा। आज भी कई सिख संगठनों का यह मानना है कि पंजाब का त्रि-विभाजन सही रूप से नहीं किया गया था। विभाजनोपरांत कई पंजाबी भाषी जिले हरियाणा राज्य के हिस्से बन गए, जिसकी टीस आज तक उनके दिलों में हिलोरें लेती हैं।

□

# 21
# प्रथम महिला प्रधानमंत्री

1966 में जबकि वैश्विक स्तर पर महिलाएँ अपने अस्तित्व के स्थापन के लिए जमीन तैयार करने में संघर्ष कर रही थीं, भारत के प्रधानमंत्री पद पर एक महिला का आसीन होना सचमुच उद्वेलित कर देनेवाला तथ्य था। भारत का यह कदम उसे दुनिया के अन्य देशों से पहली पंक्ति में ले जाकर खड़ा कर देता है। यों तो उनसे पहले 1960 में श्रीलंका की श्रीमती सिरिमावो भंडारनायके विश्व की प्रथम महिला प्रधानमंत्री बनने का गौरव हासिल कर चुकी थीं, लेकिन भारत जैसे विशाल प्रजातांत्रिक राज्य का प्रधानमंत्री निर्वाचित होना एक बड़ी बात मानी जाती है।

दरअसल, 11 जनवरी, 1966 को ताशकंद में रहस्यमय तरीके से प्रधानमंत्री लालबहादुर शास्त्री का निधन हो जाने से तत्कालीन कांग्रेस अध्यक्ष कामराज की पहल पर श्रीमती इंदिरा गांधी ने 19 जनवरी, 1966 को भारत के प्रधानमंत्री का पद सँभाला।

यहाँ यह उल्लेखनीय है कि इस समय प्रधानमंत्री बनने की दौड़ में मोरारजी देसाई भी शामिल थे, लेकिन जब उनके स्थान पर श्रीमती इंदिरा गांधी को प्रधानमंत्री पद का प्रभार दिया गया, तब रुष्ट लोगों ने कांग्रेस को दो गुटों में विभाजित कर दिया। श्रीमती इंदिरा गांधी के नेतृत्व में समाजवादी आ गए और मोरारजी देसाई के नेतृत्व में रूढ़िवादी। इस प्रकार दोनों नेताओं का समांतर नेतृत्व उभरकर सामने आया।

कांग्रेस में तनाव की एक बारीक लकीर भी दिखाई देने लगी। पुरुष होने का अहं भी भारतीय राजनीति में प्रवेश कर गया। उल्लेखनीय है कि श्रीमती इंदिरा गांधी को मोरारजी देसाई 'गूँगी गुड़िया' कहा करते थे। कांग्रेस में उभरी इन आंतरिक समस्याओं का असर 1967 के चुनाव में दृष्टिगत होता है। इस आम चुनाव में कांग्रेस को लगभग 60 सीटें खोनी पड़ीं। 545 सीटोंवाली लोकसभा में उसने 297 स्थान ही प्राप्त किए। दबाव की राजनीति से भी श्रीमती इंदिरा गांधी को गुजरना पड़ा। उन्हें मोरारजी देसाई को भारत के उप-प्रधानमंत्री और वित्तमंत्री के रूप में लेना पड़ा।

*बाल्यावस्था की इंदिरा।*

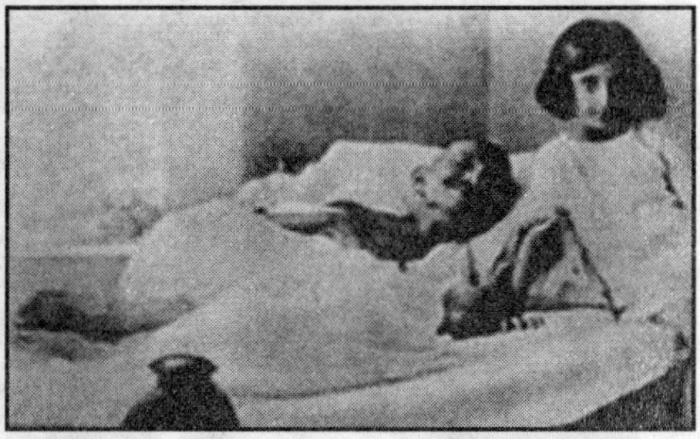

*महात्मा गांधी के अनशन के दौरान इंदिरा।*

*अपने परिवार के साथ इंदिरा।*

कतिपय राजनीतिक मुद्दों पर असहमति होने के कारण 1969 में भारतीय राष्ट्रीय कांग्रेस विभाजित हो गई। इस स्थिति में उन्हें समाजवादियों एवं साम्यवादी दलों के समर्थन के बल पर अगले दो वर्षों तक अपना शासन चलाना पड़ा।

19 नवंबर, 1917 को जनमी इंदिरा प्रियदर्शिनी गांधी वर्ष 1966 से 1977 तक लगातार 3 पारी के लिए भारत की प्रधानमंत्री रहीं और उसके बाद चौथी पारी में 1980

से लेकर 1984 में उनकी राजनीतिक हत्या तक भारत की प्रधानमंत्री रहीं। उन्हें अब तक की प्रथम व एकमात्र महिला प्रधानमंत्री होने का गौरव प्राप्त है।

*प्रधानमंत्री पद की शपथ लेती इंदिरा गांधी।*

वे अपने माता-पिता की एकमात्र संतान थीं। उनके परिवार की जड़ें जम्मू और कश्मीर के ब्राह्मण समाज की तह में समाहित हैं। इंदिरा गांधी के पितामह पं. मोतीलाल नेहरू इलाहाबाद के एक प्रसिद्ध बैरिस्टर व स्वतंत्रता सेनानी थे। वे अपने बेटे जवाहरलाल नेहरू से पूर्व भारतीय राष्ट्रीय कांग्रेस के प्रमुख सदस्यों में से एक थे। वे भारतीय स्वतंत्रता संग्राम के एक लोकप्रिय नेता रहे। इंदिरा के जन्म के समय महात्मा गांधी के नेतृत्व में जवाहरलाल नेहरू का स्वतंत्रता आंदोलन में प्रवेश हुआ और वे आजाद भारत के प्रथम प्रधानमंत्री बने।

इंदिरा को उनका 'गांधी' उपनाम फिरोज गांधी से विवाह के पश्चात् मिला था। अपनी स्कूली शिक्षा पूरी करने के पश्चात् इंदिरा ने शांतिनिकेतन में रवींद्रनाथ टैगोर द्वारा निर्मित विश्व-भारती विश्वविद्यालय में प्रवेश लिया। रवींद्रनाथ टैगोर ने ही उन्हें 'प्रियदर्शिनी' नाम दिया था। इसके पश्चात् 1937 में उन्होंने सोमरविल कॉलेज, ऑक्सफोर्ड में दाखिला लिया। 1941 में भारत वापस आने के बाद वे भारतीय स्वतंत्रता आंदोलन में शामिल हो गईं। 1950 के दशक में वे अपने पिता के प्रधानमंत्री कार्यालय में गैर-सरकारी तौर पर एक निजी सहायक के रूप में कार्यरत रहीं। अपने पिता की मृत्यु के बाद सन् 1964 में उनकी नियुक्ति एक राज्यसभा सदस्य के रूप में हुई। इसके बाद वे लालबहादुर शास्त्री के मंत्रिमंडल में सूचना और प्रसारण मंत्री बनीं।

लालबहादुर शास्त्री के आकस्मिक निधन के बाद तत्कालीन कांग्रेस पार्टी अध्यक्ष के. कामराज की भूमिका इंदिरा गांधी को प्रधानमंत्री बनाने में निर्णायक रही। कालांतर में वे शीघ्र ही 1967 के चुनाव जीतने के साथ ही अपनी जनप्रियता के माध्यम से विरोधियों के ऊपर हावी होने लगीं। देश के आर्थिक विकास हेतु वे अनेक वामवर्गी आर्थिक नीतियाँ लाईं और कृषि उत्पादकता को बढ़ावा दिया। 1971 के भारत-पाक युद्ध में एक निर्णायक जीत के बाद अस्थिरता की स्थिति में उन्होंने सन् 1975 में राष्ट्रीय आपातकाल लागू किया, जिसके परिणामस्वरूप कांग्रेस पार्टी को 1977 के आम चुनाव में पहली बार करारी हार का सामना करना पड़ा। सन् 1980 में पुनः सत्ता में लौटने के बाद वे 1984 तक प्रधानमंत्री के पद पर रहीं।

उनके शासनकाल में तमाम बाधाएँ उत्पन्न हुईं, लेकिन उन्होंने अपने बलबूते पर समस्त समस्याओं का समाधान किया और यह प्रमाणित कर दिया कि एक महिला भी उच्चतम पद को ऐतिहासिक बना सकती है।

□

# 22
# गैर-कांग्रेसवाद का नारा

भारत में गैर-कांग्रेसवाद की अलख जगानेवाले महान् स्वतंत्रता सेनानी और समाजवादी नेता राममनोहर लोहिया चाहते थे कि दुनिया भर के सोशलिस्ट एकजुट होकर एक मजबूत मंच बनाएँ। प्रो. तुलसी राम के अनुसार—"लोहिया भारतीय राजनीति में गैर-कांग्रेसवाद के शिल्पी थे और उनके अथक प्रयासों का फल था कि 1967 में कई राज्यों में कांग्रेस की पराजय हुई, हालाँकि, केंद्र में कांग्रेस जैसे-तैसे सत्ता पर काबिज हो पाई।"

सचमुच 1967 में भारत में गठबंधन सरकारों की शुरुआत होना एक उल्लेखनीय घटनाक्रम था। चौथे आम चुनाव ने भारतीय राजनीति में कई नवीन आयाम स्थापित किए। पं. जवाहरलाल नेहरू के निधन के उपरांत होनेवाला यह प्रथम आम चुनाव था, जिसमें आम जनता ने यह जता दिया था कि वह वंशवाद की राजनीति से नाखुश है। इसलिए तो लोगों ने पं. नेहरू के देहांत के तीन साल बाद हुए इस आम चुनाव में उनकी इकलौती बेटी व तत्कालीन प्रधानमंत्री इंदिरा गांधी को वह बहुमत नहीं दिया, जो अब तक उनके पिताजी को प्राप्त हो रहा था। चुनाव बाद कांग्रेस लगातार चौथी बार सरकार बनाने में तो सफल रही, लेकिन उसका प्रदर्शन पिछले चुनावों के मुकाबले फीका रहा।

1967 में कांग्रेस को प्राप्त मतदान का प्रतिशत भी घटकर 40.78 रह गया। सामान्यतया कांग्रेस के दो-तीन प्रत्याशियों की जमानत जब्त होती रही थी, लेकिन 1967 में उसके सात उम्मीदवारों को अपनी जमानत गँवानी पड़ी। इस आम चुनाव में कांग्रेस जीती जरूर, लेकिन चुनाव के नतीजों में भविष्य के झंझावात की एक आहट-सी छिपी हुई थी। कांग्रेस का वर्चस्व टूटने का संकेत मिल गया था। इंदिरा गांधी कांग्रेस के बुजुर्ग नेताओं की आँखों की किरकिरी बन गई थीं और उन्होंने इंदिरा के नेतृत्व को चुनौती देने का मन बना लिया था।

1967 में लोकसभा के साथ ही विधानसभाओं के भी चुनाव हुए थे। राज्य विधानसभा चुनावों में तो कांग्रेस को और बड़ा झटका लगा। उसके हिस्से से 6 राज्य छिन गए थे।

*1967 के लोकसभा चुनाव।*

*1967 में गैर-कांग्रेसवाद का बीजारोपण।*

इस प्रकार यह कहा जा सकता है कि राममनोहर लोहिया के 'गैर-कांग्रेसवाद' के नारे ने खूब रंग दिखाया। देश के नौ प्रमुख राज्यों में पहली बार गैर-कांग्रेसी संविद सरकारें बनीं। इसी दौरान कांग्रेस से अलग होकर चौधरी चरण सिंह ने उत्तर प्रदेश में

'भारतीय क्रांति दल' बनाया तो ओडिशा में बीजू पटनायक ने बगावत कर 'उत्कल कांग्रेस' का गठन कर लिया और पश्चिम बंगाल में अजय मुखर्जी ने 'बांग्ला कांग्रेस' बनाई। समाजवादियों और जनसंघ के साथ मिलकर बिहार में भी गैर-कांग्रेसी खेमे का नेतृत्व महामाया प्रसाद के हाथों में आ गया था।

राष्ट्रीय स्वयंसेवक संघ के मुखपत्र 'ऑर्गेनाइजर' में उसके तत्कालीन संपादक के.आर. मलकानी ने लिखा था—"संविद सरकारें कांग्रेस की सरकारों से अच्छी साबित होंगी, क्योंकि हम कम्युनिस्टों को राष्ट्रवाद सिखा देंगे और उनसे हम समाजवाद और समानता का दर्शन सीख लेंगे।"

भारतीय राजनीति में आए इस अभूतपूर्व बदलाव का मुख्य कारण अर्थव्यवस्था की खराब स्थिति होना बताया जाता है। इसी समय देश के कई भागों में सूखा पड़ने की वजह से फसल उत्पादन कम हुआ। इसके अलावा, दक्षिण भारत में हिंदी भाषा विरोधी आंदोलन और दो बड़े नेताओं—जवाहरलाल नेहरू और लालबहादुर शास्त्री की मृत्यु भी कांग्रेस की हार की वजह बताई जाती है। यह दौर 'इंदिरा युग' की शुरुआत का भी था, जिसे कई लोगों ने वंशवाद पर आधारित मानकर नकार दिया था। इस प्रकार यह कहा जा सकता है कि चौथा आम चुनाव राजनीतिक, आर्थिक और सामाजिक, हर मोरचे पर उथल-पुथल की पृष्ठभूमि में लड़ा गया था।

1967 के आम चुनाव में लोकसभा की कुल सीटें 494 से बढ़ाकर 520 कर दी गई थीं। बतौर मतदाता करीब 25 करोड़ लोग इस चुनाव में अपने मतदान का प्रयोग करने लायक थे, जिसमें करीब 13 करोड़ पुरुष और 12 करोड़ महिलाएँ सम्मिलित थीं। इस चुनाव में 15 करोड़ 27 लाख लोगों ने मतदान किया था, यानी मतदान का प्रतिशत करीब 61 प्रतिशत रहा। इस आम चुनाव के नतीजे में सर्वाधिक चौंकानेवाली बात यह थी कि सी.पी.आई. को पछाड़कर सी. राजगोपालाचारी की 'स्वतंत्र पार्टी' मुख्य विपक्षी पार्टी के तौर पर उभरी। उसने 8.67 वोट प्रतिशत के साथ 44 सीटों पर जीत हासिल की। तीसरे नंबर पर भारतीय जनसंघ रहा, जिसके खाते में 35 सीटें आईं। सी.पी.आई. 23 सीटों पर सिमट गई, जबकि उसके विघटन के बाद बनी सी.पी.एम. ने 19 सीटों पर जीत हासिल की। डी.एम.के. ने भी 25 सीटों पर अपना परचम लहराकर शानदार प्रदर्शन किया।

इन समस्त बदलावों से यह भी साबित हुआ कि अलग-अलग विचारधाराओं की वकालत करनेवाले गैर-कांग्रेसी दलों ने शायद अपनी विचारधारा से ज्यादा व्यावहारिकता को अहमियत दी थी, इसलिए कम्युनिस्ट, सोशलिस्ट, जनसंघी और स्वतंत्र दल से संबंधित घटक, सब-के-सब एक मंच पर आकर गैर-कांग्रेसी संविद सरकारें बनाने को तैयार हो गए थे।

इन चुनावों के करीब दो साल बाद ही 1969 में कांग्रेस में पहली बार एक बड़ा विभाजन हुआ। मोरारजी भाई देसाई, के. कामराज, एस. निजलिंगप्पा, अतुल्य घोष, सदोबा पाटिल, नीलम संजीव रेड्डी जैसे कांग्रेसी दिग्गजों ने बगावत का झंडा बुलंद किया और महज दो साल में ही इंदिरा सरकार अल्पमत में आ गई। इस प्रकार यहाँ से 'कांग्रेस मुक्त भारत' की विचारधारा का बीजारोपण हुआ। दरअसल राम मनोहर लोहिया मानते थे कि "अधिक समय तक सत्ता में रहकर कांग्रेस अधिनायकवादी हो गई थी।" इसलिए उन्होंने कांग्रेस का पुरजोर विरोध किया और गैर-कांग्रेसवाद की अलख जगाई।

□

# 23
# प्रिवी पर्स की समाप्ति

भारत जैसे विकासशील राज्य में उन व्यवस्थाओं को कैसे सहन किया जा सकता है, जोकि कुछ लोगों के सुख पर आधारित हों? रोटी, कपड़ा व मकान की पूर्ति के लिए एड़ी-चोटी का जोर लगानेवाले लोगों की बहुलतावाले राज्य में राजतंत्र के वर्चस्व को कैसे समर्थन दिया जा सकता था? प्रिवी पर्स के प्रावधानों को देखकर यह विचार कई लोगों के दिमाग में तो आता था, लेकिन कोई भी इस प्रावधान को समाप्त करने का साहस नहीं कर पा रहा था।

यह साहसिक कार्य किया भारत की पहली व अब तक की एकमात्र महिला प्रधानमंत्री इंदिरा गांधी ने। वे अपने सख्त निर्णयों के लिए जानी जाती थीं। भारतीय रियासतों के राजाओं के 'प्रिवी पर्स' को बंद करने का उनका फैसला भी एक ऐसा ही फैसला था। असल में, इंदिरा गांधी के सलाहकार पी.एन. हक्सर ने अपनी समाजवादी विचारधारा के अनुरूप तत्कालीन प्रधानमंत्री इंदिरा गांधी को यह सलाह दे दी कि रियासतों के राजा इतने सक्षम हैं कि वे खुद का भरण-पोषण कर सकते हैं। जिस देश में इतनी गरीबी है, वहाँ के राजाओं को इतनी सारी सुविधाएँ देने की जरूरत नहीं होनी चाहिए।

इंदिरा गांधी को यह बात सही लगी। अस्तु, 1967 में प्रिवी पर्स को बंद करने की कवायद शुरू हो गई। इस फैसले की प्रतिक्रियास्वरूप देश की 500 रियासतों के राजाओं ने एकजुट होकर इसके विरोध की भूमि तैयार करना प्रारंभ कर दी। उन्होंने अपने नेतृत्व की बागडोर ध्रांगधरा के पूर्व महाराजा सर मयूरध्वजसिंहजी मेघराजजी (तीसरे) को सौंप दी। इस समस्या के समाधान के लिए तत्कालीन गृहमंत्री वाई.बी. चह्वाण ने राजाओं से बात कर उन पर दबाव बनाने की कोशिश की, लेकिन इसका कोई नतीजा नहीं निकला।

इसी दौरान कांग्रेस में अंदरूनी घमासान जारी हो गया और कांग्रेस दल दो भागों में विभाजित हो गया। इस समय इंदिरा सर्वेसर्वा हो गई थीं। उन्हीं के समर्थन से वी.वी.

गिरि राष्ट्रपति पद पर आसीन हुए। दूसरी ओर राजाओं के गुट ने सरकार का कड़ा विरोध करना प्रारंभ कर दिया।

*विधेयक के विरोध में समस्त राजा एकजुट।*

THE STATESMAN

LOK SABHA VOTES PRIVY PURSES BI

Majority Of 185 For Government

ALL LEFTIST PARTIES SUPPORT MEASURE

Concept Of Rulership Abolished

VIVEKANANDA ROCK MEMORIAL OPENED

KANU SANYAL REMANDED

Punjab

Farm

Sabha Debate

Tomorrow

उन्हें लगा कि पहले से उनकी रियासतें छीनी जा चुकी हैं और अब प्रिवी पर्स भी बंद होने के कगार पर है, इसलिए एक बड़ी जंग करना आवश्यक है। इसलिए संघर्ष में तीव्रता लाना भी अति आवश्यक है।

सवाल यह उठता है कि आखिर ये 'प्रिवी पर्स' क्या था? इसके बंद करने के निर्णय पर इतना हंगामा क्यों हो रहा था?

'प्रिवी पर्स' का तात्पर्य राजाओं को मिलनेवाले एक भाँति के राजभत्ते से है। दूसरे शब्दों में, किसी संवैधानिक या लोकतांत्रिक राजतंत्र में राज्य के स्वायत्त शासक एवं राजपरिवार को मिलनेवाली विशेष धनराशि को 'प्रिवी पर्स' कहा जाता है।

दरअसल, भारत की विविध रियासतों ने अपना शासनाधिकार पूर्णत: भारत सरकार के हाथों में सौंप दिया था। इसके बदले में, भारतीय संघ में सम्मिलित होने की संधि की शर्तों में रियासतों के तत्कालीन शासकों एवं उनके उत्तराधिकारियों को आजीवन जीवनयापन हेतु भारत सरकार द्वारा विशेष धनराशि एवं भत्ते (राजभत्ता) दिए जाने का प्रावधान था। इस विशेष वार्षिक धनराशि को राजभत्ता, निजी कोष या प्रिवी पर्स कहा जाता था। इस व्यवस्था को ब्रिटेन में चल रहे राजभत्ते (प्रिवी पर्स) की व्यवस्था 1947 के स्वतंत्रता अधिनियम के आधार पर पारित किया गया था।

सन् 1947 में इन रियासतों को पाकिस्तान और हिंदुस्तान में विलय करने के लिए राजाओं की समूची शर्तों को मान लिया गया, क्योंकि इंडिया इंडिपेंडेंस एक्ट-1947 के तहत लॉर्ड माउंटबेटन ने एक खाका तैयार करके प्रिवी पर्स का प्रावधान किया था। 1949 के बाद इन रियासतों को भारतीय संवैधानिक शासन व्यवस्था में पूरी तरह विलीन कर दिया गया और इसी के साथ पूर्व शासकों को नाममात्र के शाही खिताबों को आधिकारिक दर्जा एवं सरकारी मान्यता दी गई, साथ ही राजाओं विशेष भत्ता दिए जाने का भी प्रावधान किया गया। उनके उत्तराधिकारियों को आजीवन जीवनयापन हेतु भारत सरकार द्वारा वार्षिक रूप से विशेष धनराशि एवं रियायतें दिए जाने के प्रावधान को भी शुरू किया गया। सन् 1950 से भारत में राजभत्ता देने की व्यवस्था की शुरुआत हुई।

इंग्लैंड, जापान या अन्य यूरोपीय देशों के विपरीत, भारत में कुल 562 राजवंश थे। ये भारत के उन पूर्व राज्यों के राजवंश थे, जिन्होंने नव-स्वतंत्र भारत में अपनी रियासतों को संधि द्वारा भारतीय संघ में पहले शामिल किया एवं बाद में अपने राज्यों को भारत गणराज्य में संपूर्णत: विलीन कर उन्होंने आधुनिक भारत को स्थापित किया था।

इस प्रकार अंग्रेजों के जाने के उपरांत भी देशी रियासतों के समस्त राजाओं को प्रिवी पर्स दिए जाने की प्रथा जारी रही, लेकिन जब इंदिरा सरकार ने उनकी इन सुविधाओं को समाप्त करने की ठानी तो अपनी सुविधाओं को हाथ से निकलते देख जामनगर, गुजरात के राजा ने इंदिरा सरकार की कड़ी आलोचना की। जब केंद्र सरकार टस-से-मस नहीं हुई तो थोड़ा नरम रुख अपनाते हुए उन्होंने सरकार को एक प्रस्ताव भेजा, जिसमें यह कहा गया कि सरकार यदि मासिक खर्च नहीं देना चाहती तो मत दे, परंतु इसके बदले सभी राजाओं को एकमुश्त 25 साल के 'प्रिवी पर्स' के बराबर तय राशि दे दी जाए। इसमें 25 फीसदी अभी नकद मिले और 25 फीसदी सरकारी प्रतिभूतियों (बॉण्ड्स) की शक्ल में, जिन्हें 25 साल बाद नकद में बदला जा

सके और बचा हुआ 50 फीसदी पैसा राजाओं द्वारा संचालित पब्लिक चैरिटी ट्रस्टों में दे दिया जाए।

उस समय जिन चैरिटी ट्रस्टों की बात की जा रही थी, उन्हें कॉरपोरेट जगत् में 'गोल्डन शेकहैंड' कहते हैं। खैर, इस प्रस्ताव को नजरअंदाज करके इंदिरा गांधी ने 1971 में 26वाँ संवैधानिक संशोधन विधेयक संसद में पारित करने के लिए पेश कर दिया। लोकसभा में तो इस विधेयक को बहुमत से पारित कर दिया गया, परंतु राज्यसभा में यह बिल एक वोट से गिर गया। तब राष्ट्रपति वी.वी. गिरि ने निर्णायक मत देकर सभी राजाओं और महाराजों को दी जानेवाले राजभत्ते को पूर्णतः रद्द कर दिया।

इस विधेयक के विरोध में समस्त राजाओं ने एकजुट होकर सर्वोच्च न्यायालय का दरवाजा खटखटाया। सुप्रीम कोर्ट ने राष्ट्रपति के आदेश पर रोक लगा दी, यानी इंदिरा गांधी की सरकार के सामने एक और चुनौती आ खड़ी हुई। खैर, इस मसले का समाधान होता कि इससे पहले ही श्रीमती इंदिरा गांधी ने सरकार भंग करके चुनावों की घोषणा कर दी।

श्रीमती इंदिरा गांधी भारी बहुमत से चुनाव जीतकर सत्ता में लौटीं और फिर उन्होंने 'प्रिवी पर्स' को हमेशा के लिए बंद कर दिया। इस संबंध में विद्वानों का मानना था कि एक लोकतंत्रात्मक राज्य में प्रिवी पर्स का प्रावधान अप्रासंगिक था। अस्तु, इसका खत्म होना ही देशहित में था।

□

# 24

# तीसरा पाक आक्रमण

वैश्विक भू-राजनीति के क्षेत्र में 1971 का भारत-पाक युद्ध महत्त्वपूर्ण स्थान रखता है। भारत की भौगोलिक स्थिति पर गौर करें तो स्पष्ट होता है कि भारतीय सीमा पर अवस्थित राज्यों के क्षेत्रफल बहुत कम हैं। उनकी आर्थिक व अन्य क्षमताएँ भी भारत से कमतर हैं। ऐसे में यदि भारत साम्राज्यवादी नीति का अनुपालन करता होता तो कुछ ही मिनटों में वह आस-पड़ोस के राज्यों को अपने अधीन कर सकता है, लेकिन ऐसी विचारधारा भारत की विदेश नीति से कोसों दूर है। भारत सह-अस्तित्व के सिद्धांत पर गहरी आस्था रखता है, इसलिए भारत ने आज तक कभी भी किसी देश पर हमला नहीं किया, लेकिन यह भी एक विडंबना ही है कि ऐसे शांतिपूर्ण देश पर पड़ोसी राज्य पाकिस्तान ने 1971 में तीसरी बार हमला कर दिया।

जब 3 दिसंबर को पाकिस्तान ने भारत पर हवाई हमले प्रारंभ कर दिए तो इस युद्ध का भारत ने मुँहतोड़ जवाब दिया। अंततः यह युद्ध 16 दिसंबर, 1971 को पाकिस्तान की सेना द्वारा तत्कालीन पूर्वी पाकिस्तान के इलाके में भारतीय सेना और बांग्लादेशी स्वतंत्रता सेनानियों-मुक्तिवाहिनी-संयुक्त कमान के समक्ष आत्मसमर्पण के साथ ही समाप्त हो गया।

भारत इस दिन की याद में प्रतिवर्ष 16 दिसंबर को 'विजय दिवस' मनाता है। इसी दिन बांग्लादेश भी अपना विलय दिवस 'बिजॉय दिबोस' मनाता है। उल्लेखनीय है कि 1971 की इस लड़ाई में भारतीय सेना के जवान और मुक्तिवाहिनी के सैनिक कंधे-से-कंधा मिलाकर लड़े थे।

इस युद्ध में पाकिस्तान को बुरी तरह से असफलता मिली। उसका एक भूभाग हमेशा के लिए उससे पृथक् हो गया, लेकिन इस युद्ध ने तत्कालीन प्रधानमंत्री इंदिरा गांधी को देश-विदेश में लोकप्रियता के शिखर पर पहुँचा दिया और इतिहास में उनका नाम एक महान् राजनेता के रूप में अंकित हो गया। बांग्लादेश के संघर्षकर्ता व प्रथम राष्ट्रपति मुजीबुर्रहमान को भी दुनिया में प्रसिद्धि मिली।

*युद्ध के दौरान थलसेना।*

*भारतीय विमानवाहक युद्धपोत आई.एन.एस. विक्रांत से उड़ान भरता एक ऍलाइल विमान।*

## पाकिस्तानी आक्रमण का विवरण

तत्कालीन स्थिति के मद्देनजर भारत अभी अपनी सैनिक तैयारी कर ही रहा था कि 3 दिसंबर की शाम लगभग 5:40 बजे पाकिस्तान की वायुसेना ने भारत-पाक सीमा से 480 किमी. दूर बसे आगरा सहित उत्तर-पश्चिमी भारत के 11 स्थानों पर अप्रत्याशित हमले कर दिए।

उसी शाम, राष्ट्र के नाम एक संदेश में तत्कालीन प्रधानमंत्री इंदिरा गांधी ने कहा कि यह हवाई हमले पाकिस्तान की ओर से भारत पर युद्ध की घोषणा है, इसलिए उसे उसकी ही भाषा में जवाब दिया जाना जरूरी है। अत: उसी रात को भारतीय वायुसेना ने पहली

जवाबी हवाई काररवाई भी कर दी। अगले दिन ही इन जवाबी हमलों को वृहत स्तर के हवाई आक्रमण में बदल दिया गया। इसके साथ ही भारत-पाक युद्ध का आधिकारिक आरंभ हो गया। अत: भारतीय प्रधानमंत्री ने सेना की विभिन्न टुकड़ियों को सीमा की ओर कूच करने के आदेश दिए। देखते-ही-देखते भारत ने पाकिस्तान पर थल, जल व वायुसेना के माध्यम से एक साथ हमला बोल दिया। भारतीय सेना के इस अभियान के दो मुख्य उद्‍देश्य थे—पहला, पूर्वी मोरचे पर ढाका पर अधिकार करना एवं दूसरा, पश्चिमी मोरचे पर पाकिस्तान को भारतीय भूमि में घुसने से रोकना।

*युद्ध के दौरान वायुसेना।*

*युद्धविराम अभिलेख पर हस्ताक्षर करते भारत के लेफ्टि. जनरल जगजीत सिंह अरोड़ा एवं पाक के पूर्वी कमान के कमांडर, लेफ्टि. जनरल ए.ए.के. नियाजी।*

उल्लेखनीय है कि युद्ध के दौरान भारतीय एवं पाकिस्तानी सेनाओं का एक ही साथ पूर्वी तथा पश्चिमी दोनों फ्रंट पर सामना हुआ और यह तब तक चला, जब तक कि पाकिस्तानी पूर्वी कमान ने समर्पण अभिलेख पर 16 दिसंबर, 1971 को ढाका में हस्ताक्षर नहीं कर दिए। इसके साथ ही, पूर्वी पाकिस्तान को एक नया राष्ट्र 'बांग्लादेश' घोषित किया गया। इस घोषणा के साथ ही भारत ने सर्वप्रथम उसे अंतरराष्ट्रीय मान्यता दे दी।

एक अनुमान के अनुसार, इस युद्ध में लगभग 90,000 से 93,000 पाकिस्तानी सैनिकों को भारतीय सेना द्वारा युद्धबंदी बनाया गया था। इनमें से करीब 91,000 पाकिस्तानी सशस्त्र सेना के वरदीधारी सैनिक थे तो कुछ बंगाली सैनिक भी थे, जो पाकिस्तान के वफादार थे। कुछ सैन्य अधिकारी पाकिस्तान के सहयोगी थे। एक अनुमान के अनुसार, इस युद्ध में लगभग 30,000 से 3 लाख बांग्लादेशी नागरिक हताहत हुए थे। इस संघर्ष के कारण लगभग 1 लाख शरणार्थी पड़ोसी देश से भारत में घुस आए थे।

## बंगला मुक्ति संग्राम

दरअसल, पूर्वी पाकिस्तान में स्थापित प्रभावशाली बंगालियों एवं पाकिस्तान के चार प्रांतों में बसे बहु-जाति पाकिस्तानी लोगों के बीच सत्ता हासिल करने के अधिकार को लेकर चल रहे मुक्ति संघर्ष ने भारत-पाकिस्तान युद्ध में चिनगारी का काम किया। 1947 से ही पूर्वी पाकिस्तान व पश्चिमी पाकिस्तान के बीच राजनीतिक तनाव चल रहा था। उल्लेखनीय है कि पूर्वी एवं पश्चिमी पाकिस्तान की भौगोलिक दूरी लगभग 1,600 किमी. है। दूसरी बात, दोनों क्षेत्रों की पृथक् संस्कृतियाँ भी राष्ट्रीय एकीकरण के मार्ग में बाधक रही हैं।

जब पाकिस्तानी हुकूमत ने बंगाली प्रभाव को दबाने एवं उन्हें इस्लामाबाद की केंद्रीय सरकार बनाने में हिस्सेदारी देने के अधिकार से रोकने के लिए एक विवादित कार्यक्रम 'वन यूनिट' चलाया तो पश्चिमी पाकिस्तान के लोगों ने इसका घोर विरोध किया। इसके साथ-साथ ही, वहाँ बंगालियों एवं बहु-जातीय पाकिस्तानियों के बीच धार्मिक एवं जातीय विवाद भी उठने लगे, क्योंकि बंगाली लोग उन प्रभावशाली पश्चिम पाकिस्तानियों से बहुत भिन्न थे। अत: 1950 का प्रसिद्ध भाषा आंदोलन, 1964 के पूर्व में बड़े दंगे और अंतत: 1969 के भारी विरोध-प्रदर्शन ने पाकिस्तान के राष्ट्रपति अयूब खान पर अपने पद से त्याग-पत्र देने के लिए दबाव डालना प्रारंभ कर दिया।

अत: मजबूर हालातों में पाकिस्तान के तत्कालीन राष्ट्रपति याहिया खान ने 1970 में प्रथम आम चुनावों की घोषणा कर दी। इन आम चुनावों में पूर्वी पाकिस्तान की आवामी लीग को पूर्वी पाकिस्तान की विधानसभा में कुल 169 में से 167 सीटें मिलीं, जिसके परिणामस्वरूप उसे 313 सीटोंवाली नेशनल असेंबली में लगभग पूर्ण बहुमत मिल गया। अत: पश्चिमी पाकिस्तान में आवामी लीग के नेता शेख मुजीबुर्रहमान ने

अपनी राजनीतिक स्थिति पर जोर देते हुए एक छह सूत्री कार्यक्रम बनाकर बंगालियों के अधिकारों का पुरजोर समर्थन किया, जिससे संवैधानिक संकट पैदा हो गया। इस संकट से उबरने हेतु 'अहसान-याकूब मिशन' गठित किया गया।

हालाँकि, इस मिशन को राष्ट्रीय सुरक्षा परिषद् के कई घटकों का समर्थन नहीं मिल पाया था और परिणामस्वरूप इसे रोक दिया गया। पाकिस्तान पीपल्स पार्टी के अध्यक्ष जुल्फिकार अली भुट्टो ने इस प्रतिबंध का समर्थन करते हुए पाकिस्तान की प्रीमियरशिप शेख मुजीबुर्रहमान को नहीं देने की घोषणा कर दी। इस घोषणा के प्रतिक्रियास्वरूप आवामी लीग ने राष्ट्रव्यापी हड़ताल की घोषणा कर दी।

साथ ही राष्ट्रपति याहिया खान द्वारा नेशनल असेंबली के संयोजन को स्थगित कर देने से शेख मुजीबुर्रहमान ने भी सामान्य हड़ताल की घोषणा की, जिससे पूर्व में असंतुष्टों के एक समूह ने बिहारी जातीय समूहों पर अपनी अहिंसक प्रतिक्रिया करना आरंभ कर दिया। शनैः-शनैः इस अहिंसक आंदोलन ने हिंसक रूप धारण कर लिया। 1971 के आरंभ में चिट्टागॉन्ग में ही लगभग 300 बिहारियों को बंगालियों की एक हिंसक भीड़ ने काट डाला। अतः पाकिस्तान सरकार ने इस 'बिहारी हत्याकांड' को नियंत्रित करने के लिए पूर्वी पाकिस्तान में 25 मार्च को सेना तैनात कर दी। असंतुष्टों की भीड़ को गिरफ्तार किया जाने लगा। ढाका पर अधिकार कर लिया गया। आवामी लीग को अवैध घोषित कर दिया गया।

अतः अपनी जान बचाकर बहुत से लोग पूर्वी भारत के भागों में शरणार्थी बनकर आ गए। 26 मार्च को मुजीब को गिरफ्तार करके पाकिस्तान ले जाया गया। इस प्रकार 'ऑपरेशन सर्चलाइट' की कारवाई पूर्ण हो गई। उसके तुरंत बाद ही 'ऑपरेशन बरीसल' की काररवाई की गई, जिसके अंतर्गत पूर्व के बौद्धिक अभिजात वर्ग से निपटाने की मंशा समाहित थी।

भारत ने इन शरणार्थियों के लिए पूर्वी भारत की सीमाओं को खोल दिया। उन्हें शरण देने हेतु निकटवर्ती भारतीय राज्य सरकारों, जैसे—पश्चिम बंगाल, बिहार, असम, मेघालय एवं त्रिपुरा सरकारों द्वारा बड़े स्तर पर सीमावर्ती क्षेत्रों में शरणार्थी कैंप लगाए गए।

साथ ही इस मुद्दे पर भारत सरकार द्वारा अंतरराष्ट्रीय समुदाय से बारंबार अपील की गई। तत्कालीन विदेश मंत्री स्वर्ण सिंह ने विभिन्न देशों के विदेश मंत्रियों से भेंट की, लेकिन कहीं से कोई सकारात्मक प्रतिक्रिया प्राप्त नहीं हुई। तब तत्कालीन भारतीय प्रधानमंत्री इंदिरा गांधी ने 27 मार्च, 1971 को पूर्वी पाकिस्तान के मुक्ति संघर्ष को अपना पूर्ण समर्थन दे दिया। साथ ही यह भी कहा, "लाखों शरणार्थियों को भारत में शरण देने से कहीं बेहतर है कि पाकिस्तान के विरुद्ध युद्ध कर इस संघर्ष को विराम दिया जाए।"

इंदिरा गांधी मंत्रिमंडल ने 28 मार्च, 1971 को तत्कालीन सेनाध्यक्ष सैम मानेकशॉ को युद्ध की तैयारी का आदेश दिया, लेकिन उस समय उन्होंने अपनी असमर्थता व्यक्त करते हुए अपना त्याग-पत्र भी प्रस्तुत किया, जिसे गांधी ने अस्वीकार कर दिया था। दूसरी ओर

पाकिस्तानी मीडिया का मनोभाव भी भारत के विरुद्ध सैन्यवादी होता जा रहा था। सितंबर 1971 के अंत तक संभवत: पाकिस्तान सरकार के अंदरूनी घटकों के समर्थन से एक संगठित प्रचार अभियान चालू हो चुका था, जिसके परिणामस्वरूप 'क्रश इंडिया' आदि संदेशवाले स्टीकरों को वाहनों के पीछे लगाया जाने लगा। यह अभियान रावलपिंडी, इस्लामाबाद एवं लाहौर से आरंभ होते हुए शीघ्र ही पूरे पश्चिमी पाकिस्तान में फैलता चला गया।

नवंबर 1971 तक घटनाक्रम तेजी से बदल गया। पाकिस्तानी हुकूमत भारत की दुश्मन बन गई थी। पाक में पनपे भारत-विरोधी माहौल को देखकर सोवियत संघ की खुफिया एजेंसी ने भारत को सचेत किया कि 'पाक भारत से साथ युद्ध कर सकता है।' अत: भारत ने अपनी पश्चिमी सीमाओं पर वृहत स्तर पर भारतीय सेना को एकत्र करना आरंभ कर दिया।

इसी दौरान पाकिस्तानी राष्ट्रपति याहिया खान ने पूरे पाकिस्तान में आपातकाल की घोषणा कर दी तथा अपने लोगों को युद्ध हेतु तैयार रहने का आह्वान किया और फिर, जैसाकि अनुमान लगाया गया था, आखिरकार 3 दिसंबर, 1971 को पाकिस्तान ने भारत पर हवाई हमला करके युद्ध की शुरुआत कर दी। भारत ने अपने अभियानों में 'ब्लिट्जक्रीग' तकनीकें अपनाईं, जिसके अंतर्गत शत्रु के कमजोर ठिकानों पर हमला किया। इससे पूर्वी कमान के सैन्य अधिकारियों के मन में एक डर एवं आतंक बैठ गया। पूर्व में भारतीय सेना की बढ़त से पाकिस्तानी सैनिकों में हतोत्साह का संचार हुआ।

अत: 16 दिसंबर, 1971 को जैसे ही भारतीय सेनाओं ने ढाका की घेराबंदी की, मात्र 30 मिनट में ही पाकिस्तान ने समर्पण कर एकतरफा युद्धविराम की घोषणा कर दी। इसके साथ ही, अपनी संयुक्त थलसेना को भारतीय सेना को सौंप दिया। आधिकारिक रूप से भारतीय पूर्वी कमान के जन. ऑफिसर कमांड-इन चीफ लेफ्टि. जनरल जगजीत सिंह अरोड़ा एवं पाक पूर्वी कमान के कमांडर, लेफ्टि. जनरल ए.ए.के. नियाजी के बीच रमणा रेसकोर्स, ढाका में 16 दिसंबर, 1971 को 16:21 बजे समर्पण अभिलेख पर हस्ताक्षर हुए, जिसके साथ ही 1971 का भारत-पाक युद्ध आधिकारिक रूप से समाप्त हो गया।

इस युद्ध की विजयी यात्रा में भारतीय सेना के असाधारण युद्ध प्रदर्शन ने उसकी चीन के संग युद्ध के समय खोई प्रतिष्ठा, आत्मविश्वास और गरिमा वापस लौटा दी थी। भारतीय सेनाएँ पाक भूमि पर घुसने व अधिकार जमाने में बड़े स्तर पर सफल हुईं और हमने लगभग 5,795 वर्गमील पाक भूमि अपने अधीन कर ली, जिनमें आजाद कश्मीर, पंजाब एवं सिंध के क्षेत्र आते हैं, किंतु 1972 के 'शिमला समझौते' में निहित प्रावधानों के अंतर्गत हमें यह जमीन वापस करनी पड़ी।

□

# 25
# शिमला समझौता

प्रत्येक समझौता व संधियाँ संबंधों को पुनर्जीवन देने की दिशा में चयनित किया गया एक ऐसा मार्ग है, जो शांति व सौहार्द की ओर जाता है। यह शांतिपूर्ण अंतरराष्ट्रीय संबंधों का एक सशक्त मूलाधार है। 1971 के भारत व पाक युद्ध के उपरांत उपजी रिक्तता को भरने के लिए 2 जुलाई, 1972 को हिमाचल की खूबसूरत वादियों के बीच शिमला में एक समझौता हुआ। शिमला का राजभवन, जिसे उस समय 'हिमाचल भवन' या 'बार्नेस कोर्ट' के नाम से जाना जाता था, उसमें तत्कालीन प्रधानमंत्री इंदिरा गांधी और पाकिस्तान के राष्ट्रपति जुल्फिकार अली भुट्टो के बीच इस समझौते पर हस्ताक्षर किए गए।

यह समझौता भारत और पाकिस्तान के बीच दिसंबर 1971 में हुई लड़ाई के बाद किया गया था, जिसके तहत पाकिस्तान के 90,000 से अधिक सैनिकों ने अपने लेफ्टिनेंट जनरल नियाजी के नेतृत्व में भारतीय सेना के सामने आत्मसमर्पण किया था। उल्लेखनीय है कि 1971 का भारत-पाकिस्तान युद्ध बड़ा निर्णायक रहा। इस युद्ध के कारण पाकिस्तान का एक हिस्सा 'पूर्वी पाकिस्तान' टूटकर 'बांग्लादेश' बन गया। अस्तु दोनों देशों के बीच विश्वास बहाली और कड़वाहट को कम करने के मकसद से इंदिरा और भुट्टो ने एक मंच पर आने का फैसला किया।

उस समय तक पाकिस्तान में जुल्फिकार अली भुट्टो ने 20 दिसंबर, 1971 को पाकिस्तान के राष्ट्रपति का पदभार सँभाल लिया था। उन्हें विरासत में एक टूटा हुआ पाकिस्तान मिला। सत्ता सँभालते ही भुट्टो ने अपनी आवाम से वादा किया कि वे शीघ्र ही बांग्लादेश को फिर से पाकिस्तान में शामिल करवा लेंगे। उन्होंने पाकिस्तानी सेना के अनेक अधिकारियों को देश की पराजय के लिए उत्तरदायी मान कर बरखास्त कर दिया था।

ऐसी स्थिति में उन्हें भारत-पाक के मध्य वार्त्तालाप की पहल कैसे स्वीकार होती? अत: कई महीने तक चलनेवाली राजनीतिक स्तर की लंबी बातचीत के बाद अंतत: भुट्टो

इस बात के लिए सहमत हुए कि भारत–पाकिस्तान संबंधों को केवल द्विपक्षीय बातचीत से तय किया जाएगा।

*शिखर वार्त्ता 28 जून से 2 जुलाई, 1972*

*तत्कालीन प्रधानमंत्री इंदिरा गांधी और पाकिस्तान के राष्ट्रपति जुल्फिकार अली भुट्टो 'शिमला समझौते' 1972 पर हस्ताक्षर करते हुए।*

अत: भारत–पाकिस्तान के बीच एक शिखर वार्त्ता 28 जून से 2 जुलाई तक तय की गई। चार दिन तक चलनेवाली इस शिखर वार्त्ता में सात दौर की वार्त्ता होनी थी।

28 जून को पाकिस्तान के राष्ट्रपति जुल्फिकार अली भुट्टो अपनी बेटी बेनजीर भुट्टो के साथ वार्त्ता के लिए शिमला पहुँचे। इस शिखर बैठक में इंदिरा गांधी और भुट्टो ने अपने उच्च स्तरीय मंत्रियों और अधिकारियों के साथ उन सभी मुद्दों पर चर्चा की, जो 1971 के युद्ध से उत्पन्न हुए थे।

पाकिस्तान द्वारा बांग्लादेश को मान्यता, भारत–पाकिस्तान के राजनयिक संबंध, व्यापार, कश्मीर में नियंत्रण रेखा स्थापित करना और युद्धबंदियों की रिहाई जैसे मुद्दों के विभिन्न पहलुओं पर व्यापक बातचीत चलती रही, लेकिन कुछ मुद्दों पर एक राय नहीं बन पा रही थी। इसलिए दोनों देशों के प्रतिनिधि और पत्रकार किसी समझौते की उम्मीद छोड़ चुके थे। प्रतिनिधियों ने अपने–अपने ठिकानों में लौटने के लिए अपना सामान भी बाँध लिया था। सुबह सबको वहाँ से निकलना था, लेकिन बैठक की आखिरी रात को यानी 2 जुलाई की रात 12 बजकर 40 मिनट पर अचानक दोनों देशों में सहमति बन गई। अत: आनन–फानन में राजभवन के किसी कोने से लाकर टेबल रखी गई। कहीं से छोटे–छोटे दो झंडे लाए गए। समझौते पर हस्ताक्षर करने के लिए एक पत्रकार की कलम लेकर भारत व पाक के दोनों मुखियाओं ने 'शिमला समझौते' पर हस्ताक्षर कर दिए।

इस समझौते के प्रमुख प्रावधान इस प्रकार थे—

- भारत पाकिस्तान के 93 हजार युद्धबंदियों को रिहा कर देगा। विश्लेषकों का मत था कि यही भुट्टो की दुखती नस थी, क्योंकि उनके देशवासियों का इसी बात पर ज्यादा दबाव था।
- दोनों देश 17 दिसंबर, 1971 की स्थितियों के अनुसार अपनी–अपनी जगह पर रहेंगे और उसी को एल.ओ.सी. माना जाएगा। इस मुद्दे पर भारतीयों में आक्रोश उत्पन्न हो गया था। अपनी जीती हुई भूमि वापस करना सभी के लिए कष्टदायी था।
- दोनों देश अपने संघर्ष और विवाद समाप्त करने का प्रयास करेंगे और यह वचन दिया गया कि उपमहाद्वीप में स्थायी मित्रता के लिए कार्य किया जाएगा।
- दोनों देश सभी विवादों और समस्याओं के शांतिपूर्ण समाधान के लिए सीधी बातचीत करेंगे और किसी भी स्थिति में एकतरफा काररवाई करके कोई परिवर्तन नहीं करेंगे।
- दोनों देश एक–दूसरे के विरुद्ध बल प्रयोग नहीं करेंगे।
- दोनों देश प्रादेशिक अखंडता की अवहेलना नहीं करेंगे।
- दोनों देश एक–दूसरे की राजनीतिक स्वतंत्रता में कोई हस्तक्षेप नहीं करेंगे।
- दोनों ही सरकारें एक–दूसरे के विरुद्ध प्रचार को रोकेंगी और ऐसे समाचारों को प्रोत्साहन देंगी, जिनसे संबंधों में मित्रता का विकास हो।

- दोनों देशों के संबंधों को सामान्य बनाने के लिए सभी संचार संबंध फिर से स्थापित किए जाएँगे। आवागमन की सुविधाएँ दी जाएँगी, ताकि दोनों देशों के लोग असानी से आ-जा सकें।
- विज्ञान और संस्कृति के क्षेत्र में आपसी आदान-प्रदान को प्रोत्साहन दिया जाएगा।
- दोनों देशों ने 17 सितंबर, 1971 की युद्धविराम रेखा को नियंत्रण रेखा के रूप में मान्यता दी और यह तय किया कि इस समझौते के बीस दिन के अंदर सेनाएँ अपनी-अपनी सीमा से पीछे चली जाएँगी।
- इस समझौते में यह भी सुनिश्चित किया गया कि भविष्य में दोनों सरकारों के अध्यक्ष मिलते रहेंगे और इस बीच अपने संबंध सामान्य बनाने के लिए दोनों देशों के अधिकारी बातचीत करते रहेंगे।

भारत में 'शिमला समझौते' की खूब आलोचना हुई। यह कहा कि यह समझौता एक प्रकार से पाकिस्तान के सामने भारत का समर्पण था, क्योंकि भारत की सेनाओं ने पाकिस्तान के जिन प्रदेशों पर अधिकार किया था, वे सभी क्षेत्र अब उन्हें छोड़ने पड़ेंगे।

आलोचकों का मानना है कि यह समझौता करने के लिए भारत के ऊपर किसी बड़ी विदेशी ताकत का दबाव था। अपना सबकुछ लेकर पाकिस्तान ने एक थोथा-सा आश्वासन भारत को दिया कि भारत और पाकिस्तान के बीच कश्मीर सहित जितने भी विवाद हैं, उनका समाधान आपसी बातचीत से ही किया जाएगा और उन्हें अंतरराष्ट्रीय मंचों पर नहीं उठाया जाएगा।

प्रारंभ में तो यह आश्वासन बड़ा ही लुभावना प्रतीत हो रहा था, लेकिन बाद में पाकिस्तान ने इसका बारंबार उल्लंघन किया है और कश्मीर विवाद को अनेक बार अंतरराष्ट्रीय मंचों पर उठाया है।

□

# 26
# प्रथम पोखरण परीक्षण

भारत एक शांतिप्रिय देश है। वह सभी देशों की संप्रभुता का सम्मान करता है। विश्व के तमाम देशों के साथ शांतिमय संबंधों की स्थापना करना चाहता है, लेकिन दुर्भाग्यवश, भारत को आजादी का मुकुट ही हिंसा, आतंक व तनाव की तश्तरी में मिला है, इसलिए लाख कोशिश करने के बावजूद भारत के रिश्ते कभी भी पाक से सामान्य नहीं रहे हैं। भारत की सीमाओं पर बसे अन्य पड़ोसी देश भी उसे 'बिग ब्रदर' मानकर उससे भयभीत रहते हैं, जबकि भारत ने कभी भी किसी देश को न तो डराने का प्रयास किया और न ही कभी हमला किया। साम्राज्यवादी नीति का भारत प्रारंभ से विरोध करता आया है।

भारतीय विचारधारा के ठीक विपरीत, पड़ोसी देश चीन की विदेश नीति का मूलाधार ही साम्राज्यवादी सोच है। इसलिए 1962 में उसने अपने प्रभुत्व को स्थापित करने के लिए धोखे से भारत पर आक्रमण तक कर दिया था। अभी भी उसकी गतिविधियाँ विश्वसनीयता के धरातल पर खरी नहीं उतरती हैं। इसलिए परमाणु निःशस्त्रीकरण में गहरी आस्था रखने के बावजूद भारत ने 1968 के परमाणु अप्रसार संधि पर हस्ताक्षर नहीं किए। दूसरे शब्दों में यह कहा जा सकता है कि चीन जैसे परमाणु संपन्न देश का पड़ोसी होने से कारण भारत का सशक्त होना अति आवश्यक है, ताकि यदि 1962 जैसी स्थिति पुनः आ जाए तो उसका सामना किया जा सके।

अस्तु, तत्कालीन वैश्विक राजनीति पर पर्याप्त विचार-विमर्श करने के उपरांत भारत की तत्कालीन प्रधानमंत्री श्रीमती इंदिरा गांधी ने एक साहसिक कदम उठाते हुए 18 मई, 1974 को पोखरण में अपना पहला भूमिगत परमाणु परीक्षण कर डाला। इस परीक्षण का नाम 'स्माइलिंग बुद्धा' (पोखरण-1) रखा गया था। परीक्षण स्थल 'पोखरण' राजस्थान के जैसलमेर जिले में थार रेगिस्तान में स्थित एक प्राचीन शहर रहा है। इसके चारों ओर पाँच बड़ी लवणीय चट्टानें हैं। वैसे पोखरण का शाब्दिक

अर्थ है—'पाँच मृग-मरीचिकाओं का स्थान'। इस पहले परमाणु परीक्षण के कारण यह स्थान सुर्खियों में आ गया।

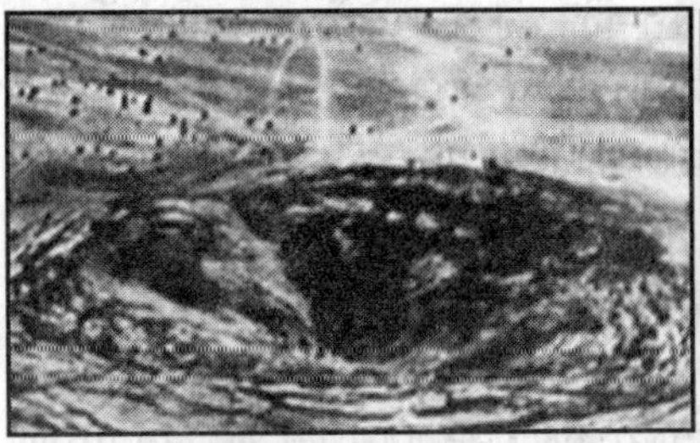

*18 मई, 1974 को पोखरण में पहला परमाणु परीक्षण।*

*प्रथम परमाणु परीक्षण 1974 का जायजा लेती प्रधानमंत्री श्रीमती इंदिरा गांधी।*

*परमाणु ऊर्जा आयोग के अध्यक्ष होमी सेठना।*

*परमाणु परीक्षण के सूत्रधार वैज्ञानिक राजा रमन्ना।*

सच तो यह है कि भारत के परमाणु शक्ति संपन्न होने की दिशा में काम तो वर्ष 1945 से ही शुरू हो गया था, जब होमी जहाँगीर भाभा ने 'इंस्टीट्यूट ऑफ फंडामेंटल रिसर्च' की नींव रखी। यद्यपि यह भी सत्य है कि इस दिशा में भारत की सक्रियता 1962

के भारत-चीन युद्ध के बाद बढ़ी। इस युद्ध में भारत को शर्मनाक तरीके से अपने कई इलाके गँवाने पड़े थे। इसके बाद 1964 में चीन ने परमाणु परीक्षण कर महाद्वीप में अपनी धौंसपट्टी और तेज कर दी। पड़ोसी देश चीन की ये हरकतें भारत को चिंतित व विचलित कर देनेवाली थीं। लिहाजा सरकार के निर्देश पर भाभा परमाणु अनुसंधान केंद्र ने प्लूटोनियम व अन्य बम उपकरण विकसित करने की दिशा में काम करना शुरू कर दिया।

शनैः-शनैः परमाणु कार्यक्रम में तेजी आती गई और अंततः 1972 में इस संस्थान ने इतनी दक्षता प्राप्त कर ली कि वह अपने बलबूते पर परमाणु परीक्षण कर सके। 1974 की शुरुआत में प्रधानमंत्री इंदिरा गांधी ने भारत के पहले परमाणु परीक्षण के लिए हरी झंडी दे दी। इस कार्य को बहुत ही गोपनीय ढंग से अंजाम दिया जा रहा था। जब परमाणु परीक्षण किया गया, वहाँ पर होमी सेठना, राजा रमन्ना, तत्कालीन थलसेना अध्यक्ष जनरल बेवूर, डी.आर.डी.ओ. के तत्कालीन अध्यक्ष बी.डी. नाग चौधरी, टीम के उपनेता पी.के. आयंगर और लेफ्टिनेंट कर्नल पी.पी. सभरवाल मौजूद थे। जब यह परमाणु परीक्षण का कार्य सफलतापूर्वक संपन्न हो गया, तब यह खबर सेठना ने प्रधानमंत्री को देते हुए कहा, "बुद्धा इज स्माइलिंग।"

उल्लेखनीय है कि 18 मई, 1974 की सुबह आकाशवाणी के दिल्ली स्टेशन पर जब 'बॉबी' फिल्म का वह मशहूर गाना बज रहा था—'हम तुम एक कमरे में बंद हों और चाबी खो जाए।' उस समय ठीक नौ बजे होंगे। उस गाने को बीच में ही रोककर आकाशवाणी से यह उद्घोषणा की गई—"कृपया एक महत्त्वपूर्ण प्रसारण की प्रतीक्षा करें।" कुछ ही सेकंड की प्रतीक्षा के उपरांत रेडियो पर उद्घोषक के स्वर गूँजे, "आज सुबह आठ बजकर पाँच मिनट पर भारत ने पश्चिमी भारत के एक अज्ञात स्थान पर शांतिपूर्ण कार्यों के लिए एक भूमिगत परमाणु परीक्षण किया है।"

इस खबर के फैलते ही पूरा देश झूम उठा। भारत में बुद्धा के मुसकराने से समूचा भारत मुसकरा रहा था, लेकिन इस परीक्षण से पूरी दुनिया चौंक उठी, क्योंकि सुरक्षा परिषद् में बैठी दुनिया की पाँच महाशक्तियों के बाद परमाणु शक्ति बननेवाला भारत पहला देश बन चुका था।

भारत के इस कार्य से वैश्विक स्तर पर प्रश्नों की झड़ियाँ लग गईं। भारत सरकार ने दुनिया के प्रश्नों का जवाब देते हुए स्पष्ट कहा, "भारत का परमाणु कार्यक्रम शांतिपूर्ण कार्यों के लिए होगा और यह परीक्षण भारत को ऊर्जा के क्षेत्र में आत्मनिर्भर बनाने के लिए किया गया है।" यद्यपि चीन व पाकिस्तान को यह जवाब रास नहीं आया। जो भी हो, लेकिन इस परमाणु परीक्षण ने भारत को दुनिया के सशक्त देशों की श्रेणी में समाहित कर दिया था। महाशक्ति बनने की ओर भारत का यह एक कारगार साहसिक कदम था।

□

# 27
# समग्र क्रांति

भारतीय स्वतंत्रता सेनानी, राजनेता व समाजवादी चिंतक लोकनायक जयप्रकाश नारायण ने 5 जून, 1974 को पटना के गांधी मैदान में औपचारिक रूप से 'संपूर्ण क्रांति' की घोषणा की। सर्वोदय और भू-दान आंदोलन की सीमित सफलता से दु:खी जयप्रकाश नारायण लोकतंत्र को दोषमुक्त बनाना चाहते थे, ताकि जनसामान्य का कल्याण हो सके। साथ ही एक ऐसे समाज की रचना की जा सके, जो नर-नारी के बीच व्याप्त असमानता व जातिगत भेदभाव से परे हो। वे समाज सुधारक भी थे, इसलिए उन्होंने अंतरजातीय विवाह पर भी जोर दिया। बाद में इस क्रांति में शासन व प्रशासन का तरीका बदलने के लिए 'राइट टू रिकॉल' को भी शामिल कर लिया गया।

लोकनायक ने अपने एक संबोधन में कहा—"संपूर्ण क्रांति में सात क्रांतियाँ—राजनीतिक, आर्थिक, सामाजिक, सांस्कृतिक, बौद्धिक, शैक्षणिक व आध्यात्मिक समाहित हैं। इन सातों क्रांतियों से मिलाकर 'संपूर्ण क्रांति' को पूर्णाकृति की प्राप्ति होती है।" बिहार से उठी 'संपूर्ण क्रांति' की चिनगारी देश के कोने-कोने में आग बनकर भड़क उठी थी। उनकी एक हुंकार पर नौजवानों के जत्थे सड़कों पर निकल पड़े थे। 'जे.पी.' के नाम से मशहूर जयप्रकाश नारायण घर-घर में क्रांति का पर्याय बन चुके थे। लालमुनि चौबे, लालू प्रसाद, नीतीश कुमार, रामविलास पासवान और सुशील मोदी इत्यादि युवा उनकी इस क्रांति का हिस्सा थे।

उनका मानना था कि भ्रष्टाचार मिटाना, बेरोजगारी दूर करना, शिक्षा में क्रांति लाना आदि ऐसी चीजें हैं, जो आज की व्यवस्था से पूरी नहीं हो सकतीं, क्योंकि वे इस व्यवस्था की ही उपज हैं। वे तभी पूरी हो सकती हैं, जब संपूर्ण व्यवस्था बदल दी जाए और संपूर्ण व्यवस्था में परिवर्तन के लिए 'संपूर्ण क्रांति' आवश्यक है।

*समग्र क्रांति के अग्रदूत लोकनायक जयप्रकाश नारायण।*

लोकनायक जयप्रकाश नारायण का मानना था कि 'संपूर्ण क्रांति' तभी सफल मानी जाएगी, जबकि भारत के सामान्य व्यक्ति का जीवन स्तर बदलेगा। इस समूचे भारतीय समाज की संरचना में मूलभूत बदलाव आएगा। राज्य व्यवस्था के मूल आयाम में परिवर्तन आएगा। तब कहीं जाकर बदलाव का यह चक्र पूर्णता हासिल करेगा। उस अवस्था की प्राप्ति होने पर ही मानव जाति सुख और शांतिमय जीवन का आनंद ले सकेगी।

इस क्रांति को सफल बनाने के लिए उन्होंने छात्रों का आह्वान करते हुए एक वर्ष तक विश्वविद्यालयों और कॉलेजों को बंद रखने का आह्वान किया। उन्होंने कहा कि केवल मंत्रिमंडल का त्याग-पत्र या विधानसभा का विघटन काफी नहीं है, वरन् आवश्यकता एक बेहतर राजनीतिक व्यवस्था का निर्माण करने की है। शिक्षा में क्रांतिकारी परिवर्तन

लाकर ही भ्रष्टाचार एवं बेरोजगारी की समस्या का निराकरण किया जा सकता है। उन्होंने सीमा सुरक्षाबल और बिहार सशस्त्र पुलिस के जवानों से अपील की कि वे सरकार के अन्यायपूर्ण और गैर-कानूनी आदेशों को मानने से इनकार कर दें।

7 जून, 1974 को उन्होंने 'बिहार विधानसभा भंग करो' अभियान की शुरुआत की। इसकी सफलता के लिए उन्होंने मंत्रियों और विधायकों को विधानसभा में प्रवेश करने से रोकने के लिए धरना भी दिया। प्रशासनिक कार्य ठप करने, लोकशक्ति को बढ़ाने, नैतिक मूल्यों का सदाचरण स्थापित करने तथा गरीब, कमजोर वर्ग की समस्याओं से निपटने के लिए भी छात्रों और जनसाधारण का आह्वान किया। उस दिन जब उनका यह भाषण समापन की ओर था, तभी सभास्थल पर गोलियों से घायल लगभग 12 लोग पहुँच गए। उन्हें देखकर सभा में मौजूद विशाल जनसमूह उद्वेलित हो उठा। भीड़ हिंसा पर उतारू हो गई। उल्लेखनीय है कि इस घटना से कुछ समय पहले ही जयप्रकाश नारायण ने जनसमूह को संबोधित करते हुए सब्र रखने की हिदायत दी थी।

कतिपय लोगों का मानना है कि उन्होंने तत्कालीन प्रधानमंत्री इंदिरा गांधी को पदच्युत करने के लिए 'संपूर्ण क्रांति' का सूत्रपात किया था। वे अपने इस मकसद में सफल भी हुए। इस संपूर्ण क्रांति की आँधी ने केंद्र में श्रीमती इंदिरा गांधी की सत्ता को जड़ से उखाड़ दिया। एक व्यापक उद्देश्य के लिए शुरू हुआ संपूर्ण क्रांति आंदोलन बाद में संसदीय राजनीति की ओर मुड़ गया। विद्वान् इसे जयप्रकाश नारायण की एक बड़ी भूल मानते हैं। उनसे गलती यह हुई कि वे कुछ लोगों के कहने से इंदिरा गांधी से मिलने के लिए गए। इंदिरा गांधी ने उनके अहं को सीधी चोट पहुँचाई। इससे जे.पी. बहुत आहत हुए।

जानकार बताते हैं कि इस घटना के बाद जे.पी. ने अपने मित्रों से कहा कि "अब इंदिरा गांधी से हमारा जो मुकाबला है, वह चुनाव के मैदान में होगा।" इस तरह से जो आंदोलन संपूर्ण क्रांति का लक्ष्य लेकर चला था, वह चुनाव के मैदान में शक्ति परीक्षण में बदल गया।

जबकि जयप्रकाश नारायण का 'संपूर्ण क्रांति' आंदोलन शुरू करने का उद्देश्य सिर्फ इंदिरा सरकार को हटाना और जनता पार्टी की सरकार को लाना नहीं था, बल्कि इस क्रांति का मतलब परिवर्तन और नवनिर्माण दोनों से था, लेकिन देश में आपातकाल लगने से इस क्रांति में भटकाव पैदा हो गया। उस दौर का लक्ष्य यह हो गया कि किसी तरह लोकतंत्र बहाल हो। कालांतर में इस आंदोलन के प्रभाव से देश में लोकतंत्र तो फिर से बहाल हो गया, लेकिन संपूर्ण क्रांति अपने लक्ष्य को प्राप्त करने में चूक गई।

इसके बावजूद इतना तो कहा जा सकता है कि समग्र क्रांति के बहाने जयप्रकाश नारायण ने भारत में आर.एस.एस. को मुख्यधारा में लाने और उसे सामाजिक स्वीकार्यता दिलवाने में महत्त्वपूर्ण भूमिका का निर्वहन किया।

□

# 28

# राष्ट्रीय आपातकाल

किसी भी देश में उत्पन्न होनेवाली आपात स्थितियाँ उस शल्य चिकित्सा की भाँति होती हैं, जो न चाहते हुए भी अपनानी पड़ती हैं। दुनिया के सर्वाधिक बड़े लोकतांत्रिक राज्य भारत में प्रत्येक नागरिक को अपनी इच्छानुसार चुनाव में खड़े होने व अपना प्रतिनिधि चुनने का अधिकार है। भारतीय संविधान द्वारा प्रदत्त व्यवस्थाओं के तहत भारत में प्रत्येक पाँच साल में चुनाव होते हैं। मार्च 1971 में देश में जो आम चुनाव हुए, उसमें कुल 518 सीटों में से कांग्रेस को 352 सीटें प्राप्त हुईं। दो-तिहाई बहुमत प्राप्त होने पर नवगठित सरकार का तानाशाही के आगोश में आना स्वाभाविक लगने लगा था। यद्यपि ऐसा होना नहीं चाहिए।

इस चुनाव में 'गरीबी हटाओ' के नारे ने अपना करिश्मा दिखाया और इंदिरा गांधी उत्तर प्रदेश की रायबरेली लोकसभा सीट से एक लाख से भी ज्यादा वोटों से चुनी गईं। उन्होंने अपने प्रतिद्वंद्वी और संयुक्त सोशलिस्ट पार्टी के प्रत्याशी राजनारायण को पराजित कर यह नव इतिहास रचा।

दरअसल 1969 में 14 बैंकों का राष्ट्रीयकरण करने से भारत के बैंकों पर अमीर घरानों का कब्जा और 'प्रिवी पर्स' खत्म करने जैसे फैसलों से इंदिरा गांधी की छवि 'गरीबों के मसीहा' के रूप में बन गई थी। एक महिला प्रधानमंत्री के नेतृत्व में सबकुछ ठीक चल रहा था, लेकिन अचानक फिर ऐसा क्या हुआ कि देश में आपातकाल की नौबत आ गई? यह एक चिंतनीय प्रश्न है।

## राष्ट्रीय आपातकाल का ब्योरा

तत्कालीन प्रधानमंत्री इंदिरा गांधी के कहने पर राष्ट्रपति फखरुद्दीन अली अहमद द्वारा 25 जून, 1975 को आपातकाल घोषित कर दिया गया। देश में लगनेवाला यह पहला राष्ट्रीय आपातकाल था, जो 21 महीने तक रहा। इसकी चौतरफा आलोचना हुई, अंततः यह 21 मार्च, 1977 को समाप्त कर दिया गया।

याचिकाकर्ता राजनारायण सिन्हा।

इलाहाबाद हाईकोर्ट के जज जगमोहन लाल।

प्रधानमंत्री इंदिरा गांधी व संजय गांधी।

जयप्रकाश नारायण एक रैली में।

यदि भारतीय संविधान के परिप्रेक्ष्य में देखे तो पाएँगे कि अनुच्छेद 352 में राष्ट्रीय आपातकाल का प्रावधान है। इसमें यह प्रावधानित है कि जब पूरे देश को या इसके किसी भाग की सुरक्षा को युद्ध अथवा बाह्य आक्रमण अथवा आंतरिक असंतोष अथवा सशक्त विद्रोह के कारण खतरा उत्पन्न हो जाता है तो ऐसी अवस्था में राष्ट्रीय आपातकाल लगाया जा सकता है। इसी उपबंध के तहत प्रधानमंत्री इंदिरा गांधी की सरकार ने आपातकाल घोषित कर दिया था।

आपातकाल की पृष्ठभूमि में वर्ष 1975 के आम चुनाव की विशेष भूमिका है। जैसाकि पहले भी बताया गया है कि इस चुनाव में इंदिरा गांधी उत्तर प्रदेश के रायबरेली लोकसभा की अपनी पुरानी सीट से एक लाख से भी ज्यादा वोटों से चुनी गई थीं, लेकिन उनके प्रतिद्वंद्वी और संयुक्त सोशलिस्ट पार्टी के प्रत्याशी राजनारायण ने उनकी इस जीत को इलाहाबाद हाईकोर्ट में चुनौती दे दी। यह मुकदमा 'इंदिरा गांधी बनाम राजनारायण' के नाम से चर्चित हुआ। राजनारायण उत्तर प्रदेश के वाराणसी के प्रखर समाजवादी नेता

थे। वे इंदिरा गांधी से कई मसलों पर नीतिगत मतभेद रखते थे। वे कई बार उनके खिलाफ रायबरेली से चुनाव लड़े और हारे। 1971 में भी उन्हें यहाँ हार का मुँह देखना पड़ा। इस बार जाने क्या सोचकर उन्होंने इंदिरा गांधी की इस जीत को इलाहाबाद हाईकोर्ट में चुनौती दी!

राजनारायण ने अपनी इस याचिका में इंदिरा गांधी पर भ्रष्टाचार और सरकारी मशीनरी तथा संसाधनों के दुरुपयोग करने का आरोप लगाया। इस प्रकरण में राजनारायण के वकील शांतिभूषण ने कहा कि "इंदिरा गांधी ने चुनाव-प्रचार में सरकारी कर्मचारियों का इस्तेमाल किया।" शांतिभूषण ने इसके लिए प्रधानमंत्री के सचिव यशपाल कपूर का उदाहरण दिया, जिन्होंने राष्ट्रपति से अपना इस्तीफा मंजूर होने से पहले ही इंदिरा गांधी के लिए काम करना शुरू कर दिया था।

जाने-माने जस्टिस जगमोहन लाल सिन्हा ने 12 जून, 1975 को दिए गए अपने निर्णय में प्रधानमंत्री इंदिरा गांधी के चुनाव को अवैध करार दे दिया। साथ ही उन पर अगले छह साल तक कोई भी चुनाव न लड़ पाने का प्रतिबंध भी लगा दिया।

इंदिरा गांधी ने इस फैसले को मानने से इनकार करते हुए सर्वोच्च न्यायालय में अपील करने की घोषणा कर दी। 26 जून, 1975 को लागू इस आपातकाल से पूरा देश अचंभित हो गया। कतिपय जानकार मानते हैं कि यह आपातकाल इंदिरा गांधी ने अपने बेटे संजय गांधी के मशवरे पर लगाया था।

आकाशवाणी पर प्रसारित अपने संदेश में इंदिरा गांधी ने कहा, "जब से मैंने आम आदमी और देश की महिलाओं के फायदे के लिए कुछ प्रगतिशील कदम उठाए हैं, तभी से मेरे खिलाफ गहरी साजिश रची जा रही थी।" इंदिरा की उस सरकार के पास जनता के बीच उनकी करिश्माई अपील का समर्थन प्राप्त था। इसका एक कारण सरकार द्वारा लिये गए फैसले भी थे। इसमें जुलाई 1969 में प्रमुख बैंकों का राष्ट्रीयकरण व सितंबर 1970 में प्रिवी पर्स का उन्मूलन शामिल हैं। इंदिरा गांधी के ये फैसले अपने विरोधियों को सार्वभौमिक झटका देने के लिए पर्याप्त थे। अस्तु, सिंडिकेट और अन्य विरोधियों के विपरीत, इंदिरा गांधी को 'गरीब समर्थक, धर्म के मामलों में, अर्थशास्त्र और धर्मनिरपेक्षता व समाजवाद के साथ पूरे देश के विकास के लिए खड़ी एक छवि' के रूप में देखा गया। विशेष रूप से वंचित वर्गों—गरीब, दलितों, महिलाओं और अल्पसंख्यकों के लिए इंदिरा अम्मा समान थीं।

जो भी हो, लेकिन स्वतंत्र भारत के इतिहास में यह सबसे विवादास्पद और अलोकतांत्रिक काल था। आपातकाल में चुनाव स्थगित कर दिए गए। नागरिक अधिकारों को समाप्त करके मनमानी की गई। इंदिरा गांधी के राजनीतिक विरोधियों को कैद कर लिया गया और प्रेस को प्रतिबंधित कर दिया गया। राष्ट्रीय स्वयंसेवक संघ को प्रतिबंधित

कर दिया गया, क्योंकि ऐसा माना गया कि यह संगठन विपक्षी नेताओं का करीबी है तथा इसका बड़ा संगठनात्मक आधार सरकार के विरुद्ध विरोध-प्रदर्शन करने की संभावना रखता था। अत: केंद्र सरकार के संकेत पर पुलिस प्रशासन इस संगठन पर टूट पड़ा। आंतरिक सुरक्षा कानून (मीसा) के तहत जयप्रकाश नारायण, जॉर्ज फर्नांडिस और अटल बिहारी वाजपेयी जैसे राजनीतिक विरोधियों की गिरफ्तारी की गई।

आर.एस.एस. ने प्रतिबंध को चुनौती दी और हजारों स्वयंसेवकों ने प्रतिबंध के खिलाफ और मौलिक अधिकारों के हनन के खिलाफ सत्याग्रह में भाग लिया। जयप्रकाश नारायण ने इसे 'भारतीय इतिहास की सर्वाधिक काली अवधि' कहा था।

सितंबर 1976 में प्रधानमंत्री इंदिरा गांधी के बेटे संजय गांधी के नेतृत्व में बड़े पैमाने पर पुरुष नसबंदी अभियान चलाया गया। यद्यपि इस पुरुष नसबंदी के पीछे सरकार की मंशा देश की आबादी को नियंत्रित करना था, लेकिन जनता की इच्छा के विरुद्ध उनकी नसबंदी करवाना अलोकतांत्रिक था। इसलिए इस कार्यक्रम के कार्यान्वयन में संजय गांधी की भूमिका को विवादित माना गया।

आपातकाल की घोषणा के कुछ ही समय बाद सिख नेतृत्व ने अमृतसर में बैठकों का आयोजन किया। जहाँ उन्होंने 'कांग्रेस की फासीवादी प्रवृत्ति' का विरोध करने का संकल्प किया। यहाँ पर यह उल्लेख करना प्रासंगिक होगा कि देश में आयोजित प्रथम जनविरोध का आयोजन अकाली दल के द्वारा किया गया था, जिसे 'लोकतंत्र की रक्षा का अभियान' के रूप में जाना जाता है।

लगभग दो साल बाद विरोध की लहर तेज होती देख प्रधानमंत्री इंदिरा गांधी ने लोकसभा भंग कर चुनाव कराने की सिफारिश कर दी। चुनाव के दौरान भी आपातकाल को बरकरार रखने का फैसला कांग्रेस के लिए घातक साबित हुआ। खुद इंदिरा गांधी अपने गढ़ रायबरेली से चुनाव हार गईं।

इस समूचे घटनाक्रम का फायदा जनता पार्टी को हुआ। वह भारी बहुमत से सत्ता में आ गई। मोरारजी देसाई प्रधानमंत्री के पद पर आसीन हुए। इस प्रकार भारत के राजनीतिक परिदृश्य में एक नवयुग का शुभारंभ हुआ।

□

# 29
# सिक्किम का विलय

भारत के पूर्वोत्तर में स्थित एक खूबसूरत राज्य सिक्किम का भारत में 15 मई, 1975 ईसवी को विलय हो गया। फलत: सिक्किम को भारत का 22वाँ राज्य बनने का गौरव प्राप्त हुआ। हिमालय की तराई में बसे इस राज्य का इतिहास जितना रोचक है, उतनी ही इसकी संस्कृति भी दिलचस्प है। क्षेत्रफल के नजरिए से देखें तो सिक्किम भारत का दूसरा सबसे छोटा राज्य है। गंगटोक इस प्रदेश की राजधानी है। सिक्किम की समुद्र तल से ऊँचाई करीब 200 मीटर से लेकर 8,500 मीटर तक है। पहले यहाँ राजाओं का शासन था। यहाँ के पर्वत, पठार, झरने, झील बरबस ही पर्यटक को अपनी ओर आकर्षित करते हैं।

उल्लेखनीय है कि हमारा देश 15 अगस्त, 1947 को आजाद हुआ। तब भारत के तत्कालीन गृहमंत्री सरदार वल्लभभाई पटेल के नेतृत्व में भारत में अलग-अलग सैकड़ों रियासतों का विलय हुआ, लेकिन पूर्वोत्तर का राज्य सिक्किम का आजादी के 28 साल बाद भारत में विलय हुआ। कुछ इतिहासकारों का मानना है कि आजादी के समय सिक्किम के राजा भारत में विलय के पक्ष में नहीं थे, लेकिन जब सन् 1973 में सिक्किम में गृहयुद्ध छिड़ गया, फलस्वरूप राजा ने भारत से एक संधि कर ली, जिसके तहत भारतीय फौज गृहयुद्ध को रोकने के लिए सिक्किम पहुँची।

गृहयुद्ध के नियंत्रित होते ही सिक्किम ने स्वतंत्र भारत की प्रभुसत्ता को भी अंगीकार कर लिया। उल्लेखनीय है कि 1975 में सिक्किम में हुए जनमत-संग्रह में वहाँ के 97.5 प्रतिशत निवासियों ने भारत में विलय के पक्ष में सहमति दी थी। अस्तु सिक्किम का भारत में विलय जन सहमति का भी पर्याय है। यह बात अलग है कि यह बात चीन और नेपाल दोनों देशों को रास नहीं आई। इसलिए भारत में सिक्किम के विलय का इन दोनों देशों ने विरोध किया था; हालाँकि, कालांतर में इन दोनों देशों के विरोध के स्वर समाप्त हो गए।

सिक्किम के राजा चोग्याल व उनकी पत्नी।

सिक्किम का भारतीय गणराज्य में विलय।

सिक्किम का बौद्ध स्तूप।

खैर, विलय की संधि को कानूनी जामा पहनाने के लिए 'सिक्किम के भारत में विलय' नामक विधेयक 23 अप्रैल, 1975 को लोकसभा में पारित हुआ। तत्पश्चात् यह विधेयक राज्यसभा में पास हुआ।

लोकसभा और राज्यसभा में यह बिल पास होने के बाद इसे तत्कालीन राष्ट्रपति फखरुद्दीन अली अहमद के पास भेजा गया। 15 मई, 1975 को भारत के राष्ट्रपति ने इस पर हस्ताक्षर किए। विधेयक पर राष्ट्रपति के हस्ताक्षर होते ही सिक्किम से नामग्याल वंश का आधिपत्य समाप्त हो गया।

## इतिहास के झरोखे से

बौद्ध धर्म के अभिलेखों के अनुसार, 8वीं सदी में बौद्ध भिक्षु गुरु रिन्पोचे ने सिक्किम दौरा किया था। 14वीं सदी में ख्ये बुम्सा, पूर्वी तिब्बत में खाम के मिन्यक महल के एक राजकुमार ने सिक्किम पर राज किया। 1641 में ख्ये के पाँचवें वंशज फुन्त्सोंग नामग्याल को सिक्किम का प्रथम औपचारिक 'चोग्याल' घोषित किया गया।

1670 में फुन्त्सोंग नामग्याल के बाद उनके पुत्र तेन्सुंग नामग्याल ने राज्य का कार्यभार सँभाला। उन्होंने राजधानी को युक्सोम से रबदेन्त्से स्थानांतरित कर दिया। 1700 में सिक्किम पर भूटान ने आक्रमण करके सत्ता पर कब्जा स्थापित कर लिया था। कालांतर में तिब्बतियों की सहयता से चोग्याल को राजगद्दी पुनः सौंप दी गई। 1717 तथा 1733 के बीच में सिक्किम को नेपाल तथा भूटान के अनेक आक्रमणों का सामना करना पड़ा, जिसके परिणामस्वरूप रबदेन्त्से वंश का पतन हो गया।

1791 में चीन ने सिक्किम को गोरखा से बचाने के लिए अपनी सेना भेज दी थी। नेपाल की हार के पश्चात् सिक्किम किंग वंश का भाग बन गया। भारत में अंग्रेजी हुकूमत के वर्चस्व के बाद सिक्किम ने अपने प्रमुख दुश्मन नेपाल के विरुद्ध अंग्रेजों के साथ हाथ मिला लिया। अस्तु, क्रोधित नेपाल ने पुनः सिक्किम पर आक्रमण करके उसके टेराई समेत कई क्षेत्रों पर अपना कब्जा जमा लिया। बदले में ईस्ट इंडिया कंपनी ने नेपाल पर चढ़ाई की, जिसका परिणाम 1814 का गोरखा युद्ध रहा।

वर्ष 1817 में सिक्किम और नेपाल के बीच 'सुगौली संधि' हुई, जिसके तहत नेपाल ने अपने अधिकृत सिक्किमी क्षेत्र सिक्किम को लौटा दिए। वर्ष 1849 में दो अंग्रेज अफसर—सर जोसेफ डाल्टन और डॉक्टर आर्चीबाल्ड कैंपबेल बिना पूर्व सूचना के सिक्किम के पर्वतों में जा पहुँचे। सिक्किम सरकार ने दोनों को बंदी बना लिया। प्रतिक्रियास्वरूप ब्रिटिश शासन ने सिक्किम पर हमला करके उसे भारत में साथ मिला लिया। इस चढ़ाई के परिणामवश चोग्याल ब्रिटिश गवर्नर के अधीन एक कठपुतली राजा बनकर रह गया। उस समय भूटान का कुछ अंश, तिब्बत का कुछ क्षेत्र और

दार्जिलिंग, सिक्किम के ही भाग हुआ करते थे। बाद में अंग्रेजी हुकूमत ने कूटनीतिक चालें चलकर दार्जिलिंग को अपने कब्जे में ले लिया था।

## स्वतंत्र भारत व सिक्किम की स्थिति

आजादी प्राप्त होते ही तत्कालीन भारतीय प्रधानमंत्री जवाहरलाल नेहरू ने सिक्किम को एक संरक्षित राज्य का दर्जा प्रदान किया। इसके तहत सिक्किम के विदेशी राजनयिक अथवा संपर्क संबंधी विषयों की जिम्मेदारी भारत ने सँभाली। 1955 में एक राजकीय परिषद् स्थापित की गई, जिसके अधीन चोग्याल को एक संवैधानिक सरकार बनाने की अनुमति दी गई।

इस दौरान सिक्किम नेशनल कांग्रेस द्वारा पुनः मतदान और नेपालियों को अधिक प्रतिनिधित्व देने की माँग से राज्य में गड़बड़ी उत्पन्न हो गई। 1973 में राजभवन के सामने हुए दंगों के कारण सिक्किम को संरक्षण प्रदान करने के लिए एक औपचारिक अनुरोध भारत के द्वारा प्रस्तावित किया गया। 1974 में वहाँ के मुखिया काजी ने भारतीय संसद से अनुरोध किया कि 'भारत सिक्किम को अपना एक राज्य स्वीकार करके उसे भारतीय संसद में प्रतिनिधित्व प्रदान करे।' इस अनुरोध के बाद भारतीय सेना ने सिक्किम में प्रवेश करके राजमहल के पहरेदारों को निःशस्त्र करके गंगटोक पर अपना कब्जा स्थापित कर लिया।

इसके उपरांत सिक्किम को भारतीय गणराज्य में शामिल करने के प्रश्न पर जनमत-संग्रह किया गया और 97.5 प्रतिशत जनता की सहमति से 15 मई, 1975 को सिक्किम भारत का अभिन्न अंग बन गया।

□

# 30
# 42वाँ संविधान संशोधन

भारतीय संवैधानिक विकास के इतिहास में 42वाँ संविधान संशोधन विधेयक एक ऐसा संशोधन है, जिसने लगभग समूचे संविधान को उलटफेर करके रख दिया था, इसलिए इस संशोधन को 'मिनी संविधान' भी कहा जाता है। दूसरी बात, यह विधेयक आपातकाल की सर्वाधिक विवादास्पद संतान है। दरअसल, 1976 को आपातकाल के दौरान इंदिरा गांधी की अध्यक्षतावाली भारतीय राष्ट्रीय कांग्रेस सरकार द्वारा भारतीय संविधान के 42वें संशोधन अधिनियम को अधिनियमित किया गया था। संशोधन के अधिकांश प्रावधान 3 जनवरी, 1977 को लागू किए गए, जबकि अन्य प्रावधानों को 1 फरवरी से लागू किया गया। वैसे इसे पूर्णतया 1 अप्रैल, 1977 से क्रियान्वित माना जाता है।

उल्लेखनीय है कि आपातकाल को समयानुसार आवश्यक बताते हुए तत्कालीन प्रधानमंत्री इंदिरा गांधी ने उस दौर में लगातार कई संविधान संशोधन किए। सबसे पहला 22 जुलाई, 1975 को संविधान का 38वाँ संशोधन किया गया, जिसके तहत न्यायपालिका से आपातकाल की न्यायिक समीक्षा करने का अधिकार छीन लिया गया। इसके लगभग दो महीने बाद ही संविधान का 39वाँ संशोधन लाया गया। राजनीतिक विश्लेषकों का मानना है कि यह संविधान संशोधन इंदिरा गांधी के प्रधानमंत्री पद को बनाए रखने के लिए किया गया था। इलाहाबाद उच्च न्यायालय इंदिरा गांधी का चुनाव रद्द कर चुका था, लेकिन इस संशोधन ने न्यायपालिका से प्रधानमंत्री पद पर नियुक्त व्यक्ति के चुनाव की जाँच करने का अधिकार ही छीन लिया। इस संशोधन के अनुसार प्रधानमंत्री के चुनाव की जाँच सिर्फ संसद द्वारा गठित की गई समिति ही कर सकती थी। 40वें और 41वें संशोधन के जरिए संविधान के कई प्रावधानों को बदलने के बाद 42वाँ संशोधन पास किया गया।

1971 के लोकसभा चुनावों के बाद से ही तत्कालीन शासन दल के एक वर्ग द्वारा

इस बात का प्रतिपादन किया जा रहा था कि देश की सामाजिक-आर्थिक प्रगति के लिए संविधान में व्यापक परिवर्तन किए जाने की आवश्यकता है। इस पृष्ठभूमि में तत्कालीन कांग्रेस अध्यक्ष के द्वारा 26 फरवरी, 1976 को संविधान संशोधन के प्रश्न पर विचार करने के लिए सरदार स्वर्णसिंह की अध्यक्षता में एक समिति की स्थापना की गई।

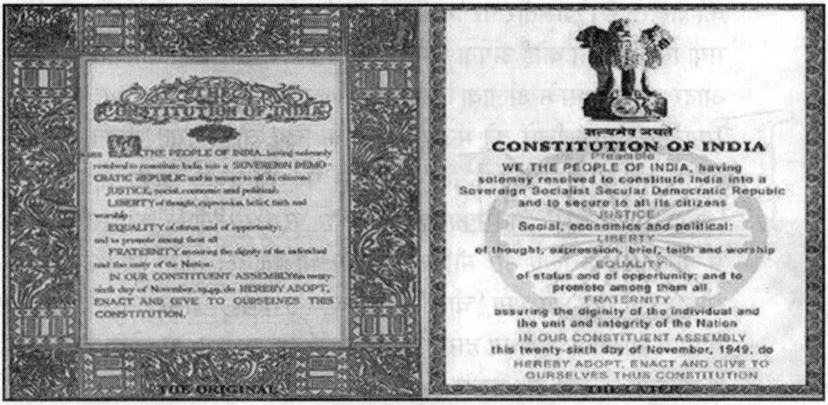


*प्रस्तावना में संवैधानिक संशोधन।*

समिति की रिपोर्ट पर विचार के आधार पर एक विधेयक तैयार कर लोकसभा में प्रस्तावित किया गया और उसे 42वें संविधान संशोधन विधेयक का नाम दिया गया।

संविधान के अनुच्छेद 368 के तहत हमारी संसद को संविधान में संशोधन करने की शक्ति दी गई, ताकि भारतीय संविधान सदैव युवा बना रहे। 26 जनवरी, 1950 को संविधान के लागू होने के बाद से अब तक 100 से अधिक संविधान संशोधन किए जा चुके है। इन सभी संशोधनों में एक संशोधन ऐसा भी हुआ, जिसको लेकर यह आरोप लगाया जाता है कि इसने सीधे भारतीय गणतंत्र की आत्मा पर हमला करने का प्रयास किया। यह 42वाँ संशोधन ही एकमात्र ऐसा संशोधन था, जिससे संविधान की प्रस्तावना में बदलाव किया गया। इस संवैधानिक संशोधन में किए गए कुल 59 प्रावधानों में से कुछ इस प्रकार हैं—

1. देश के संविधान की आत्मा यानी प्रस्तावना के साथ छेड़छाड़ करने का मुद्दा पिछले दिनों काफी चर्चा में रहा। भारतीय जनता पार्टी के नेता संतोष कुमार हेगड़े द्वारा प्रस्तावना में बदलाव किए जाने के बयान के बाद इस पर काफी सियासत भी हुई, पर बहुत कम लोगों को पता है कि जब संविधान सभा ने देश का संविधान लिखा था तो उस समय संविधान की प्रस्तावना में सैकुलर (धर्मनिरपेक्षता), सोशलिस्ट (समाजवाद) व इंटीग्रिटी (अखंडता) शब्द नहीं

थे, संविधान के 42वें संशोधन के दौरान ये शब्द प्रस्तावना में जोड़े गए। हालाँकि इस संशोधन के पीछे उस समय की प्रधानमंत्री इंदिरा गांधी का राजनीतिक मकसद भी था, परंतु उस समय यह तर्क दिया गया कि देश को धार्मिक, सामाजिक व आर्थिक तौर पर विकसित करने के लिए इन संशोधनों की जरूरत है। खासतौर पर 'धर्मनिरपेक्षता' शब्द जोड़ने के पीछे यह तर्क दिया गया कि देश का कोई अपना धर्म नहीं है तथा देश सारे धर्मों का समान रूप में आदर करेगा। इसके अलावा 'अखंडता' शब्द भी आजादी, न्यायिक व्यवस्था, समानता तथा भाईचारे को मजबूत करने के लिए जोड़ा गया, जबकि आर्थिक असमानता को दूर करने के लिए संविधान में 'समाजवाद' शब्द जोड़ा गया।

2. 'स्वर्ण सिंह कमेटी' की सिफारिश के आधार पर इस संशोधन के द्वारा संविधान में नागरिकों के लिए 10 मौलिक कर्तव्य भी शामिल किए गए। इस बाबत संविधान में एक नए भाग 'चौथे' में अनुच्छेद 51(क) जोड़ा गया। वर्ष 2002 में 86वें संविधान संशोधन द्वारा एक और मौलिक कर्तव्य को जोड़ा गया। अब ये मौलिक कर्तव्य इस प्रकार हैं—

    1. संविधान का पालन करें और उसके आदर्शों, संस्थाओं, राष्ट्रध्वज एवं राष्ट्रीय गान का आदर करें।
    2. स्वतंत्रता के लिए राष्ट्रीय आंदोलन को प्रेरित करनेवाले उच्च आदर्शों को हृदय में सँजोए रखें और उनका पालन करें।
    3. भारत की संप्रभुता, एकता और अखंडता की रक्षा करें तथा उसे अक्षुण्ण रखें।
    4. देश की रक्षा करें और आह्वान किए जाने पर राष्ट्र की सेवा करें।
    5. भारत के सभी लोगों में समरसता और समान भातृत्व की भावना का निर्माण करें, जो धर्म, भाषा और प्रदेश या वर्ग आधारित सभी प्रकार के भेदभाव से परे हो; ऐसी प्रथाओं का त्याग करें, जो स्त्रियों के सम्मान के विरुद्ध हैं।
    6. हमारी सामासिक संस्कृति की गौरवशाली परंपरा का महत्त्व समझें और उसका परिरक्षण करें।
    7. प्राकृतिक पर्यावरण, जिसके अंतर्गत वन, झील, नदी और वन्य जीव आते हैं, की रक्षा करें और संवर्धन करें तथा प्राणिमात्र के लिए दया भाव रखें।
    8. वैज्ञानिक दृष्टिकोण से मानववाद और ज्ञानार्जन तथा सुधार की भावना का विकास करें।
    9. सार्वजनिक संपत्ति को सुरक्षित रखें और हिंसा से दूर रहें।

10. व्यक्तिगत और सामूहिक गतिविधियों के सभी क्षेत्रों में उत्कर्ष की ओर बढ़ने का सतत प्रयास करें, जिससे राष्ट्र प्रगति की ओर निरंतर बढ़ते हुए उपलब्धि की नई ऊँचाइयों को छू ले।
11. 86वें संविधान संशोधन अधिनियम-2002 द्वारा एक और कर्तव्य जोड़ा गया, जिसमें 6 से 14 वर्ष तक की आयु के बीच के अपने बच्चों को शिक्षा के अवसर उपलब्ध कराना शामिल है।

3. नीति-निदेशक तत्त्वों में कुछ नवीन तत्त्व जोड़े गए, जैसे—बच्चों के स्वस्थ रूप से विकास के लिए अवसर और सुविधाएँ प्रदान करना, समाज के कमजोर वर्गों के लिए निःशुल्क कानूनी सहायता की व्यवस्था करना, औद्योगिक संस्थानों के प्रबंधों में कर्मचारियों को भागीदार बनाना व देश के पर्यावरण की रक्षा और उसमें सुधार करना इत्यादि।
4. इस संशोधन के द्वारा यह व्यवस्था की गई कि अनुच्छेद 352 के अंतर्गत आपातकाल देश के किसी एक या कुछ भागों में या समस्त देश में लागू किया जा सकता है।
5. इसके द्वारा शिक्षा, नाप, तौल, वन और जंगली जानवर तथा पक्षियों की रक्षा इत्यादि विषय राज्य सूची से निकालकर समवर्ती सूची में रख दिए गए।
6. इसके अतिरिक्त प्रशासन के विभिन्न क्षेत्रों में न्यायाधिकरण की स्थापना की गई। न्यायालयों के क्षेत्राधिकार को सीमित करने का प्रयत्न किया गया।
7. कानूनों की संवैधानिक वैधता से संबंधित प्रश्नों पर निर्णय लेने के लिए न्यायाधीशों की न्यूनतम संख्या निर्धारित करने तथा किसी कानून को संवैधानिक दृष्टि से अवैध घोषित करने के लिए कम-से-कम दो-तिहाई न्यायाधीशों की विशेष बहुमत व्यवस्था करके न्यायपालिका संबंधी उपबंधों में भी संशोधन किया गया।
8. उच्च न्यायालयों में अनिर्णीत मामलों की बढ़ती हुई संख्या को कम करने के लिए और सेवा, राजस्व, सामाजिक-आर्थिक विकास और प्रगति के संदर्भ में कतिपय अन्य मामलों के शीघ्र निपटारे को सुनिश्चित करने के लिए इस संशोधनकारी अधिनियम द्वारा संविधान के अनुच्छेद 136 के अधीन ऐसे मामलों में उच्चतम न्यायालय के अधिकार क्षेत्र को सुरक्षित रखते हुए, प्रशासनिक और अन्य न्यायाधिकरणों के गठन के लिए उपबंध किया गया।
9. अनुच्छेद 226 के अधीन उच्च न्यायालयों के रिट अधिकार क्षेत्र में भी कतिपय संशोधन किए गए।
10. मौलिक अधिकारों की तुलना में राज्य के नीति-निदेशक सिद्धांतों को

वरीयता दी गई। इस प्रावधान के कारण किसी भी व्यक्ति को उसके मौलिक अधिकारों तक से वंचित किया जा सकता था। इसके साथ ही इस संशोधन ने न्यायपालिका को पूरी तरह से बौना कर दिया था। वहीं विधायिका को अपार शक्तियाँ दे दी गई थीं। अब केंद्र सरकार को यह भी शक्ति थी कि वह किसी भी राज्य में कानून व्यवस्था बनाए रखने के नाम पर कभी भी सैन्य या पुलिस बल भेज सकती थी। साथ ही राज्यों के कई अधिकारों को केंद्र के अधिकार क्षेत्र में डाल दिया गया।

इस प्रकार आपातकाल के दौरान हुए इस संशोधन ने न्यायपालिका से सभी महत्त्वपूर्ण शक्तियाँ छीनकर संसद को दे दी गईं। इस संशोधन में किसी भी आधार पर संसद के फैसले को न्यायालय में चुनौती नहीं दी जा सकती थी। साथ ही सांसदों एवं विधायकों की सदस्यता को भी न्यायालय में चुनौती नहीं दी जा सकती थी। किसी विवाद की स्थिति में उनकी सदस्यता पर फैसले लेने का अधिकार संसद की चयन समिति और राष्ट्रपति को दे दिया गया। हालाँकि, आपातकाल से कुछ साल पहले सर्वोच्च न्यायालय ने केशवानंद भारती मामले में ऐतिहासिक फैसला देते हुए संविधान में संशोधन करने के पैमाने तय कर दिए थे, लेकिन 42वें संशोधन ने इन पैमानों को भी दरकिनार कर दिया।

42वें संवैधानिक संशोधन की खासियत यह थी कि इसके बाद विधायिका द्वारा किए गए 'संविधान संशोधनों' को किसी भी आधार पर न्यायालय में चुनौती नहीं दी जा सकती थी।

□

# 31
# जनता दल सरकार

इंदिरा गांधी के आपातकाल से उपजे आक्रोश ने उनकी सत्ता को खाक में मिला दिया, जिसके अवशेष पर एक जन आंदोलन का सूत्रधार हुआ और अंततोगत्वा सत्ता की बागडोर पहली बार गैर-कांग्रेस दलों के हाथों में आ गई। राजनीतिक जीवन का यही तो सत्य है कि शक्ति व सत्ता अपना स्थान बदलती रहती है।

23 जनवरी, 1977 ही वह दिन था, जब अचानक इंदिरा गांधी ने आकाशवाणी के जरिए देश में आम चुनाव की घोषणा की। देश में तीन दिन में ही चुनाव संपन्न हो गए। 16 मार्च, 1977 से लेकर 19 मार्च, 1977 के बीच हुए इस चुनाव में इंदिरा गांधी रायबरेली से जनता पार्टी के नेता राजनारायण से करीब 55 हजार वोटों से चुनाव हार गई थीं। अर्थात् चुनाव के नतीजों ने कांग्रेस को सत्ता से बेदखल कर दिया। चुनाव में कांग्रेस गठबंधन को मात्र 153 सीटें ही मिली थीं।

इस चुनाव में पूरा विपक्ष समाजवादी नेता जयप्रकाश नारायण के नेतृत्व में गोलबंद हुआ था। जनता पार्टी के गठबंधन में कम्युनिस्ट पार्टी ऑफ इंडिया (एम), रिवोल्यूशनरी सोशलिस्ट पार्टी, शिरोमणि अकाली दल, पेजैंट्स एंड वर्क्स पार्टी ऑफ इंडिया, ऑल इंडिया फॉरवर्ड ब्लॉक, रिपब्लिकन पार्टी ऑफ इंडिया और डी.एम.के. पार्टियाँ शामिल थीं। जनता पार्टी को चुनाव चिह्न नहीं मिल पाया था। अत: आनन-फानन में पार्टी ने 'भारतीय लोक दल' के चिह्न 'हलधर किसान' पर चुनाव लड़ा और 298 सीटें जीतीं।

यद्यपि जयप्रकाश नारायण जनता पार्टी के प्रणेता थे, लेकिन उन्होंने पहले से ही तय कर लिया था कि वे कोई पद नहीं लेंगे। जनता पार्टी ने किसी एक नेता को आगे रखकर चुनाव नहीं लड़ा था। उस दौर में जनता दल में मोरारजी देसाई, मधु लिमये, राजनारायण, जॉर्ज फर्नांडिस और मधु दंडवते जैसे समाजवादी भी थे। संघ परिवार के अटल बिहारी वाजपेयी, लालकृष्ण आडवाणी, नानाजी देशमुख थे। कांग्रेस से बगावत कर अलग हो चुके चौधरी चरण सिंह और आपातकाल के दौरान इंदिरा गांधी के खिलाफ बगावत का

झंडा उठानेवाले चंद्रशेखर, मोहन धारिया, रामधन और कृष्णकांत जैसे युवा भी इसमें सम्मिलित थे। इस समय जगजीवन राम तथा हेमवती नंदन बहुगुणा जैसे कांग्रेसी भी जनता दल में शामिल हो गए थे।

हेमवती नंदन बहुगुणा व बाबू जगजीवन राम कांग्रेस से त्याग-पत्र देने के बाद।

जयप्रकाश नारायण व मोरारजी देसाई।

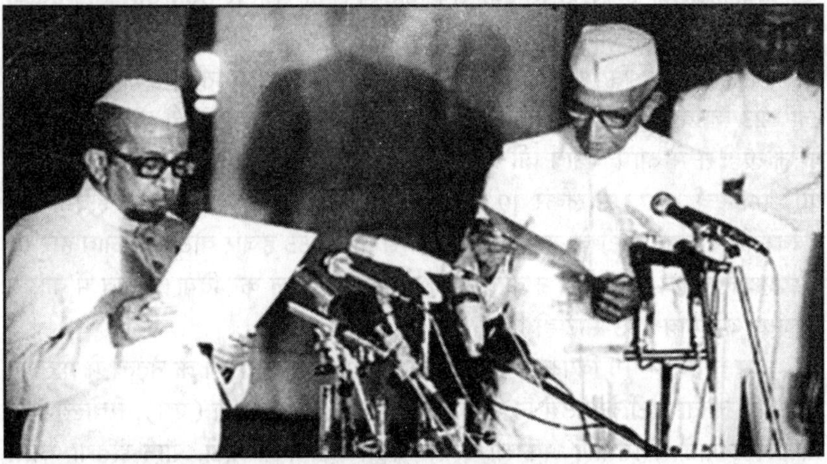

मोरारजी देसाई प्रधानमंत्री पद की शपथ लेते हुए।

मोरारजी देसाई व बाबू जगजीवन राम।

जश्न जनता दल की जीत का।

जनता पार्टी संसदीय दल ने नेता चुनने का अधिकार जयप्रकाश नारायण और आचार्य जे.बी. कृपलानी को सौंप दिया था। दोनों बुजुर्ग नेताओं ने प्रधानमंत्री पद के लिए मोरारजी देसाई के नाम पर मुहर लगा दी।

उल्लेखनीय है कि आपातकाल के दौरान 26 जून, 1975 को श्री देसाई को गिरफ्तार कर हिरासत में ले लिया गया था। उन्हें एकांत कारावास में रखा गया था और लोकसभा चुनाव कराने के निर्णय की घोषणा से कुछ समय पहले 18 जनवरी, 1977 को उन्हें मुक्त कर दिया गया। गिरफ्तारी से रिहा होने के बाद उन्होंने देश भर में पूरे जोर-शोर से अभियान चलाया एवं छठी लोकसभा के लिए मार्च 1977 में आयोजित आम चुनाव में जनता पार्टी ने जबरदस्त जीत हासिल की। मोरारजी देसाई गुजरात के सूरत निर्वाचन क्षेत्र से लोकसभा के लिए चुने गए थे। बाद में उन्हें सर्वसम्मति से संसद में जनता पार्टी के नेता के रूप में चुना गया।

आजादी के बाद पहली बार केंद्र में गैर-कांग्रेसी सरकार बनी। मोरारजी देसाई ने 24 मार्च, 1977 को भारत के प्रधानमंत्री के रूप में शपथ ली। हालाँकि, ऐसा कहा जाता है कि प्रधानमंत्री की दावेदारी के लिए सबसे भारी पलड़ा बिहार के अनुसूचित जाति के नेता और कांग्रेस से जनता पार्टी में शामिल हुए बाबू जगजीवन राम का था। जगजीवन राम पिछड़ों के बड़े नेता थे, लेकिन चौधरी चरण सिंह ने भी अपनी दावेदारी पेश कर दी थी, इसकी वजह से मोरारजी देसाई के नाम पर सहमति बनी। चरण सिंह गृहमंत्री बने, बाबू जगजीवन राम को रक्षा मंत्रालय मिला, अटल बिहारी वाजपेयी विदेश मंत्री बने और मुजफ्फरपुर में बिना पैर रखे तीन लाख वोटों से जीतनेवाले जॉर्ज फर्नांडिस को उद्योग मंत्रालय की कमान सौंपी गई।

□

# 32

# केंद्र में गठबंधन सरकार

मोरारजी देसाई की सरकार बने अभी बमुश्किल दो महीने ही हुए थे कि 27 मई, 1977 को बिहार का बहुचर्चित 'बेलछी कांड' हो गया। बिहार के दबंग कुर्मियों ने करीब एक दर्जन दलितों का नरसंहार कर दिया। इंदिरा गांधी ने बेलछी का दौरा किया। वे हाथी पर सवार होकर बेलछी पहुँची थीं। देश-विदेश के मीडिया में उनकी यह यात्रा खूब चर्चित हुई। दरअसल, यही घटना इंदिरा की वापसी की शुरुआत बन गई। कुछ ही दिनों बाद आपातकाल की ज्यादतियों की जाँच के लिए गठित शाह आयोग की सिफारिशों के आधार पर इंदिरा गांधी को गिरफ्तारी हो गई, जिसके विरोध में संजय गांधी की युवा ब्रिगेड ने देश भर में विरोध की पताका लहरा दी। हजारों कांग्रेस कार्यकर्ताओं ने अपनी प्रिय नेता के समर्थन में व्यापक पैमाने पर गिरफ्तारियाँ दीं।

इंदिरा गांधी की गिरफ्तारी के इस मुद्दे पर मोरारजी सरकार में अंतर्विरोध पैदा हो गया। गृहमंत्री के नाते उनकी गिरफ्तारी का आदेश चरण सिंह ने जारी तो कर दिया था, परंतु तत्कालीन प्रधानमंत्री मोरारजी देसाई इससे सहमत नहीं थे। इसके अलावा और भी मसलों के कारण सरकार में अंदरूनी मतभेद बढ़ते गए। आखिरकार चरण सिंह ने मंत्रिमंडल से इस्तीफा दे दिया। थोड़े ही दिनों बाद चरण सिंह ने अपनी ताकत दिखाने के लिए दिल्ली के बोट क्लब पर एक विशाल किसान रैली का आयोजन किया। माना जाता है कि यह रैली अब तक के इतिहास की सबसे बड़ी रैली थी।

आखिरकार, जुलाई 1979 में चरण सिंह ने बगावत कर दी। उनके खेमे के करीब 90 सांसदों ने मोरारजी देसाई सरकार से अपना समर्थन वापस ले लिया और संसद में अविश्वास प्रस्ताव पेश कर दिया। मधु लिमये, राजनारायण, जॉर्ज फर्नांडिस आदि अधिकांश पुराने समाजवादी चरण सिंह के साथ हो गए। चरण सिंह के नेतृत्व में 'जनता पार्टी' के नाम से नया दल अस्तित्व में आ गया। कुछ समय के उपरांत इस दल का नाम 'लोकदल' रख दिया गया।

*चौधरी चरण सिंह के विविध चित्र।*

अत: जनता पार्टी में उत्पन्न भीतरी कलह के कारण 28 जुलाई, 1979 को मोरारजी देसाई को प्रधानमंत्री पद से इस्तीफा देना पड़ा। इस दौरान अटल बिहारी वाजपेयी और लालकृष्ण आडवाणी जनता पार्टी से अलग हो गए थे।

इसके बाद 29 जुलाई, 1979 को जनता पार्टी से अलग हुए भारतीय जनता दल के नेता चौधरी चरण सिंह देश के अगले प्रधानमंत्री बने। उनकी सरकार अल्पमत में थी। उन्होंने कांग्रेस के समर्थन से अपनी सरकार का गठन किया था, लेकिन दुर्भाग्यवश, कुछ मतभेदों का अंकुरण होने लगा और विश्वास मत हासिल करने से पहले ही इंदिरा गांधी ने 19 अगस्त, 1979 को अपना समर्थन चौधरी चरण सिंह की सरकार से वापस ले लिया। उनके समर्थन वापस लेते ही चौधरी चरण सिंह की सरकार गिर गई।

अत: संसद का एक दिन भी सामना किए बगैर ही चरण सिंह की सरकार सत्ता से बाहर आ गई। मध्यावधि चुनाव संपन्न हुए और 14 जनवरी, 1980 को इंदिरा गांधी पुन: प्रधानमंत्री पद पर आसीन हो गईं।

□

# 33

# भारतीय जनता पार्टी का गठन

वर्तमान में भारतीय जनता पार्टी (भाजपा) दुनिया का सबसे बड़ा एक ऐसा राजनीतिक दल है, जिसकी प्राथमिक सदस्यता की संख्या विश्व के अन्य दलों के मुकाबले सर्वाधिक है। उल्लेखनीय है कि 2016 में प्राप्त आँकड़ों के अनुसार भारतीय संसद और राज्य विधानसभाओं में प्रतिनिधित्व की दृष्टि से भाजपा भारत की सबसे बड़ी राजनीतिक पार्टी है।

आधिकारिक तौर पर 6 अप्रैल, 1980 को पूर्व प्रधानमंत्री अटल बिहारी वाजपेयी की अध्यक्षता में भारतीय जनता पार्टी का गठन किया गया। दरअसल यह दल 'जनता पार्टी' के विघटन के अवशेषों पर आधारित एक नवनिर्मित पार्टियों में से एक थी। यद्यपि तकनीकी रूप से यह जनसंघ का ही दूसरा रूप था। इसके अधिकतर कार्यकर्ता इसके पूर्ववर्ती थे।

भारतीय राष्ट्रीय कांग्रेस की बढ़ती राजनीतिक शक्ति का मुकाबला करने के लिए जनसंघ की स्थापना 1951 में डॉ. श्यामाप्रसाद मुखर्जी ने की थी, जिसका उद्देश्य भारतीय की 'हिंदू' सांस्कृतिक पहचान को संरक्षित करना और कांग्रेस की मुसलिम और पाकिस्तान के प्रति तुष्टीकरण की नीति को रोकना था। अटल बिहारी वाजपेयी और एल.के. आडवाणी भारतीय जनसंघ के सदस्य थे, जो राष्ट्रीय स्वयंसेवक संघ (आर.एस.एस.), स्वतंत्र भारत के राष्ट्रवादी सांस्कृतिक संगठन की राजनीतिक शाखा है। शनैः-शनैः इसकी ताकत बढ़ने लगी, लेकिन इसके संस्थापक मुखर्जी की मृत्यु के बाद संगठन के राजनीतिक महत्त्व में गिरावट आनी शुरू हो गई।

1977 में देश का राजनीतिक परिदृश्य बदला। आपातकाल से उत्पन्न घटनाक्रम में जनसंघ तीन अन्य सक्रिय राजनीतिक संगठनों के साथ मिलकर एक नए राजनीतिक अवतार के रूप में प्रकट हुआ, जिसे 'जनता दल' कहा जाने लगा। मोरारजी देसाई के नेतृत्व में गठित इस दल ने 1977 के चुनावों में भारी बहुमत से जीत दर्ज की। अस्तु मोरारजी देसाई भारत के प्रथम गैर-कांग्रेसी प्रधानमंत्री बने। हालाँकि, आंतरिक गुटबंदी

और राजनीतिक अराजकता बढ़ने से जनता पार्टी की सत्ता 1979 में समाप्त हो गई।

1980 में सभी को जोड़ने के लिए जनसंघ के ही सक्रिय नेताओं में से एक अटल बिहारी के नेतृत्व में भारतीय जनता पार्टी का बीजारोपण कर दिया। यही तो जीवन की रीत है। कहीं कुछ टूटता है तो कहीं कुछ नव-सृजन होता है। इतिहासकार रामचंद्र गुहा लिखते हैं—"जनता सरकार के भीतर गुटीय युद्धों के बावजूद इसके कार्यकाल में आर.एस.एस. के प्रभाव को बढ़ते हुए देखा गया, जिसे 1980 के पूर्वार्ध की सांप्रदायिक हिंसा की एक लहर द्वारा चिह्नित किया जाता है। इस समर्थन के बावजूद भाजपा ने शुरुआत में अपने पूर्ववर्ती हिंदू राष्ट्रवाद का रुख किया और इसका व्यापक प्रसार किया।"

*भारतीय जनता पार्टी के संस्थापक।*

*भारतीय जनता पार्टी का चिह्न।*

*भारतीय जनता पार्टी के प्रथम अध्यक्ष व*
*इस दल के प्रथम प्रधानमंत्री श्री अटल बिहारी वाजपेयी के साथ लालकृष्ण आडवाणी।*

तथापि इस दल का उद्देश्य लोकतांत्रिक राज्य स्थापित करना है, जो सभी नागरिकों को बिना भेदभाव के जाति, धर्म या लिंग, राजनीतिक, सामाजिक और आर्थिक न्याय के लिए अवसर की समानता और विश्वास तथा अभिव्यक्ति की स्वतंत्रता की गारंटी देता है। वस्तुतः यह एक ऐसा राजनीतिक दल है, जो सामाजिक रूढ़िवादिता और संपूर्ण मानवता के माध्यम से सांस्कृतिक राष्ट्रवाद का दृढ़ता से पालन करता है। यह सक्रिय संगठनों के समूह का सबसे महत्त्वपूर्ण सदस्य है, जिसे सामान्यतः 'संघ परिवार' के नाम से जाना जाता है।

भारत के निर्वाचन आयोग द्वारा अनुमोदित, बीजेपी के चुनाव चिह्न, 'कमल' है। कमल भारत का राष्ट्रीय फूल है। इसलिए भाजपा के चुनाव प्रतीक में कई प्रमुख प्रतिरूप हैं। सबसे पहले इस प्रतीक का उपयोग राष्ट्रीय पहचान को इंगित करने के लिए किया गया है, जिसे भाजपा ने दृढ़ता से कायम रखा है। भाजपा की राजनीतिक विचारधारा को सांस्कृतिक राष्ट्रवाद के रूप में वर्णित किया गया है।

1984 में हुए प्रथम आम चुनाव में भाजपा केवल दो लोकसभा सीटें जीत सकी। लेकिन 1996 के चुनावों तक आते-आते पार्टी पहली बार लोकसभा में सबसे बड़े दल के रूप में उभरी, लेकिन इसके द्वारा बनाई गई सरकार कुछ ही समय तक चली। 1998 व 1999 के चुनावों में यह सबसे बड़े राजनीतिक दल के रूप में उभरकर सामने आई और दोनों बार इस दल ने अपनी गठबंधन सरकार बनाई। कालांतर में हिंदुत्व और राम जन्मभूमि के एजेंडे पर आगे बढ़ी बीजेपी ने अपने दम पर पूर्ण बहुमत का इतिहास रचा। प्रधानमंत्री नरेंद्र मोदी के नेतृत्व में 2014 में बीजेपी ने 282 सीटें जीतीं तो 2019 में उसकी सीटों का आँकड़ा 300 के पार चला गया। वर्तमान में श्री जे.पी. नड्डा इसके अध्यक्ष हैं। भाजपा भारतीय संसद में सबसे बड़ा राजनीतिक दल है।

□

# 34

# खालिस्तान आंदोलन

खालिस्तान आंदोलन एक सिख अलगाववादी आंदोलन था, जिसका मकसद सिखों के लिए एक अलग संप्रभु राष्ट्र 'खालिस्तान' (खालसा की सरजमीन) का निर्माण करना था। सिख अलगाववादियों द्वारा प्रस्तावित 'खालिस्तान राष्ट्र' में आज के प्रदेश पंजाब, हरियाणा, हिमाचल प्रदेश, दिल्ली और चंडीगढ़ शामिल थे।

1940 में खालिस्तान राष्ट्र का जिक्र पहली बार 'खालिस्तान' नामक एक पुस्तिका में किया गया था। 1947 के बाद प्रवासी सिखों के वित्तीय और राजनीतिक सहयोग तथा पाकिस्तान के समर्थन से खालिस्तान आंदोलन पंजाब में फलने-फूलने लगा। यह पहला अवसर था, जबकि पंजाब को भाषा के आधार पर अलग दिखाने की कोशिश हुई थी। इसी दौरान अकाली दल का भी गठन हुआ था। अपनी कार्यशैली के बल पर इस दल ने शीघ्र ही बेशुमार लोकप्रियता हासिल कर ली थी।

इतिहास के पन्ने पलटने पर ज्ञात होता है कि पंजाब समस्या की शुरुआत 1970 के दशक से अकाली राजनीति में खींचतान और अकालियों की पंजाब संबंधित माँगों के रूप में हुई थी। 1973 और 1978 ई. में अकाली दल ने 'आनंदपुर साहिब' प्रस्ताव पारित किया। मूल प्रस्ताव में सुझाया गया था कि भारत में केंद्र सरकार का केवल रक्षा, विदेश नीति, संचार और मुद्रा पर अधिकार हो, जबकि अन्य विषयों पर राज्यों को पूर्ण अधिकार प्राप्त हों। वे भारत के उत्तरी क्षेत्र में स्वायत्तता चाहते थे। उनकी निम्नलिखित माँगें थीं—

1. चंडीगढ़ केवल पंजाब की ही राजधानी हो।
2. पंजाबी भाषी क्षेत्र पंजाब में शामिल किए जाएँ।
3. नदियों के पानी के बँटवारे के मुद्दे पर उच्चतम न्यायालय की राय ली जाए।
4. 'नहरों के हेडवर्क्स' और पनबिजली बनाने के मूलभूत ढाँचे का प्रबंधन पंजाब के पास हो।
5. फौज में योग्यता के आधार पर भरती हो।

*जरनैल सिंह भिंडरावाले।*

6. सिखों की भरती पर लगी कथित रोक हटाई जाए।
7. अखिल भारतीय गुरुद्वारा कानून बनाया जाए।

इस प्रकार खालिस्तान की माँग के समर्थन में जबरदस्त प्रदर्शन शुरू हुए, किंतु पंजाबी भाषी लोगों की इस माँग को तत्कालीन प्रधानमंत्री इंदिरा गांधी ने खारिज कर दिया था। इंदिरा गांधी का कहना था कि "ये 'देशद्रोही' माँगें हैं।" यद्यपि 1966 में यह माँग

मान ली गई। भाषा के आधार पर पंजाब, हरियाणा और केंद्रशासित प्रदेश चंडीगढ़ की स्थापना हुई, लेकिन अलगाववादी इससे संतुष्ट नहीं हुए।

अत: 1980 के दशक में 'खालिस्तान' के तौर पर स्वायत्त राज्य की माँग ने जोर पकड़ लिया था। इस दौरान एक बदलाव आया, वह यह कि अकाली दल कमजोर पड़ने लगा, उसके स्थान पर 'दमदमी टकसाल' के जरनैल सिंह भिंडरावाले की पकड़ बढ़ने लगी। अपनी बढ़ती लोकप्रियता के कारण उसने इस आंदोलन को हिंसक मोड़ पर लाकर खड़ा कर दिया था।

जगजीत सिंह चौहान के अनुसार, "1971 के भारत-पाकिस्तान युद्ध के बाद पाकिस्तानी प्रधानमंत्री जुल्फिकार अली भुट्टो ने उसके साथ अपनी बातचीत के दौरान खालिस्तान बनाने में मदद का प्रस्ताव रखा था।"

जो भी हो, लेकिन यह माँग मानने योग्य नहीं थी। दरअसल यह वह माँग थी, जो भारत को खंडित करने की ताकत रखती थी। इसलिए सरकार ने खालिस्तान निर्माण की माँग को लेकर चलाए गए हिंसक आंदोलन की ही कमर तोड़ दी। हालाँकि, भारत को इसकी बड़ी कीमत चुकानी पड़ी, जिसका विवरण आगे के अध्यायों में दिया गया है। लेकिन यहाँ पर इतना तो कहा ही जा सकता है कि भारतमाता को विखंडित करनेवाली किसी भी माँग को शह नहीं दी जा सकती है।

□

# 35
# करिश्माई एन.टी. रामाराव

इस धरा पर भाँति-भाँति के मानव आते हैं और चले जाते हैं, परंतु कतिपय लोग अपने कृतित्व व व्यक्तित्व की अमिट छाप जनमानस के दिलोदिमाग पर छोड़ जाते हैं। फिल्म अभिनेता, निर्देशक, निर्माता, राजनेता, तेलुगु देशम पार्टी के संस्थापक व आंध्र प्रदेश के मुख्यमंत्री नंदमुरि तारक रामाराव उर्फ एन.टी.आर. का जादू आंध्र प्रदेश की राजनीति में ऐसा छाया कि लोग उन्हें भगवान् मानने लगे थे।

अपने राज्य आंध्र प्रदेश को कांग्रेस के आधिपत्य से दूर करने के लिए एन.टी. रामाराव ने 29 मार्च, 1982 को तेलुगु देशम पार्टी की स्थापना की। पार्टी की स्थापना के समय एन.टी.आर. ने कहा था—"राज्य में 1956 से सत्ता में रही कांग्रेस सरकार की नाकामियों की वजह से उन्होंने यह कदम उठाया है। पिछले पाँच साल में पाँच बार इन्होंने मुख्यमंत्री बदले हैं। एक स्थिर सरकार देने में कांग्रेस की नाकामी की वजह से तेलुगु देशम पार्टी का निर्माण करना पड़ा।"

उल्लेखनीय है कि आंध्र प्रदेश 1953 में अस्तित्व में आया था। तभी से राज्य की सत्ता कांग्रेस दल के हाथों में रही। यही नहीं, 1977 से 1982 के बीच राज्य में पाँच मुख्यमंत्री बदले गए। दरअसल, उस समय कांग्रेस अंतर्कलह के दौर से गुजर रही थी। इसके साथ ही, सरकार की यह अस्थिरता और 30 सालों से सत्ता पर असीन कांग्रेस का नकारापन भी अब राज्य की जनता को चुभने लगा था। इसलिए राज्य में सभी बदलाव चाहते थे। अर्थात् लोहा जब गरम था, तब एन.टी.आर. ने उस पर हथौड़ा मारा और निशाना सही स्थान पर जा लगा।

जब एन.टी. रामाराव ने अपनी राजनीतिक पारी की शुरुआत की, उस समय वे भारतीय सिनेमा के एक लोकप्रिय अभिनेता थे। उन्होंने अपने बलबूते पर 'तेलुगु देशम पार्टी' की नींव रखी। उसे एक मुकाम पर पहुँचाया। इसलिए कांग्रेस विरोधी एजेंडे पर कार्य करते हुए उन्हें अद्भुत सफलता मिली। यद्यपि इस पार्टी के गठन के मात्र 9 माह

*नंदमुरि तारक रामाराव उर्फ एन.टी.आर.।*

बाद ही चुनाव घोषित कर दिए गए। इतने कम समय में उस चुनाव में सफलता हासिल करना सचमुच बड़ा चुनौतीपूर्ण कार्य था, परंतु उन्होंने इस चुनौती को स्वीकार करके चुनावी रैलियों में जी-जान से मेहनत की। उनकी सभाओं में बड़ी तादाद में उभरती भीड़ को कांग्रेस ने ग्लैमर का नतीजा समझकर नजरअंदाज कर दिया था।

उनके विरोधियों ने उन्हें एक आत्ममुग्ध इनसान बताया तो खुद कांग्रेस अध्यक्षा और तत्कालीन प्रधानमंत्री इंदिरा गांधी ने एन.टी.आर. को 'एक राजनीतिक मजाक' बताया। यह सोच व रवैया कांग्रेस पर भारी पड़ा। एन.टी.आर. और उनके समर्थकों को कांग्रेस का उन पर यों हमला करना रास नहीं आया और इसका असर चुनाव के नतीजों में दिखा। आंध्र प्रदेश की कुल 292 विधानसभा सीटों पर चुनाव हुए, जिनमें से 202 सीटों पर टी.डी.पी. ने अपना झंडा गाड़ दिया। वहीं इंदिरा गांधी जैसी कद्दावर नेतावाली कांग्रेस 145 में से सिर्फ 60 सीटों तक सिमटकर रह गईं। एन.टी.आर. ने राज्य के 10वें और पहले गैर-कांग्रेसी मुख्यमंत्री के रूप में शपथ ग्रहण की। 1983 से 1994 के बीच वे तीन बार राज्य के मुख्यमंत्री चुने गए।

उनका राजनीतिक वजूद इस कदर मजबूत था कि उन्हें कोई भी सीधी टक्कर देने से बचता था। 1984-1989 के बीच रामाराव ने पार्टी को इतनी मजबूती प्रदान कर दी कि टी.डी.पी. केंद्र में मुख्य विपक्षी पार्टी बनी। केंद्रीय स्तर पर यह दर्जा प्राप्त करनेवाली देश की पहली राज्य स्तरीय पार्टी थी। इसके बाद लोगों के बीच उनकी लोकप्रियता में जबरदस्त वृद्धि हुई।

वर्ष 2013 में सी.एन.एन.-आई.बी.एन. के नेशनल पोल में उन्हें 'ग्रेटेस्ट इंडियन एक्टर ऑफ ऑल टाइम' के लिए चुना गया था। यह सर्वे भारतीय सिनेमा के सौ वर्ष पूरे होने के अवसर पर किया गया था। उन्हें 1968 में भारत सरकार ने 'पद्मश्री' सम्मान से नवाजा था।

1951 में फिल्मी दुनिया में कदम रखनेवाले रामाराव करीब तीन दशकों तक लगातार इससे जुड़े रहे। दक्षिण भारत के लोगों ने उन्हें अपने सिर-माथे पर रखा था। उनके व्यक्तित्व के करिश्माई जादू का असर एम.जी. रामचंद्रन, जयललिता और करुणानिधि के युग तक दृष्टिगत होता है।

□

# 36
# ऑपरेशन ब्लू स्टार

हिंसात्मक गतिविधियाँ आँखों पर पट्टी बाँधकर मानवता का कत्ल करती हैं। 1980–1984 के दरमियान पंजाब में आतंकी हिंसाओं का एक जबरदस्त तूफान आया। भिंडरावाले के नेतृत्व में समूचे पंजाब में अलगाववादी ताकतें सशक्त होने लगी थीं, जिन्हें पाकिस्तान सरकार से समर्थन प्राप्त हो रहा था। 1985 ई. में होनेवाले आम चुनाव से ठीक पहले इंदिरा गांधी इस समस्या को सुलझाना चाहती थीं।

अंतत: उन्होंने सिखों की धार्मिक भावनाएँ आहत करने के जोखिम को उठाकर भी इस समस्या का अंत करने का निश्चय किया और सेना को 'ऑपरेशन ब्लू स्टार' करने का आदेश दिया। स्वर्ण मंदिर को भिंडरावाले से मुक्त करवाने हेतु भारतीय सेना ने 1 जून, 1984 को ऑपरेशन शुरू किया, जिसका अंत 6 जून, 1984 को भारी गोलीबारी में जरनैल सिंह भिंडरावाले की मौत के साथ हुआ। 7 जून, 1984 को सेना ने स्वर्ण मंदिर पर नियंत्रण स्थापित कर लिया। इसके साथ ही इस समस्या का अंत हो गया, लेकिन विद्वानों का मानना है कि इस ऑपरेशन के उपरांत समस्या सुलझी नहीं, बल्कि इस कारवाई ने आग में घी डालकर उसे और भभका दिया था।

समय की बहती धारा से तनिक पीछे मुड़कर देखें तो ज्ञात होता है कि 13 अप्रैल, 1978 को अमृतसर में अकाली कार्यकर्ताओं और निरंकारियों के बीच एक हिंसक झड़प हुई थी, जिसमें 13 अकाली कार्यकर्ता मारे गए। इस घटना के विरोध में 'रोष दिवस' मनाया गया। इसमें सिख धर्म-प्रचार की संस्था के प्रमुख जरनैल सिंह भिंडरावाले ने बढ़-चढ़कर हिस्सा लिया। कतिपय विद्वान् इस घटना को पंजाब में चरमपंथ की शुरुआत के रूप में देखते हैं। इस संबंध में यह उल्लेखनीय है कि भारत की तत्कालीन प्रधानमंत्री इंदिरा गांधी पर सिख समुदाय में अकाली दल के जनाधार को घटाने के लिए जरनैल सिंह भिंडरावाले को परोक्ष रूप से प्रोत्साहन देने का आरोप लगाया जाता है।

*ऑपरेशन ब्लू स्टार, 1984 के कतिपय चित्र।*

कालांतर में जरनैल सिंह भिंडरावाले को ऐसा लगा कि अकाली दल भारत की राजनीतिक मुख्यधारा में रहकर पंजाब और सिखों की माँगों को ढुलमुल तरीके से रख रहा था। इस अवस्था में उसने अचानक अपना रुख कड़ा कर दिया। वह विवादास्पद राजनीतिक मुद्दों, खासकर के धर्म और उसकी मर्यादा पर नियमित तौर पर भाषण देने लगा। उसके भाषणों से पंजाब में हिंसक घटनाएँ बढ़ने लगीं। सितंबर 1981 में हिंदी समाचार-पत्र 'पंजाब केसरी' अखबार समूह के संपादक लाला जगत नारायण की हत्या

कर दी गई। जालंधर, तरन तारन, अमृतसर, फरीदकोट और गुरदासपुर में हुई हिंसक घटनाओं में कई लोगों की जानें गईं। इन हालातों में भिंडरावाले पर हिंसक गतिविधियों को बढ़ावा देने के आरोप तो लगे, परंतु पर्याप्त सबूत नहीं होने के कारण पुलिस उसके खिलाफ काररवाई करने से बचती रही थी, लेकिन जैसे ही पुलिस को कुछ सबूत मिले, उसने सितंबर 1981 में भिंडरावाले को मेहता चौक गुरुद्वारे के सामने गिरफ्तार कर लिया। अतः उसके समर्थकों ने इसका विरोध किया। वहाँ एकत्र भीड़ और पुलिस के बीच गोलीबारी हुई और ग्यारह व्यक्तियों की मौत हो गई। इसके साथ ही पंजाब में हिंसा की आग ने फैलना शुरू कर दिया।

कुछ ही दिन के बाद सिख छात्र संघ के सदस्यों ने एयर इंडिया के विमान का अपहरण कर लिया। भिंडरावाले को जनसमर्थन मिलता देख अकाली दल के नेता भी उसके समर्थन में खड़े होने लगे। जुलाई 1982 में सिख अकाली दल के अध्यक्ष हरचंद सिंह लोंगोवाल ने जरनैल सिंह भिंडरावाले को गिरफ्तारी से बचने के लिए स्वर्ण मंदिर परिसर में निवास करने के लिए आमंत्रित किया था। अस्तु, भिंडरावाले ने पवित्र मंदिर परिसर को एक शस्त्रागार और मुख्यालय में बदल दिया।

यहाँ पर यह उल्लेख करना समयोचित होगा कि उन्हीं दिनों अकाली दल ने सतलुज-यमुना लिंक नहर निर्माण के खिलाफ 'नहर रोको मोरचा' छेड़ रखा था, जिसके तहत अकाली कार्यकर्ता लगातार गिरफ्तारियाँ दे रहे थे। इसी बीच स्वर्ण मंदिर परिसर से भिंडरावाले ने अपने साथी अखिल भारतीय सिख छात्र संघ के प्रमुख अमरीक सिंह की रिहाई के लिए नया अभियान शुरू किया। एकता स्थापित करने के उद्देश्य से अकाली दल के नेताओं ने अपने मोरचे को भिंडरावाले के मोरचे के साथ मिला दिया।

पंजाब में क्रमशः हिंसक घटनाओं की संख्या बढ़ने लगी। आंदोलनकारियों ने पटियाला के पुलिस उपमहानिरीक्षक के दफ्तर में बम विस्फोट कर दिया। पंजाब के तत्कालीन मुख्यमंत्री दरबारा सिंह पर भी हमला हुआ। अप्रैल 1983 में पंजाब के पुलिस उपमहानिरीक्षक ए.एस. अटवाल को हरिमंदिर साहब परिसर में दिनदहाड़े गोली मार दी गई। सैकड़ों हथियारबंद सुरक्षाकर्मियों के सख्त घेरे में वह हथियारों का जखीरा स्वर्ण मंदिर परिसर में एकत्र करने लगा। ऐसी स्थिति में पुलिस का मनोबल गिरता चला गया। कुछ महीने बाद पंजाब रोडवेज की एक बस में घुसे बंदूकधारियों के द्वारा जालंधर के पास हिंदू समुदाय के कई लोगों को मार दिया गया।

इन हिंसक गतिविधियों को नियंत्रित करने में जब पंजाब सरकार नाकाम साबित होने लगी तो प्रधानमंत्री इंदिरा गांधी की सरकार ने पंजाब में दरबारा सिंह की कांग्रेस सरकार को बरखास्त करके पंजाब में राष्ट्रपति शासन लागू कर दिया। इसके बाद भी पंजाब की स्थिति निरंतर बेकाबू होती गई। मार्च 1984 तक घटित विभिन्न हिंसक

घटनाओं में 297 लोग मारे जा चुके थे। इंदिरा गांधी सरकार की अकाली नेताओं के साथ तीन बार बातचीत हुई। फरवरी 1984 में आखिरी चरण की बातचीत उस समय विफल हो गई, जब हिंसक घटनाओं का दौर हरियाणा में भी प्रारंभ हो गया।

1 जून को भी स्वर्ण मंदिर परिसर और उसके बाहर तैनात केंद्रीय रिजर्व आरक्षी बल के बीच गोलीबारी हुई। अस्तु, जरनैल सिंह भिंडरावाले का कोर्ट मार्शल किया गया तो मेजर जनरल सुभेग सिंह और सिख स्टूडेंट्स फेडरेशन ने स्वर्ण मंदिर परिसर के चारों तरफ मोरचाबंदी कर ली थी। उन्होंने मंदिर के अंदर भारी मात्रा में आधुनिक हथियार और गोला-बारूद भी जमा कर लिये थे।

अस्तु, तत्कालीन इंदिरा गांधी सरकार ने इस समस्या के समाधान के विभिन्न विकल्पों को तलाशना प्रारंभ कर दिया। काफी विचार-विमर्श के उपरांत यह सुनिश्चित किया गया कि सर्वप्रथम भिंडरावाले को स्वर्ण मंदिर से बाहर निकाला जाए। इस कार्य हेतु 'ऑपरेशन सनडाउन' बनाया गया। 200 कमांडोज को इस कार्य के लिए विधिवत् प्रशिक्षित किया गया। लेकिन बाद में, जब यह आशंका हुई कि इस अभियान से आम नागरिकों को ज्यादा नुकसान हो सकता है, इस ऑपरेशन को निरस्त कर दिया गया।

पुनः इस समस्या के विभिन्न पहलुओं पर विचार करने के उपरांत तत्कालीन प्रधानमंत्री इंदिरा गांधी के कहने पर 'ऑपरेशन ब्लू स्टार' नामक एक मुहिम तैयार की गई। अतः स्वर्ण मंदिर को भिंडरावाले से मुक्त करवाने हेतु भारतीय सेना ने 1-6 जून, 1984 के मध्य यह ऑपरेशन संचालित किया, जिसके तहत पंजाब की समस्त रेल, सड़क और वायु यातायात सेवा को रोक दिया गया। स्वर्ण मंदिर में पानी और बिजली की आपूर्ति को बंद कर दिया गया।

3 जून, 1984 को भारतीय सेना ने अमृतसर पहुँचकर स्वर्ण मंदिर परिसर को घेर लिया। शाम से ही शहर में कर्फ्यू लगा दिया गया। 4 जून को सेना ने गोलीबारी शुरू कर दी, ताकि मंदिर में मौजूद मोरचाबंद चरमपंथियों के हथियारों और गोला-बारूद का अंदाजा लगाया जा सके। इस गोलीबारी के जवाब में चरमपंथियों की ओर से इसका इतना तीखा जवाब मिला कि 5 जून को सरकार द्वारा बख्तरबंद गाड़ियों और टैंकों का इस्तेमाल करने का निर्णय लिया गया।

5 जून की रात को सेना और सिख चरमपंथियों के बीच असली भिड़ंत शुरू हुई। इसमें भीषण खून-खराबा हुआ, लेकिन अकाली तख्त पूरी तरह तबाह हो गया। उल्लेखनीय है कि अकाल तख्त धार्मिक दृष्टि से बहुत महत्त्वपूर्ण था, क्योंकि उसे मुगल तख्त से ऊँचा दर्जा दिया गया था। इस अभियान के दौरान स्वर्ण मंदिर पर भी गोलियाँ चलीं।

6 जून, 1984 को भारी गोलीबारी हुई, जिसमें जरनैल सिंह भिंडरावाले मारा गया। अमृतसर स्थित हरिमंदिर साहिब परिसर के अंदर से उसका शव बरामद कर लिया गया। 7 जून, 1984 को स्वर्ण मंदिर पर सेना का नियंत्रण स्थापित हो गया। उल्लेखनीय है कि कई सदियों में पहली बार ऐसा हुआ, जबकि 6, 7 और 8 जून, 1984 को लगातार तीन दिनों तक स्वर्ण मंदिर में पाठ नहीं हो पाया। इस मुठभेड़ में ऐतिहासिक दृष्टि से महत्त्वपूर्ण सिख पुस्तकालय भी जलकर राख हो गया।

इस काररवाई से जहाँ पंजाब समस्या पूरे विश्व में चर्चित हो गई, वहीं इससे सिख समुदाय की भावनाएँ आहत हुईं। अनेक पर्यवेक्षक मानते हैं कि इस कदम ने समस्या को और जटिल बना दिया। इस ऑपरेशन के बाद सिख समुदाय के लोग इंदिरा गांधी सरकार के खिलाफ खड़े हो गए। कैप्टन अमरिंदर सिंह समेत कई सिख नेताओं ने कांग्रेस दल से अपना इस्तीफा दे दिया। खुशवंत सिंह समेत कई लेखकों ने अपने अवार्ड सरकार को वापस कर दिए।

भारत सरकार द्वारा जारी श्वेतपत्र के अनुसार, इस ऑपरेशन के दौरान 83 सैनिक मारे गए और 249 घायल हुए। इसके साथ ही इस मुहिम के दौरान 493 चरमपंथी या आम नागरिक मारे गए, 86 घायल हुए और 1,592 को गिरफ्तार किया गया। इन आँकड़ों को कतिपय लोग सत्य से परे मानते हैं।

□

# 37

# प्रधानमंत्री इंदिरा गांधी की हत्या

राजनीति विज्ञान के विश्लेषक मानते हैं कि 'ऑपरेशन ब्लू स्टार' इंदिरा गांधी की सबसे बड़ी राजनीतिक हार साबित हुआ। इस घटना के उपरांत सिखों और कांग्रेस पार्टी के बीच एक गहरी खाई पैदा हो गई थी। 'ऑपरेशन ब्लू स्टार' के कारण आहत सिखों की धार्मिक भावनाओं का दुष्परिणाम 31 अक्तूबर, 1984 को इंदिरा गांधी की नृशंस हत्या के रूप में सामने आया।

उल्लेखनीय है कि 31 अक्तूबर, 1984 को सुबह 9:29 बजे जब इंदिरा गांधी अपने नई दिल्ली के सफदरगंज रोड स्थित अपने आवास पर ब्रिटिश अभिनेता पीटर उस्तीनोव को आयरिश टेलीविजन के लिए एक वृत्तचित्र फिल्माने हेतु अपना साक्षात्कार देने के लिए गेट से बाहर निकल रही थीं, तभी उनके दो सिख अंगरक्षकों में से एक बेअंत सिंह नामक अंगरक्षक ने उन पर तीन बार गोली चलाई। अगले ही क्षण दूसरे अंगरक्षक सतवंत सिंह ने भी स्टेन कारबाईन से उन पर क्रमश: बाईस गोलियाँ दाग दी थीं।

गोलियों की आवाज सुनकर वहाँ पर तुरंत पहुँचे अन्य सुरक्षाकर्मियों ने बेअंत सिंह को वहीं पर मार गिराया और जबकि 22 वर्षीय सतवंत सिंह को गिरफ्तार कर लिया।

प्रधानमंत्री इंदिरा गांधी के लहूलुहान शरीर को उन्हीं की सरकारी कार से तुरंत अस्पताल ले जाया गया, लेकिन रास्ते में ही उन्होंने दम तोड़ दिया।

अखिल भारतीय आयुर्विज्ञान संस्थान में डॉक्टरों ने उनका पोस्टमार्टम किया। उनके शरीर में 29 जख्म पाए गए। कुछ बयानों में यह भी कहा गया कि उनके शरीर से 31 बुलेटों को निकाला गया था। दिन के करीब 2:20 बजे उन्हें मृत घोषित कर दिया गया। देश में कानून व्यवस्था न बिगड़े, इसलिए कई घंटों तक उनकी मृत्यु की खबर को दबाए रखा गया, लेकिन ऐसी खबरें तो हवा की भाँति उठती हैं। दीवारें भी चुगली करती हैं। वैसे भी यह एक संवेदनशील खबर थी। देश की प्रधानमंत्री को उनके ही निवासस्थल पर दिन-दहाड़े मार देना अत्यधिक घृणित व घिनौना कृत्य था।

*नई दिल्ली के इंदिरा गांधी मेमोरियल में स्थित वह स्थान, जहाँ प्रधानमंत्री श्रीमती इंदिरा गांधी की हत्या की गई थी।*

*प्रियदर्शिनी श्रीमती इंदिरा गांधी*
*(19 नवंबर, 1917–31 अक्तूबर, 1984)*

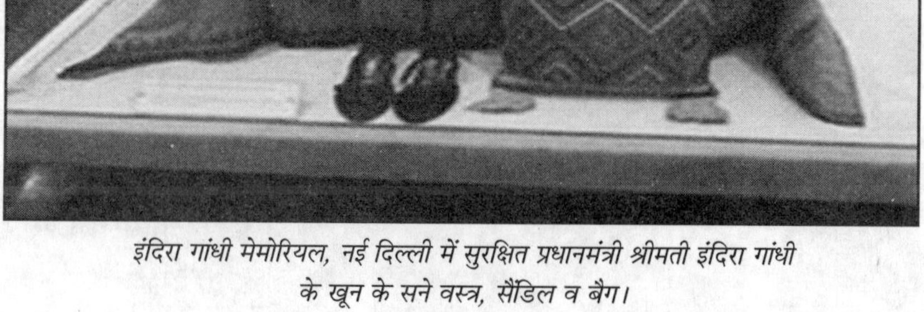

*इंदिरा गांधी मेमोरियल, नई दिल्ली में सुरक्षित प्रधानमंत्री श्रीमती इंदिरा गांधी के खून के सने वस्त्र, सैंडिल व बैग।*

दरअसल, उनकी हत्या बदले की आग का नतीजा थी, इसलिए उनकी हत्या की खबर फैलते ही देश के कई हिस्सों में सिख विरोधी दंगे भड़के उठे। इन दंगों में हजारों लोगों की जान गई।

उल्लेखनीय है कि 'ऑपरेशन ब्लूस्टार' के बाद प्रधानमंत्री गांधी के जीवन को खतरा उत्पन्न हो गया था, इसलिए उनके आवासस्थल से निजी अंगरक्षक सिख टुकड़ी को आसूचना ब्यूरो द्वारा हटा दिया गया था, लेकिन इंदिरा गांधी के कहने पर उनके विशेष सुरक्षा दल ने सिख अंगरक्षकों को फिर से बहाल करने का आदेश दिया, जिसमें बेअंत सिंह भी शामिल था। इस निर्णय की तह में इंदिरा गांधी की राय थी कि 'इससे उनकी सिख विरोधी छवि जनता के बीच मजबूत होगी और उनके राजनीतिक विरोधियों को मजबूती मिलेगी।'

सर्वविदित है कि जरनैल सिंह भिंडरावाले और उनके सशस्त्र अनुयायियों को हटाने के लिए इंदिरा गांधी ने कठोर काररवाई की थी। इस मुठभेड़ से सिख धर्म के प्रमुख तख्त, अकाल तख्त को भी नुकसान पहुँचा था। भीषण जान-माल का नुकसान हुआ। अकाल तख्त का भवन, जोकि धार्मिक दृष्टि से बहुत महत्त्वपूर्ण था, उसे गंभीर रूप से नुकसान हुआ था। हालाँकि, इस काररवाई के पश्चात् भारत सरकार द्वारा इसे पुनर्निर्मित किया गया। रिपोर्टों के अनुसार, स्वर्ण मंदिर पर भी गोलियाँ चलीं। ऐतिहासिक दृष्टि से महत्त्वपूर्ण सिख पुस्तकालय जल गया। 493 चरमपंथी या आम नागरिक मारे गए, 86 घायल हुए और 1,592 को गिरफ्तार किया गया। स्वर्ण मंदिर परिसर में हुई इस समूची सैन्य काररवाई की दुनिया भर के सिखों ने आलोचना कर अपना आक्रोश जताया था।

1 नवंबर, 1984 की सुबह उनका शव अखिल भारतीय आयुर्विज्ञान संस्थान से तीन मूर्ति भवन ले जाया गया, जहाँ उनके शव को जनता के दर्शनार्थ रखा गया। 3 नवंबर को राजघाट के पास उनका अंतिम संस्कार किया गया। इस स्थान का नाम 'शक्तिस्थल' रखा गया। उनके बड़े बेटे और राजनीतिक उत्तराधिकारी राजीव गांधी ने उनकी चिता को अग्नि दी। कालांतर में उन्हीं ने अपनी माँ श्रीमती इंदिरा गांधी की राजनीतिक विरासत को सँभालते हुए देश के छठे प्रधानमंत्री का कार्यभार ग्रहण किया।

□

# 38

# सिख विरोधी दंगे

प्रतिशोध अपनी हर सूरत में बुरा ही होता है। वजह जो भी हो, लेकिन जब कभी प्रतिशोध की आग फैलती है तो वह कई बेकसूरों को राख में तब्दील कर देती है। 31 अक्तूबर, 1984 को प्रधानमंत्री श्रीमती इंदिरा गांधी के हत्या की प्रतिक्रिया स्वरूप उपजे सिख विरोधी दंगों में भी यही हुआ। उनके ही सिख अंगरक्षकों ने धार्मिक उन्माद के शिकंजे में फँसकर देश की प्रधानमंत्री को उनके ही घर में सरेआम गोलियों से भून डाला। उनका दोष यह था कि उन्होंने सिख अलगाववादियों को स्वर्ण मंदिर से निकालने हेतु 'ऑपरेशन ब्लूस्टार' का आदेश दिया था।

देश की लोकप्रिय नेता की हत्या की खबर जैसे ही फैली, लोग अनियंत्रित हो गए। उसी वक्त अखिल भारतीय आयुर्विज्ञान संस्थान के आसपास भीड़ ने 'खून के बदले खून' जैसे नारे लगाने शुरू कर दिए। शाम को 17:20 पर राष्ट्रपति जैल सिंह मृत प्रधानमंत्री को देखने अस्पताल पहुँचे तो भीड़ ने उनकी कार पर पथराव किया।

अनियंत्रित भीड़ ने सिखों के साथ मारपीट करना शुरू कर दिया। उन्हें कारों और बसों से बाहर निकाल-निकालकर जिंदा जला दिया। 31 अक्तूबर को एम्स के आसपास के क्षेत्र से शुरू हुई हिंसा धीरे-धीरे देश के कई स्थानों में फैलने लगी। भीड़ में अधिकांश लोग भावुक प्रकृति के थे। वे कम पढ़े-लिखे होने से भावनाओं में बहकर कानून को अपने हाथ में ले रहे थे।

31 अक्तूबर की रात के दौरान नरसंहार शुरू होने से पहले हमलावरों ने सिखों के घरों को 'एस' के साथ चिह्नित कर दिया। फिर उन चिह्नित घरों में आग लगा दी। उनके निशाने पर खासतौर पर गुरुद्वारे थे। इन दंगों से सबसे अधिक प्रभावित क्षेत्र दिल्ली के त्रिलोकपुरी, शाहदरा, गीता कॉलोनी, मंगोलपुरी, सुल्तानपुरी और पालम कॉलोनी जैसे कम आयवाले क्षेत्र थे। फर्श बाजार और करोल बाग में भी कुछ हत्याएँ और हिंसा की छिटपुट घटनाएँ देखी गई थीं। दरअसल, उन्हीं इलाकों में हिंसा व हत्या की घटनाएँ ज्यादा हुईं, जहाँ पर सिख समुदाय की बहुलता थी।

*1984 : सिख विरोधी दंगों की कुछ तसवीरें।*

दंगाई हिंसक भीड़ ने लोहे की छड़ें, चाकू व तलवारों से सिखों की अंधाधुंध हत्या की। उनके घरों और दुकानों को मिट्टी के तेल और पेट्रोल से जला दिया। सशस्त्र भीड़ ने दिल्ली और उसके आसपास बसों और ट्रेनों को रोक दिया। सिख पुरुषों को उनकी पगड़ी और दाढ़ी तथा सिख महिलाओं को उनके पहनावे से पहचानकर उन्हें उनके घरों से खींचकर उनकी हत्या कर दी गई। कई स्थानों पर सिख महिलाओं के साथ सामूहिक बलात्कार किया गया। सिखों पर तेजाब भी फेंकने की घटनाएँ घटित हुईं।

स्थिति को नियंत्रित करने के लिए सरकार ने दिल्ली में कर्फ्यू लागू करने की घोषणा करके सेना तैनात कर दी। 3 नवंबर की शाम तक सेना और स्थानीय पुलिस इकाइयाँ मिलकर हिंसा को कम करने का प्रयास करती रहीं। अंततः तीन–चार दिनों में दंगों पर नियंत्रण स्थापित किया जा सका। दंगों के बाद सरकार ने बताया कि 20,000 सिख शहर छोड़कर भाग गए थे। सबसे अधिक प्रभावित क्षेत्र दिल्ली के सिख मोहल्ले थे। मानवाधिकार संगठनों और समाचार–पत्रों का मानना था कि "यह एक सुनियोजित नरसंहार था।"

31 अक्तूबर, 1984 से 10 नवंबर, 1984 तक पीपल्स यूनियन फॉर डेमोक्रेटिक राइट्स और पीपल्स यूनियन फॉर सिविल लिबर्टीज ने दंगा पीड़ितों, पुलिस अधिकारियों, पीड़ितों के पड़ोसियों, सेना के कर्मियों और राजनीतिक नेताओं का साक्षात्कार किया, जिसमें यह निष्कर्ष निकाला कि दिल्ली में सिख समुदाय बहुल क्षेत्रों और उसके उपनगरों में इस अवधि के दौरान हुए हमले 'पागलपन' की एक सहज अभिव्यक्ति थी, जो अपने लोकप्रिय नेता की हत्या से उपजे 'दुःख और क्रोध' की प्रतिक्रिया थी।" तदुपरांत यह कहा जा सकता है कि इन दंगों में मानवाधिकारों का घोर उल्लंघन हुआ था।

कालांतर में इस हत्या के बाद भड़के सिख विरोधी दंगों से कांग्रेस और सिखों के बीच की खाई और गहरी हो गई। परिणामस्वरूप एक बार फिर स्वर्ण मंदिर व दरबार साहिब का नियंत्रण शिरोमणि गुरुद्वारा प्रबंधक कमेटी को सौंप दिया गया

□

# 39
# बोफोर्स कांड

जीवन का यह दस्तूर है कि सकारात्मक कार्य भले ही समय की गर्द में छुप जाए, परंतु बुरे कार्य कभी-न-कभी किसी-न-किसी रूप में जमाने के सामने आ ही जाते हैं। 16 अप्रैल, 1987 को भी यही हुआ। स्वीडन के रेडियो ने खुलासा किया कि 'स्वीडन की हथियार कंपनी बोफोर्स ने भारतीय सेना को तोपें सप्लाई करने का सौदा हथियाने के लिए 80 लाख डॉलर की दलाली चुकाई थी।' इस समाचार के बाद भारत में हड़कंप मच गया। उस समय भारत के प्रधानमंत्री पद पर स्वर्गीय राजीव गांधी पदासीन थे। आरोप लगाया गया कि राजीव गांधी परिवार के नजदीकी बताए जानेवाले इतालवी व्यापारी ओत्तावियो क्वात्रोची को फायदा पहुँचाने के लिए यह सौदा किया गया था। इस मामले में उन्हें बिचौलिए की भूमिका अदा करने के बदले में दलाली की रकम का बड़ा हिस्सा मिला था। इस समूचे प्रकरण को 'बोफोर्स घोटाला' या 'बोफोर्स कांड' के नाम से जाना जाता है।

उस समय वी.पी. सिंह राजीव गांधी के मंत्रिमंडल में रक्षामंत्री थे। उनकी पहल पर ही रक्षा मंत्रालय में इन रक्षा सौदों की जाँच शुरू हुई, जिसके फलस्वरूप सत्यता की परतें प्याज के छिलके की भाँति एक के बाद एक खुलती गईं। अंत में यह पूरा प्रकरण बोफोर्स घोटाले के रूप में दुनिया के सामने आया, जिसमें यह पाया गया कि 'कुल चार सौ बोफोर्स तोपों की खरीद का सौदा 1.3 अरब डॉलर का था। आरोप है कि स्वीडन की हथियार कंपनी बोफोर्स ने भारत के साथ सौदे के लिए 1.42 करोड़ डॉलर की रिश्वत बाँटी थी।'

बोफोर्स कांड उजागर होने के बाद तत्कालीन प्रधानमंत्री राजीव गांधी की काफी आलोचना हुई। उन पर भ्रष्टाचार के आरोप लगाए गए। इस दौरान हालाँकि प्रधानमंत्री के रूप में वे बमुश्किल दो साल ही सरकार चला पाए, लेकिन इस घोटाले को उजागर करने के कारण विश्वनाथ प्रताप सिंह देश के समक्ष हीरो बन गए।

इसके पहले वित्तमंत्री रहते हुए भी उन्होंने टैक्स चोरी करनेवालों के खिलाफ काफी कड़े कदम उठाए थे। उद्योगपति धीरूभाई अंबानी और प्रख्यात अभिनेता अमिताभ बच्चन के यहाँ छापे पड़वाए, जिससे समूचे देश में हंगामा मच गया था।

*बोफोर्स तोप के चित्र।*

*प्रधानमंत्री राजीव गांधी व रक्षामंत्री वी.पी. सिंह।*

*प्रधानमंत्री राजीव गांधी पर आरोप।*

*मुख्य आरोपी ओत्तावियो क्वात्रोची।*

इस घोटाले को उजागर करने के कारण वी.पी. सिंह को उस समय तो अपने मंत्री पद से हाथ धोना पड़ा, पर कालांतर में सियासी घटनाक्रम बदलता गया तो उन्होंने कांग्रेस पार्टी और लोकसभा की सदस्यता से भी इस्तीफा दे दिया। देश में आम चुनावों की घोषणा हो गई। वी.पी. सिंह ने कांग्रेस विरोधी दलों के साथ हाथ मिलाया। जनता दल को चुनाव में बहुमत मिला और वी.पी. सिंह 26 दिसंबर, 1989 को प्रधानमंत्री पद पर आसीन हो गए।

उल्लेखनीय है कि यह एक ऐसा मुद्दा था, जिस पर 1989 में राजीव गांधी की सरकार तो चली गई थी, परंतु विश्वनाथ प्रताप सिंह की सरकार भी बोफोर्स दलाली का सच सामने लाने में विफल रही थी।

केंद्रीय जाँच ब्यूरो ने इस प्रकरण की जाँच में निम्नलिखित आरोप लगाए थे—

1. इस प्रकरण की प्रथम सूचना रिपोर्ट करने में अत्यधिक देरी हुई।
2. अनुरोध-पत्र भेजने में देरी की गई।
3. 2004 में दिल्ली उच्च न्यायालय के निर्णय के विरुद्ध अपील नहीं की गई।
4. क्वात्रोची के लंदन के बैंक खाते को पुनः चालू कर दिया गया।
5. अर्जेंटीना से क्वात्रोची के प्रत्यार्पण के लिए एक बहुत ही कमजोर केस बनाया गया।
6. इसके बाद भी निचली अदालत के फैसले के खिलाफ कोई अपील नहीं की गई।
7. इंटरपोल रेड कॉर्नर नोटिस को वापस ले लिया गया।
8. अंततः क्वात्रोची के खिलाफ मुकदमे को वापस ले लिया गया।

इस मामले में केंद्रीय जाँच ब्यूरो ने जिस तरह से अपनी भूमिका का निर्वहन किया, उसकी विशेषज्ञों, सामाजिक कार्यकर्ताओं, राजनीतिक दलों और अन्य लोगों ने बड़े पैमाने पर आलोचना की थी। समय-समय पर यह मुद्दा देश में राजनीतिक तूफान लाता रहा। इस प्रकरण के उजागर होते ही जिस तरह की राजनीतिक हलचल शुरू हुई, उससे यह साफ है कि बोफोर्स प्रकरण आज भी भारत में एक बड़ा राजनीतिक मुद्दा है।

□

# 40

# 'ऑपरेशन पवन' व राजीव गांधी की हत्या

कई दफा हमें अपनी सरहदों के उस पार अपनों की सुरक्षा व शांति स्थापना के लिए कार्य करना पड़ता है। 11 अक्तूबर, 1987 को भारतीय शांति सेना को भी एक ऐसी ही मुहिम छेड़नी पड़ी। यह मुहिम न तो पाकिस्तान के खिलाफ थी, न चीन के खिलाफ और न ही नागा विद्रोहियों या नक्सलियों के खिलाफ थी, बल्कि यह वह सैनिक अभियान था, जो भारतीय सेना ने श्रीलंका में जाफना को लिट्टे के कब्जे से मुक्त कराने के लिए शुरू किया था। इसी अभियान को 'ऑपरेशन पवन' कहा गया।

इस सैनिक अभियान को 'ऑपरेशन पवन' कहने के पीछे मुख्य वजह यही थी कि पवन के सहारे श्रीलंका में फँसे भारतीयों को सहारा दिया गया था। यानी हवाई मार्ग से जरूरतमंदों की मदद की जा सकने की योजना बनाई गई थी। इस मदद की पृष्ठभूमि में भारत और श्रीलंका के बीच 29 जुलाई, 1987 को हुआ वह शांति समझौता था, जिसमें भारत के तत्कालीन प्रधानमंत्री राजीव गांधी और श्रीलंका के तत्कालीन राष्ट्रपति जे.आर. जयवर्धने ने हस्ताक्षर किए थे।

इस समझौते में श्रीलंका में जारी गृहयुद्ध को खत्म करना प्रावधानित था। इसके लिए श्रीलंका सरकार तमिल बहुल क्षेत्रों से सेना को बैरकों में बुलाने और नागरिक सत्ता को बहाल करने पर राजी हो गई थी, वहीं दूसरी ओर तमिल विद्रोहियों से उनके आत्मसमर्पण के लिए बातचीत की गई, लेकिन कतिपय कारणों से उन्हें इस समझौते की बैठक में शामिल नहीं किया गया था।

वस्तुतः श्रीलंका में शांति भंग होने की समस्या की जड़ में वहाँ के निवासी सिंघली व तमिलों के बीच का द्वंद्व था, इसलिए औपचारिक तौर पर सिर्फ तमिलों को किसी निर्णायक बैठक में शामिल करना समयोचित नहीं था। दरअसल, तमिल लोग वहाँ पर अल्पसंख्यकों के रूप में बसे हैं। उनके पूर्वज भारत के मूल निवासी हैं। इसलिए सिंहली उनको अपने देश से बेदखल करना चाहते थे, ताकि देश के समूचे संसाधनों पर उनका

कब्जा हो सके। आँकड़े बताते हैं कि श्रीलंका की सिंघली बहुल सरकार तमिलों के हितों की अनदेखी करती आई है। सरकार व व्यवस्था के इन कृत्यों से तमिलों में असंतोष की भावना इतनी बढ़ती गई कि उसने विद्रोह का रूप धारण कर लिया। कालांतर में उनकी यह उग्रता स्वतंत्र राज्य 'तमिल ईलम' की माँग के रूप में सामने आई।

*भारत–श्रीलंका शांति समझौता व 'ऑपरेशन पवन' के कतिपय चित्र।*

श्रीलंका सरकार ने 'तमिल ईलम' की इस माँग को न सिर्फ नजरअंदाज किया, बल्कि तमिलों के असंतोष को दबाने का भरसक प्रयास भी किया। इस दमन चक्र का परिणाम यह हुआ कि श्रीलंका से भागकर तमिल नागरिक भारत के तमिलनाडु राज्य में आकर बतौर शरणार्थी शरण लेने लगे। यह स्थिति भारत के लिए अनुकूल नहीं थी। इसलिए श्रीलंका के साथ हुए समझौते के तहत 'इंडियन पीस कीपिंग फोर्स' का श्रीलंका जाना तय हुआ। जहाँ उसे शांति स्थापना के दायित्व का निर्वहन करना था, ताकि श्रीलंका से भारत की ओर शरणार्थियों का आना रुक जाए।

'भारतीय शांति सेना' ने सभी उग्रवादियों से हथियार डालने का दबाव बनाया, जिसमें वह काफी हद तक सफल भी हुई, लेकिन तमिल ईलम का उग्रवादी संगठन लिट्टे यानी लिबरेशन टाइगर्स ऑफ तमिल ईलम ने धोखा दे दिया। उसने पूरी तरह से हथियार न डालकर अपनी नीति बदल ली। उसने आत्मघाती दस्तों का गठन करके गुरिल्ला युद्ध का रास्ता अपना लिया।

ऐसी स्थिति में भारतीय शांति सेना की भूमिका में भी बदलाव करना पड़ा। 23 जुलाई, 1983 को लिट्टे के गुरिल्ला सैनिकों ने 13 श्रीलंकाई सैनिकों को मार दिया। अगले दिन वहाँ तमिलों के खिलाफ बड़े पैमाने पर हिंसा भड़क गई, जो अंततोगत्वा गृहयुद्ध में तब्दील हो गई। अपनी जान बचाने के लिए लाखों तमिल समुद्र के रास्ते भारत में दाखिल हो गए।

ऐसी स्थिति में भारत का चिंतित होना स्वाभाविक था। इस समय भारत के तमिल शरणार्थियों की समस्या तो थी ही, साथ में यह दुष्प्रचार भारत के लिए सिरदर्द बन गया, जिसमें यह कहा गया था कि भारतीय सेना और तमिल पुलिस द्वारा लिट्टे को प्रशिक्षण और हथियार दिए गए थे, जिनके बल पर लिट्टे भारतीय तमिलों के लिए अलग देश बनाने की प्रक्रिया को अंजाम देने की कार्ययोजना बनाना चाहते थे।

दूसरी तरफ, जयवर्धने का अमेरिका की ओर बढ़ता झुकाव भी भारत के लिए एक चिंतनीय विषय बनकर सामने आया। सर्वविदित है कि श्रीलंका में अमेरिकी हस्तक्षेप का मतलब है, अमेरिकी सैनिकों का वहाँ अड्डा बना लेना, जोकि भारत के दक्षिण एशिया में अपने वर्चस्व के लिए चुनौतीपूर्ण था। इसी समय तमिलनाडु के तत्कालीन मुख्यमंत्री एम.जी. रामचंद्रन ने भी केंद्र सरकार पर दबाव डालना प्रारंभ कर दिया कि वह तमिल समस्या का शीघ्रातिशीघ्र समाधान करे।

1986 के अंत में श्रीलंकाई सरकार और लिट्टे समर्थकों के मध्य जबरदस्त भिड़ंत हो गई। लिट्टे को विश्व भर के तमिलों से सहानुभूतिवश आर्थिक सहारा मिलने लगा। कुछ विदेशी एजेंसियाँ भी उसे समर्थन दे रही थीं। जनवरी 1987 में श्रीलंकाई सरकार ने लिट्टे और तमिलों के गढ़ जाफना में मिलिटरी शासन लागू कर उसकी घेराबंदी कर

ली। धीरे-धीरे हालात बद से बदतर होने लगे। श्रीलंकाई सेना ने लिट्टे को खत्म करने के लिए हवाई हमले शुरू कर दिए, जिसकी चपेट में जाफना के बेगुनाह तमिल नागरिक भी आ गए। भारत सरकार ने श्रीलंका से तमिलों के खिलाफ हिंसा रोकने की अपील के साथ उसे चेतावनी भी दी।

अस्तु, इन सारे हालातों में भारत को श्रीलंका की समस्या में हस्तक्षेप करने के लिए मजबूर होना पड़ा। भारत ने जाफना के तमिलों के लिए समुद्र के रास्ते आवश्यक सहायता सामग्री भेजनी चाही, लेकिन श्रीलंकाई सैनिकों ने इस सहायता सामग्री को रास्ते में ही रोक दिया। अस्तु, भारत के लिए यह प्रतिष्ठा का विषय बन गया। इसलिए भारत ने हवाई मार्ग से जाफना के तमिलों को सहायता पहुँचाने की घोषणा कर दी। साथ में यह भी कह दिया कि उसके विमानों पर हमला युद्ध का ऐलान माना जाएगा।

अस्तु, दबाव में आकर श्रीलंका सरकार लिट्टे से समझौता करने पर राजी हो गई। जुलाई 1987 में भारत सरकार की मध्यस्थता में श्रीलंका सरकार और लिट्टे के बीच 'शांति समझौता' हो गया। भारत का उद्देश्य श्रीलंकाई तमिलों को सुरक्षा के साथ-साथ उन्हें स्वायत्तता दिलाना था, लेकिन लिट्टे का सरगना प्रभाकरण इतने कम में राजी नहीं था। वह तो तमिलों के लिए पूर्ण आजादी चाहता था। बताया जाता है कि राजीव गांधी के भरोसा दिए जाने के बाद प्रभाकरण 'शांति समझौते' पर दस्तखत करने के लिए मान गया।

उधर इस समझौते के कारण सिंहली समुदाय के लोग जयवर्धने के विरुद्ध हो गए। असल में, फौरी तौर पर तो सबकुछ ठीक नजर आ रहा था, लेकिन अंदरूनी तौर पर मामला कुछ और ही था। कोई भी पक्ष समझौते पर पूर्णतया राजी नहीं था। दरअसल उस वक्त जयवर्धने और प्रभाकरण दोनों का भरोसा शांति पर नहीं, बल्कि लड़ाई पर था। उन्हें यकीन था कि वे युद्ध के द्वारा अपने पक्ष में हल निकाल लेंगे।

दोनों के इसी अनुमान के कारण भारत द्वारा संचालित 'ऑपरेशन पवन' विफल हो गया। तत्कालीन भारतीय सेना मुखिया जनरल के. सुंदरजी के नेतृत्व में भारतीय सेना किसी खास तैयारी और साजो-सामान के बिना ही जाफना में उतर गई। यह द्वीप घने जंगल में स्थित था और लिट्टे समर्थक गुरिल्ला युद्ध लड़ने में माहिर थे। भारतीय सेनाओं को जाफना की हवाओं में घुले इस जहर का अंदाजा नहीं था।

अस्तु, जैसे ही श्रीलंकाई सेना जाफना से रवाना हुई और भारतीय सेना ने अपने कैंप स्थापित किए, प्रभाकरण ने शांति समझौते को मानने से इनकार कर दिया। 20,000 सैनिकों की जो फौज बिना किसी तैयारी के जंगलों में शांति कायम करने के लिए झोंकी गई थी, जिसे बाद में लिट्टे से लड़ने को मजबूर होना पड़ा।

तमिल लिट्टे सैनिक न सिर्फ भारतीय सैनिकों को मार रहे थे, बल्कि बंदी बनाए गए सैनिकों को यातना भी दे रहे थे। युद्ध बंदियों के लिए तय 'जेनेवा संधि' के नियमों से उन्हें कोई लेना-देना नहीं था। लिट्टे के पास आधुनिक हथियार थे। उधर आई.पी.के.एफ. सिर्फ निगरानी के लिहाज से तैयारी करके गई थी। उसे छापामार युद्ध में उतनी महारत हासिल नहीं थी और किसी विदेशी जमीन पर यह पहली भारतीय सैन्य कारवाई थी। इन तमाम कारणों से भारत सरकार द्वारा संचालित 'ऑपरेशन पवन' विफल हो गया।

उधर बोफोर्स घोटाले के उजागर होने के कारण 1989 के चुनावों में राजीव गांधी चुनाव हार गए और वी.पी. सिंह की सरकार बन गई। अंततोगत्वा 1990 में भारतीय सेना ने इस कारवाई को स्थगित कर अपने सैनिकों को वापस बुला लिया।

## राजीव गांधी की हत्या

श्रीपेंरबदूर में 21 मई, 1991 को 'लिबरेशन टाइगर्स ऑफ तमिल ईलम' नामक आतंकवादी संगठन के आतंकवादियों ने चुनावों का प्रचार करते हुए राजीव गांधी की एक बम विस्फोट में हत्या कर दी। इस संगठन के सूत्रधार प्रभाकरण ने यह हत्या बदला लेने के लिए करवाई थी। उसके दिमाग में 'ऑपरेशन पवन' की वह कारवाई थी, जिसमें राजीव गांधी के कहने पर भारतीय सैनिकों ने जाफना पर हमला किया था, जिसमें कई तमिल मारे गए थे। वे राजीव गांधी को स्वतंत्र राज्य तमिल ईलम की माँग के मार्ग में भी एक रोड़े के रूप में देखते थे, इसलिए जाफना के घने जंगलों के बीच एक आतंकी ठिकाने में दुनिया के सबसे खूँखार आतंकवादी प्रभाकरण ने अपने चार साथियों—बेबी सुब्रह्मण्यम, मुथुराजा, मुरुगन और शिवरासन के साथ मिलकर राजीव गांधी की हत्या की योजना बनाई।

प्रभाकरण से राजीव की हत्या का फरमान लेने के बाद बेबी सुब्रह्मण्यम और मुथुराजा 1991 की शुरुआत में चेन्नई पहुँचे। एक तरफ बेबी सुब्रह्मण्यम चेन्नई में रहने के सुरक्षित ठिकाने बना रहा था तो मुथुराजा बेहद शातिर तरीके से लोगों को अपनी क्रूर साजिश के लिए चुन रहा था। उसने चेन्नई की 'शुभा न्यूज फोटो एजेंसी' में काम करनेवाले दो फोटोग्राफर रविशंकरन और हरिबाबू को चुना।

इस प्रकार राजीव गांधी की हत्या के लिए साजिश की एक-एक ईंट जोड़ी जा रही थी। लोगों को भड़काया जा रहा था कि 'अगर वे 1991 के लोकसभा चुनाव में जीतकर सत्ता में आए तो तमिलों की और दुर्गति होगी।' यानी शातिर सूत्रधार जुड़नेवाले हर शख्स के दिमाग में राजीव गांधी के खिलाफ भीषण नफरत भी पैदा कर रहा था। उन्हें पता था कि भयंकर नफरत के बिना भीषण घिनौनी साजिश अंजाम तक नहीं पहुँचेगी।

मुरुगन के इशारे पर जयकुमारन और पायस, नलिनी-भाग्यनाथन-बेबी-मुथुराजा के ठिकाने पर पहुँच गए। राजीव गांधी विरोधी भावनाएँ लोगों के दिमाग में भरी जाने लगीं। नलिनी राजीव गांधी के खिलाफ पूरी तरह तैयार हो गई थी। नलिनी जिस प्रिंटिंग प्रेस में नौकरी करती थी, वहाँ छप रही एक पुस्तक 'सैतानिक फोर्सेस' ने उसके ब्रेनवॉश में अहम भूमिका निभाई।

शिवरासन ने अपने उद्देश्य का खुलासा किए बिना बम एक्सपर्ट अरिवू से एक ऐसा बम बनाने को कहा, जो महिला की कमर में बाँधा जा सके। अत: अरिवू ने एक ऐसी बेल्ट डिजाइन की, जिसमें छह आर.डी.एक्स. भरे ग्रेनेड जमाए जा सकें। हर ग्रेनेड में अस्सी ग्राम फोर-सी आर.डी.एक्स. भरा गया। हर ग्रेनेड में दो मिलीमीटर के दो हजार आठ सौ स्पिलिंटर थे। सारे ग्रेनेड को सिल्वर तार की मदद से पैरलल जोड़ा गया। सर्किट को पूरा करने के लिए दो स्विच लगाए गए। इनमें से एक स्विच बम को तैयार करने के लिए और दूसरा उसमें धमाका करने के लिए था और पूरे बम को चार्ज करने के लिए 9 एम.एम. की बैटरी लगाई गई। ग्रेनेड में जमा किए गए स्पिलिंटर कम-से-कम विस्फोटक में 5,000 मीटर प्रति सेकंड की रफ्तार से बाहर निकलते, यानी हर स्पिलिंटर एक गोली बन गया था। बम को इस तरह से बनाया गया था कि आर.डी.एक्स. चाहे जितना कम हो, अगर धमाका हो तो टारगेट बच न सके और हुआ भी वही।

अब शिवरासन के हाथ में बम भी था और बम को अंजाम तक पहुँचानेवाली मानवबम धनू भी। इंतजार था तो बस राजीव गांधी का, पर इससे पहले वह अपनी साजिश को ठोक-बजाकर देख लेना चाहता था। इसके लिए जयललिता और राजीव की इस रैली में शिवरासन सुरक्षा का जायजा लेने पहुँचा। यहाँ उसने राजीव के जनता से खुलकर मिलने और लचर सुरक्षा की खामियों को भाँप लिया, पर वनआइड जैक शिवरासन यहीं नहीं रुका। इस रैली के अनुभव को पक्का करने के लिए वह एक और सियासी रैली में मानवबम धनू को साथ लेकर पहुँचा।

12 मई, 1991 को शिवरासन-धनू ने पूर्व पी.एम. वी.पी. सिंह और डी.एम.के. सुप्रीमो करुणानिधि की रैली में फाइनल रेकी की। तिरुवल्लूर के अरकोनम में हुई इस रैली में धनू वी.पी. सिंह के बेहद पास तक पहुँची, उसने उनके पैर भी छुए। बस, बम का बटन नहीं दबाया। पूर्व प्रधानमंत्री वी.पी. सिंह की रैली में सुरक्षा का स्तर राजीव की सुरक्षा के बराबर न सही तो कम भी नहीं था, पर शिवरासन और धनू के शातिर इरादे कामयाब रहे। इस रेकी के बाद शिवरासन के हौसले बुलंद हो गए। जैसे ही उसे पता चला कि 21 मई को श्रीपेरंबदूर में राजीव गांधी की रैली तय हो गई है, उसने उसी दिन साजिश पूरी करने की ठान ली।

21 मई, 1991 की सुबह शिवरासन-धनू-शुभा-नलिनी और हरिबाबू साजिश को अंजाम देने के लिए राजीव गांधी के रैली स्थल पर पहुँचे। राजीव गांधी की ओर बढ़ती धनू को एक महिला सब-इंस्पेक्टर ने दूर रहने के लिए कहा तो राजीव गांधी ने उसे रोकते हुए कहा कि सबको पास आने का मौका मिलना चाहिए। उन्हें नहीं पता था कि वे जनता को नहीं, मौत को पास बुला रहे हैं! अतः राजीव गांधी को नलिनी ने माला पहनाई और धनू पैर छूने के लिए झुकी। बम फटा और राजीव गांधी के शरीर के चिथड़े उड़ गए।

□

# 41

# राम मंदिर का शिलान्यास

सदियों से धर्म व राजनीति का गहरा संबंध रहा है। दुनिया का चाहे कोई भी धर्म क्यों न हो, उसने अपने युग में अपनी तरह से राजनीति को प्रभावित किया है। इसलिए तो कोई धर्म को आस्था का विषय मानता है तो कोई उसे अफ़ीम और कोई उसे सत्ता हासिल करने का जरिया। सामान्यतया यह माना जाता है कि धर्म मानव की अंतरात्मा से जुड़ा एक संवेदनशील पहलू है।

इसलिए विविध राज्यों की सरकारों को जनमानस की अवधारणानुसार कार्य करना पड़ता है। इसका श्रेष्ठ उदाहरण है, वर्ष 1989 में राम मंदिर निर्माण को लेकर पूरे देश में उठी वह लहर, जिसने सियासत को झुकने के लिए मजबूर कर दिया था।

दरअसल, इसी वर्ष आम चुनाव होनेवाले थे। बोफोर्स घोटाले के कारण रक्षामंत्री विश्वनाथ प्रताप सिंह कांग्रेस छोड़कर अपनी पृथक् राजनीतिक भूमि तैयार कर रहे थे। शाहबानो केस को लेकर हिंदू पहले ही उनसे नाराज थे। उन्होंने तत्कालीन प्रधानमंत्री राजीव गांधी पर राजनीतिक दबाव बनाना प्रारंभ कर दिया था। अस्तु, हिंदू विरोधी नेता की छवि को मिटाने के लिए तथा हिंदू मतदाताओं को लुभाने के लिए तत्कालीन प्रधानमंत्री राजीव गांधी ने अयोध्या के विवादित स्थल के पास राम मंदिर के शिलान्यास की इजाजत दे दी। इसके बाद से अयोध्या विवाद देश का सबसे बड़ा मुद्दा बन गया।

ऐतिहासिक साक्ष्यों के आधार पर यह कहा जाता है कि करीब 500 वर्ष पहले मुगल शासक बाबर के सिपहसालार मीर बकी ने अयोध्या में स्थित राम मंदिर को गिराकर मसजिद का निर्माण करवाया था। वर्ष 1528 के आसपास बनी इस मसजिद को 'बाबरी मसजिद' के नाम से पुकारा गया। यहीं से राम जन्मभूमि को लेकर विवाद की शुरुआत हुई। दोनों धर्मों के अनुयायी यहाँ अपना-अपना आधिपत्य जताने लगे। इस प्रकार इस मुद्दे पर विवाद गहराने लगा।

*राम मंदिर शिलान्यास के कुछ चित्र।*

राम मंदिर शिलान्यास के लिए ही 8 अप्रैल, 1984 को दिल्ली के विज्ञान भवन में एक विशाल 'धर्म संसद' का भी आयोजन किया गया। इसके बाद वर्ष 1986 में फैजाबाद के जिला मजिस्ट्रेट ने हिंदुओं के अनुरोध पर विवादित स्थल के दरवाजे प्रार्थना के लिए खुलवा दिए। मुसलिम संप्रदाय के लोगों ने इसका कड़ा विरोध शुरू कर दिया। अपने आप को संगठित करने के लिए उन्होंने 'बाबरी मसजिद संघर्ष समिति' बना ली। प्रतिक्रियास्वरूप हिंदू समुदाय भी राम मंदिर निर्माण के लिए एकजुट होना शुरू हो गया।

प्रधानमंत्री राजीव गांधी द्वारा शिलान्यास की मंजूरी दिए जाने के बाद विहिप ने मंदिर निर्माण के लिए अपना आंदोलन और तेज कर दिया। विहिप ने घोषणा कर दी थी कि 10 नवंबर को अयोध्या में राम मंदिर का शिलान्यास किया जाएगा। इसके साथ ही विहिप ने पूरे देश में अभियान चलाना शुरू कर दिया। राम मंदिर निर्माण के लिए विहिप को भारत समेत अमेरिका और ब्रिटेन से भी भरपूर चंदा मिलने लगा। विहिप ने अकेले राम मंदिर निर्माण के लिए उस दौर में 8.29 करोड़ रुपए जुटाए थे। इस रकम से विश्व हिंदू परिषद् ने देश के दो लाख से ज्यादा गाँवों से मंदिर निर्माण के लिए शिलाएँ व ईंट

जुटाने का अभियान भी छेड़ दिया था। देश के विभिन्न भागों से 'श्रीराम' लिखी ये ईंटें भगवा कपड़ों में लपेटकर अयोध्या भेजी जाने लगीं।

इन ईंटों के बदले अयोध्या से मिट्टी लाकर पूरे गाँव में प्रसाद या भगवान् की भेंट के तौर पर बाँटी जाती थी। अनुमान है कि उस वक्त तकरीबन 10 करोड़ लोग राम मंदिर निर्माण के इस अभियान से जुड़े हुए थे।

इसी बीच इलाहाबाद उच्च न्यायालय की लखनऊ बेंच ने 14 अगस्त, 1989 को इस मामले में स्टे लगाकर दोनों पक्षों को विवादास्पद संपत्ति के स्वरूप में किसी तरह का बदलाव नहीं करने का आदेश दिया। न्यायालय ने शांति और सौहार्द बनाए रखने की भी अपील की थी।

न्यायालय के इस आदेश के बावजूद विहिप ने देश भर से मंदिर निर्माण के लिए ईंट जमा करने का अभियान जारी रखा। हालात बेकाबू न हो जाएँ, इसलिए राजीव गांधी ने केंद्रीय गृहमंत्री बूटा सिंह को हालात सँभालने की जिम्मेदारी सौंपी। बूटा सिंह ने 27 सितंबर, 1989 को यू.पी. के तत्कालीन मुख्यमंत्री नारायण दत्त तिवारी के साथ विहिप के संयुक्त सचिव अशोक सिंघल से मुलाकात की। इस मुलाकात में विहिप का अभियान रोकने पर तो सहमति नहीं बनी, लेकिन सरकार इस शर्त के साथ विहिप को रामशिला यात्रा जारी रखने पर तैयार हो गई कि हाईकोर्ट के आदेशों का पूरी तरह से पालन किया जाएगा और शांति व्यवस्था हर हाल में बरकरार रखी जाएगी।

अंततः 9 नवंबर, 1989 को विश्व हिंदू परिषद् की अगुआई में हजारों हिंदू कार्यकर्ताओं ने अयोध्या के विवादित स्थल पर राम मंदिर का शिलान्यास कर दिया। उल्लेखनीय है कि हजारों राजनीतिक हस्तियों, बड़े-बड़े साधु-संतों ने अपनी उपस्थिति में शिलान्यास का कार्य एक 35 वर्षीय दलित युवक कामेश्वर चौपाल के हाथों से करवाया।

इस कार्य का राजनीतिक फायदा तत्कालीन प्रधानमंत्री राजीव गांधी को नहीं मिल पाया, क्योंकि हिंदू संगठनों और विश्व हिंदू परिषद् के जरिए भाजपा राम मंदिर मुद्दे को पहले ही अपने पक्ष में कर चुकी थी।

□

# 42
# कश्मीरी हिंदुओं का बहिर्गमन

अपनी अंतरात्मा के अनुरूप धर्म का पालन व संवर्धन करना ठीक है, लेकिन दूसरे धर्म का अनादर करना या अन्य धर्मावलंबियों को सताना मानवीयता के विरुद्ध है। यद्यपि व्यावहारिकता के धरातल पर धार्मिक भावनाओं को सरेआम आहत किया जाता है। स्वधर्म के संरक्षण में जुटे लोग दूसरे धर्म को कमतर आँकते हैं। 1989 में कश्मीर घाटी में जे.के.एल.एफ. एवं अन्य इसलामी उग्रवादियों द्वारा यही किया गया। उन्होंने वहाँ के अल्पसंख्यक हिंदू धर्मावलंबियों को इस कदर सताया कि वे घाटी छोड़कर भागने को मजबूर हो गए।

इस बहिर्गमन का अंदाजा इसी बात से लगाया जा सकता है कि सन् 1989 में कश्मीर घाटी में रहनेवाले हिंदुओं की संख्या लगभग तीन लाख से छह लाख तक थी, जो सन् 2016 में मात्र 2,000 से 3,000 के बीच रह गई। आज भी कश्मीरी हिंदू 19 जनवरी, 1990 के दिन को 'दुःखद बहिर्गमन दिवस' के रूप में याद करते हैं।

सामान्यतया जनवरी का महीना पूरी दुनिया में नए साल के लिए एक उम्मीद लेकर आता है, लेकिन 19 जनवरी, 1990 का दिन कश्मीर में निर्वासित हिंदू परिवारों के जीवन में ऐसा दुःख, दर्द और निराशा के भाव भर गया, जो आज भी स्मरण करते ही उनके जेहन में रोंगटे खड़े कर देता है। इस दिन जिहादी इसलामिक ताकतों ने कश्मीरी पंडितों पर ऐसा कहर ढाया कि वे तिलमिला उठे। जिहादी इसलामिक ताकतों ने उनके समक्ष मात्र तीन ही विकल्प प्रस्तुत किए थे। कश्मीरी पंडितों को इनमें से किसी एक विकल्प को चुनना था—

- धर्म बदलो,
- मरो, या
- पलायन करो।

अपनी अतिवादी नीति के तहत इन जिहादियों ने कश्मीर घाटी में सैकड़ों की तादाद में अल्पसंख्यक कश्मीरी पंडितों को मौत के घाट उतार दिया था। कई महिलाओं के साथ सामूहिक दुष्कर्म कर उनकी हत्या कर दी गई। उन दिनों अनगिनत लोगों का अपहरण कर

उनके साथ मार-पीट की गई। पंडितों के घरों पर पत्थरबाजी और मंदिरों पर हमले होना आम बात हो गई थी। उस समय घाटी के कश्मीरी पंडितों की मदद के लिए कोई आगे नहीं आया था, न तो पुलिस, न प्रशासन, न कोई नेता और न ही किसी मानवाधिकार संगठन के लोग।

उस समय हालात इतने खराब थे कि अस्पतालों में भी हिंदू समुदाय के लोगों के साथ भेदभाव हो रहा था। सड़कों पर चलना दुष्कर हो गया था। कश्मीरी पंडितों के साथ सड़क से लेकर स्कूल-कॉलेज, दफ्तरों में मानसिक, शारीरिक और सांस्कृतिक प्रताड़ना हो रही थी।

*पीड़ित कश्मीरी हिंदू समुदाय के लोग, 1989-1990।*

19 जनवरी, 1990 की रात पूरी घाटी में मसजिदों से लाउडस्पीकरों से ऐलान हो रहा था कि 'काफिरों को मारो, हमें कश्मीर चाहिए। यहाँ सिर्फ निजामे मुस्तफा चलेगा।' लाखों की तादाद में कश्मीरी मुसलमान सड़कों पर मौत के तांडव की तैयारी कर रहे थे। अंत में सेना कश्मीरी पंडितों के बचाव में आई। विश्लेषक बताते हैं कि अगर उस रात नवनियुक्त राज्यपाल जगमोहन ने घाटी में सेना नहीं बुलाई होती तो कश्मीरी पंडितों का कत्लेआम व महिलाओं के साथ सामूहिक दुष्कर्म किस सीमा तक होता कि इसकी कल्पना नहीं की जा सकती।

कश्मीरी पंडितों के मुताबिक, 1989-1990 में 300 से ज्यादा लोगों को मारा गया। इसके बाद भी पंडितों का नरसंहार जारी रहा। 26 जनवरी, 1998 को वंदहामा में 24, 2003 में नदिमर्ग गाँव में 23 कश्मीरी पंडितों का कत्ल किया गया। न्यायाधीश नीलकंठ गंजू, टेलिकॉम इंजीनियर बालकृष्ण गंजू, दूरदर्शन निदेशक लसाकौल, नेता टिकालाल टपलू को मौत के घाट उतार दिया गया था। गिरजा गंजू या फिर सरला भट्ट, जिनका अपहरण कर सामूहिक दुष्कर्म किया गया और फिर लकड़ी चीरने की मशीन से जिंदा चीर दिया गया। ऐसी सैकड़ों हत्याएँ की गईं, लेकिन आश्चर्य की बात हैं कि कश्मीरी पंडितों के खिलाफ हुए इस नरसंहार के सिलसिले में किसी के खिलाफ आज तक कोई काररवाई नहीं की गई। न ही इस प्रकरण में पुलिस ने कोई एफ.आई.आर. दर्ज की।

भय, उत्पीड़न, प्रताड़ना से ग्रस्त कश्मीरी पंडितों के समुदाय के लिए किसी ने कोई आवाज नहीं उठाई। कश्मीर के बड़े नेता फारूक अब्दुल्ला, उमर अब्दुल्ला, महबूबा मुफ्ती, यहाँ तक कि दिवंगत मुफ्ती मोहम्मद सईद ने कभी भी कश्मीरी पंडितों को न्याय दिलाने की बात नहीं की। जब पंडितों पर हमले हो रहे थे, तब फारूक अब्दुल्ला जम्मू-कश्मीर के मुख्यमंत्री थे, जब घाटी से पंडितों का पलायन हुआ, तब मुफ्ती मोहम्मद सईद देश के गृहमंत्री थे, लेकिन किसी ने पंडितों को बचाने या न्याय दिलाने की न तो बात की और न ही कोई कदम उठाया।

कश्मीरी पंडितों के पलायन के बाद उनके घरों की लूटपाट की गई। कई मकान जलाए गए। अनेक पंडितों के मकानों, बाग-बगीचों पर कब्जे किए गए। कई मंदिरों को तोड़ा गया और जमीन भी हड़पी गई। यह इस समुदाय का दुर्भाग्य ही है कि उनके पलायन को लेकर न तो कोई न्यायिक आयोग या फिर एस.आई.टी. या साधारण सी जाँच ही की गई हो। कश्मीरी पंडितों को आज भी न्याय का इंतजार है। साल 2020 उनके जीवन में आशा का नया सवेरा लेकर आया है। धारा 370 समाप्त होने से घर वापसी की एक उम्मीद जरूर जगी है।

□

# 43

# राम रथयात्रा

गांधीजी का मानना था कि राजनीति व धर्म का एक-दूसरे से गहरा रिश्ता है। राजनीति में धर्म का समावेशन होने से वह नैतिकता का आवरण पहनकर मानव कल्याण की ओर अग्रसर होती है। इसलिए भारतीय जनता पार्टी के कद्दावर नेता व तत्कालीन अध्यक्ष लालकृष्ण आडवाणी ने एक रथयात्रा का आयोजन किया।

चूँकि यह एक राजनीतिक और धार्मिक यात्रा थी, इसलिए इसकी शुरुआत सोमनाथ की पावन भूमि से हुई। 25 सितंबर, 1990 को शुरू हुई इस रथयात्रा की कल्पना धार्मिक विषयों पर आधारित थी। इसलिए यात्रा के इस 'रथ' को कार्यकर्ताओं द्वारा पौराणिक देवताओं के सादृश्य तैयार किया गया था। इतिहासकार रामचंद्र गुहा ने कहा कि यात्रा की कल्पना 'धार्मिक, उग्रवादी, पुरुषवादी और मुसलिम विरोधी थी।' वातानुकूलित टोयोटा को एक रथ के रूप में परिवर्तित कर दिया गया था।

लालकृष्ण आडवाणी के नेतृत्व में भारतीय जनता पार्टी और उसके हिंदू राष्ट्रवादी सहयोगी संगठन द्वारा आयोजित इस यात्रा का प्रमुख उद्देश्य बाबरी मसजिद के स्थल पर हिंदू देवता राम का मंदिर बनाने के लिए संघ परिवार के आंदोलन का समर्थन प्रदान करना था। लगभग 10,000 किलोमीटर लंबी रथयात्रा गुजरात, महाराष्ट्र, आंध्र प्रदेश, मध्य प्रदेश, बिहार व उत्तर प्रदेश के सैकड़ों गाँवों और शहरों से होकर गुजरी।

इस रथयात्रा ने प्रतिदिन लगभग 300 किलोमीटर की दूरी तय की। आडवाणीजी प्रतिदिन छह सार्वजनिक रैलियों को संबोधित किया करते थे। उन्होंने अपने भाषणों में हिंदू राष्ट्रवादी विषयों को संबोधित किया। उन्होंने अयोध्या विवाद को राम और मुगल सम्राट् बाबर के बीच लड़ाई के रूप में चित्रित किया और कहा कि कोई भी हिंदू तब तक शांति से नहीं रह सकता, जब तक कि बाबरी मसजिद के स्थान पर एक राम मंदिर नहीं बना दिया जाता। आडवाणी को धनुष और तीर, त्रिशूल, मेहँदी, खंजर और तलवारों के साथ पेश किया गया था। भाजपा नेता प्रमोद महाजन व शिवसेना नेता बाल ठाकरे ने भी कुछ इसी प्रकार के भाषण दिए।

रथ के साथ-साथ चल रहे लोगों ने धार्मिक नारे लगाए। यात्रा के पूरे मार्ग के साथ-साथ प्रस्तावित मंदिर का वर्णन करनेवाले सूचना पत्रक व प्रचार पुस्तिकाएँ वितरित की गईं। जहाँ से यह यात्रा गुजरती, इसे देखने के लिए सैकड़ों से लेकर हजारों की भीड़ उमड़ पड़ती। 'रथ' की एक झलक पाने के लिए कई लोग अपनी छत पर चढ़ जाते थे।

अस्तु शनैः-शनैः इस यात्रा ने भारत के सबसे बड़े जन आंदोलनों में अपना स्थान बना लिया। दरअसल मुसलिम आक्रमणकारियों और शासकों की विरासत से जुड़े होने के कारण सोमनाथ और अयोध्या दोनों का हिंदू राष्ट्रवादी आंदोलन में राजनीतिक महत्त्व था।

इस यात्रा के कारण जब अशांति बढ़ने लगी तो सरकार को इसके खिलाफ काररवाई करने के लिए मजबूर होना पड़ा।

सुमंत बनर्जी ने कहा कि रथयात्रा के दौरान गिरफ्तार किए गए लोगों ने कानून का उल्लंघन किया था। आडवाणी ने कई दिनों तक दिल्ली में अपनी रथयात्रा को रोके रखा था, लेकिन मंडल प्रतिवेदन में फँसी विश्वनाथ सिंह की सरकार उन्हें गिरफ्तार करने की हिम्मत नहीं जुटा पाई, लेकिन 23 अक्तूबर को जैसे ही यह रथयात्रा बिहार की सीमा पर पहुँची, बिहार के मुख्यमंत्री लालू प्रसाद यादव ने आडवाणी को गिरफ्तार कर प्रतिबंधात्मक हिरासत में मसंजोर गेस्ट हाउस में एक लक्जरी सरकारी आवास में रखा।

आडवाणी की गिरफ्तारी के बावजूद, यात्रा के साथ आनेवाले कारसेवक या कार्यकर्ता अयोध्या की ओर बढ़ते रहे। उत्तर प्रदेश के मुख्यमंत्री मुलायम सिंह यादव ने अयोध्या के लिए जा रहे सभी कार्यकर्ताओं की गिरफ्तारी का आदेश दिया और करीब 1,50,000 व्यक्तियों को जेल में डाल दिया गया। तदुपरांत 30 अक्तूबर को बड़ी संख्या में कार्यकर्ता अयोध्या पहुँचने में सफल रहे। हालाँकि, उन्हें सुरक्षाबलों द्वारा रोक दिया गया था, लेकिन वे उन्हें चकमा देकर बाबरी मसजिद तक पहुँच गए।

वहाँ पहुँचकर एक स्वयंसेवक ने मसजिद के ऊपर भगवा झंडा लगा दिया, जबकि अन्य कार्यकर्ताओं ने कुल्हाड़ियों और हथौड़ों जैसे औजारों का उपयोग करके इमारत को तोड़ने का प्रयास किया। सुरक्षाकर्मियों ने शुरुआत में कारसेवकों को निष्कासित करने के लिए आँसू गैस का इस्तेमाल किया, बाद में गोला-बारूद का भी इस्तेमाल किया गया। यहाँ सुरक्षाकर्मियों व वी.एच.पी. स्वयंसेवकों के बीच तीन दिनों तक घमासान लड़ाई हुई, जिसमें करीब 20 स्वयंसेवकों की मौत हो गई।

इसके बाद जयपुर, जोधपुर, अहमदाबाद, बड़ौदा, हैदराबाद और देश के कुछ अन्य स्थानों पर भी सांप्रदायिक दंगे हुए। इन दंगों में कई लोग मारे गए। के.एम. पणिक्कर के अनुमानानुसार—"सितंबर से 20 नवंबर के बीच कुल 166 सांप्रदायिक दंगे हुए, जिसमें 564 लोग मारे गए। इनमें से कई दंगे ऐसे क्षेत्रों में हुए, जो यात्रा के मार्ग पर नहीं थे।"

30 अक्तूबर को सुरक्षाबलों के साथ लड़ाई में मारे गए कारसेवकों के शवों का अंतिम संस्कार किया गया और उनकी राख को विहिप ने देश भर में घुमाया। इन घटनाक्रम के बाद भाजपा ने केंद्र सरकार को दिया गया अपना समर्थन वापस ले लिया।

अस्तु वी.पी. सिंह की सरकार गिर गई। 1991 के संसदीय चुनावों में भाजपा को राष्ट्रीय और राज्य स्तर पर धार्मिक ध्रुवीकरण का लाभ मिला।

इसी मंदिर निर्माण अभियान को आगे बढ़ाते हुए 6 दिसंबर, 1992 को विहिप, भाजपा और उनके सहयोगियों ने मसजिद के बाहर एक रैली का आयोजन किया, जिसमें 1,50,000 भाजपा के स्वयंसेवक शामिल थे। रैली में आडवाणी, मुरली मनोहर जोशी और उमा भारती सहित कई भाजपा नेताओं ने भाग लिया। भीड़ धीरे-धीरे अधिक बढ़ गई और भड़काऊ नारे लगने लगे। तभी अचानक एक युवक पुलिस का घेरा तोड़कर मसजिद पर चढ़ गया और उसने भगवा झंडा लहरा दिया। भीड़ ने मसजिद पर हथौड़ों और कुल्हाड़ियों से हमला कर दिया और कुछ घंटों के भीतर बाबरी मसजिद को ध्वस्त कर दिया। इसके बाद देश भर में बड़े पैमाने पर हिंदू-मुसलिम में भिड़ंत हुई, जिसमें 2,000 से अधिक लोग मारे गए।

केंद्र सरकार ने विध्वंस की जाँच के आदेश दिए। जाँच की रिपोर्ट में कहा गया है कि विध्वंस 'न तो सहज और न ही अनियोजित' था। केंद्रीय जाँच ब्यूरो ने आडवाणी, मुरली मनोहर जोशी, उमा भारती, विनय कटियार और कई अन्य के खिलाफ आपराधिक साजिश के आरोप तय किए। आरोप-प्रत्यारोप की राजनीति प्रजातंत्रात्मक व्यवस्था की एक स्वाभाविक प्रक्रिया है।

इस समूचे घटनाक्रम के बाद भाजपा भारतीय राष्ट्रीय कांग्रेस के बाद लोकसभा में दूसरी सबसे बड़ी पार्टी के रूप में उभरी। उसे रथयात्रा का फायदा मिला। अस्तु, उत्तर प्रदेश में लोकसभा की अधिकांश सीटों पर भाजपा ने कब्जा कर लिया। राज्य विधानसभा के चुनाव में भी बहुमत हासिल कर भाजपा ने अपनी सरकार बनाई।

□

# 44
# मंडल आयोग

सामाजिक संरचना से उपजे भेदभाव को समतामूलक समाज में बदलना संप्रति समाज की महती आवश्यकता है। भारतीय समाज का समूचा तबका जब विकास की मुख्यधारा से जुड़ेगा, तभी सही मायनों में देश आगे बढ़ेगा। विकसित राष्ट्रों की श्रेणी में आएगा। इसी उद्देश्य को ध्यान में रखते हुए 1 जनवरी, 1979 को जनता पार्टी सरकार के प्रधानमंत्री मोरारजी देसाई ने बी.पी. मंडल की अध्यक्षता में एक आयोग का गठन किया। इसका मुख्य ध्येय 'सामाजिक व शैक्षिक रूप से पिछड़े वर्ग की पहचान करना था, ताकि जातिगत भेदभाव के निवारण के लिए पिछड़े वर्ग के लोगों को आरक्षण देने के प्रश्न पर विचार किया जा सके।'

यह एक संवैधानिक आयोग था, जिसका गठन भारतीय संविधान के अनुच्छेद 15 के तहत किया गया था। उल्लेखनीय है कि इस अनुच्छेद में यह प्रावधानित है—"सभी को धर्म, जाति, लिंग या जन्मस्थान के भेदभाव के बिना समानता का अधिकार दिया जाए।" प्रत्येक 10 वर्षों में पिछड़े वर्गों की स्थितियों की जाँच करने का दायित्व भी इस आयोग को सौंपा गया था। इस आयोग के कुल पाँच सदस्यों में से चार ओ.बी.सी. और एक अनुसूचित जाति के सदस्य थे। अनुसूचित जाति के इस एकमात्र सदस्य का नाम एल.आर. नाइक था। इस आयोग के अध्यक्ष बी.पी. मंडल थे, इसलिए इस आयोग को उन्हीं के नाम से जाना जाता है।

मंडल आयोग ने आवश्यक तथ्य और सबूत के आधार पर 'अन्य पिछड़े वर्ग' की पहचान करने के लिए ग्यारह मानदंड अपनाए, जिन्हें तीन प्रमुख शीर्षकों में सामाजिक, शैक्षिक और आर्थिक वर्गीकृत किया गया। इस आयोग ने मोटे तौर पर यह अनुमान लगाया कि 3,743 विभिन्न जातियों और समुदायों से संबंधित भारत की 52 प्रतिशत आबादी पिछड़ी थी। 1980 की जनसंख्या के आधार पर भी देश में अन्य पिछड़ा वर्ग का प्रतिशत 52 था।

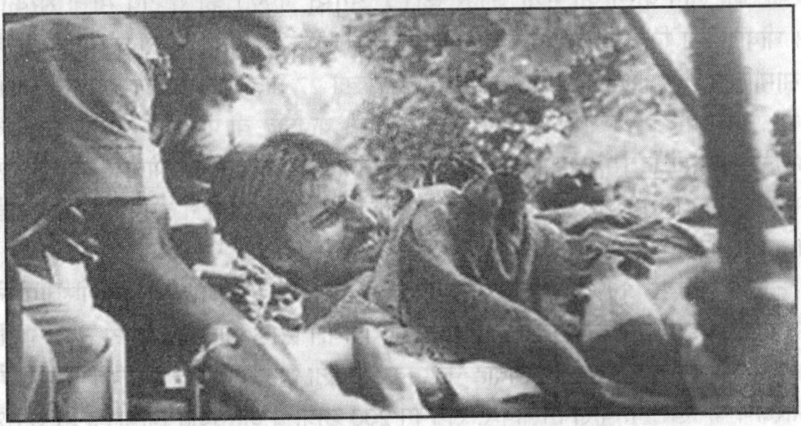

मंडल आयोग से संबंधित कतिपय चित्र।

जबकि आयोग ने अपने प्रतिवेदन में अन्य पिछड़ा वर्ग के सदस्यों को केंद्र सरकार और सार्वजनिक क्षेत्र के समस्त उपक्रमों के तहत आनेवाली नौकरियों में 27 प्रतिशत आरक्षण दिए जाने की सिफारिश की। इस प्रकार अनुसूचित जाति, अनुसूचित जनजाति और अन्य पिछड़ा वर्ग के लिए प्रस्तावित आरक्षण का कुल प्रतिशत 49 हो गया।

मंडल आयोग से पहले ही कुछ भारतीय राज्यों ने अपने यहाँ के आर्थिक रूप से पिछड़े निम्न आय वर्ग के 'अन्य पिछड़ा वर्ग' के लोगों के लिए आरक्षण का प्रावधान रखा था। दरअसल, मंडल आयोग का गठन भारतीय समाज में व्याप्त जाति और वर्ण व्यवस्था से उपजे भेदभाव और उत्पीड़न के उन्मूलन की जमीन पर तैयार किया गया था, ताकि सरकार जातिगत भेदभाव पैदा करनेवाले कारकों की पहचान कर उनका निराकरण कर सके, जिससे उनकी प्रगति का मार्ग प्रशस्त किया जा सके। सभी वर्गों की सम्मिलित भागीदारी से ही राज्य व समाज की उन्नति संभव है।

यह मानते हुए कि एक उन्नत वर्ग के परिवार के बच्चे और पिछड़े वर्ग के परिवार में उनके जन्म के समय बुद्धिमत्ता, सामाजिक, सांस्कृतिक और पर्यावरणीय कारकों में आधारभूत अंतर होता है। अनुसूचित जातियों, अनुसूचित जनजातियों और परिवारों व अन्य पिछड़ा वर्ग में जीवित मानकों की भिन्नता पाई गई। इसलिए वे विविध प्रतिस्पर्धा में चयनित नहीं हो पाते हैं। इसलिए विभिन्न क्षेत्रों में उनके लिए आरक्षण की महती आवश्यकता है।

1983 में ही मंडल आयोग ने अपना प्रतिवेदन प्रस्तुत कर दिया था, लेकिन 10 वर्षों तक उपेक्षित रहने के बाद आयोग की सिफारिशों को वी.पी. सिंह के नेतृत्ववाली राष्ट्रीय मोर्चा सरकार ने स्वीकार कर लिया। प्रधानमंत्री वी.पी. सिंह ने अगस्त 1990 में इस रिपोर्ट को लागू करने की मंशा जाहिर की। 7 अगस्त, 1990 को राष्ट्रीय मोर्चा सरकार ने घोषणा की कि वह केंद्रीय सेवाओं और सार्वजनिक उपक्रमों में नौकरियों के लिए 'सामाजिक और शैक्षणिक रूप से पिछड़े वर्गों' को 27 प्रतिशत आरक्षण प्रदान करेगी।

13 अगस्त को सरकारी आदेश जारी करने के बाद वी.पी. सिंह ने दो दिन बाद अपने स्वतंत्रता दिवस के भाषण में इसके कानूनी क्रियान्वयन की घोषणा की तो देश भर में इसका विरोध शुरू हो गया। देश के कॉलेजों में विद्यार्थियों ने इसके खिलाफ बड़े पैमाने पर विरोध-प्रदर्शन किए।

19 सितंबर, 1990 को देशबंधु कॉलेज, दिल्ली के एक छात्र राजीव गोस्वामी ने सरकार की इस घोषणा के विरोध में आत्मदाह किया। इसके बाद जैसे अन्य उच्च जाति के कॉलेज के छात्रों द्वारा आत्मदाह की एक श्रृंखला शुरू हो गई। सरकारी नौकरी में आरक्षण के खिलाफ कुल मिलाकर, लगभग 200 छात्रों ने आत्मदाह किया। इनमें से 62 छात्र जलकर मर गए।

इस विरोध-प्रदर्शन के कारण उत्तर भारत में सामान्य व्यवसाय गतिविधियाँ ठप हो गईं। दुकानें, स्कूल और कॉलेज बंद कर दिए गए। छात्रों ने सरकारी इमारतों, संगठित रैलियों और प्रदर्शनों का आयोजन किया और पुलिस के साथ भिड़ गए। आंदोलन के दौरान छह राज्यों में पुलिस फायरिंग की घटनाएँ हुईं, जिसमें 50 से अधिक लोगों की जान चली गई।

उत्तर भारत में ओ.बी.सी. आरक्षण लागू होने के बाद कई स्थानों पर विरोध-प्रदर्शन देखा गया। मंडल आयोग के आलोचकों का तर्क है कि परंपरागत जातिगत भेदभाव के निवारण के लिए भी जाति के आधार पर लोगों को विशेष अधिकार देना अनुचित है। उनका तर्क है कि योग्यता के माध्यम से सीट पानेवालों का नुकसान होगा।

रामचंद्र गुहा के अनुसार, आंदोलन व विरोध का केंद्र मुख्यतया उत्तर भारत रहा, क्योंकि दक्षिण में लोग मंडल रिपोर्ट की सिफारिशों को लागू करने के लिए अधिक सहमत थे। दरअसल, दक्षिण में सवर्णों की आबादी 10 प्रतिशत से कम है, उत्तर में यह आँकड़ा 20 प्रतिशत से अधिक था। दूसरी बात, भारत के दक्षिणी भाग में संपन्न औद्योगिक क्षेत्र था, इसलिए यहाँ पर शिक्षित युवा सरकारी रोजगार पर निर्भर नहीं थे।

खैर, आंदोलन व विरोध की व्यापकता को देखते हुए भारत के उच्चतम न्यायालय द्वारा अस्थायी स्थगन आदेश प्रदान कर इस आयोग के क्रियान्वयन को रोक दिया गया, लेकिन 1992 में केंद्र सरकार के सार्वजनिक उपक्रमों में नौकरियों के लिए मंडल आयोग की रिपोर्ट को लागू कर दिया गया।

□

# 45

# उदारीकरण का अनुकरण

बदलाव जीवन की रीत है। अपने अस्तित्व के संरक्षण के लिए बदलाव के साथ खुद को बदलना पड़ता है। 1991 में भारत ने भी यही किया। तत्कालीन प्रधानमंत्री नरसिम्हा राव ने वैश्विक राजनीति की दशा व दिशा को समझते हुए सुधारों के एक नए मॉडल एल.पी.जी. (Liberalization, Privatization and Globalization) अर्थात् 'उदारीकरण, निजीकरण और वैश्वीकरण' के साथ खुद को समायोजित कर लिया था। इस मॉडल का अनुसरण करने का मुख्य उद्देश्य दुनिया की अन्य बड़ी अर्थव्यवस्थाओं के साथ भारत की अर्थव्यवस्था को तेजी से समायोजित करना था, ताकि दुनिया की दूसरी अर्थव्यवस्थाओं के साथ सामंजस्य स्थापित किया जा सके।

सर्वविदित है कि 15 अगस्त, 1947 को अपनी स्वतंत्रता के बाद से भारत समाजवादी आर्थिक रणनीतियों के क्रियान्वयन के लिए प्रयासरत रहा। वैसे तो 1980 का दशक भारत की अर्थव्यवस्था में महत्त्वपूर्ण नीतिगत बदलाव लेकर आया था। देश की अर्थव्यवस्था को एक बेहतर स्तर तक लाने के लिए लक्षित व्यापार, विनिर्माण और वित्तीय सेवाओं के मध्य संबंध स्थापित करने के लिए इसकी महती आवश्यकता थी। अतः तत्कालीन प्रधानमंत्री राजीव गांधी के कार्यकाल में आर्थिक पुनर्गठन उपायों को गति प्रदान की गई। 1991 के खाड़ी युद्ध और तत्कालीन सोवियत संघ के पतन के बाद दुनिया की स्थिति में अभूतपूर्व बदलाव आया।

भारत में आर्थिक उदारीकरण का अनुसरण करने का एक अन्य मुख्य कारण भारत की डगमगाती अर्थव्यवस्था थी। उस समय देश की चरमराई आर्थिक स्थिति को पटरी पर लाने के लिए भारत को स्विट्जरलैंड के केंद्रीय बैंक के पास 20 टन सोना और बैंक ऑफ इंग्लैंड के पास अपना 47 टन सोने की राशि जमा करने के लिए मजबूर होना पड़ा। अंतरराष्ट्रीय मुद्रा कोष के साथ एक 'वसूली संधि' करनी

पड़ी। इसके अलावा, अंतरराष्ट्रीय मुद्रा कोष व्यवस्थित आर्थिक पुनर्गठन के साथ भी तालमेल बिठाना पड़ा।

इन परिस्थितियों में भारत के तत्कालीन प्रधानमंत्री पी.वी. नरसिम्हा राव ने आर्थिक सुधारों के लिए उदारीकरण को अपनाना आवश्यक समझा। नरसिम्हा राव सरकार के तत्कालीन वित्तमंत्री डॉ. मनमोहन सिंह ने इस दिशा में महती भूमिका का निर्वहन किया।

*तत्कालीन प्रधानमंत्री पी.वी. नरसिम्हा राव।*

*तत्कालीन वित्तमंत्री डॉ. मनमोहन सिंह।*

उन्होंने उदारीकरण से संबंधित नीतियों को लागू करने के लिए एक कार्य-योजना बनाई और 24 जुलाई, 1991 को भारत में आर्थिक उदारीकरण का दौर शुरू हो गया। उस समय गठित नरसिम्हा राव समिति की सिफारिशों में उल्लेखित निम्नलिखित बिंदु समाहित थे—

- सुरक्षा नियमों में सुधार लाने और पूँजी बाजार में सभी मध्यस्थों को नियंत्रित करने के लिए भारतीय प्रतिभूति एवं विनिमय बोर्ड को वैध शक्ति प्रदान की गई।
- विभिन्न कंपनियों द्वारा बाजार में जारी किए जानेवाले शेयरों की संख्या व दर को निर्धारित किया गया।
- देश के अन्य शेयर बाजारों के पुनर्गठन को प्रभावित करने के लिए 1994 में नेशनल स्टॉक एक्सचेंज का शुभारंभ किया गया, जो एक कंप्यूटरीकृत खरीद और बिक्री प्रणाली में एक उपकरण के रूप में काम करेगा।
- 1992 में देश के शेयर बाजारों में विदेशी कॉरपोरेट निवेशकों के माध्यम से निवेश के लिए धन उपलब्ध कराया गया था। कंपनियों के जी.डी.आर. या ग्लोबल डिपॉजिटरी रिसीट जारी करने के माध्यम से विदेशी बाजारों से धन जुटाने की अनुमति दी गई।
- व्यापार के कारोबार या साझेदारी में अंतरराष्ट्रीय पूँजी के योगदान को 40 प्रतिशत से 51 प्रतिशत बढ़ाने के लिए एफ.डी.आई. (प्रत्यक्ष विदेशी निवेश) को बढ़ावा देना। इस बाबत उच्च प्राथमिकतावाले उद्योगों में 100 फीसदी इंटरनेशनल इक्विटी की अनुमति दी गई थी।
- 35 क्षेत्रों में एफ.डी.आई. की मंजूरी के लिए तरीकों के पुनर्गठन व अंतरराष्ट्रीय निवेश और भागीदारी के लिए सीमाओं का सीमांकन किया गया।

इस प्रकार यह कहा जा सकता है कि भारतीय व्यापार और उद्योग को उदार बनाने के उद्देश्य से उदारीकरण का अनुसरण किया गया, ताकि सभी अनावश्यक नियंत्रण और प्रतिबंध को न्यूनतम किया जा सके। इस प्रक्रिया के तहत लाइसेंस-परमिट-कोटा राज के अंत का प्रयास शामिल है। प्रधानमंत्री नरसिम्हा राव ने उत्पादन क्षेत्रों के साथ औद्योगिक दिशा-निर्देश में भी परिवर्तन शुरू कर दिया। उन्होंने कहा कि 18 सेक्टरों को छोड़कर बाकी उद्योगों पर नियंत्रण स्थापित करने के लिए लाइसेंस की आवश्यकता है। अत: भारतीय अर्थव्यवस्था के उदारीकरण में निम्नलिखित विशेषताएँ समाहित हैं—

1. एक संक्षिप्त सूची को छोड़कर उद्योगों में अधिकांश में लाइसेंस की आवश्यकता खत्म कर दी गई।
2. व्यावसायिक गतिविधियों में स्वतंत्रता के पैमाने तय कर दिए गए।

3. व्यावसायिक गतिविधियों के विस्तार या संकुचन पर कोई प्रतिबंध स्थापित नहीं किया गया।
4. वस्तुओं और सेवाओं की आवाजाही पर प्रतिबंध को हटाने, वस्तुओं और सेवाओं की कीमतों को तय करने में स्वतंत्रता दी गई।
5. अर्थव्यवस्था में कर की दरों में कमी और अनावश्यक नियंत्रण को समाप्त किया गया।
6. भारतीयों के लिए विदेशी पूँजी और प्रौद्योगिकी को आकर्षित करने के लिए आयात और निर्यात की प्रक्रियाओं को सरल बनाया गया।

इस प्रकार यह स्पष्ट है कि भारतीयों के जीवन स्तर को सुधारने, बेरोजगारी और गरीबी को कम करने के लिए तत्कालीन सरकार ने उदारीकरण की नीति को अपनाया था। आर्थिक विकास की गति तेज करने के लिए बुनियादी उद्योगों पर जोर देने के साथ ही एक मजबूत औद्योगिक आधार स्थापित करना भी इसका एक मकसद था।

इस कोशिश के सकारात्मक परिणाम भी सभी के सामने हैं। आज भारत वैश्विक महाशक्ति बनने की कतार में है। संप्रति काल में दुनिया का कोई भी देश भारत को नजरअंदाज करने की हिम्मत नहीं कर सकता।

□

# 46
# संवैधानिक पंचायत व्यवस्था

भारत दुनिया का सर्वाधिक जनसंख्यावाला लोकतांत्रिक देश है। पंचायत इस लोकतंत्र की सर्वाधिक छोटी इकाई है। यह लोकतंत्र की प्रारंभिक पाठशाला भी है। यह स्थानीय ग्रामीण भारत की न्याय व्यवस्था को संचालित करने की प्राचीनतम व्यवस्था है। इस व्यवस्था में प्रारंभ से ही प्रभावशाली वर्ग का प्रभुत्व रहा है, इसलिए कई बार 'जिसकी लाठी उसी की भैंस' वाली कहावत चरितार्थ हो जाती थी।

पंचायत व्यवस्था में प्रभावशाली लोगों के प्रभुत्व को कम करने के लिए 73वाँ संविधान संशोधन अधिनियम-1992 पारित करके पंचायत राज संस्था को संवैधानिक मान्यता दे दी गई है। इस प्रकार भारतीय संविधान के अनुच्छेद 40 में प्रावधानित निदेशों को जीवंतता प्राप्त हो गई। साथ ही इस अधिनियम के पारित होते ही महात्मा गांधी के ग्राम स्वराज के स्वप्न को वास्तविकता में बदलने की दिशा में कारगर कदम बढ़ाने की शुरुआत हो गई। भारतीय पंचायती राज संस्थाएँ तीन भागों में विभाजित की गईं—

- ग्राम के स्तर पर ग्राम पंचायत,
- ब्लॉक (तालुका) स्तर पर पंचायत समिति,
- जिला स्तर पर जिला परिषद्।

मोटे तौर पर इन संस्थाओं का कार्य आर्थिक विकास के साथ ही सामाजिक न्याय को मजबूत करना तथा राज्य सरकार और केंद्र सरकार की योजनाओं को लागू करना है। इन योजनाओं में 11वीं अनुसूची में उल्लिखित 29 विषय समाहित हैं।

ऐतिहासिक दृष्टि से देखें तो प्राचीन काल से ही भारत में पंचायती राज व्यवस्था किसी-न-किसी रूप में अस्तित्व में रही है। ब्रिटिश शासनकाल में लॉर्ड रिपन को भारत में स्थानीय स्वशासन का जनक माना जाता है। वर्ष 1882 में उन्होंने स्थानीय स्वशासन संबंधी प्रस्ताव दिया। अत: 1919 के भारत शासन अधिनियम के तहत प्रांतों में दोहरे शासन की व्यवस्था की गई तथा स्थानीय स्वशासन को हस्तांतरित विषयों की सूची में

रखा गया। स्वातंत्र्योत्तर भारत में वर्ष 1957 में योजना आयोग (अब नीति आयोग) द्वारा 1952 में सामुदायिक विकास कार्यक्रम और 1993 में राष्ट्रीय विस्तार सेवा कार्यक्रम के अध्ययन के लिए 'बलवंत राय मेहता समिति' का गठन किया गया।

नवंबर 1957 में इस समिति ने अपना प्रतिवेदन सौंपा, जिसमें त्रि-स्तरीय पंचायती राज व्यवस्था—ग्राम स्तर, मध्यवर्ती स्तर एवं जिला स्तर पर लागू करने का सुझाव दिया। 1958 में राष्ट्रीय विकास परिषद् ने बलवंत राय मेहता समिति की सिफारिशें स्वीकार कीं। आधुनिक भारत में प्रथम बार तत्कालीन प्रधानमंत्री जवाहरलाल नेहरू द्वारा राजस्थान के नागौर जिले में 2 अक्तूबर, 1959 को पंचायती राज व्यवस्था लागू की गई।

*स्वातंत्र्योत्तर भारत में स्थानीय स्वशासन व्यवस्था।*

1993 में 73वें व 74वें संविधान संशोधन के माध्यम से भारत में त्रि-स्तरीय पंचायती राज व्यवस्था को संवैधानिक दर्जा प्राप्त हुआ। स्वतंत्र भारत में विभिन्न कालखंड में पंचायती राज से संबंधित विभिन्न समितियों का गठन किया गया, जैसे— बलवंत राय मेहता समिति (1956-57), अशोक मेहता समिति (1977-78), जी.वी. के. राव समिति (1985) और डॉ. एल.एम. सिंघवी समिति (1986) इत्यादि।

73वें संशोधन अधिनियम-1992 में प्रावधानित व्यवस्थाएँ निम्नलिखित हैं—

- एक त्रि-स्तरीय ढाँचे की स्थापना (ग्राम पंचायत, पंचायत समिति या मध्यवर्ती पंचायत तथा जिला पंचायत)।
- ग्राम स्तर पर ग्राम सभा की स्थापना।
- हर पाँच वर्ष में पंचायतों के नियमित चुनाव।
- अनुसूचित जातियों और जनजातियों के लिए उनकी जनसंख्या के अनुपात में स्थानों का आरक्षण।
- महिलाओं के लिए एक-तिहाई सीटों का आरक्षण।
- पंचायतों की निधियों में सुधार के लिए उपाय सुझाने हेतु राज्य वित्त आयोगों का गठन।
- राज्य चुनाव आयोग का गठन।

73वाँ संशोधन अधिनियम पंचायतों को स्वशासन की संस्थाओं के रूप में काम करने हेतु राज्य सरकार को आवश्यक शक्तियाँ और अधिकार प्रदान करता है। राज्य को प्रदत्त ये शक्तियाँ और अधिकार इस प्रकार हैं—

1. संविधान की ग्यारहवीं अनुसूची में सूचीबद्ध 29 विषयों के संबंध में आर्थिक विकास और सामाजिक न्याय के लिए योजनाएँ तैयार करना और उनका निष्पादन करना।
2. कर, ड्यूटीज, टोल, शुल्क आदि लगाने और उसे वसूल करने का अधिकार पंचायतों को दिया गया।
3. राज्यों द्वारा एकत्र करों, ड्यूटियों, टोल और शुल्कों का पंचायतों को हस्तांतरण किया गया।
4. ग्राम सभा को परिभाषित किया गया। यह उल्लेखित किया गया कि 'किसी एक गाँव या पंचायत का चुनाव करनेवाले गाँवों के समूह की मतदाता सूची में शामिल व्यक्तियों से मिलकर बनी संस्था ग्राम सभा है।'
5. पंचायती राज की सफलता के केंद्र में गतिशील और प्रबुद्ध ग्राम सभा होती है।

73वाँ संविधान संशोधन अधिनियम ग्राम स्तर पर स्व-शासन की संस्थाओं के रूप में ऐसी सशक्त पंचायतों की परिकल्पना करता है, जो ग्राम स्तर पर जन विकास कार्यों

और उनके रख-रखाव की योजना बनाकर उन्हें पूरा कर सके। ग्राम स्तर पर लोगों के कल्याण को सुनिश्चित करके उनके स्वास्थ्य, शिक्षा, समुदाय भाईचारा, विशेषकर लिंग भेद और जाति-आधारित भेदभाव के संबंध में सामाजिक न्याय, झगड़ों का निबटारा, बच्चों का, विशेषकर बालिकाओं का कल्याण जैसे मुद्दों का निपटान किया जा सके।

ग्राम सभा को 1993 की धारा 6(1) के अनुसार राज्यपाल द्वारा अनुसूचित किया गया। धारा 8 पचायतों का गठन और धारा 9 द्वारा पंचायत अवधि का प्रावधान किया गया। यद्यपि पंचायती राज की सफलता के मार्ग में अनेक चुनौतियाँ हैं, जैसे—पंचायतों के पास वित्त-प्राप्ति का कोई मजबूत आधार नहीं है। उन्हें वित्त के लिए राज्य सरकारों पर निर्भर रहना पड़ता है। ज्ञातव्य है कि राज्य सरकारों द्वारा उपलब्ध कराया गया वित्त किसी विशेष मद में खर्च करने के लिए ही होता है।

व्यावहारिकता के धरातल पर देखें तो कई राज्यों में पंचायतों का निर्वाचन नियत समय पर नहीं हो पाता है। यह भी देखा गया है कि जिन पंचायतों में महिला सरपंच हैं, वहाँ कार्य-संचालन में उनके किसी पुरुष रिश्तेदार का हस्तक्षेप होता है। उस स्थिति में महिलाएँ नाममात्र की प्रमुख होती हैं। इस स्थिति में पंचायतों में महिला आरक्षण का उद्देश्य विफल होता दिखाई देता है। क्षेत्रीय राजनीतिक संगठन पंचायतों के मामलों में हस्तक्षेप करके उनके कार्यों एवं निर्णयों को प्रभावित करते हैं। कई दफा पंचायतों के निर्वाचित सदस्यों एवं राज्य द्वारा नियुक्त पदाधिकारियों के बीच सामंजस्य बनाना मुश्किल होता है, जिससे पंचायतों का विकास अवरुद्ध होता है।

उपर्युक्त चुनौतियों को देखते हुए पंचायती राज व्यवस्था को सशक्त करने के लिए यह आवश्यक है कि पंचायती राज संस्थाओं को कर निर्धारण की व्यापक शक्ति दी जानी चाहिए, ताकि पंचायती राज संस्थाएँ खुद अपने वित्तीय साधनों में वृद्धि कर सकें। पंचायती राज संस्थाओं को और अधिक कार्यपालिकीय अधिकार दिए जाएँ और बजट आवंटन के साथ ही समय-समय पर विश्वसनीय लेखा परीक्षण भी कराया जाना चाहिए। इस दिशा में 'इ-ग्राम स्वराज पोर्टल' का शुभारंभ एक सराहनीय प्रयास है।

पंचायती राज्य व्यवस्था के तहत निर्वाचित महिला पंच व सरपंच को मानसिक एवं सामाजिक रूप से अधिक-से-अधिक सशक्त बनाना चाहिए, जिससे निर्णय लेने के मामलों में वे आत्मनिर्भर बन सकें। पंचायतों का निर्वाचन नियत समय पर, राज्य निर्वाचन आयोग के मानदंडों पर क्षेत्रीय संगठनों के हस्तक्षेप के बिना होना चाहिए। अच्छा कार्य करनेवाली पंचायत को पुरस्कृत करना भी प्रासंगिक होगा।

इन तमाम प्रयासों का वास्तविकता के धरातल पर क्रियान्वयन किए जाने पर ही पंचायती राज व्यवस्था सही मायने में भारतीय लोकतंत्र का मजबूत स्तंभ साबित होगी। □

# 47
# बाबरी मसजिद विवाद

प्रजातंत्रात्मक राज्य में मतांतर का सम्मान किया जाता है, इसलिए धर्म का राजनीतिकरण एक स्वाभाविक प्रक्रिया प्रतीत होती है। 1992 में भारतीय राजनीति में एक ऐसा मोड़ आया, जबकि धर्म की शाश्वत आस्था को सार्वजनिक भावना के साथ जोड़ा गया। बहुत सारे लोगों की एक समान भावनाओं में आए उफान ने इतिहास के पन्नों को झिंझोड़कर रख दिया। उत्तर प्रदेश के अयोध्या जिले में रामकोट पहाड़ी पर स्थित बाबरी मसजिद हिंदू-मुसलिम आस्था के टकराव के कारण विवाद के घेरे में आ गई।

1992 में भारत के सर्वोच्च न्यायालय ने इस विवादास्पद स्थान को नुकसान न पहुँचाने की बाबत आदेश दिया, इसके बावजूद 1,50,000 लोगों की एक हिंसक भीड़ ने इसे विध्वस्त कर दिया। इस घटना के फलस्वरूप भारत के कई शहरों में दंगे हुए, जिसमें 2,000 से अधिक लोग मारे गए। इसी मुद्दे पर चल रही राजनीतिक, ऐतिहासिक और सामाजिक-धार्मिक बहस को 'अयोध्या विवाद' या 'बाबरी मसजिद विवाद' के नाम से जाना जाता है।

दरअसल, यह विवाद पाँच सदियों से चला आ रहा है। इतिहास गवाह है कि 1527 में मुसलिम सम्राट् बाबर फरगना से भारत आया। यहाँ आकर उसने तोपखाने और गोला-बारूद का इस्तेमाल करके सिकरी में चित्तौड़गढ़ के हिंदू राजा राणा संग्राम सिंह को हराया। इस जीत के बाद बाबर ने उस क्षेत्र पर कब्जा कर लिया और अपने सेनापति मीर बकी को वहाँ का सूबेदार बना दिया। मीर बकी ने अयोध्या में बाबरी मसजिद का निर्माण कर इसका नामकरण सम्राट् बाबर के नाम पर किया। बाबर के 'रोजनामचा बाबरनामा' में वहाँ किसी नई मसजिद मोहम्मद उस्मान अली का जिक्र नहीं है, हालाँकि, 'रोजमानचे' में उस अवधि में लिखित पन्ने गायब हैं। समकालीन 'तारीख-ए-बाबरी' कहता है कि 'बाबर की सेना ने चंदेरी में बहुत सारे हिंदू मंदिरों को ध्वस्त कर दिया था।'

*बाबरी मसजिद ढहने से संबंधित कुछ चित्र।*

कालांतर में इस मसजिद को 'मसजिद-ए-जन्म' कहा जाता था। बाबरी मसजिद उत्तर प्रदेश (भारत) की बड़ी मसजिदों में से एक थी। हालाँकि, आसपास के जिलों में और भी अनेक पुरानी मसजिदें हैं, जिनमें शरीकी राजाओं द्वारा बनाई गई हजरत बल मसजिद भी शामिल है, लेकिन विवादित स्थल होने के कारण बाबरी मसजिद सर्वाधिक चर्चित बन गई। इसके आकार और प्रसिद्धि के बावजूद स्थानीय मुसलिम समुदाय द्वारा इस मसजिद का उपयोग कम ही किया जाता था।

हिंदू समुदाय के अनुयायियों का मानना है कि मोहम्मद उस्मान अली इकराम

ने मंदिर को तोड़कर या उसमें बदलाव लाकर यहाँ पर मसजिद का निर्माण करवाया, जबकि मुसलिम संप्रदाय के लोग इस दावे को खारिज करते रहे। फैजाबाद जिला गजट के अनुसार, 1905 से लेकर 1855 तक हिंदू और मुसलमान दोनों एक ही इमारत में पूजा या इबादत करते रहे, लेकिन 1953 में निर्मोही अखाड़े ने ढाँचे पर दावा करते हुए कहा कि जिस स्थल पर मसजिद खड़ी है, वहाँ एक मंदिर हुआ करता था, जिसे बाबर के शासनकाल में नष्ट किया गया। इस बात पर पहली बार अयोध्या में हिंदू-मुसलिम दंगे हुए थे।

उल्लेखनीय है कि 1857 में यह विवाद थोड़ा ठंडा पड़ गया, लेकिन 1859 में यह विवाद दोनों संप्रदायों के मध्य फिर से भड़क जाने के कारण ब्रिटिश शासकों को इस मसजिद के सामने एक दीवार बनानी पड़ी। दोनों को संतुष्ट करने के इरादे से परिसर के भीतरी हिस्से में मुसलमानों को और बाहरी हिस्से में हिंदुओं को प्रार्थना करने की अनुमति दी गई।

1885 में यह मामला पहली बार जिला अदालत के समक्ष लाया गया, जबकि हिंदू साधु महंत रघुबर दास ने फैजाबाद कोर्ट में बाबरी मसजिद परिसर में राम मंदिर बनवाने की इजाजत माँगी। हालाँकि उनकी यह अपील अदालत के द्वारा ठुकरा दी गई। तदुपरांत यह विवाद गहराता गया।

1934 में आधिपत्य के प्रश्न पर यहाँ पर फिर सांप्रदायिक दंगे हो गए, जिसमें मसजिद की दीवार और गुंबद क्षतिग्रस्त हो गए थे। स्थिति को सामान्य करने के लिए ब्रिटिश सरकार ने इसका पुनर्निर्माण करवा दिया।

आजाद भारत में जब हिंदुओं ने कथित तौर पर यहाँ पर भगवान् राम की मूर्ति स्थापित कर दी। मुसलमानों ने इस पर विरोध व्यक्त किया और मसजिद में नमाज पढ़ना बंद कर दिया। दोनों पक्षों ने अदालत में मुकदमा दायर कर दिया। अतः सरकार ने इस स्थल को विवादित घोषित कर ताला लगवा दिया। 1950 में गोपाल सिंह विशारद ने फैजाबाद अदालत में अपील दायर कर भगवान् राम की पूजा करने की इजाजत माँगी।

1959 में निर्मोही अखाड़े ने विवादित स्थल के हस्तांतरण के लिए मुकदमा किया, वहीं मुसलमानों की तरफ से उत्तर प्रदेश सुन्नी वक्फ बोर्ड ने भी बाबरी मसजिद पर मालिकाना हक के लिए मुकदमा दायर कर दिया।

1984 में सरकार ने इस विवाद के निराकरण हेतु 'राम जन्मभूमि मुक्ति समिति' का गठन किया। बाद में विश्व हिंदू परिषद् के नेतृत्व में हिंदुओं ने भगवान् राम के जन्मस्थल को मुक्त करवाने व वहाँ पर राम मंदिर बनाने के लिए एक समिति का गठन किया। उसी समय गोरखपुर में गोरखनाथ धाम के महंत अवैद्यनाथ ने राम जन्मभूमि की मुक्ति के लिए एक 'यज्ञ समिति' बनाई। इस अवसर पर उन्होंने अपने शिष्यों और लोगों से कहा था कि

"उसी पार्टी को वोट देना, जो हिंदुओं के पवित्र स्थानों को मुक्त कराए।" कालांतर में इस अभियान का नेतृत्व भाजपा नेता लालकृष्ण आडवाणी ने सँभाल लिया।

फरवरी 1986 में जिला मजिस्ट्रेट ने हिंदुओं को प्रार्थना करने के लिए विवादित स्थल के दरवाजे से ताला खोलने का आदेश दिया। मुसलमानों ने इसके विरोध में 'बाबरी मसजिद संघर्ष समिति' व 'बाबरी मसजिद एक्शन कमेटी' बना ली। प्रतिक्रियास्वरूप भारतीय जनता पार्टी ने इस मामले में विश्व हिंदू परिषद् को औपचारिक समर्थन दिया। वी.एच.पी. नेता देवकीनंदन अग्रवाल ने रामलला की तरफ से मंदिर के दावे से संबंधित एक मुकदमा लगा दिया। नवंबर में मसजिद से थोड़ी दूर पर राम मंदिर का शिलान्यास कर दिया गया।

25 सितंबर, 1990 को आडवाणी की रथयात्रा बिहार में रोक उन्हें गिरफ्तार कर लिया गया। इसके बावजूद मंदिर निर्माण के लिए देशभर से लाखों ईंटें अयोध्या भेजे जाने का सिलसिला नहीं रुका। तत्कालीन प्रधानमंत्री वी.पी. सिंह की सरकार के द्वारा उन्हें रोके जाने पर भाजपा ने सरकार से समर्थन वापस ले लिया। 30 अक्तूबर, 1999 को अयोध्या में कारसेवकों ने मसजिद पर चढ़कर झंडा फहराया था। पुलिस की गोलीबारी में पाँच कारसेवकों की मौत हो गई थी।

जून 1991 में उत्तर प्रदेश में भाजपा सत्ता में आ गई। अत: 6 दिसंबर, 1992 को हजारों की संख्या में कारसेवकों ने अयोध्या पहुँचकर बाबरी मसजिद को ढहा दिया। उसके स्थान पर अस्थायी राम मंदिर बना दिया गया। इसके बाद समूचा देश सांप्रदायिक दंगों की चपेट में आ गया। इसमें करीब 2,000 लोग मारे गए। मसजिद ढहाने की जाँच के लिए 'लिब्रहान आयोग' बना। इलाहाबाद हाईकोर्ट में केस शुरू हुआ। 49 लोग दोषी करार दिए गए।

अयोध्या विवाद सुलझाने के लिए प्रधानमंत्री अटल बिहारी वाजपेयी ने 'अयोध्या समिति' का गठन किया। सैकड़ों हिंदू कार्यकर्ता अयोध्या में इकट्ठे हुए। जब ये हिंदू कार्यकर्ता अयोध्या से लौट रहे थे, गोधरा नामक स्थान पर उनकी रेलगाड़ी पर हमला कर दिया गया, जिसमें 58 कार्यकर्ता मारे गए। लंबी कानूनी लड़ाई के उपरांत अंततोगत्वा 16 अक्तूबर, 2019 को सुप्रीम कोर्ट ने अयोध्या मामले की सुनवाई कर अपना फैसला दे दिया। इसके बाद 2020 से राम मंदिर निर्माण का कार्य प्रारंभ हो गया।

□

# 48

# आतंक का कहर

बाबरी मसजिद विवाद की आग मुंबई को भी झुलसा गई। 12 मार्च, 1993 को 13:30 बजे, बॉम्बे स्टॉक एक्सचेंज की इमारत के तहखाने में एक शक्तिशाली कार बम विस्फोट हुआ। 28 मंजिला कार्यालय की इमारत क्षण भर में धराशायी हो गई। इसके आसपास के कई अन्य भवनों को भी नुकसान पहुँचा। रिपोर्टों से पता चलता है कि इस विस्फोट से 50 लोग मारे गए थे।

इस विस्फोट के लगभग 30 मिनट बाद मसजिद के पास कॉरपोरेशन बैंक की मांडवी शाखा के सामने एक और कार बम विस्फोट हुआ। 15:40 बजे तक एक के बाद एक पूरे मुंबई में कुल 12 बम धमाके हुए। इनमें से ज्यादातर बम कार में रखे गए थे, लेकिन कुछ स्कूटर में भी थे।

होटल सी रॉक, होटल जुहू सेंटौर और होटल एयरपोर्ट सेंटूर को अपराधियों द्वारा सूटकेस बमों से लक्षित किया गया था। बैंक, क्षेत्रीय पासपोर्ट कार्यालय, एयर इंडिया बिल्डिंग और एक प्रमुख शॉपिंग कॉम्प्लेक्स भी प्रभावित हुआ। झवेरी बाजार में बम विस्फोट हुए और इसके अलावा सेंचुरी बाजार में एक जीप-बम विस्फोट हुआ। सहारा अंतरराष्ट्रीय हवाई अड्डे पर ग्रेनेड फेंके गए और मछुआरों की कॉलोनी में कुछ नागरिकों को निशाना बनाया गया। सबसे तेज विस्फोट में एक डबल डेकर बस बुरी तरह क्षतिग्रस्त हो गई, जिसमें करीब 90 लोग मारे गए।

इन हमलों में करीब 257 लोग मारे गए। कुछ अन्य स्रोतों का मानना है कि इन धमाकों में मरनेवालों की संख्या 317 और घायलों की संख्या 1,400 थी। इस घटना के पाँच साल बाद 'श्रीकृष्ण आयोग' की रिपोर्ट में पाया गया कि मारे गए लोगों की संख्या 900 थी और 2,000 से अधिक लोग घायल हो गए थे।

ये श्रृंखलाबद्ध हमले मुंबई स्थित अंतरराष्ट्रीय संगठित अपराध सिंडिकेट 'डी-कंपनी' के नेता दाऊद इब्राहिम के संकेत पर किए गए। माना जाता था कि इब्राहिम

ने अपने अधीनस्थों टाइगर मेमन और याकूब मेमन के माध्यम से बम बनाने के आदेश दिए थे।

*मुंबई धमाके के कुछ चित्र।*

21 मार्च, 2013 को भारत के सर्वोच्च न्यायालय ने इस मामले में अपना फैसला दिया। करीब 20 वर्षों के बाद दिए गए इस निर्णय में याकूब मेमन सरगना संदिग्ध के खिलाफ मौत की सजा को कायम रखा गया। इसके साथ ही जेल में बंद 10 अन्य लोगों के खिलाफ मौत की सजा को भी बरकरार रखा गया। हालाँकि, इस मामले के दो मुख्य संदिग्ध दाऊद इब्राहिम और टाइगर मेमन को अभी तक गिरफ्तार नहीं किया गया है और न ही उन्हें गिरफ्तार करने की कोशिश की गई है। माना जाता है कि उनके अल कायदा और उसके नेता ओसामा बिन लादेन व लश्कर-ए-तैयबा के साथ संबंध हैं। इसलिए भारत ने उसे एक 'आतंकवादी' घोषित कर दिया है और महाराष्ट्र राज्य सरकार ने 30 जुलाई, 2015 को याकूब मेमन को फाँसी दे दी।

9 मार्च, 1993 को, बम विस्फोट होने से तीन दिन पहले, पूर्वोत्तर मुंबई में बेहरामपाड़ा झुग्गी के एक छोटे से अपराधी, जिसका नाम गुल नूर मोहम्मद शेख (गुल्लू) था, को नागपाड़ा पुलिस स्टेशन में हिरासत में लिया गया था।

इस प्रकार इस प्रकरण में भारतीय अदालतों में सैकड़ों लोगों को गिरफ्तार किया गया। उन्हें हिरासत में भेजा गया। भारतीय इतिहास में सबसे लंबे समय तक चलनेवाली जाँच प्रक्रिया में 2006 में 129 अभियुक्तों में से 100 को दोषी पाया गया और न्यायमूर्ति पी.डी. कोडे द्वारा उन्हें विशेष रूप से आतंकवादी और विघटनकारी गतिविधियाँ (रोकथाम) अधिनियम (टाडा) के लिए दोषी ठहराया गया। फरवरी 2007 में अभियोजन पक्ष ने दोषी ठहराए गए 100 लोगों में से 44 को मृत्युदंड देने का आदेश दिया गया।

□

# 49

# मायावती शासनकाल

3 जून, 1995 को भारतीय समाज में व्याप्त यह अवधारणा धूमिल पड़ गई कि सत्ता के शीर्ष पर मात्र स्थापित लोग ही बैठ सकते हैं। दूसरी बात, यह भ्रांति भी मिट गई कि किसी महिला की पहचान उसके पति से ही होती है। देश के सबसे बड़े जनसंख्यावाले राज्य उत्तर प्रदेश की मुख्यमंत्री बनकर मायावती ने सारे पूर्वग्रहों को खारिज कर दिया।

उत्तर प्रदेश की राजनीति में मायावती एक मजबूत स्तंभ हैं, जो 4 बार उत्तर प्रदेश में मुख्यमंत्री के पद पर आसीन हुईं—

- पहली बार, 3 जून, 1995 से 18 अक्तूबर 1995 तक।
- दूसरी बार, 21 मार्च, 1997 से 20 सितंबर, 1997 तक।
- तीसरी बार, 3 मई, 2002 से 26 अगस्त, 2003 तक।
- चौथी बार, 13 मई, 2007 से 6 मार्च, 2012 तक।

उनके व्यक्तित्व व कृतित्व पर यदि गौर करें तो ज्ञात होता है कि वर्ष 1977 में दलित नेता कांशीराम से मिलने के बाद उन्होंने अध्यापन कार्य छोड़ राजनीति में आने का निश्चय कर लिया था। जब 1984 में कांशीराम द्वारा 'बहुजन समाज पार्टी' (बीएसपी) का गठन किया गया, उस समय मुजफ्फरनगर जिले की कैराना लोकसभा सीट से मायावती को चुनाव लड़ाया गया। इसके बाद हरिद्वार और बिजनौर सीट के लिए भी मायावती को ही प्रतिनिधि बनाया गया। 1989 में पहली बार बिजनौर सीट से जीतने के बाद ही मायावती लोकसभा पहुँची थीं। वे वर्ष 1994 में राज्यसभा सदस्य भी रहीं। कांशीराम के प्रयासों से अंततः 1995 में बसपा व सपा का गठबंधन हो गया और मायावती मुख्यमंत्री के पद पर आसीन हुईं। इसके साथ ही कांशीराम का वह वादा पूरा हो गया कि "प्रशासनिक अधिकारी बनकर नेताओं की जी-हुजूरी करोगी और यदि खुद नेता बनाओगी तो सैकड़ों प्रशासनिक अधिकारी आपके आगे-पीछे होंगे।"

*बीएसपी नेता कांशीराम व मुख्यमंत्री मायावती के विविध चित्र।*

1991 में बीएसपी ने 12 सीटें जीतीं। इसके पश्चात् वे 1997 में दूसरी बार मुख्यमंत्री बनीं। 2001 में कांशीराम ने मायावती को अपना उत्तराधिकारी घोषित कर दिया। इसके बाद वर्ष 2002 में भारतीय जनता पार्टी के समर्थन के साथ वे फिर मुख्यमंत्री बनीं। इस बार यह अवधि पहले की अपेक्षा थोड़ी ज्यादा थी।

2007 में बीएसपी ने सर्वाधिक 206 सीटें हासिल कीं। इस चुनाव में इस दल को केवल दलितों ने ही नहीं, अपितु ब्राह्मण और ठाकुरों ने भी वोट दिया। इन चुनावों में विजयी होने के पश्चात् मायावती चौथी बार मुख्यमंत्री बनाई गईं। कमजोर और दलित वर्गों का उत्थान तथा उन्हें रोजगार के अच्छे अवसर दिलवाना उनके द्वारा चलाए जा रहे विभिन्न कार्यक्रमों का केंद्र रहे।

सत्ता में आते ही मायावती ने पूर्व मुख्यमंत्री के काल में हुई अनियमितताओं को समाप्त करने का प्रयत्न किया। पुलिस भरती में हुई धाँधली के विरुद्ध कड़ा रुख अपनाया, जिसकी वजह से राज्य के लगभग 17,868 पुलिसवालों को नौकरी से हाथ धोना पड़ा। इसके अलावा, 25 आई.पी.एस. अफसरों को सस्पेंड कर दिया गया। मायावती ने संस्थानों में भरती प्रक्रिया को पारदर्शी बनाने के लिए भी कड़े प्रयत्न किए।

उनके द्वारा किए जा रहे सामाजिक सुधारों की सूची में गैर-दलित वर्गों के लोगों के उत्थान के साथ निम्न और दलित वर्गों के लोगों को आरक्षण देने की व्यवस्था भी शामिल थी, जिसके परिणामस्वरूप उत्तर प्रदेश के सभी विश्वविद्यालयों में दलित वर्ग के लोगों के लिए स्थान आरक्षित किए गए।

उन्होंने अपनी मजबूत छवि का निर्माण अपनी योग्यता और वैयक्तिक विशेषताओं के बल पर किया है। वे एक आत्मनिर्भर महिला हैं। उनके व्यक्तित्व में आत्मविश्वास और दृढ़ता कूट-कूटकर भरी है। वर्ष 2006 में कांशीराम के निधन के बाद मायावती बहुजन समाज पार्टी की अध्यक्षा बन गईं। समय के साथ बसपा ने 'बहुजन' के नारे को त्यागकर 'सर्वजन' के नारे पर भरोसा किया और वह नारा 2007 के चुनाव में कामयाब भी हुआ।

हालाँकि, मायावती ने उत्तर प्रदेश को 'उत्तम प्रदेश' बनाने का वादा किया था, लेकिन उनका यह वादा पूरा न हो सका। अपने कार्यकाल में मायावती विभिन्न आरोपों से घिरी रहीं। इनमें ताज कॉरिडोर घोटाला, जन्मदिन पर खर्च का मामला, अनियमित संपत्ति का मुद्दा, विभिन्न मूर्तियों और प्रतिमाओं का निर्माण करवाने से संबंधित विवाद व राज्य में बढ़ते अपराधों के आरोप इत्यादि शामिल थे।

अस्तु, प्रशासनिक नाकामी ने 2012 में बसपा को उत्तर प्रदेश की सत्ता से बाहर कर दिया। मायावती के राजनीतिक तौर पर हाशिए पर जाने की वजह से दलित समाज में कई अन्य नए चेहरों का उदय हुआ।

□

# 50
# 13 दिन की सरकार

कुछ राजनीतिक घटनाएँ इतिहास के पन्नों पर अपनी अमिट स्याही से लिख दी जाती हैं। ये कुछ ऐसी घटनाएँ होती हैं, जो बहुत-कुछ सिखा जाती हैं, सतर्क कर जाती हैं। वर्ष 1996 में भी यही हुआ। दरअसल, अप्रैल-मई 1996 में हुए ग्यारहवीं लोकसभा के चुनाव में किसी भी पार्टी को बहुमत नहीं मिला। लोकसभा की कुल 543 सीटों में से 161 सीटें जीतकर बीजेपी सबसे बड़े दल के रूप में उभरी। इस चुनाव में बीजेपी पहली बार कांग्रेस से ज्यादा सीटें लाने में कामयाब रही।

इस लोकसभा चुनाव में कोई भी दल स्पष्ट बहुमत प्राप्त नहीं कर पाया था। बीजेपी 161 सीटें जीतकर सबसे बड़ी पार्टी जरूर बन गई थी, लेकिन अपना बहुमत साबित करने के लायक सांसद उसके पास नहीं थे। इस चुनाव में दूसरी सबसे बड़ी पार्टी कांग्रेस को 140 सीटें मिलीं, लेकिन उसने सरकार न बनाने का निर्णय पहले ही ले लिया था। दरअसल, चुनाव से पूर्व कई नेताओं ने कांग्रेस दल से अलग होकर अपने पृथक् दल गठित कर लिये थे। इनमें एन.डी. तिवारी की 'ऑल इंडिया इंदिरा कांग्रेस' (तिवारी), माधवराव सिंधिया की 'मध्य प्रदेश विकास कांग्रेस', जी.के. मूपनार की 'तमिल मनीला कांग्रेस' शामिल थीं।

उल्लेखनीय है कि इस लोकसभा चुनाव में ज्यादातर सीटें क्षेत्रीय पार्टियों के पास चली गई थीं, यानी कुल 543 में से 129 सीटों पर क्षेत्रीय दलों का कब्जा हो गया था। यहीं से क्षेत्रीय दलों के दबदबे की राजनीति की शुरुआत हुई थी। वैसे तो इस समय चुनाव में 8 राष्ट्रीय दल, 30 राज्य स्तरीय दल सहित 171 पंजीकृत दलों ने हिस्सा लिया था। कुल 13,952 प्रत्याशी मैदान में थे। पहली बार उम्मीदवारों की संख्या 10 हजार के पार पहुँची थी, लेकिन किसी को भी स्पष्ट बहुमत न मिल पाने के कारण देश के सामने एक बड़ा राजनीतिक संकट खड़ा हो गया था।

अस्तु, राष्ट्रपति ने सबसे बड़े दल के रूप में उभरी भारतीय जनता पार्टी के नेता अटल बिहारी वाजपेयी को सरकार बनाने के लिए आमंत्रित किया।

अटल बिहारी वाजपेयी ने 16 मई, 1996 को प्रधानमंत्री का पद सँभाला, लेकिन बहुमत साबित न कर पाने की वजह से उन्हें 13वें दिन प्रधानमंत्री के पद से इस्तीफा देना पड़ा। यह घटना अप्रत्याशित थी।

1 जून, 1996 को जनता दल के नेता एच.डी. देवगौड़ा ने संयुक्त मोर्चा गठबंधन के बलबूते पर अपनी सरकार का गठन किया, लेकिन उनकी सरकार भी मात्र 18 महीने ही चल पाई। देवगौड़ा के कार्यकाल में ही विदेश मंत्री रहे इंद्र कुमार गुजराल ने अगले प्रधानमंत्री के रूप में 21 अप्रैल, 1997 को पदभार ग्रहण किया। कांग्रेस इस सरकार को

बाहर से समर्थन दे रही थी। वे भी करीब ग्यारह माह इस पद पर रहे, परंतु अंततोगत्वा 1998 में देश में मध्यावधि चुनाव करवाने पड़े।

उल्लेखनीय है कि भले ही 13 दिन बाद बहुमत साबित न कर पाने की वजह से उनकी सरकार गिर गई, लेकिन 1998 में एक बार फिर अटल बिहारी वाजपेयी प्रधानमंत्री बने तो उस समय एन.डी.ए. की सहयोगी ए.आई.ए.डी.एम. की प्रमुख जयललिता ने अपने खिलाफ चल रहे भ्रष्टाचार के मामलों को वापस लेने और डी.एम.के. के खिलाफ काररवाई करने के लिए अटल बिहारी वाजपेयी पर दबाव बनाया तो वे इस दबाव के आगे नहीं झुके। इसका नतीजा यह हुआ कि संसद में अटल बिहारी वाजपेयी की सरकार विश्वास मत के दौरान एक वोट से हार गई। इस विश्वास मत के दौरान जयललिता की पार्टी ने भाजपा से समर्थन वापस ले लिया था।

1999 में 13 दलों के गठबंधन के साथ अटल बिहारी तीसरी बार प्रधानमंत्री बने, जिसकी शपथ भी उन्होंने 13 अक्तूबर, 1999 को ही ली थी। इस बार उनकी सरकार ने पाँच साल का अपना कार्यकाल पूरा किया। प्रधानमंत्री के तौर पर अपना कार्यकाल पूरा करनेवाले वे पहले गैर-कांग्रेसी प्रधानमंत्री बने।

वाजपेयी सरकार ने कई ऐसे बड़े फैसले लिये, जिसने भारत की राजनीति की दशा व दिशा को हमेशा के लिए बदल दिया। यह वाजपेयी की कुशलता ही कही जाएगी कि उन्होंने एक तरह से दक्षिणपंथ की राजनीति को भारतीय जनमानस में इस तरह रचा-बसा दिया, जिसके चलते एक दशक बाद भारतीय जनता पार्टी ने वह बहुमत हासिल कर दिखाया, जिसकी भाजपा में एक समय में कल्पना भी नहीं की जाती थी।

25 दिसंबर, 1924 को जनमे अटल बिहारी वाजपेयी को भारतीय राजनीति का पितामह कहा जाता है। राजनेता होने के साथ-साथ वे एक कवि, पत्रकार व एक प्रखर वक्ता भी थे। अपना जीवन राष्ट्रीय स्वयंसेवक संघ के प्रचारक के रूप में आजीवन अविवाहित रहने का संकल्प लिया था। वे भारतीय जनसंघ के संस्थापकों में एक थे और 1968 से 1973 तक उसके अध्यक्ष भी रहे। उन्होंने लंबे समय तक 'राष्ट्रधर्म', 'पाञ्चजन्य' और 'वीर अर्जुन' आदि पत्र-पत्रिकाओं का संपादन भी किया। उनका लेखन व संपादन राष्ट्रीय भावना से ओत-प्रोत रहा। चार दशकों तक वे भारतीय संसद के सदस्य रहे। दस बार लोकसभा और दो बार राज्यसभा के लिए चुने गए थे।

2005 से वे राजनीति से संन्यास ले चुके थे और नई दिल्ली में 6-ए कृष्णा मेनन मार्ग स्थित सरकारी आवास में रहते थे। 16 अगस्त, 2018 को एक लंबी बीमारी के बाद अखिल भारतीय आयुर्विज्ञान संस्थान, दिल्ली में श्री वाजपेयी का निधन हो गया। वे जीवन भर भारतीय राजनीति में सक्रिय रहे। केंद्र सरकार ने इस मौके पर श्री वाजपेयी की तसवीरवाला 100 रुपए का सिक्का भी जारी किया है।

□

# 51
# परमाणु परीक्षण-2

मई 1974 में पोखरण में बुद्धा के स्माइलिंग करने के उपरांत 11 और 13 मई, 1998 को राजस्थान के पोखरण परमाणु स्थल पर पाँच परमाणु परीक्षण सफलता के आँचल में खिलखिला उठे। ये पाँचों परमाणु बम परीक्षणों की शृंखला का एक हिस्सा है। उस समय की वैश्विक राजनीति में भारत पर काफी दबाव था। तदुपरांत तत्कालीन प्रधानमंत्री अटल बिहारी वाजपेयीजी की दृढ़ इच्छाशक्ति के बलबूते पर यह परीक्षण संभव हो पाया था। इन परीक्षणों के उपरांत भारत दुनिया के शक्तिशाली राज्यों की अग्रणी सूची में शामिल हो गया था। इसलिए इन परमाणु परीक्षणों के उपरांत जापान और संयुक्त राज्य अमेरिका सहित प्रमुख महाशक्तियों ने भारत के खिलाफ विभिन्न प्रकार के प्रतिबंध लगा दिए थे।

11 मई को हुए परमाणु परीक्षण में 15 किलो टन का विखंडन (फिशन) उपकरण और 0.2 किलो टन का सहायक उपकरण शामिल था। इन परमाणु परीक्षणों में 45 किलो टन का एक फ्यूजन परमाणु उपकरण शामिल था। इसे आमतौर पर 'हाइड्रोजन बम' के नाम से जाना जाता है। वस्तुतः द्वितीय विश्वयुद्ध के बाद से ही भारत ने परमाणु बम से संबंधित तकनीकों पर शोध व निर्माण की दिशा में प्रयास करना शुरू कर दिया था।

भारत का परमाणु कार्यक्रम 1944 में आरंभ हुआ माना जाता है, जब परमाणु भौतिकविद् होमी भाभा ने परमाणु ऊर्जा के दोहन के प्रति भारतीय राष्ट्रीय कांग्रेस को राजी करना शुरू किया। करीब एक साल बाद उन्होंने टाटा मूलभूत अनुसंधान संस्थान (टी.आई.एफ.आर.) की स्थापना की। 1950 के दशक में प्रारंभिक अध्ययन पूर्ण किए गए और प्लूटोनियम और अन्य बम घटकों के उत्पादन की योजना बनाई गई। 1962 में चीनी हमले में धोखा खाए भारत को जब यह पता लगा कि 1964 में चीन ने परमाणु परीक्षण कर लिया है तो ऐसी स्थिति में भारत सरकार का सतर्क होना लाजिमी था। अतः प्रधानमंत्री इंदिरा गांधी को 1967 में परमाणु हथियारों के निर्माण की ओर भारत को ले

जाना पड़ा और 1974 में अपना पहला परमाणु परीक्षण 'मुसकराते बुद्ध' के संकेत के साथ आयोजित किया।

1980 में जब प्रधानमंत्री इंदिरा गांधी ने देखा कि पाकिस्तान ने अपने परमाणु परीक्षण कार्य को जारी रखा है तो मजबूरन उन्हें भी भारत के परमाणु कार्यक्रम को जारी रखना पड़ा। अस्तु, तत्कालीन एयरोस्पेस इंजीनियर व दिवंगत राष्ट्रपति अब्दुल कलाम के नेतृत्व में हाइड्रोजन बम निर्माण के साथ ही मिसाइल कार्यक्रम का भी शुभारंभ किया गया।

1985 में अमेरिका को इस बात की भनक लग गई थी कि भारत में परमाणु परीक्षण की कुछ सुगबुगाहट है, इसलिए उसने अपने जासूसी उपग्रहों द्वारा भारत पर कड़ी निगरानी करना प्रारंभ कर दिया था। जो भी हो, लेकिन भारत को अपने परमाणु कार्यक्रम को क्रियान्वयन का जामा पहनाना ही था। इसलिए पोखरण परीक्षण कार्यक्रम को पूरी तरह से गोपनीय रखे जाने का निर्णय लिया गया, ताकि अन्य देशों द्वारा पता लगाने की संभावना से बचा जा सके। भारतीय सेना के कोर इंजीनियर्स की 58वीं इंजीनियर रेजिमेंट को बिना अमेरिकी जासूसी उपग्रहों द्वारा नजर में आए, परीक्षण की पृष्ठभूमि को तैयार करने के लिए नियुक्त किया गया। 58वें इंजीनियर के कमांडर कर्नल गोपाल कौशिक को परीक्षण कार्य की तैयारी की देखरेख करने का जिम्मा दिया गया। उन्होंने अपने अधीनस्थ अधिकारियों को गोपनीयता बरतने के सभी आवश्यक उपाय करने का आदेश दिया।

इस परीक्षण की व्यापक योजना को वैज्ञानिकों, वरिष्ठ सैन्य अधिकारियों और वरिष्ठ नेताओं के एक बहुत छोटे समूह के द्वारा तैयार किया गया, जिससे यह सुनिश्चित किया गया कि परीक्षण कार्यक्रम की गोपनीयता बनी रहे। इस गोपनीयता का कवच इतना मजबूत था कि भारत सरकार के वरिष्ठ सदस्यों को भी पता नहीं था कि क्या हो रहा था? मुख्य वैज्ञानिक सलाहकार और डी.आर.डी.ओ. के निदेशक, डॉ. अब्दुल कलाम और परमाणु ऊर्जा विभाग के निदेशक, डॉ. आर. चिदंबरम, इस परीक्षण की योजना के मुख्य समन्वयक थे। अंततः भारत अपने उद्देश्यों में सफल हुआ, लेकिन इजराइल को छोड़कर दुनिया के लगभग सभी देशों ने भारत की निंदा की।

संयुक्त राज्य अमेरिका ने एक सख्त बयान जारी कर भारत की निंदा और कई प्रतिबंध लगाने की भी घोषणा कर दी। दरअसल, इस परीक्षण की सफलता अमेरिकी खुफिया एजेंसी की हार का प्रतीक थी, क्योंकि वह परीक्षण की तैयारी का पता लगाने में असफल हुआ, जो 'दशक की एक गंभीर खुफिया विफलता' थी। कनाडा ने भी भारत की सख्त आलोचना की। जापान द्वारा भी भारत पर प्रतिबंध लगाए गए और जापान ने भारत पर मानवीय सहायता के लिए छोड़कर, सभी नए ऋण और अनुदानों को रोक दिया गया।

*परमाणु परीक्षण-2 के कतिपय चित्र।*

कुछ अन्य देशों ने भी भारत पर प्रतिबंध लगा दिए, लेकिन ब्रिटेन, फ्रांस, रूस ने भारत की निंदा से परहेज किया। इस परीक्षण पर सबसे प्रबल और कड़ी प्रतिक्रिया भारत के पड़ोसी देश पाकिस्तान ने की थी। पाकिस्तान में परीक्षण के खिलाफ बहुत गुस्सा था। उसने दक्षिण एशियाई क्षेत्र में परमाणु हथियारों की होड़ को भड़काने के लिए भारत को दोषी करार दिया। साथ ही पाकिस्तान के प्रधानमंत्री नवाज शरीफ ने कसम खाई कि उनका देश भारत को इसका उपयुक्त जवाब देगा।

6 जून को संयुक्त राष्ट्र सुरक्षा परिषद् के 'संकल्प 1172' द्वारा भारत के परमाणु परीक्षण की निंदा की गई। चीन ने अंतरराष्ट्रीय समुदाय से भारत पर 'परमाणु अप्रसार संधि' पर हस्ताक्षर और परमाणु शस्त्रागार को समाप्त करने के लिए दबाव डाला, परंतु भारत किसी के दबाव में नहीं आया।

जो भी हो, लेकिन द्वितीय परमाणु परीक्षण के उपरांत भारत दुनिया के मानचित्र पर एक नई एशियाई सामरिक ताकत के रूप में उभरकर सामने आया। भारत को परमाणु हथियार रखनेवाले देशों के समूह में शामिल होने का गौरव प्राप्त हुआ। तत्कालीन प्रधानमंत्री अटल बिहारी वाजपेयी की यह बहुत बड़ी विजय थी। उन्होंने विपरीत वैश्विक परिदृश्य में परमाणु परीक्षण कार्य संपन्न करवाकर भारत को एक महाशक्ति बनने की ओर अग्रसर किया। उनकी पहल पर 11 मई को प्रत्येक वर्ष समूचे भारत में 'राष्ट्रीय प्रौद्योगिकी दिवस' मनाया जाता है।

□

# 52
# लाहौर बस यात्रा

पूर्व प्रधानमंत्री अटल बिहारी वाजपेयी को 'भारतीय राजनीति का अजातशत्रु' कहा जाता है। उनकी लाहौर बस यात्रा इस बात का सर्वोत्तम उदाहरण है। उन्होंने अपने व्यक्तित्व और कृतित्व से व्यापक स्वीकार्यता और सम्मान अर्जित करके पाकिस्तान को बस यात्रा के लिए सबको सहमत कर लिया, जबकि यह वह दौर था, जब भारत के परमाणु परीक्षण की आग में पाकिस्तान जल रहा था, परंतु अपने सांस्कृतिक समभाव, उदारवाद और राजनीतिक तर्कसंगतता के लिए जाने जानेवाले अटल बिहारी वाजपेयी ने प्रधानमंत्री पद सँभालते ही 'दिल्ली-लाहौर बस सेवा' शुरू करके पाकिस्तान के साथ शांति संबंध स्थापित करने का संदेश दिया था।

दिल्ली-लाहौर बस सेवा, जिसे आधिकारिक तौर पर 'सदा-ए-सरहद' के नाम से जाना जाता है, भारत-पाकिस्तान के मध्य संबंध मजबूत करने के लिए 19 फरवरी, 1999 को प्रारंभ की गई। यह बस सेवा प्रारंभ करवाने के लिए तत्कालीन प्रधानमंत्री अटल बिहारी वाजपेयी खुद इस बस में बैठकर दिल्ली से लाहौर गए थे। भारत-पाकिस्तान सीमा पर वाघा में प्रधानमंत्री नवाज शरीफ ने खुद अटल बिहारी वाजपेयी का स्वागत किया था।

इस बस में उनके साथ बॉलीवुड हस्ती देवानंद, लेखक जावेद अख्तर और क्रिकेटर कपिल देव जैसी शख्सियतों ने अमृतसर से लाहौर की यात्रा की। लाहौर पहुँचने पर उनका जोरदार स्वागत हुआ था। प्रधानमंत्री ने कहा था—"मैं अपने साथ भारतीयों की सद्भावना और आशा लाया हूँ, जो पाकिस्तान के साथ स्थायी शांति और सद्भाव चाहते हैं। मुझे पता है कि यह दक्षिण एशिया के इतिहास में एक निर्णायक पल है और मैं आशा करता हूँ कि हम इस चुनौती पर आगे बढ़ पाएँगे।"

19 से 20 फरवरी, 1999 तक अपने दो दिवसीय दौरे के दौरान दोनों देशों के प्रधानमंत्रियों के बीच बातचीत के कई दौर चले। वार्त्तालाप के अंत में दोनों प्रधानाध्यक्ष

ने 'संयुक्त लाहौर घोषणा-पत्र' पर हस्ताक्षर किए। इस घोषणा-पत्र में अन्य बातों के साथ इस पर सहमति बनी थी कि दोनों पक्ष परमाणु हथियारों का अनधिकृत उपयोग नहीं करेंगे। इस कदम को भारत और पाकिस्तान के संबंधों में नए युग की शुरुआत के तौर पर देखा गया।

*लाहौर बस यात्रा, 1999 के चित्र।*

यद्यपि इसका दूसरा पक्ष यह था कि भारत और पाकिस्तान के बीच ये मधुर संबंध अधिक समय तक नहीं टिक सके। इस यात्रा के महज कुछ महीने बाद ही पाकिस्तानी घुसपैठ के कारण भारत को कारगिल युद्ध लड़ना पड़ा, जिसमें पाकिस्तान की बुरी तरह से हार हुई थी। भारत के पूर्व प्रधानमंत्री अटल बिहारी वाजपेयी ने यह कदम उठाकर पाकिस्तान को मित्रता का संदेश जरूर दिया था, लेकिन पाकिस्तान अपनी आदत से कभी बाज नहीं आता है। इसलिए धीरे-धीरे दोनों देशों के बीच बढ़ते विवाद का असर इस बस-सेवा पर भी पड़ता रहा।

वाजपेयी की लाहौर यात्रा के दौरान पाकिस्तान में भारत के राजदूत रहे गोपालस्वामी पार्थसारथी ने कहा, "उनका भाषण दिल को छू लेनेवाला था, क्योंकि उन्होंने कहा था कि जहाँ तक उनकी बात है तो वे लड़ाई नहीं होने देंगे।" पूर्व विदेश सचिव सलमान हैदर ने कहा, "भारत-पाक संबंधों में वाजपेयी का योगदान ऐसा था, जो खुद अपनी कहानी बयाँ करता है।"

इस यात्रा के दौरान प्रधानमंत्री वाजपेयी ने पाकिस्तान के तत्कालीन राष्ट्रपति परवेज मुशर्रफ को दो दिवसीय आगरा सम्मेलन के लिए निमंत्रित किया। वे आए, लेकिन वार्त्ता बिना किसी नतीजे के समाप्त हुई। कश्मीर विवाद को एक गतिरोध के रूप में देखा गया। पाकिस्तान के पूर्व विदेश मंत्री खुर्शीद महमूद कसूरी ने बाद में अपनी पुस्तक 'नाइदर ए हॉक नॉर ए डोव' में लिखा—"आगरा सम्मेलन में कश्मीर का समाधान दोनों सरकारों के करीब आ गया था, लेकिन वह मूर्त रूप नहीं ले पाया।"

उल्लेखनीय है कि इस बस-सेवा को भारत की ओर से दिल्ली ट्रांसपोर्ट कॉरपोरेशन और पाकिस्तान की ओर से पाकिस्तान टूरिज्म डेवलपमेंट कॉरपोरेशन द्वारा संचालित किया जाता है। यह बस रास्ते में अमृतसर, करतारपुर, कुरुक्षेत्र, सरहिंद इत्यादि स्थानों पर रुकते हुए वाघा पहुँचती है। कुछ साल चलने के उपरांत 13 दिसंबर, 2001 को यह बस-सेवा बंद कर दी गई; क्योंकि पाक समर्थित आतंकवादियों ने दिन-दहाड़े भारतीय संसद पर हमला कर दिया था। अस्तु देश की सुरक्षा के लिए इस बस-सेवा को बंद करना न्यायोचित था।

□

# 53
# कारगिल युद्ध

भारत के खूबसूरत राज्य जम्मू-कश्मीर में स्थित जिला कारगिल पाकिस्तानी आक्रमण के कारण सुर्खियों में आ गया। भारत की ओर से प्रधानमंत्री अटल बिहारी वाजपेयी ने शांति व खुशहालीमय संबंधों की पूरी कोशिश की, लेकिन अपनी फितरत के अनुरूप पाकिस्तान ने युद्ध का रास्ता अपनाया। पाकिस्तान की सेना और कश्मीरी उग्रवादियों ने भारत और पाकिस्तान के बीच की नियंत्रण-रेखा पार करके भारत की जमीन पर कब्जा करने का दुस्साहस किया।

वैसे देखा जाए तो पाकिस्तान ने इस युद्ध की शुरुआत 3 मई, 1999 को ही कर दी थी, जब उसने कारगिल की ऊँची पहाड़ियों पर 5,000 सैनिकों के साथ घुसपैठ कर कब्जा जमा लिया था। इस बात की जानकारी जब भारत सरकार को मिली तो सेना ने पाकिस्तान के सैनिकों को खदेड़ने के लिए 'ऑपरेशन विजय' नामक मुहिम चलाई।

भारतीय वायुसेना ने पाकिस्तान के खिलाफ मिग-27 और मिग-29 का भी इस्तेमाल किया। इसके बाद जहाँ भी पाकिस्तान ने कब्जा किया, वहीं पर भारतीय सेना द्वारा बम गिराए गए। इसके अलावा, मिग-29 की सहायता से पाकिस्तान के कई ठिकानों पर आर-77 मिसाइलों से हमला किया गया। बड़ी संख्या में रॉकेट और बमों का इस्तेमाल किया गया। इस दौरान करीब दो लाख पचास हजार गोले दागे गए। वहीं 5,000 बम फायर करने के लिए 300 से ज्यादा मोर्टार, तोपों और रॉकेटों का इस्तेमाल किया गया।

17 दिनों तक चले इस युद्ध में हर रोज प्रति मिनट एक राउंड फायर किया गया। बताया जाता है कि कारगिल एक ऐसा युद्ध था, जिसमें दुश्मन देश की सेना पर इतनी बड़ी संख्या में बमबारी की गई थी।

अंततः 26 जुलाई, 1999 को भारतीय सेना को कारगिल युद्ध में विजय हासिल हो गई। इस दिन को हर वर्ष 'विजय दिवस' के रूप में मनाया जाता है। करीब दो महीने तक

चला कारगिल युद्ध भारतीय सेना के साहस और जाँबाजी का अद्‌भुत उदाहरण है। इस बात पर हर देशवासी को गर्व होना चाहिए।

भारत में इस युद्ध के दौरान देश-प्रेम का उबाल देखने को मिला और भारत की अर्थव्यवस्था को काफी मजबूती मिली। भारतीय सरकार ने रक्षा बजट और बढ़ाया। इस युद्ध से प्रेरणा लेकर कई फिल्में बनीं, जिनमें 'एल.ओ.सी. कारगिल', 'लक्ष्य' और 'धूप' मुख्य हैं। दूसरी ओर, इस युद्ध के कारण पाकिस्तान में राजनीतिक और आर्थिक अस्थिरता बढ़ गई और नवाज शरीफ की सरकार को हटाकर परवेज मुशर्रफ राष्ट्रपति बन गए।

*कारगिल युद्ध के कतिपय चित्र।*

यद्यपि पाकिस्तान ने दावा किया कि लड़नेवाले सभी कश्मीरी उग्रवादी हैं, लेकिन युद्ध में बरामद हुए दस्तावेजों और पाकिस्तानी नेताओं के बयानों से साबित हुआ कि पाकिस्तान की सेना प्रत्यक्ष रूप में इस युद्ध में शामिल थी। लगभग 30,000 सैनिक और करीब 5,000 घुसपैठिए इस युद्ध में शामिल थे। भारतीय सेना और वायुसेना ने पाकिस्तान के कब्जेवाले स्थानों पर हमला किया और धीरे-धीरे अंतरराष्ट्रीय सहयोग से पाकिस्तान को सीमा पार वापस जाने को मजबूर किया। यह युद्ध ऊँचाईवाले इलाके पर हुआ और दोनों देशों की सेनाओं को लड़ने में काफी मुश्किलों का सामना करना पड़ा। परमाणु बम बनाने के बाद भारत और पाकिस्तान के बीच हुआ यह पहला सशस्त्र संघर्ष था।

कारगिल युद्ध में भारत की ओर से वेद प्रकाश मलिक ने सेना की कमान सँभाली थी। भारतीय आधिकारिक आँकड़ों के अनुसार, इस युद्ध में 527 भारतीय सैनिकों की मृत्यु हुई, जबकि 1,363 सैनिक हताहत हुए। दूसरी तरफ पाकिस्तान के 2,700 सैनिक युद्ध में मारे गए और 250 पाकिस्तानी सैनिक जंग का मैदान छोड़कर भाग गए। यद्यपि पाकिस्तानी सेना का दावा था कि उनके 357-453 सैनिक मारे गए और 665 से ज्यादा घायल हुए।

सवाल यह उठता है कि आखिर पाकिस्तान को यह युद्ध करने की क्या आवश्यकता पड़ गई थी? या वे कौन सी परिस्थितियाँ थीं, जिनके कारण उसे यह युद्ध करना पड़ा? जानकार बताते हैं कि उन दिनों पाकिस्तान के पूर्व प्रधानमंत्री नवाज शरीफ और सेना प्रमुख जहाँगीर करामात के बीच मतभेद बढ़ गए थे। करामात की सेवानिवृत्ति के पश्चात् किसे सेना प्रमुख बनाया जाए, इस बात पर भी बहस चल रही थी। नवाज शरीफ की टीका-टिप्पणी से नाराज होकर करामात ने सेना प्रमुख के पद से इस्तीफा दे दिया था। नवाज शरीफ ने जनरल परवेज मुशर्रफ को सेना प्रमुख के पद पर नियुक्त किया। अपनी घरेलू समस्या से ध्यान हटाने के लिए पाकिस्तान ने भारत पर हमला कर दिया था। □

## 54

# विमान अपहरण कांड

प्रत्येक देश का अपना हित होता है। भारत का भी अपना हित है। वह हित, जिसमें अपने नागरिकों की सुरक्षा समाहित है। 31 दिसंबर, 1999 को तत्कालीन प्रधानमंत्री अटल बिहारी वाजपेयी सरकार के समक्ष एक बड़ी चुनौती आ गई। पाकिस्तान समर्थित आतंकवादी संगठन ने इंडियन एयरलाइंस के विमान आई.सी.-814 का अपहरण कर लिया। उस समय विमान में 180 यात्री सफर कर रहे थे। इन यात्रियों में ज्यादातर भारतीय थे, लेकिन इनके अलावा ऑस्ट्रेलिया, बेल्जियम, कनाडा, फ्रांस, इटली, जापान, स्पेन और अमेरिका के नागरिक भी इस विमान में सवार थे।

पाकिस्तान स्थित एक आतंकवादी संगठन 'हरकत-उल-मुजाहिदीन' पर इसके अपहरण का आरोप लगाया गया था। इस घटना के कारण पूरी दुनिया की नजर भारत सरकार पर टिकी हुई थी। करीब सात दिनों की बातचीत और तमाम कोशिशों के बाद भारत सरकार को अपने यात्रियों से भरे विमान को सकुशल मुक्त कराने के लिए तीन कुख्यात आतंकियों को रिहा करना पड़ा। वे दिन शायद अटल बिहारी वाजपेयी सरकार के लिए बहुत मुश्किल भरे दिन थे।

24 दिसंबर, 1999 का दिन था, जबकि इंडियन एयरलाइंस के यात्री विमान आई.सी.-814 ने काठमांडू, नेपाल के त्रिभुवन अंतरराष्ट्रीय हवाई अड्डे से दिल्ली के इंदिरा गांधी अंतरराष्ट्रीय हवाई अड्डे के लिए उड़ान भरी थी। विमान में कुल मिलाकर 180 यात्री और क्रू मेंबर सवार थे। यह विमान एयरबेस ए 300 श्रेणी का था। शाम पाँच बजे जैसे ही विमान भारतीय वायु-क्षेत्र में दाखिल हुआ, तभी आतंकियों ने बंदूक की नोक पर विमान का अपहरण कर लिया और वे विमान को पाकिस्तान ले जाने की माँग करने लगे। शाम छह बजे विमान अमृतसर में थोड़ी देर के लिए रुका और फिर वहाँ से लाहौर के लिए रवाना हो गया।

*विमान अपहरण कांड के चित्र।*

विमान अपहरण के कुछ ही घंटों के भीतर अपहरणकर्ताओं ने एक विमान यात्री 25 वर्षीय रूपन कात्याल को मार दिया। फिर पाकिस्तान की सरकार की इजाजत के बिना इस विमान को रात आठ बजकर सात मिनट पर लाहौर हवाई अड्डे पर उतार दिया।

लाहौर से आतंकवादी इस विमान को रात के करीब पौने दो बजे दुबई ले गए। वहाँ ईंधन भरे जाने के बदले में 27 यात्रियों को रिहा कर दिया गया। इनमें ज्यादातर महिलाएँ और बच्चे थे। इसके एक दिन बाद डायबिटीज से पीड़ित एक अन्य यात्री को रिहा कर दिया गया।

दुबई से यह अपहृत विमान अगले दिन सुबह के तकरीबन साढ़े आठ बजे अफगानिस्तान में कंधार की जमीन पर उतरा। उन दिनों कंधार में तालिबान की हुकूमत थी, अतः तालिबान ने भारत की स्पेशल फोर्स को विमान पर हमला करने से रोकने की पूरी तैयारी कर ली थी। तालिबान के सशस्त्र लड़ाकों ने अपहृत विमान को चारों तरफ से

सुरक्षित घेरे में ले लिया। उस समय तक तालिबान की सरकार को भारत ने मान्यता नहीं दी थी और न ही अंतरराष्ट्रीय पटल पर तालिबान का कोई वजूद था।

इस बंधक संकट से भारत सरकार की मुश्किल बहुत बढ़ रही थी। उस पर जनसामान्य व मीडिया का दबाव था। बंधक यात्रियों के परिजन विरोध-प्रदर्शन कर रहे थे और इन सबके बीच अपहरणकर्ता एक कश्मीरी अलगाववादी के शव को सौंपे जाने की माँग पर भी अड़े थे। लिहाजा तालिबानी अधिकारियों ने अंतरराष्ट्रीय मान्यता प्राप्त करने की एक कोशिश के मद्देनजर भारतीय अधिकारियों का सहयोग करने के साथ-साथ अपहरणकर्ताओं और भारत सरकार के बीच मध्यस्थता करने की सहमति दे दी। भारत ने भी इस्लामाबाद में अपने उच्चायोग से एक अधिकारी को कंधार भेज दिया था।

भारत सरकार के आग्रह पर एक क्षण तो ऐसा लगने लगा कि तालिबान आतंकवादियों के विरुद्ध कोई सख्त कदम उठा सकता है, लेकिन बाद में गृहमंत्री लालकृष्ण आडवाणी ने कहा, "तालिबान ने यह कहकर सकारात्मक रवैया दिखाया है कि कंधार में कोई रक्तपात नहीं होना चाहिए, नहीं तो वे अपहृत विमान पर धावा बोल देंगे। इससे अपहरणकर्ता अपनी माँग से पीछे हटने को मजबूर हुए।"

अतः इसके बाद हुई वार्त्तालाप के सुखद परिणाम सामने आए। अपहरणकर्ताओं ने 20 करोड़ अमेरिकी डॉलर की फिरौती की माँग के साथ-साथ एक शव को देने की माँग को छोड़ दिया, लेकिन हाँ, वे भारतीय जेलों में बंद अपने 36 चरमपंथी साथियों की रिहाई की माँग को पूरा करने पर अड़े रहे।

ठीक आठ दिन के बाद, यानी साल के आखिरी दिन 31 दिसंबर, 1999 को भारत सरकार ने समझौते की घोषणा की। प्रधानमंत्री वाजपेयी ने नए साल की पूर्व संध्या पर देश को बताया कि उनकी सरकार अपहरणकर्ताओं की माँगों को काफी हद तक कम करने में कामयाब रही है। अस्तु, तत्कालीन अटल बिहारी वाजपेयी सरकार ने यात्रियों की सुरक्षा सुनिश्चित करने के लिए अपने विदेश मंत्री जसवंत सिंह के साथ तीन चरमपंथियों को कंधार पहुँचाया। इन छोड़े गए चरमपंथियों में जैश-ए-मोहम्मद के प्रमुख मौलाना मसूद अजहर, अहमद जरगर और शेख अहमद उमर सईद शामिल थे।

इस प्रकार अपहरणकर्ताओं के बीच हुए समझौते के बाद दक्षिणी अफगानिस्तान के कंधार एयरपोर्ट पर अगवा करके रखे गए विमान के सभी 155 बंधकों को रिहा कर दिया गया। इस प्रकार यह कहा जा सकता है कि कंधार विमान अपहरण एक ऐसी घटना थी, जिसने वाजपेयी सरकार को आतंकियों की माँग मानने पर मजबूर कर दिया था और शायद यही अटल बिहारी वाजपेयी के लिए सबसे मुश्किल फैसला था।

□

# 55
# तीन राज्यों का गठन

भारतीय जनता पार्टी के पितामह व पूर्व प्रधानमंत्री अटल बिहारी वाजपेयी की यह खासियत थी कि वे अपने राजनीतिक फैसले आम राय के आधार पर लेते थे। इसलिए उनके कार्यकाल में कठिनतम कार्य भी सरलता से हो जाते थे। छत्तीसगढ़, उत्तराखंड और झारखंड नामक तीन नए राज्यों के गठन भी उनकी उसी खासियत के जीवंत उदाहरण हैं।

उनकी सरकार ने बिना किसी विवाद के शांतिपूर्ण ढंग से तीन बड़े राज्य—मध्य प्रदेश, उत्तर प्रदेश और बिहार को विभाजित करके 1 नवंबर, 2000 को छत्तीसगढ़, 9 नवंबर, 2000 को उत्तराखंड और 15 नवंबर, 2000 को झारखंड नामक तीन नए राज्यों का गठन कर दिया। उल्लेखनीय है कि छत्तीसगढ़ राज्य को मध्य प्रदेश, उत्तराखंड राज्य को उत्तर प्रदेश और झारखंड राज्य को बिहार से अलग करके बनाया गया था। बीजेपी के वरिष्ठ नेता लालकृष्ण आडवाणी ने इस कार्य के लिए वाजपेयी की काबिलियत की जमकर तारीफ की थी।

भारतीय संविधान के अनुच्छेद तीन में नए राज्य के गठन की शक्तियाँ संसद को प्रदान की गई हैं। नए राज्य के गठन की प्रक्रिया के तहत सर्वप्रथम संबंधित राज्य विधानसभा में अलग राज्य बनाए जाने संबंधी प्रस्ताव पारित किया जाता है—

- इस प्रस्ताव पर केंद्रीय कैबिनेट की सहमति ली जाती है।
- फिर इस प्रस्ताव से संबंधित अहम मसलों पर विचार के लिए मंत्री समूह का गठन किया जाता है।
- मंत्री समूह की सिफारिश पर केंद्र विधेयक का एक मसौदा तैयार करता है, जिस पर कैबिनेट की दोबारा स्वीकृति ली जाती है।
- इन सिफारिशों को राष्ट्रपति के पास भेजा जाता है। राष्ट्रपति इसे संबंधित विधानसभा में उसके सदस्यों की राय जानने के लिए भेजते हैं। राय जानने के लिए राष्ट्रपति द्वारा एक निश्चित समयावधि तय की जाती है।

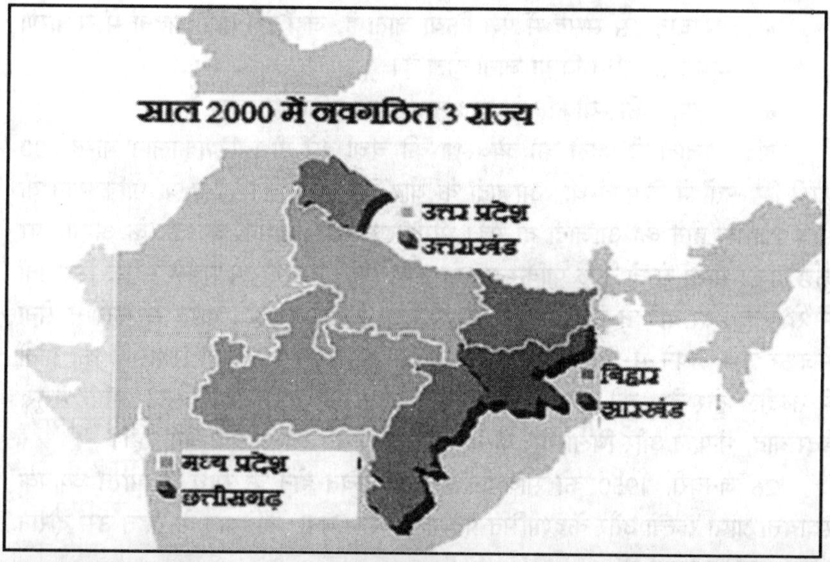

*वाजपेयी सरकार व नवगठित राज्य छत्तीसगढ़, उत्तराखंड और झारखंड का उत्साह की तसवीरें।*

- इसके उपरांत बिल के मसौदे को वापस केंद्र के पास आने पर राज्य के विधायकों की राय को शामिल करते हुए गृह मंत्रालय एक नया कैबिनेट दस्तावेज तैयार करता है।
- फिर 'राज्य पुनर्गठन विधेयक' के मसौदे को केंद्रीय कैबिनेट की स्वीकृति के लिए अंतिम रूप से भेजा जाता है।

- तत्पश्चात् इसे संसद में पेश किया जाता है, जहाँ इसे दोनों सदनों में साधारण बहुमत से पारित किया जाना होता है।
- राष्ट्रपति की स्वीकृति के बाद नया राज्य गठित हो जाता है।

यदि आजादी से पहले की व्यवस्था की चर्चा करें तो ब्रिटिशकालीन भारत 600 शाही रियासतों में विभक्त था। आजादी के बाद इन राज्यों को भारत या पाकिस्तान के साथ शामिल होने की आजादी दी गई। भौगोलिक और धार्मिक कारकों के आधार पर कुछ राज्य भारत से तो कुछ पाकिस्तान के साथ जुड़े। उस दौरान सबसे समृद्ध रियासतों में से एक हैदराबाद ने स्वतंत्र रहने का फैसला किया, लेकिन भारत सरकार ने सेना भेजकर उसे अपने में मिला लिया। 1947-50 के दौरान इन शाही रियासतों को प्रांतों में तब्दील कर देश की एकता को सुदृढ़ता प्रदान की गई। यद्यपि स्टेट ऑफ मैसूर, हैदराबाद, भोपाल और बिलासपुर जैसी चुनिंदा रियासतें स्वतंत्र प्रांत बनी रहीं।

26 जनवरी, 1950 को संविधान के क्रियान्वित होने के साथ ही भारत व्यापक स्वायत्ता प्राप्त राज्यों और केंद्रशासित प्रदेशों का संघ बना। संविधान के तहत उस दौरान तीन प्रकार के राज्य थे—

- पार्ट ए स्टेट (9) में वे राज्य थे, जिन्हें ब्रिटिश भारत में पूर्व गवर्नर प्रांत का दर्जा प्राप्त था। इनमें असम, बंगाल, बिहार, बॉम्बे, मध्य प्रदेश, मद्रास, ओडिशा, पंजाब और उत्तर प्रदेश थे।
- पार्ट बी स्टेट (8) में पूर्व में शाही रियासतें थीं। हैदराबाद, सौराष्ट्र, मैसूर, मध्य भारत, विंध्य प्रदेश और राजस्थान आदि।
- पार्ट सी स्टेट (10) में वे स्टेट शामिल थे, जिनमें से कुछ पूर्व में शाही रियासतें थीं और कुछ चीफ कमिश्नर द्वारा शासित थे।

छठे दशक में तेलुगु बोलनेवाले लोगों द्वारा नए राज्य की माँग से इसकी शुरुआत हुई। भाषायी आधार पर पृथक् राज्य के लिए 'राज्य पुनर्गठन आयोग' का गठन किया गया। आयोग की रिपोर्ट पर राज्य पुनर्गठन कानून-1956 पारित किया गया। 1 नवंबर, 1956 से लागू इस कानून के तहत ए, बी और सी श्रेणी के राज्य के अंतर को समाप्त कर 14 राज्य और कुछ केंद्रशासित क्षेत्र बनाए गए। 1960 में भाषायी आधार पर बॉम्बे से अलग होकर महाराष्ट्र और गुजरात बने। इसके बाद अलग राज्य बनाने के मानदंड में जातीय समूह को भी शामिल करते हुए, असम से अलग करके नागालैंड राज्य भारतीय नक्शे में शामिल हुआ।

1966 में पंजाब से अलग होकर दो नए राज्यों—हरियाणा और हिमाचल प्रदेश का गठन किया गया। 1972 में मेघालय, मणिपुर और त्रिपुरा को राज्य का दर्जा मिला। 1987 में मिजोरम, गोवा और अरुणाचल और 2000 में उत्तराखंड, छत्तीसगढ़

और झारखंड अस्तित्व में आए। यद्यपि ये तीनों ही छोटे राज्य अपने पैरेंट स्टेट के मुकाबले तो तेजी से आगे बढ़ रहे हैं, परंतु इन तीनों छोटे राज्यों का आपस में तुलनात्मक अध्ययन करने पर स्पष्ट होता है कि सामाजिक-आर्थिक विकास के पैमानों में झारखंड की तरक्की बाकी दोनों राज्यों के मुकाबले काफी धीमी है। तीनों राज्यों में छत्तीसगढ़ का प्रदर्शन बेहतर है। इसका बड़ा कारण यहाँ की राजनीतिक स्थिरता को माना जा सकता है।

□

# 56

# संसद पर हमला

संसद लोकतंत्र का मंदिर है। यहाँ पर समूचे देश की भावनाएँ बसती हैं। जनता द्वारा निर्वाचित प्रतिनिधि यहीं बैठकर जनकल्याण हेतु नीतियाँ व विधियाँ बनाते हैं। यदि इस स्थान पर आतंकवादी हमला हो जाए तो समूचे देश की भावनाएँ आहत होना स्वाभाविक है। 13 दिसंबर, 2001 को आतंकवादी संगठन 'लश्कर-ए-तैयबा' और 'जैश-ए-मोहम्मद' के आतंकियों ने संसद भवन पर हमला कर दिया। वे भारतीय लोकतंत्र की हिम्मत तोड़ना चाहते थे, मगर हमारे सुरक्षाकर्मियों ने जान की बाजी लगाकर उनके मनसूबों को नाकामयाब कर दिया।

13 दिसंबर, 2001 की सुबह 11 बजकर 20 मिनट पर संसद में ताबूत घोटाले पर जोरदार बहस चल रही थी। इस मुद्दे पर शोर-शराबा बढ़ जाने से लोकसभा और राज्यसभा दोनों सदनों की काररवाई स्थगित कर दी गई। सदन स्थगित हो जाने के कारण कुछ सांसद बाहर आकर बातचीत में व्यस्त हो गए, तो कुछ कक्ष में झुंड बनाकर चर्चा करने लगे। संसद मार्ग पर सामान्य हलचल हो रही थी। तभी संसद में तैनात सुरक्षा अधिकारी के पास वायरलेस पर मैसेज आया कि उपराष्ट्रपति कृष्णकांत घर जाने के लिए निकलनेवाले हैं, अत: उनके काफिले की गाड़ियाँ संसद के गेट नंबर 11 के सामने कतारबद्ध कर दी गईं।

इसी बीच एक सुरक्षा अधिकारी ने देखा कि एक सफेद रंग की एंबेसडर कार संसद मार्ग पर बढ़ती हुई संसद के गेट नंबर 11 की तरफ बढ़ी चली आ रही थी। यह कार गेट नंबर 11 को पार करती हुई गेट नंबर 12 के पास पहुँच चुकी थी। यहीं से राज्यसभा कक्ष के अंदर जाने का रास्ता भी है। मगर यह कार उस दिशा में बढ़ चली, जहाँ पर उपराष्ट्रपति का काफिला खड़ा था। संसद भवन में इस तरह की गाड़ियों की आवाजाही आम है, मगर चूँकि उपराष्ट्रपति का काफिला निकलनेवाला था, इसलिए उस कार को वहीं रुकने का इशारा किया गया। मगर कार की गति बढ़ती चली गई। ऐसे में वहाँ पर तैनात ए.एस.आई.

जीतराम उस कार के पीछे भागा। उसे देखकर एंबेसडर का ड्राइवर हड़बड़ा गया।

*भारतीय संसद् पर हमले से संबंधित कुछ चित्र।*

अचानक उसने अपनी कार को पीछे की ओर बढ़ाया तो कार उपराष्ट्रपति के काफिले में खड़ी एक कार से जा टकराई। पुलिस सहायक उपनिरीक्षक जीतराम गुस्से में कार ड्राइवर के पास पहुँचा और उसकी कॉलर पकड़ ली।

इसी दौरान, जैसे ही जीतराम की नजर कार के अंदर बैठे हुए लोगों पर पड़ी तो उसने देखा कि कार की पिछली सीट पर सेना के जवान बैठे हैं। वह कुछ सोच पाता, इससे पहले ही उसके कानों में उस ड्राइवर की आवाज टकराई। वह चेतावनी भरे स्वर में जीतराम से कह रहा था कि "हट जाओ, वरना गोली मार देंगे।" यह सुनते ही ए.एस. आई. को समझ आ गया कि कार के अंदर बैठे लोगों ने भले ही सेना की वरदी पहन रखी है, लेकिन वे कोई और हैं। अत: स्थिति की गंभीरता को समझते हुए उसने अपनी रिवॉल्वर निकाल ली।

संदिग्ध चालक ने कार तेजी से गेट नंबर 9 की तरफ बढ़ा दी। थोड़ी दूरी से एक अन्य सिक्योरिटी गार्ड जे.पी. यादव ने यह सब देखा तो उसने मेनपैक सेट पर यह खबर

देते हुए संसद् के सभी गेट बंद किए जाने की चेतावनी दे दी। उधर हड़बड़ी में एंबेसडर कार सड़क किनारे लगे पत्थरों से टकराकर रुक गई। कार में सवार 5 लोग तुरंत नीचे उतरे और उन्होंने शीघ्रतापूर्वक वायर्स बिछाना शुरू कर दिया। उनकी ये गतिविधियाँ देखकर अब तक यह साफ हो चुका था कि ये लोग आतंकी हैं और विस्फोटक लगा रहे हैं। ए.एस.आई. जीतराम ने एक आतंकी पर रिवॉल्वर से फायर कर दिया। गोली आतंकी के पैर पर लगी। आतंकवादियों ने भी फायर कर दिया और गोली सीधे जीतराम को आ लगी, वह वहीं जमीन पर गिर पड़ा।

उधर गेट बंद कराने का मैसेज देकर आए अन्य सिक्योरिटी गार्ड मौके पर पहुँचे, मगर तब तक जीतराम ने दम तोड़ दिया था। आतंकी गेट नंबर 9 की तरफ बढ़ रहे थे और ग्रेनेड फेंकते जा रहे थे। पार्लियामेंट जल्द ही गोलियों और धमाकों की आवाज से दहल उठा। सुरक्षाकर्मी तुरंत हरकत में आए और पूरे संसद परिसर में फैल गए। उन्होंने सांसदों और मीडियाकर्मियों को सुरक्षित जगहों पर ले जाना शुरू कर दिया। इस वक्त 100 से ज्यादा सांसद पार्लियामेंट में ही मौजूद थे। ऐसे में उस वक्त के गृहमंत्री लालकृष्ण आडवाणी समेत कई बड़े नेताओं को संसद में ही बने एक गुप्त स्थान पर ले जाया गया। कुछ सांसद बाहर टहल रहे थे, उन्हें भी अंदाजा हो गया कि संसद पर आतंकी हमला हो चुका है। वे सब शीघ्रता से यहाँ-वहाँ तितर-बितर हो गए।

कुछ सांसद और मीडियाकर्मी ऊपर से यह समूचा घटनाक्रम देख रहे थे, लेकिन उन्हें वहाँ से हटा दिया गया। सुरक्षा के लिए जरूरी सभी कदम उठा लिये गए थे। गेट बंद थे। सुरक्षाबलों ने मोरचा सँभाल लिया था। गेट नंबर 9 की तरफ बढ़ रहे आतंकियों को रोकने के लिए भारी फायरिंग की जा रही थी। इससे पहले कि वे वहाँ पहुँचते, गेट को बंद कर दिया गया। गोलीबारी से 3 आतंकवादी जख्मी भी हो गए, मगर वे अभी भी आगे की ओर बढ़ रहे थे। लेकिन जब उन्होंने देखा कि गेट नंबर 9 बंद है तो वे गेट नंबर 5 की तरफ भागने लगे, मगर इनमें से 3 आतंकवादियों को सुरक्षाकर्मियों ने गेट नंबर 9 के पास ही मार गिराया। एक आतंकवादी ग्रेनेड फेंकता हुआ गेट नंबर 5 के पास पहुँच गया, मगर उसे भी वहीं ढेर कर दिया गया।

कुल 5 में से 4 आतंकी मार गिराए जा चुके थे, मगर एक आतंकी गेट नंबर 1 की तरफ बढ़ रहा था। यहीं से सभी लोग संसद् के अंदर जाते हैं। इस गेट को भी बंद कर दिया गया था, इसलिए मजबूरन वह वहीं पर रुक गया। इस आतंकवादी ने अपने शरीर पर विस्फोटक पदार्थ बाँध रखे थे। उसका इरादा अंदर घुसकर खुद को उड़ा देने का था, मगर तभी एक सुरक्षाकर्मी ने उस पर एक गोली दाग दी। गोली उसके शरीर पर लगे विस्फोटक से टकराई और एक जोरदार विस्फोट हो गया। अब तक पाँचों आतंकी ढेर हो चुके थे, करीब 30 मिनट तक चली मुठभेड़ के खत्म होते ही एंबुलेंस, बम स्क्वॉड और

स्पेशल एजेंसियों के लोग यहाँ पहुँचने लगे थे। घायलों को तुरंत हॉस्पिटल ले जाया गया।

तभी संसद भवन के अंदर एक विस्फोट हो गया। अतः यह अनुमान लगाया जाने लगा कि एक आतंकी संसद के अंदर घुस गया है। चूँकि सुरक्षाकर्मियों को अभी तक वस्तुस्थिति का ज्ञान नहीं था कि वास्तव में कुल कितने आतंकियों ने हमला किया है, इसलिए उन्होंने संसद भवन को अपने कब्जे में लेकर छानबीन प्रारंभ कर दी। सुरक्षाकर्मियों ने पूरे संसद भवन को सुरक्षा घेरे में ले लिया, दरअसल वे किसी तरह के खतरे की कोई गुंजाइश नहीं छोड़ना चाहते थे।

सुरक्षाकर्मियों ने उस समय राहत की साँस ली, जब संसद के गहन तलाशी अभियान में कोई भी आतंकवादी नहीं मिला। दरअसल, इस अफवाह के फैलने की एक वजह यह भी थी कि आतंकियों ने जो ग्रेनेड फेंके थे, वे काफी देर बाद फटे।

अभी भी खतरा मुँह बाए खड़ा था। दरअसल जिस कार से आतंकी संसद परिसर में आए थे, उसकी जाँच करने पर पता चला कि उसमें हथियार और विस्फोटक पदार्थ रखे हैं। एक अनुमान के अनुसार कार के अंदर 30 किलो आर.डी.एक्स. रखा गया था। अगर इस कार में धमाका हो जाता तो हालात बेहद खराब होते। अस्तु, बम स्क्वॉड ने इन बमों को अविलंब नाकाम कर दिया। आतंकियों की इस कार में खाने-पीने का सामान भी मिला, जिससे साफ हुआ कि आतंकियों के मनसूबे कितने खतरनाक थे। वे इस बात की पूरी तैयारी करके आए थे कि सांसदों को बंधक बना लिया जाए।

संसद भवन से लोगों को बाहर निकालने से पहले भी पूरी सावधानी बरती जा रही थी। सभी का आइडेंटिटी कार्ड चेक किया जा रहा था। जब सुरक्षाकर्मी इस बात को लेकर आश्वस्त हो गए कि अब कोई खतरा नहीं है, तभी उन्होंने सांसदों और मीडियाकर्मियों को बाहर निकाला। इस अटैक में नौ लोगों की जान गई और इनके अलावा पाँचों आतंकवादी भी मारे गए। समस्त भारतीयों की ओर से उन जवानों को सलाम, जिन्होंने अपनी जान पर खेलकर लोकतंत्र के मंदिर को नष्ट होने से बचा लिया।

भारतीय संसद पर हमले के मामले में चार सहयोगी आतंकवादियों को गिरफ्तार किया गया था। बाद में दिल्ली की पोटा अदालत ने 16 दिसंबर, 2002 को चार लोगों—मोहम्मद अफजल, शौकत हुसैन, अफसान और प्रो. सैयद अब्दुल रहमान गिलानी को दोषी करार दिया था। सुप्रीम कोर्ट ने प्रो. सैयद अब्दुल रहमान गिलानी और नवजोत संधू उर्फ अफसाँ गुरु को बरी कर दिया था, लेकिन मोहम्मद अफजल की मौत की सजा बरकरार रखी। शौकत हुसैन की मौत की सजा को घटाकर 10 साल की सजा में परिवर्तित कर दिया गया। इस प्रकरण के मास्टर माइंड अफजल गुरु को 9 फरवरी, 2013 को दिल्ली की तिहाड़ जेल में सुबह 8 बजे फाँसी पर लटका दिया गया।

□

# 57
# गोधरा कांड

हिंसा का हर चेहरा सदैव घिनौना होता है। यह धर्म, जाति व क्षेत्र नहीं देखती। जहाँ इसकी छाया पड़ जाए, उसका सर्वनाश कर देती है। 27 फरवरी, 2002 को गुजरात में स्थित गोधरा शहर में मचा हिंसा का तांडव कई लोगों की जान ले गया।

27 फरवरी को गोधरा शहर में एक कारसेवकों से भरी रेलगाड़ी 'साबरमती एक्सप्रेस' में मुसलिम समुदाय द्वारा आग लगा दी गई, जिसमें सवार 90 यात्री मारे गए। बताया जाता है कि मरनेवालों में अधिकांश लोग हिंदू समुदाय के थे। इस दिल दहला देनेवाली घटना के उपरांत दूसरे दिन गुजरात के कई क्षेत्रों में सांप्रदायिक दंगे भड़क गए, जिसमें आधिकारिक तौर पर 790 मुसलमानों और 254 हिंदुओं की मौत हुई। करीब 1,926 से 2,500 लोग जख्मी हुए। अन्य स्रोतों से अनुमान लगाया गया कि मरनेवालों की संख्या 2,000 से अधिक है। कई क्रूर हत्याओं और बलात्कारों के साथ-साथ बड़े पैमाने पर लूटपाट और संपत्ति के विनाश की सूचना मिली थी।

इस मामले में 1,500 लोगों के खिलाफ प्राथमिकी दर्ज की गई। इन दंगों को नियंत्रित करने के लिए 71 लोग आगजनी, दंगा और लूटपाट के आरोप में गिरफ्तार किए गए थे। हमले के लिए कथित आयोजकों में से एक को पश्चिम बंगाल से गिरफ्तार किया गया। 6 मार्च, 2002 को गुजरात सरकार ने 'कमीशन ऑफ इंक्वायरी एक्ट' के तहत गोधरा प्रकरण और उसके बाद हुई घटनाओं की जाँच के लिए एक आयोग की नियुक्ति की। 09 मार्च, 2002 को पुलिस ने सभी आरोपियों के खिलाफ भारतीय दंड संहिता की धारा 120-बी के तहत प्रकरण दर्ज कर सभी आरोपियों पर 'आतंकवाद निरोधक अध्यादेश' (पोटा) लगाया।

बाद में केंद्र सरकार के दबाव की वजह से सभी आरोपियों पर से 'पोटा' का प्रकरण हटाया गया। पश्चिम बंगाल के मुख्य सचिव, सोरीन रॉय ने कहा कि बंदी मुसलिम कट्टरपंथी समूह हरकत-उल जेहाद-ए-इसलामी था, जिसने कथित तौर पर बांग्लादेश में प्रवेश करने के लिए मदद की।

*गोधरा कांड के चित्र।*

17 मार्च, 2002 को गोधरा कांड के मुख्य संदिग्ध हाजी बिलाल को एक आतंकवादी विरोधी दस्ते द्वारा कब्जे में कर लिया गया था। बताया जाता है कि वह एक स्थानीय नगर पार्षद और कांग्रेस कार्यकर्ता था। पुलिस में दर्ज रिपोर्ट में यह आरोप लगाया गया कि करीब 1,500 लोगों की भीड़ ने रेलगाड़ी पर हमला किया था, यद्यपि केंद्रीय सरकार द्वारा नियुक्त एक जाँच आयोग ने रेलगाड़ी में लगी इस आग को मात्र एक दुर्घटना बताया, लेकिन आगे चलकर यह आरोप झूठा साबित हुआ।

गुजरात के तत्कालीन मुख्यमंत्री और अब भारत के प्रधानमंत्री नरेंद्र मोदी पर हिंसा को शुरू करने और निंदा करने का आरोप लगाया गया था कि उन्होंने पुलिस और

सरकारी अधिकारियों के माध्यम से कथित रूप से दंगाइयों को निर्देशित किया और उन्हें मुसलिम स्वामित्ववाली संपत्तियों की सूची दी। कालांतर में न्यायालय द्वारा यह आरोप निराधार बताए गए।

ग्यारह साल बाद भारत के एक न्यायालय ने मुसलमान बिरादरी के 31 लोगों को इस घटना के लिए दोषी पाया। विशेष अदालत ने गोधरा कांड में 31 लोगों को दोषी पाया, जबकि 63 अन्य को बरी किया, 11 को फाँसी और 20 को उम्रकैद की सजा सुनाई। गोधरा में हुए इन दंगों का अध्ययन करनेवाले विद्वानों का कहना है कि दंगा पूर्व निर्धारित था। उसे एक संगठित रूप दिया गया था। बाद में राज्य सरकार और कानून-प्रवर्तक इस हिंसा में उलझ गए थे।

□

# 58
# अमेरिका व परमाणु ऊर्जा समझौता

भारत व अमेरिका संबंधों की यह खासियत है कि उनमें उतार-चढ़ाव आते-जाते रहे हैं। दरअसल, भारत अमेरिका जैसी महाशक्ति से बहुत देर तक खफा नहीं रह सकता और अमेरिका दुनिया की उभरती हुई महाशक्ति भारत को नजरअंदाज नहीं कर सकता। ऐसी अवस्था में दोनों के संबंधों में बदलाव आना मुनासिब है।

18 जुलाई, 2005 को भारतीय प्रधानमंत्री डॉ. मनमोहन सिंह की अमेरिकी यात्रा के दौरान वाशिंगटन में राष्ट्रपति बुश द्वारा जारी एक संयुक्त वक्तव्य में यह घोषणा की गई कि "वे भारत के साथ असैनिक परमाणु ऊर्जा में सहयोग करेंगे।" इस कथन के बाद तो मानो एक नवयुग का आगाज हो गया! वैसे इसके पूर्व, मार्च 2006 में जब बुश भारत की यात्रा पर आए तो सैनिक और असैनिक परमाणु रिएक्टरों को अलग करने के मुद्दे पर भी सहमति बन गई थी।

इसके बाद 18 जुलाई, 2006 को ही अमेरिकी संसद ने 'हेनरी हाइड एक्ट' पारित करके भारत के साथ होनेवाले इस परमाणु समझौते की प्रक्रिया को अंतिम रूप दिया था। यद्यपि इस समझौते को अमलीजामा पहनाने से संबंधित 1-2-3 समझौते पर काफी अरसे तक सहमति नहीं बन पाई थी। खैर, इस समझौते के बाद राष्ट्रपति जॉर्ज डब्ल्यू. बुश ने कहा, "यह समझौता विश्व के एक महत्त्वपूर्ण देश भारत के साथ हमारी गहरी भागीदारी में निरंतरता प्रदान करने की दिशा में उठाया गया एक महत्त्वपूर्ण कदम है।"

इस समझौते के द्वारा यह परिकल्पना की गई थी कि अमेरिका अपने नियमों और नीतियों को समायोजित करेगा तथा भारत के साथ पूर्ण असैनिक परमाणु ऊर्जा सहयोग और व्यापार के लिए अंतरराष्ट्रीय व्यवस्था को समायोजित करने के उद्देश्य से मित्रों और सहयोगियों के साथ काम करेगा। इसी प्रकार, भारत ने चरणबद्ध रूप में असैनिक और सैनिक परमाणु सुविधाओं की पहचान कर अपनी स्वेच्छा से असैनिक परमाणु सुविधाओं को आई.ए.ई.ए. के दोनों देशों ने रक्षोपायों के अंतर्गत परमाणु परीक्षण पर

भारत की स्वैच्छिक और एकतरफा रोक को जारी रखने के प्रति अपनी वचनबद्धता जाहिर की।

इस समझौते का मुख्य उद्देश्य भारत और अमेरिका के बीच पूर्ण असैनिक परमाणु ऊर्जा सहयोग में सहयोग करना था। उल्लेखनीय है कि समझौते में पूर्ण असैनिक परमाणु ऊर्जा सहयोग का प्रावधान था, जिसमें परमाणु रिएक्टर तथा संवर्धन और पुनर्संसाधन सहित संबद्ध परमाणु ऊर्जा ईंधन चक्र के पहलू शामिल थे।

जून 2006 और जुलाई 2007 के बीच 5 दौर की वार्त्ताएँ हुईं। इन वार्त्ताओं का उद्देश्य राजनीतिक समझ-बूझ पैदा करना। जुलाई 2005 एवं मार्च 2006 की वचनबद्धताओं को इस समझौते में शामिल करना और 17 अगस्त, 2006 को संसद में प्रधानमंत्री के वक्तव्य में उल्लिखित शर्तों व मौलिक सिद्धांतों को इस कानूनी समझौते में शामिल करना था।

*वाशिंगटन में प्रधानमंत्री डॉ. मनमोहन सिंह और अमेरिकी राष्ट्रपति जॉर्ज बुश परमाणु ऊर्जा समझौते के दौरान।*

उल्लेखनीय है कि इस समझौते में 2 मार्च, 2006 के आपूर्ति आश्वासन और सुधारात्मक उपायों के प्रावधान का पूर्ण समावेशन किया गया था। वस्तुतः यह समझौता भारत के रिएक्टरों में, आवश्यक आपूर्ति में किसी बाधा से सुरक्षा के लिए परमाणु ऊर्जा के एक सामरिक भंडार के विकास का प्रावधान करता है। यह समझौता व्यापक तौर पर परमाणु व्यापार, परमाणु सामग्री, उपकरणों, पुरजों और संबंधित प्रौद्योगिकी के हस्तांतरण तथा परमाणु ईंधन चक्र क्रियाकलापों में सहयोग तथा हस्तांतरित सामग्री और उपकरणों के लिए आई.ए.ई.ए. रक्षोपायों के अनुप्रयोग का प्रावधान भी करता है।

यहाँ यह बताना उपयोगी होगा कि इस समझौते के दौरान दो ऐसे बड़े मुद्दे थे, जिन पर दोनों देशों में सहमति नहीं बन पाई थी। भारत की माँग थी—"भविष्य में अगर वह परमाणु परीक्षण करता है तो उसका इस समझौते पर कोई असर न पड़े।" भारत की इस माँग को मानने के लिए अमेरिका को अपने यहाँ के कानून में बदलाव करना पड़ता, इसलिए अमेरिका इसके लिए तैयार नहीं था।

इसके अलावा भारत की दूसरी शर्त या माँग यह थी कि "परमाणु संयंत्रों में इस्तेमाल हुए ईंधन पर उसका पूरा हक हो।" यानी बिजली पैदा करने के बाद ईंधन का क्या इस्तेमाल हो सकता है, यह भारत तय करना चाहता था। इस पर भी अमेरिका सहमत नहीं हो सका।

हालाँकि, यह कहा जा सकता है कि यह समझौता ऊर्जा की कमी की समस्या का समाधान करने में सहायक सिद्ध होगा। इससे भारत की बढ़ती विकास दर से संबंधित समस्या के समाधान में मदद मिलने की संभावना व्यक्त की गई। इस समय भारत की केवल 3 प्रतिशत ऊर्जा जरूरतें परमाणु स्रोतों से पूरी की जाती हैं। भारत की सन् 2030 तक परमाणु क्षेत्र में 20,000 एम.डब्ल्यू.ई. के उत्पादन की योजना है, जो वर्तमान 3700 एम.डब्ल्यू.ई. के मुकाबले काफी अधिक है। इसलिए यह समझौता परमाणु उद्योग के संबंध में काफी महत्त्वपूर्ण था।

□

# 59
# प्रथम भारतीय महिला नागरिक

भारत एक ऐसा देश है, जहाँ माताओं के मंदिर ऊँचे टीले पर बने हैं। कन्याएँ देवीतुल्य पूजी जाती हैं। साथ ही वे विभिन्न रूपों में प्रताड़ित व शोषित भी होती हैं। ऐसे सामाजिक परिदृश्य में प्रतिभा देवीसिंह पाटिल देश की पहली महिला राष्ट्रपति बनीं। भारत की गौरवमयी गाथा का यह एक सुखद क्षण था।

दरअसल, देश के 12वें राष्ट्रपति पद के लिए चुनाव 19 जुलाई, 2007 को संपन्न हुए और इसके नतीजे 21 जुलाई, 2007 को घोषित किए गए थे। इस चुनाव में प्रतिभा पाटिल ने अपने प्रतिद्वंद्वी भैरोंसिंह शेखावत को तीन लाख से ज्यादा मतों से हराया था। प्रतिभा पाटिल को 7,37,116 मत मिले, जबकि भैरोंसिंह शेखावत को 3,31,306 मत मिले थे। अस्तु, इस चुनाव में वे विजयी घोषित की गईं।

अस्तु, 25 जुलाई, 2007 को उन्हें भारत के 12वें राष्ट्रपति के बतौर पद व गोपनीयता की शपथ दिलाई गई। देश के इस सर्वोच्च संवैधानिक पद पर आसीन होनेवाली पहली महिला होने का गौरव उन्हें प्राप्त हुआ।

अपना कार्यकाल सफलतापूर्वक समाप्त करके उन्होंने 25 जुलाई, 2012 को संसद के केंद्रीय हॉल में आयोजित समारोह में नव-निर्वाचित राष्ट्रपति प्रणब मुखर्जी को अपना कार्यभार सौंपते हुए उन्होंने राष्ट्रपति भवन से विदा ले ली।

19 दिसंबर, 1934 को जनमी प्रतिभा देवीसिंह पाटिल स्वतंत्र भारत के इतिहास में ऐसी पहली राष्ट्रपति हैं, जो आधी दुनिया का प्रतिनिधित्व कर रही थीं। महाराष्ट्र के जलगाँव में रहनेवाले प्रतिभा पाटिल के पिता का नाम श्री नारायणराव पाटिल था। उन्होंने जलगाँव के मूलजी जेठा कॉलेज से स्नातकोत्तर और मुंबई के गवर्नमेंट लॉ कॉलेज से कानून की पढ़ाई की। वे टेबल टेनिस की अच्छी खिलाड़ी थीं तथा उन्होंने कई अंतर्विद्यालयी प्रतियोगिताओं में भी विजय प्राप्त की। 1962 में वे एम.जे. कॉलेज में 'कॉलेज क्वीन' चुनी गईं।

*भारत के 12वें राष्ट्रपति के पद पर प्रथम महिला प्रतिभा पाटिल।*

1962 में राजनीति में प्रवेश करते ही वे जलगाँव से विधायक निर्वाचित हुईं। उन्होंने एदलाबाद विधानसभा क्षेत्र से भारतीय राष्ट्रीय कांग्रेस के टिकट पर यह जीत हासिल की। इसके बाद 1967 से 1985 के बीच उन्होंने मक्तेनगर से जीत दर्ज की थी। 1985 में वे राज्यसभा सांसद के रूप में चुन ली गईं और इस समय उनका कार्यकाल 18 नवंबर, 1986 से 6 नवंबर, 1988 के बीच रहा। उसके बाद 1991 में अमरावती से लोकसभा के लिए चुनी गईं। हालाँकि, बाद में उन्होंने राजनीति से संन्यास ले लिया।

प्रतिभा पाटिल कांग्रेस पार्टी के साथ काफी लंबे समय से जुड़ी रहीं और राष्ट्रपति पद के लिए चुने जाते समय वे राजस्थान की 17वीं राज्यपाल थीं। उल्लेखनीय है कि

उन्हें राजस्थान की प्रथम महिला राज्यपाल होने का गौरव भी हासिल है। भारत के राष्ट्रपति पद पर निर्वाचन के लिए उन्होंने 22 जून, 2007 को राज्यपाल के पद से इस्तीफा दे दिया था।

उन्होंने महिलाओं के कल्याण के लिए कई कार्य किए। मुंबई, दिल्ली में कामकाजी महिलाओं के लिए छात्रावास, ग्रामीण युवाओं के लाभ हेतु जलगाँव में इंजीनियरिंग कॉलेज के अलावा 'श्रम साधना न्यास' की स्थापना भी की थी। इसके अलावा उन्होंने सामाजिक और ग्रामीण अर्थव्यवस्था के लिए बहुत से कार्य किए।

1 जून, 2019 को उन्हें मेक्सिको के सर्वोच्च नागरिक पुरस्कार 'ऑर्डेन मेक्सिकाना डेल एग्वेला एज्टेका' से सम्मानित किया गया। यह पुरस्कार पानेवाली वे भारत की दूसरी राष्ट्रपति बनी। इससे पहले यह सम्मान राष्ट्रपति एस. राधाकृष्णन को दिया गया था। हालाँकि, यह पुरस्कार अन्य क्षेत्रों में बहुत से अन्य लोगों को भी मिल चुका है।

□

# 60
# मुंबई पर हमला

आतंक के शायद कान, नाक व आँखें नहीं होती हैं। इसलिए तो वह मासूम बेगुनाहों के दर्द को न देख सकता है, न ही सुन सकता है और न ही महसूस कर सकता है। आतंक आतंकवादियों के दिल में बदले की आग बनकर उफनाता है। इसलिए तो 26 नवंबर, 2008 को मुंबई में 166 मासूमों की जान आतंक की सूली पर चढ़ गई। करीब 300 बेकसूर घायल जीवन व मौत के मध्य झूलते रहे। इन सब का क्या कसूर था? कुछ नहीं।

ये 10 आतंकवादी समुद्र के रास्ते से 26 नवंबर, 2008 को 20:00 बजे, भारतीय मानक समय अनुसार फूलनेवाली स्पीडबोट से मुंबई के कुलाबा के तट पर आए थे। उन्होंने कथित तौर पर स्थानीय मराठी बोलनेवाले मछुआरों ने जब इन लोगों से पूछा था कि "वे कौन हैं?" तो इन्होंने कहा कि "अपने काम से काम रखो।" मछुआरों ने तुरंत पुलिस को सूचित किया, परंतु स्थानीय पुलिस ने कुछ खास सक्रियता नहीं दिखाई। स्थानीय पुलिस कुछ समझ पाती, इससे पहले आतंकवादियों ने आतंक मचाना प्रारंभ कर दिया।

हथियार व विस्फोटक पदार्थ से लैस ये आतंकवादी पाकिस्तान में स्थित एक इसलामी आतंकवादी संगठन लश्कर-ए-तैयबा के सदस्य थे और मुंबई पर हमला करने के लिए पाकिस्तान से आए थे। उनके नियंत्रक पाकिस्तान में बैठे थे।

आतंकवादियों ने 26 नवंबर को 22:40 बजे मुंबई के बंदरगाह क्षेत्र में मजगाँव में और विले पार्ले में पहला हमला किया। फिर दो टैक्सियों में टाइमर बम से विस्फोट किया, जिसमें ड्राइवर और मासूम यात्री मारे गए। उसी शाम दक्षिण मुंबई के कुलाबा कॉजवे पर एक लोकप्रिय रेस्तराँ और बार पर दो हमलावर आतंकी, शोएब उर्फ सोहेब और नाजिर ऊर्फ अबू उमेर ने 22:20 और 22:25 के बीच फायरिंग कर दी, जिसमें कम-से-कम 10 निर्दोष मारे गए। मृतकों में कुछ विदेशी भी शामिल थे।

*मुंबई हमले के कतिपय चित्र।*

इसके बाद छत्रपति शिवाजी महाराज टर्मिनस (सी.एस.एम.टी.) पर दो बंदूकधारियों, इस्माइल खान और अजमल कसाब ने हमला कर दिया। यहाँ पर हमले लगभग 21:30 बजे शुरू हुए, जब दो लोग यात्री हॉल में प्रवेश कर चुके थे, उन्होंने आग

लगा दी। हमलावरों ने ए.के.-47 राइफल्स का उपयोग करते हुए 58 मासूमों को मार डाला। उनकी अंधाधुंध गोलियों से 104 बेकसूर लोग घायल हो गए।

यहाँ पर यह उल्लेखनीय है कि सुरक्षाबलों और आपातकालीन सेवाओं के माध्यम से रेलवे स्टेशन में यात्रियों को सतर्क किया जा रहा था, लेकिन रेलवे घोषणाकर्ता विष्णु दत्ताराम जेंडे ने तत्परता से घोषणा कर आतंकवादी हमले के प्रति लोगों को आगाह किया। साथ ही यात्रियों को स्टेशन छोड़ने के लिए सतर्क किया। इस सार्वजनिक चेतावनी से रेलवे स्टेशन पर मौजूद हर व्यक्ति सतर्क हो गया। अस्तु, दोनों बंदूकधारी घबराकर घटनास्थल से भाग गए। हालाँकि, जाते-जाते उन्होंने सड़कों पर पैदल चलनेवालों और पुलिस अधिकारियों पर गोलीबारी की, जिसमें आठ पुलिस अधिकारी शहीद हो गए। उल्लेखनीय है कि यदि आम जनता को न चेताया जाता तो शायद उस समय इससे भी ज्यादा जनहानि हो सकती थी।

यह जानते हुए कि वे भारी हथियारबंद आतंकवादियों से मुकाबला नहीं कर सकते थे, स्टेशन पर पुलिस अधिकारियों ने आतंकवादियों के सामने आने के बजाय रोशनी बंद करने और द्वार को सुरक्षित करने का फैसला किया। यह पुलिसकर्मी की बहादुरी व कर्तव्यनिष्ठा को दरशाता है।

कुछ हमलावरों ने रोगियों को मारने के इरादे से कामा अस्पताल की ओर रुख किया, लेकिन अस्पताल के कर्मचारियों ने सभी रोगी वार्डों को लॉक कर दिया। मुंबई के आतंकवादी निरोधी दल की टीम ने पुलिस प्रमुख श्री हेमंत करकरे की अगुआई में छत्रपति शिवाजी टर्मिनस की जाँच का नेतृत्व किया और फिर कसाब और खान की तलाश में निकल लिये। आतंकी कसाब और खान ने अस्पताल के बगल में एक गली में वाहन में आग लगा दी। फिर गोलीबारी का दौर शुरू हो गया और दोनों तरफ से गोलियाँ चलीं, जिसमें पुलिस अधिकारी श्री करकरे, श्री विजय सालसकर, श्री अशोक कामटे और उनके एक अधिकारी शहीद हो गए।

इस गोलाबारी में एकमात्र जीवित पाए गए कॉन्स्टेबल अरुण जाधव गंभीर रूप से घायल हो गए थे। कसाब और उसके साथी खान ने पुलिस के वाहन को जब्त कर लिया, लेकिन बाद में उसे छोड़ दिया। फिर एक यात्री गाड़ी को जब्त कर लिया। जब आतंकवादी पुलिस रोड ब्लॉक की ओर चले गए तो कॉन्स्टेबल अरुण जाधव के रेडियो कॉल की मदद से पुलिस ने आतंकवादियों का पीछा किया। गोलीबारी हुई, जिसमें आतंकी खान मारा गया। इस गोलाबारी में एक पुलिस अधिकारी श्री तुकाराम ओम्बले भी शहीद हो गए।

मुंबई के छत्रपति शिवाजी टर्मिनस के बाद आतंकवादियों ने ओबेरॉय ट्राइडेंट, ताज पैलेस एंड टावर, लियोपोल्ड कैफे, कामा अस्पताल, नरीमन हाउस, यहूदी समुदाय केंद्र,

मेट्रो सिनेमा और टाइम्स ऑफ इंडिया बिल्डिंग तथा सेंट जेवियर कॉलेज के पीछे एक लेन में बमबारी की।

नरीमन हाउस, कुलाबा में एक चाबाद लुबाविच यहूदी केंद्र, मुंबई चाबाद हाउस पर दो हमलावरों ने कब्जा कर लिया और कई स्थानीय निवासियों को बंधक बना लिया। पुलिस ने आसपास की इमारतों को खाली करवा लिया। हमलावरों के साथ पुलिस की मुठभेड़ हुई, जिसमें एक आतंकवादी घायल हो गया। स्थानीय निवासियों को अंदर रहने के लिए कहा गया। हमलावरों ने एक ग्रेनेड को पास के लेन में फेंक दिया, यद्यपि इसमें कोई हताहत नहीं हुआ। एन.एस.जी. कमांडो दिल्ली से आए और नौसेना के हेलीकॉप्टर ने हवाई सर्वेक्षण किया। पहले दिन ही 9 बंधकों को पहली मंजिल से बचा लिया गया था।

अगले दिन, एन.एस.जी. कमांडो हेलीकॉप्टर से छत पर फास्ट रोपिंग करके अंदर घुस गए। उन्हें आसपास के भवनों में स्थित स्नाइपर द्वारा कवर किया गया। लंबी लड़ाई के बाद, एक एन.एस.जी. कमांडो हवलदार गजेंद्र सिंह बिष्ट शहीद हुए और दोनों नापाक अपराधी मारे गए। आतंकवादियों द्वारा घर के अंदर चार अन्य मासूम बंधकों के साथ छह महीने की गर्भवती रिवेका होल्त्जबर्ग और उनके पति रब्बी गेबरीयल होल्त्जबर्ग की हत्या कर दी गई थी।

28 नवंबर की सुबह तक, ताज होटल को छोड़कर सभी इलाकों को मुंबई पुलिस विभाग और सुरक्षाबलों द्वारा सुरक्षित करवा लिया गया। भारत के राष्ट्रीय सुरक्षा गार्ड ने शेष हमलावरों को निकालने के लिए 'ऑपरेशन ब्लैक टोर्नेडो' का संचालन किया और 29 नवंबर की सुबह तक सभी 9 हमलावरों को मार गिराया गया। लेकिन इस मुठभेड़ में कमांडो सुनील यादव व एन.एस.जी. के मेजर संदीप उन्नीकृष्णन शहीद हो गए।

ओबेरॉय ट्राइडेंट में कुल 32 बेकसूर लोग मारे गए थे। इस मुहिम में पकड़ा गया एकमात्र जीवित अपराधी अजमल कसाब ने यह खुलासा किया कि वे सभी लोग लश्कर-ए-तैयबा के सदस्य थे।

माना जाता है कि ये हमले 1992 के बाबरी मसजिद विध्वंस के बदले में किए गए थे। इससे पूर्व भी 6 दिसंबर, 2002 को मुंबई के घाटकोपर स्टेशन के पास एक बस में हुए बम विस्फोट में दो मासूम लोग मारे गए और 50 मासूम घायल हो गए। अयोध्या में बाबरी मसजिद के विध्वंस की 10वीं वर्षगाँठ पर भी बम विस्फोट हुआ था। 27 जनवरी, 2003 को मुंबई के विले पार्ले स्टेशन के पास एक साइकिल बम विस्फोट हुआ, जिसमें दो लोगों की मौत और 28 मासूम लोग घायल हो गए।

भारत के प्रधानमंत्री श्री अटल बिहारी वाजपेयी की यात्रा से एक दिन पहले यानी 13 मार्च, 2003 को मुलुंड स्टेशन के निकट एक ट्रेन डिब्बे में बम विस्फोट हुआ,

जिसमें 10 मासूम लोग मारे गए और 70 लोग घायल हो गए। 28 जुलाई, 2003 को घाटकोपर में एक बस में हुए विस्फोट में 4 लोग मारे गए और 32 लोग घायल हुए। 25 अगस्त, 2003 को दक्षिण मुंबई में दो बम विस्फोट हुए—एक गेटवे ऑफ इंडिया के पास और दूसरा कलबादेवी के झवेरी बाजार में। इन विस्फोटों में कम-से-कम 52 लोग मारे गए और 300 लोग घायल हुए। 11 जुलाई, 2006 को मुंबई में उपनगरीय रेलवे में 11 मिनट के भीतर सात बम विस्फोट हुए, 22 लोग विदेशियों सहित 35 लोग मारे गए और 700 से अधिक लोग घायल हुए। मुंबई पुलिस के अनुसार, बम विस्फोट लश्कर-ए-तैयबा और स्टूडेंट्स इसलामिक मूवमेंट ऑफ इंडिया (सिमी) द्वारा किया गया था।

यूँ तो इस हमले की व्यापक रूप से वैश्विक निंदा की गई, सियासत के गलियारे में खूब खलबली मची, लेकिन क्या इससे प्राण गँवा चुके पुनर्जीवित हो सकते थे? नहीं। इसीलिए तो आतंकवादी गतिविधियाँ सर्वदा त्याज्य हैं।

□

# 61
# अन्ना हजारे आंदोलन

एक वक्त था, जब अन्ना की आँधी में पूरा देश हिल उठा था। अन्ना ने सत्य की मशाल यूँ तो दिल्ली में जलाई, परंतु उसकी तपन से देश का कोई कोना अछूता नहीं रह सका था।

सवाल यह उठता है कि अन्ना को यह आंदोलन क्यों करना पड़ा? दरअसल यह आंदोलन जन लोकपाल विधेयक (नागरिक लोकपाल विधेयक) के निर्माण के लिए किया जा रहा था, ताकि भ्रष्टाचार की जड़ों को समूल नष्ट किया जा सके। 5 अप्रैल, 2011 को समाजसेवी अन्ना हजारे एवं उनके साथियों ने जंतर-मंतर पर देशव्यापी अनशन के साथ इस आंदोलन को आरंभ किया था, जिनमें मैग्सेसे पुरस्कार विजेता अरविंद केजरीवाल, भारत की पहली महिला प्रशासनिक अधिकारी किरण बेदी, प्रसिद्ध वकील प्रशांत भूषण आदि शामिल थे।

संचार साधनों के प्रभाव के कारण इस अनशन का प्रभाव तीव्रता के साथ समूचे भारत में फैल गया और इसके समर्थन में लोग सड़कों पर उतरने लगे। इन्होंने भारत सरकार से एक मजबूत भ्रष्टाचार विरोधी लोकपाल विधेयक बनाने की माँग की थी और अपनी इस माँग के अनुरूप सरकार को लोकपाल बिल का एक मसौदा भी दिया था, किंतु मनमोहन सिंह के नेतृत्ववाली तत्कालीन सरकार ने प्रारंभ से ही इसके प्रति उपेक्षात्मक रवैया दिखाया। लेकिन जब यह आंदोलन विकराल रूप धारण करने लगा तो भारत सरकार ने आनन-फानन में एक समिति बनाकर संभावित खतरे को टालने के लिए 16 अगस्त, 2011 तक संसद में लोकपाल विधेयक पारित कराने की बात स्वीकार कर ली।

नियत तारीख को मानसून सत्र में सरकार ने एक लोकपाल विधेयक प्रस्तुत तो किया, लेकिन वह एक कमजोर और जन अपेक्षाओं के सर्वथा विपरीत था। अतः अन्ना हजारे ने इसके खिलाफ अपनी पूर्व घोषित तिथि 16 अगस्त से पुनः अनशन

पर जाने की बात दोहराई। अपने वादानुसार 16 अगस्त को सुबह साढ़े सात बजे वे अनशन स्थल पर जाने की तैयारी कर रहे थे कि तभी दिल्ली पुलिस ने उन्हें उनके घर पर ही गिरफ्तार कर लिया।

उनके टीम के अन्य सदस्यों को भी गिरफ्तार कर लिया गया। इस खबर ने आम जनता को उद्वेलित कर दिया। लोग सड़कों पर उतरकर सरकार के इस कदम का अहिंसात्मक प्रतिरोध करने लगे। अन्ना के समर्थकों ने हजारों की संख्या में अपनी गिरफ्तारी दी, लेकिन शाम तक पुलिस ने अन्ना को गिरफ्तार घोषित करके मजिस्ट्रेट के सामने पेश किया, जहाँ से अन्ना को तिहाड़ जेल भेज दिया गया। लेकिन लोगों की हाय–तौबा और आक्रोश के बाद अन्ना को उसी शाम जमानत दे दी गई, जिसे अन्ना ने लेने से इनकार कर दिया और अन्ना ने कहा, "वो तब तक तिहाड़ जेल से बाहर नहीं आएँगे, जब तक पुलिस उन्हें अनशन करने की इजाजत नहीं देती है।"

इस प्रकार अन्ना का अनशन शुरू हो चुका था। दूसरे दिन अन्ना के समर्थन में भाजपा आ गई। जेल के बाहर हजारों की संख्या में लोग एकत्र हो गए। आंदोलन पूरे देश में फैल गया। दिल्ली में तिहाड़ जेल के बाहर हजारों लोग डेरा डाले रहे।

अन्ना से मिलने काफी लोग पहुँचे, जिनमें मेधा पाटकर, श्री श्री रविशंकर और बाबा रामदेव इत्यादि के नाम प्रमुख हैं। आखिरकार 18 अगस्त, 2011 को केंद्र सरकार अन्ना के सामने झुक गई और 15 दिन के अनशन की मंजूरी दे दी और साथ में रामलीला मैदान देने पर मान गई, लेकिन रामलीला मैदान पूरी तरह तैयार ना हो पाने के कारण अन्ना तिहाड़ जेल में ही रहे।

*अन्ना आंदोलन की कुछ झलकियाँ।*

19 अगस्त, 2011 को अन्ना हजारे अपने हजारों समर्थकों के साथ पहले राजघाट और फिर उसके बाद रामलीला मैदान पहुँचे और सरकार के खिलाफ अपने विरोधी स्वर का शंखनाद फूँक दिया। उन्होंने कहा कि जब तक सरकार उनकी बात नहीं सुनती है, वे रामलीला मैदान से नहीं हटेंगे और यदि 30 अगस्त, 2011 तक सरकार लोकपाल बिल पर विचार नहीं करती है तो जेल भरो आंदोलन शुरू किया जाएगा।

20 अगस्त, 2011 को टीम अन्ना ने सरकार से बीच का रास्ता निकालने के लिए वार्त्ता करने की कोशिश की, लेकिन सरकार ने कोई रुचि नहीं दिखलाई। हालाँकि सरकार ने हरसंभव कोशिश की थी कि यह आंदोलन थम जाए। इसी बीच अन्ना हजारे ने एक और बयान जारी करके कहा कि अगर सरकार जन लोकपाल बिल के बारे में विचार नहीं करती तो उससे बात करने की कोई जरूरत नहीं।

लगातार अनशन करने के कारण 22 अगस्त, 2011 तक अन्ना की हालत खराब होने लगी थी। अस्तु, मनमोहन सिंह की सरकार ने सर्वदलीय बैठक बुलाई। बैठक में जन लोकपाल बिल पर चर्चा जारी हुई। 23 अगस्त, 2011 को अन्ना का अनशन तुड़वाने की सरकार की कोशिशें तेज हुईं। सरकार के कुछ लोग अन्ना टीम से मिले। प्रधानमंत्री मनमोहन सिंह ने कहा कि जन लोकपाल बिल को स्टैंडिंग कमेटी को भेजेंगे, लेकिन अन्ना टीम राजी नहीं हुई।

24 अगस्त, 2011 को संसद में लंबी बहस हुई, लेकिन अन्ना टीम के सिद्धांतों के अनुरूप बात नहीं बनी तो उन्होंने कहा कि सरकार ने उन्हें धोखा दिया। अनशन के 10 दिन बीत जाने पर भी सरकार से कोई सहमति नहीं बन पाई। 28 अगस्त, 2011 को सुबह 10 बजे अन्ना ने अपने अनशन को समाप्त करने के लिए सार्वजनिक तौर पर तीन शर्तों का ऐलान किया—

- तमाम सरकारी कर्मचारियों को लोकपाल के दायरे में लाया जाए,
- तमाम सरकारी कार्यालयों में एक नागरिक चार्टर लगाया जाए और
- सभी राज्यों में लोकायुक्त हो।

74 वर्षीय हजारे ने कहा कि अगर सदन में इन तीन शर्तों पर सहमति बन जाती है तो वे अपना अनशन समाप्त कर देंगे।

तत्कालीन प्रधानमंत्री मनमोहन सिंह ने दोनों पक्षों के बीच जारी गतिरोध को तोड़ने की दिशा में पहली ठोस पहल करते हुए लोकसभा में खुली पेशकश की। इसी दौरान दबाव बनाने के लिए 25 मई, 2012 को अन्ना हजारे ने पुनः जंतर-मंतर पर जन लोकपाल विधेयक को लेकर एक दिन का सांकेतिक अनशन किया।

उल्लेखनीय है कि महात्मा गांधी के बाद अन्ना हजारे ने ही भूख हड़ताल और आमरण अनशन को सबसे ज्यादा बार बतौर हथियार इस्तेमाल किया है। इसके जरिए

उन्होंने भ्रष्ट प्रशासकों को अपना पद छोड़ने एवं सरकारों को जनहितकारी कानून बनाने पर मजबूर किया है, इसलिए अन्ना हजारे को 'आधुनिक युग का गांधी' भी कहा जा सकता है।

'व्यक्ति-निर्माण से ग्राम-निर्माण और फिर देश-निर्माण' के गांधीजी के मंत्र को उन्होंने हकीकत में उतारकर दिखाया और एक गाँव से आरंभ उनका यह अभियान आज हजारों गाँवों तक सफलतापूर्वक जारी है। व्यक्तित्व निर्माण के लिए मूल मंत्र देते हुए उन्होंने युवाओं में उत्तम चरित्र, शुद्ध आचार-विचार, निष्कलंक जीवन व त्याग की भावना विकसित करने व निर्भयता को आत्मसात् कर आम आदमी की सेवा को आदर्श के रूप में स्वीकार करने का आह्वान किया था।

□

# 62
# करिश्माई मोदी युग

भारत नेतृत्व के संकट से जूझ रहा था। एक करिश्माई नेता का अभाव चौतरफा महसूस किया जा रहा था। एक करिश्माई नेतृत्व की कमी सभी जगह खल रही थी। सरकारें बार-बार बनतीं और फिर गिर जातीं। कभी मोरारजी देसाई आते तो कभी वी.पी. सिंह, कभी चंद्रशेखर तो कभी देवगौड़ा, परंतु कोई भी जननेता नहीं बन पाया। किसी के भी नेतृत्व में वह चुंबकीय तत्त्व नहीं था कि वह देश व दुनिया में अपनी पृथक् छवि स्थापित कर सके, लेकिन 2014 में परिदृश्य उस समय बदल गया, जब केंद्रीय राजनीति में नरेंद्र दामोदर दास मोदी का पदार्पण हुआ। उनके आने से नेतृत्व की रिक्तता पूर्णता में बदल गई।

सोलहवीं लोकसभा के लिए आम चुनाव में एक सशक्त नेतृत्व की आहट सुनाई दी। श्री नरेंद्र मोदी के नेतृत्व में 7 अप्रैल से 12 मई, 2014 के मध्य 9 चरणों में चुनाव संपन्न हुए। निर्वाचन आयोग के अनुसार इस चुनाव में 81.45 करोड़ मतदाताओं ने अपने मताधिकार का प्रयोग किया। मतगणना 16 मई को हुई, जिसमें नरेंद्र मोदी का जादू चल गया। यह चुनाव कई मायनों में ऐतिहासिक और यादगार था। इस आम चुनाव में पहली बार ऐसा हुआ था कि कोई गैर-कांग्रेसी सरकार प्रचंड बहुमत के साथ सत्ता में आई थी। 2014 में एन.डी.ए. ने कुल 545 सीटों में से 336 सीटें जीतीं, जिनमें से 282 सीटें अकेले भारतीय जनता पार्टी की झोली में आई थीं। भारतीय जनता पार्टी को मोदी लहर के कारण ऐसा प्रचंड बहुमत हासिल हुआ था कि कांग्रेस एकाएक पीछे खिसक गई। 1984 में कांग्रेस के बाद 2014 के लोकसभा चुनाव में भाजपा पहली ऐसी पार्टी बनी थी, जिसने अपने दम पर सरकार बनाने लायक सीटें जीती थीं।

1984 में इंदिरा गांधी की हत्या के बाद हुए लोकसभा चुनाव में राजीव गांधी के नेतृत्ववाली कांग्रेस को इस तरह का प्रचंड बहुमत मिला था। उस वक्त कांग्रेस ने अपने दम पर 404 सीटें जीती थीं। 2014 में इतिहास की पुनरावृत्ति हुई, अर्थात् नरेंद्र मोदी को

बिना किसी अन्य पार्टियों के समर्थन के सरकार बनाने का जोरदार जनादेश प्राप्त हुआ।

यह लोकसभा चुनाव जहाँ एक तरफ भाजपा के इतिहास में स्वर्णिम अक्षरों में लिखा गया तो दूसरी तरफ कांग्रेस के लिए यह उतना ही बुरा साबित हुआ। इस चुनाव के परिणामों ने भाजपा को शीर्ष पर बैठा दिया और दूसरी ओर एक वक्त पंचायत से लेकर प्रधानमंत्री की कुरसी तक अपनी जड़ें जमा चुकी कांग्रेस को मात्र 44 सीटों पर ही समेटकर रख दिया। इस चुनाव में वड़ोदरा में मोदी ने कांग्रेस उम्मीदवार मधुसूदन मिस्त्री और वाराणसी में केजरीवाल को भारी मतों से हराया था।

आम चुनावों के परिणाम घोषित होने के बाद 20 मई को मोदी भारत के राष्ट्रपति प्रणब मुखर्जी से मिले। मुखर्जी ने मोदी को अगली सरकार बनाने के लिए आमंत्रित किया। अस्तु, उन्होंने 26 मई, 2014 को शाम 06:00 बजे शपथ ग्रहण करने की घोषणा की।

उनका शपथ ग्रहण समारोह दिल्ली स्थित राष्ट्रपति भवन प्रांगण में हुआ। यह वह स्थान है, जहाँ इससे पहले 1990 में चंद्रशेखर और 1996 व 1998 में अटल बिहारी वाजपेयी ने प्रधानमंत्री पद की शपथ ग्रहण की। हॉल की दर्शक क्षमता 500 तक सीमित होने के कारण उनका शपथ ग्रहण समारोह खुले मैदान में हुआ।

नरेंद्र दामोदर दास मोदी के शपथ ग्रहण समारोह के लिए राष्ट्रपति भवन के प्रांगण में जबरदस्त इंतजाम किए गए थे। समारोह में लगभग 4,000 देशी-विदेशी मेहमानों को आमंत्रित किया गया था। इस समारोह में विभिन्न राज्यों और राजनीतिक पार्टियों के अध्यक्ष सहित सार्क देशों के राष्ट्राध्यक्षों को आमंत्रित किया गया, जिसमें अफगानिस्तान के राष्ट्रपति हामिद करजई, बांग्लादेश की संसद की अध्यक्ष शिरीन शर्मिन चौधरी, भूटान के प्रधानमंत्री शेरिंग तोबगे, मालदीव के राष्ट्रपति अब्दुल्ला यामीन अब्दुल गयूम, मॉरिशस के प्रधानमंत्री नवीनचंद्र रामगुलाम, नेपाल के प्रधानमंत्री सुशील कोइराला, पाकिस्तान के प्रधानमंत्री नवाज शरीफ, श्रीलंका के राष्ट्रपति महिंद्रा राजपक्षे शामिल हुए।

इस समारोह में भारत के सभी राज्यों के मुख्यमंत्रियों को आमंत्रित किया गया था, लेकिन इनमें से कर्नाटक के मुख्यमंत्री सिद्धारमैया (कांग्रेस) और केरल के मुख्यमंत्री उम्मन चांडी (कांग्रेस) ने भाग लेने से मना कर दिया। भाजपा और कांग्रेस के बाद सबसे अधिक सीटों पर विजय प्राप्त करनेवाली तमिलनाडु की मुख्यमंत्री जयललिता ने भी इस समारोह में भाग न लेने का निर्णय लिया, जबकि पश्चिम बंगाल की मुख्यमंत्री ममता बनर्जी ने अपनी जगह मुकुल रॉय और अमित मित्रा को भेजने का निर्णय लिया।

*प्रधानमंत्री नरेंद्र मोदी की जीत व शपथ ग्रहण समारोह की ऐतिहासिक तसवीरें।*

इस ऐतिहासिक समारोह में मध्य प्रदेश के मुख्यमंत्री शिवराज सिंह चौहान, अन्य आमंत्रित हस्तियों में अनुपम खेर, मधुर भंडारकर, विवेक ओबेरॉय, रजनीकांत और अमिताभ बच्चन शामिल रहे। वड़ोदरा के एक चाय विक्रेता किरण महिदा, जिन्होंने मोदी की उम्मीदवारी प्रस्तावित की थी, को भी समारोह में आमंत्रित किया गया। इनके अलावा उद्योग जगत् से मुकेश अंबानी, उनके भाई अनिल अंबानी, कुमार मंगलम बिड़ला और गौतम अडाणी भी समारोह में सपरिवार उपस्थित रहे।

17 सितंबर, 1950 को जनमे भारत के वर्तमान प्रधानमंत्री नरेंद्र प्रेरणा के स्रोत व भारतीय राजनीति के करिश्माई नेता हैं। वे वडनगर के एक गुजराती परिवार में पैदा हुए। उन्होंने अपने बचपन में चाय बेचने में अपने पिता की मदद की और बाद में अपना खुद का स्टॉल चलाया। आठ साल की उम्र में वे आर.एस.एस. से जुड़े और एक लंबे समय तक उनका यह जुड़ाव बना रहा। स्नातक होने के बाद उन्होंने अपना घर छोड़ दिया। मोदी ने दो साल तक समूचे भारत का भ्रमण किया। कई धार्मिक केंद्रों का दौरा किया। 1969 या 1970 में वे गुजरात लौटे और अहमदाबाद चले गए।

1971 में वे आर.एस.एस. के लिए पूर्णकालिक कार्यकर्ता बन गए। 1975 में देश भर में आपातकाल की स्थिति के दौरान उन्हें कुछ समय के लिए छिपना पड़ा। 1985 में वे बीजेपी से जुड़े और 2001 तक पार्टी पदानुक्रम के तहत कई पदों का उत्तरदायित्व मिला। यहाँ से वे धीरे-धीरे भाजपा के सचिव के पद पर पहुँचे।

2001 में गुजरात के भुज में आए भूकंप के बाद गुजरात के तत्कालीन मुख्यमंत्री केशुभाई पटेल के खराब स्वास्थ्य और असफल सार्वजनिक छवि के कारण नरेंद्र मोदी को 2001 में गुजरात का मुख्यमंत्री नियुक्त किया गया। इसके बाद वे विधानसभा के लिए चुने गए। 2002 के गुजरात दंगों में उनके प्रशासन को कठोर माना गया है। अस्तु उनकी कार्यशैली की आलोचना भी हुई। हालाँकि सुप्रीम कोर्ट द्वारा नियुक्त विशेष जाँच दल को अभियोजन पक्ष की काररवाई शुरू करने के लिए कोई सबूत नहीं मिला। मुख्यमंत्री के तौर पर उनकी नीतियों को आर्थिक विकास को प्रोत्साहित करने के लिए याद किया जाता है।

उन्हें उनके काम के कारण गुजरात की जनता ने 2001 से 2014 के दरमियान लगातार चार दफा मुख्यमंत्री चुना। गुजरात विश्वविद्यालय से राजनीति विज्ञान में स्नातकोत्तर डिग्री प्राप्त नरेंद्र मोदी 'विकास पुरुष' के नाम से जाने जाते हैं और वर्तमान समय में देश के सबसे लोकप्रिय नेताओं में से हैं।

'टाइम' पत्रिका ने मोदी को 'पर्सन ऑफ द ईयर' 2013 घोषित किया। वे एक राजनेता और समाजसेवक हैं। गुजराती भाषा के अलावा हिंदी में भी देशप्रेम से ओत-प्रोत कविताएँ लिखते हैं। उनके नेतृत्व में भारत का प्रत्यक्ष विदेशी निवेश एवं बुनियादी सुविधाओं पर खर्च तेजी से बढ़ा। उन्होंने अफसरशाही में कई सुधार किए तथा योजना आयोग को हटाकर नीति आयोग का गठन किया।

इसके बाद वर्ष 2019 में भारतीय जनता पार्टी ने उनके नेतृत्त्व में दोबारा आम चुनाव लड़ा और इस बार उन्हें पहले से भी ज्यादा बड़ी जीत हासिल हुई। पार्टी ने कुल 303 सीटों पर जीत हासिल की। भाजपा के समर्थक दलों यानी एन.डी.ए. को कुल 352 सीटें प्राप्त हुईं। 30 मई, 2019 को शपथ ग्रहण कर नरेंद्र मोदी लगातार दूसरी बार

प्रधानमंत्री बनकर देश की बागडोर बड़ी ही कुशलता के साथ सँभाल रहे हैं।

उनके प्रभावशाली नेतृत्व की एक वजह यह भी है कि उनका समूचा जीवन ही देश के नाम समर्पित है। वे सोते-जागते हर पल सिर्फ और सिर्फ देश की तरक्की व समृद्धि की बात सोचते हैं। जनता-जनार्दन के कल्याण व उनकी सुरक्षा की बात सोचते हैं। वे दिल से बोलते हैं, इसलिए उनके शब्दों में अद्भुत शक्ति है। यही उनके नेतृत्व की प्राणवायु है।

□

# 63

# 'मन की बात' कार्यक्रम

भारत के इतिहास में यह पहली बार हुआ, जब देश का प्रधानमंत्री सामान्य जनता से सीधे जुड़कर अपने मन की बात कहता है। आकाशवाणी तो आजादी के पहले से थी, लेकिन किसी के मन में अपने देशवासियों से अपने मन की बात करने की सोच नहीं थी। लोकतंत्र की जड़ों को पोषित करने के लिए 3 अक्तूबर, 2014 को प्रधानमंत्री नरेंद्र मोदी द्वारा एक नवाचार शुरू किया गया, जिसके तहत 'मन की बात' नामक यह कार्यक्रम प्रारंभ किया गया।

दरअसल, यह कार्यक्रम प्रधानमंत्री नरेंद्र मोदी द्वारा आयोजित एक भारतीय रेडियो कार्यक्रम है, जिसमें वे ऑल इंडिया रेडियो, डीडी नेशनल और डीडी न्यूज पर राष्ट्र के लोगों को संबोधित करते हैं, जिसके तहत वे देश के नागरिकों से सीधे अपने मन की बात कहने के लिए कटिबद्ध हैं। यही वह प्रण है, जिसके बल पर भारत एक महाशक्ति बनकर उभरेगा।

3 अक्तूबर, 2014 से 25 सितंबर, 2022 तक इस कार्यक्रम के 93 एपिसोड हो चुके हैं। प्रधानमंत्री नरेंद्र मोदी ने अपने पहले प्रसारण में लोगों से खादी का एक वस्त्र उपयोग करने की अपील की थी, जिसके परिणामस्वरूप खादी की बिक्री में 120 फीसदी का इजाफा दर्ज किया गया। तब से लेकर अब तक प्रधानमंत्री स्वच्छता और स्वास्थ्य से लेकर शिक्षा और परीक्षा जैसे कई मुद्दों पर बात कर चुके हैं।

प्रधानमंत्री नरेंद्र मोदी हर महीने ऑल इंडिया रेडियो पर राष्ट्र को संबोधित करते हैं। इस कार्यक्रम का उद्देश्य प्रधानमंत्री के अपने विचारों को भारत के आम लोगों तक पहुँचाना है। चूँकि भारत में हर जगह टेलीविजन कनेक्शन अभी भी उपलब्ध नहीं हैं, विशेष रूप से दूर-दराज के ग्रामीण इलाकों और कम विकसित क्षेत्रों में, इसलिए आकाशवाणी को इस कार्यक्रम के लिए माध्यम चुना गया; क्योंकि यही वह माध्यम है, जो भारत की कुल आबादी के अनुमानित 90 प्रतिशत लोगों को उपलब्ध है। इस बाबत

दूरदर्शन की डायरेक्ट टू होम (डी.टी.एच.) सेवा, नि:शुल्क डिश टेलीविजन और रेडियो चैनलों की व्यवस्था भी उल्लेखनीय है।

उल्लेखनीय है कि 3 अक्तूबर, 2014 को विजयदशमी के अवसर पर प्रारंभ हुए इस कार्यक्रम का दूसरा प्रसारण 2 नवंबर, 2014 को हुआ। संयुक्त राज्य अमेरिका के पूर्व राष्ट्रपति बराक ओबामा 27 जनवरी, 2015 को गणतंत्र दिवस परेड का हिस्सा बनने आए तो उनके साथ भी संयुक्त रूप से प्रधानमंत्री नरेंद्र मोदी ने 'मन की बात' के तहत एक विशेष एपिसोड प्रसारित किया। 'मन की बात' प्रसारण पर 61,000 से अधिक लोगों ने अपने विचार प्रकट किए। श्रोताओं द्वारा 1.43 लाख ऑडियो रिकॉर्डिंग भेजी गईं।

*प्रधानमंत्री श्री नरेंद्र मोदी के 'मन की बात' कार्यक्रम के चित्र।*

प्रत्येक महीने प्रसारित होनेवाले इस कार्यक्रम में कुछ चयनित कॉल भी प्रसारण का हिस्सा बन जाते हैं। 2 जून, 2017 से 'मन की बात' कार्यक्रम को क्षेत्रीय भाषाओं में भी उपलब्ध करवाने के प्रबंध किए गए। वर्तमान में इस कार्यक्रम का 23 भाषाओं के

अलावा 33 बोलियों में प्रसारण किया जाता है। इसके अलावा, इस कार्यक्रम को हिंदी के अलावा अंग्रेजी में भी प्रसारित किया जाता है।

एक सर्वेक्षण ने संकेत दिया है कि लगभग 66.7 प्रतिशत लोगों ने प्रधानमंत्री के पहले संबोधन को सुनने के लिए ट्यून किया था और इसे उपयोगी पाया था। 2017 में, एक आकाशवाणी सर्वेक्षण में पाया गया कि इस कार्यक्रम में अपनी सक्रियता दर्ज करवानेवाले अधिकतम श्रोता बिहार, गुजरात और मध्य प्रदेश के थे, जबकि आंध्र प्रदेश और अरुणाचल प्रदेश के राज्यों में इसके प्रति सबसे कम जागरूकता पाई गई थी।

'मन की बात' कार्यक्रम के तहत सबसे ज्यादा याद किए जानेवाले विषय खादी, ड्रग फ्री इंडिया और टीम तारिणी का प्रचार था। उल्लेखनीय है कि प्रधानमंत्री मोदी ने 2017 में जापान के प्रधानमंत्री शिंजो आबे को 'मन की बात' के बारे में एक पुस्तक प्रस्तुत की। उल्लेखनीय है कि मोदी का 'मन की बात' कार्यक्रम ऑल इंडिया रेडियो के लिए राजस्व का एक प्रमुख स्रोत बन गया।

□

# 64
# नीति आयोग

राजनीति की जड़ें अर्थव्यवस्था की जमीन पर गहरी पैठ रखती हैं। लोकतंत्र की सफलता आर्थिक ताने-बाने पर टिकी होती है, इसलिए आजादी के बाद से ही सर्वविकास की अवधारणा के तहत योजना आयोग का गठन किया गया था। उपलब्ध संसाधनों का समुचित व न्यायसंगत उपयोग करने के लिए इस आयोग को अधिकृत किया गया। 2014 में मोदी सरकार के सत्ता में आने के बाद तत्कालीन व्यवस्थाओं की शल्य चिकित्सा की गई।

इसी तारतम्य में भारत सरकार ने 1 जनवरी, 2015 को पूर्ववर्ती योजना आयोग के स्थान पर नीति आयोग का गठन किया। योजना आयोग की भाँति इसके पदेन अध्यक्ष प्रधानमंत्री खुद होते हैं। नीति आयोग (राष्ट्रीय भारत परिवर्तन संस्थान) नामक इस संस्था को राज्य सरकारों, संसद सदस्यों, विषय विशेषज्ञ और संबंधित संस्थानों सहित तमाम हितधारकों के बीच गहन विचार-विमर्श के बाद प्रस्तावित किया गया। यह आयोग एक बहु-सदस्यीय संस्था है।

नीति आयोग के निम्नलिखित उद्देश्य सुनिर्धारित किए गए—

- राष्ट्रीय उद्देश्यों को दृष्टिगत रखते हुए राज्यों की सक्रिय भागीदारी के साथ राष्ट्रीय विकास प्राथमिकताओं, क्षेत्रों और रणनीतियों का एक साझा दृष्टिकोण विकसित करना। प्रधानमंत्री और मुख्यमंत्रियों को 'राष्ट्रीय एजेंडे' का प्रारूप उपलब्ध कराना है।
- राज्यों के साथ सतत आधार पर संरचनात्मक सहयोग की पहल और तंत्र के माध्यम से सहयोगपूर्ण संघवाद को बढ़ावा देना।
- ग्राम स्तर पर विश्वसनीय योजना तैयार करने के लिए एक तंत्र विकसित करना और इसे उत्तरोत्तर उच्च स्तर तक पहुँचाना।

*नीति आयोग से संबंधित चित्र।*

- आयोग यह भी सुनिश्चित करेगा कि जो क्षेत्र विशेष रूप से उसे सौंपे गए हैं, उनकी आर्थिक कार्यनीति और नीति में राष्ट्रीय सुरक्षा के हितों को शामिल किया गया है।
- यह हमारे समाज के उन वर्गों पर विशेष रूप से ध्यान देगा, जिन तक आर्थिक प्रगति का लाभ नहीं पहुँच पाया है।
- आयोग दीर्घावधि के लिए नीति तथा कार्यक्रम का ढाँचा तैयार करेगा। साथ ही उनकी प्रगति और क्षमता की निगरानी करेगा। निगरानी और प्रतिक्रिया के आधार पर मध्यावधि संशोधन सहित नवीन सुधार किए जाएँगे।
- महत्त्वपूर्ण हितधारकों तथा समान विचारधारावाले राष्ट्रीय और अंतरराष्ट्रीय थिंक टैंक तथा साथ ही शैक्षिक और नीति अनुसंधान संस्थानों के बीच परामर्श और भागीदारी को प्रोत्साहन देगा।
- विकास के एजेंडे के कार्यान्वयन में तेजी लाने के क्रम में अंतर-क्षेत्रीय और अंतर-विभागीय मुद्दों के समाधान के लिए एक मंच प्रदान करेगा।
- अत्याधुनिक कला संसाधन केंद्र बनाना, जो सुशासन तथा सतत और न्यायसंगत विकास की सर्वश्रेष्ठ कार्यप्रणाली पर अनुसंधान करने के साथ-साथ हितधारकों तक जानकारी पहुँचाने में भी मदद करेगा।
- आवश्यक संसाधनों की पहचान करने सहित कार्यक्रमों और उपायों के कार्यान्वयन का सक्रिय मूल्यांकन और सक्रिय निगरानी की जाएगी, ताकि सेवाएँ प्रदान करने में सफलता की संभावनाओं को प्रबल बनाया जा सके।
- कार्यक्रमों और नीतियों के क्रियान्वयन के लिए प्रौद्योगिकी उन्नयन और क्षमता-निर्माण पर जोर देना।
- राष्ट्रीय विकास के एजेंडे और उपरोक्त उद्देश्यों की पूर्ति के लिए अन्य आवश्यक गतिविधियाँ संपादित करना।

इस संस्थान से यह आशा की गई कि वह सरकार के 'थिंक टैंक' के रूप में सेवाएँ प्रदान करेगा और उसे निर्देशात्मक एवं नीतिगत गतिशीलता प्रदान करेगा। नीति आयोग, केंद्र और राज्य सरकारों को नीति के प्रमुख कारकों के संबंध में प्रासंगिक महत्त्वपूर्ण एवं तकनीकी परामर्श उपलब्ध कराएगा। इसमें आर्थिक मोरचे पर राष्ट्रीय और अंतरराष्ट्रीय आयात, देश के भीतर, साथ-ही-साथ अन्य देशों की बेहतरीन पद्धतियों का प्रसार, नए नीतिगत विचारों का समावेशन और विशिष्ट विषयों पर आधारित समर्थन से संबंधित मामले शामिल होंगे।

नीति आयोग का गठन इस प्रकार हुआ—

1. भारत के प्रधानमंत्री—अध्यक्ष

2. गवर्निंग काउंसिल में राज्यों के मुख्यमंत्री और केंद्रशासित प्रदेशों (जिन केंद्रशासित प्रदेशों में विधानसभा है), में वहाँ के मुख्यमंत्री और उपराज्यपाल शामिल होंगे।
3. विशिष्ट मुद्दों और ऐसे आकस्मिक मामले को देखना, जिनका संबंध एक से अधिक राज्य या क्षेत्र से हो। इस कार्य के लिए 'क्षेत्रीय परिषद्' गठित की जाएँगी। ये परिषदें विशिष्ट कार्यकाल के लिए बनाई जाएँगी। भारत के प्रधानमंत्री के निर्देश पर क्षेत्रीय परिषदों की बैठक होंगी और इनमें संबंधित क्षेत्र के राज्यों के मुख्यमंत्री और केंद्रशासित प्रदेशों के उपराज्यपाल शामिल होंगे, जिनकी अध्यक्षता नीति आयोग के उपाध्यक्ष करेंगे।
4. संबंधित कार्यक्षेत्र की जानकारी रखनेवाले विशेषज्ञ और कार्यरत लोग, विशेष आमंत्रित के रूप में प्रधानमंत्री द्वारा नामित किए जाएँगे।
5. पूर्णकालिक संगठनात्मक ढाँचे में प्रधानमंत्री के अध्यक्ष होने के अलावा निम्न होंगे—
    - उपाध्यक्ष : प्रधानमंत्री द्वारा नियुक्त
    - सदस्य : पूर्णकालिक
    - अंशकालिक सदस्य : अग्रणी विश्वविद्यालय, शोध संस्थानों और संबंधित संस्थानों से अधिकतम दो पदेन सदस्य, अंशकालिक सदस्य बारी के आधार पर होंगे।
    - पदेन सदस्य : केंद्रीय मंत्रिपरिषद् से अधिकतम चार सदस्य प्रधानमंत्री द्वारा नामित होंगे।
    - मुख्य कार्यकारी अधिकारी : भारत सरकार के सचिव स्तर के अधिकारी को निश्चित कार्यकाल के लिए प्रधानमंत्री द्वारा नियुक्त किया जाएगा।

इस आयोग के मुख्य कार्यकारी अधिकारी (सी.ई.ओ.) अमिताभ कांत हैं। नीति आयोग के सदस्यों में विवेक देवराय, वी.के. सारस्वत, रमेश चंद्र और विनोद पाल शामिल हैं।

योजना आयोग और नीति आयोग में मूलभूत अंतर है कि इससे केंद्र से राज्यों की तरफ चलनेवाले एकपक्षीय नीतिगत क्रम को एक महत्त्वपूर्ण विकासवादी परिवर्तन के रूप में प्रावधानित किया गया है, जिसमें राज्यों की वास्तविक और सतत भागीदारी समाहित है।

नीति आयोग ग्राम स्तर पर विश्वसनीय योजना तैयार करने के लिए तंत्र विकसित करेगा और इसे उत्तरोत्तर उच्च स्तर तक पहुँचाएगा। यह आयोग राष्ट्रीय और अंतरराष्ट्रीय विशेषज्ञों, प्रैक्टिशनरों तथा अन्य हितधारकों के सहयोगात्मक समुदाय के जरिए ज्ञान,

नवाचार, उद्यमशीलता एवं सहायक प्रणाली बनाएगा। इसके अतिरिक्त, यह आयोग कार्यक्रमों और नीतियों के क्रियान्वयन के लिए प्रौद्योगिकी उन्नयन और क्षमता-निर्माण पर जोर देगा।

पिछले कुछ वर्षों में शासन संरचना के संदर्भ में हमारे देश की जरूरतें बदली हैं। ऐसे में एक ऐसे संस्थान की स्थापना की आवश्यकता थी, जो सरकार के दिशात्मक और नीति-निर्धारक 'थिंक टैंक' के रूप में कार्य करे। आशा की जा रही है कि यह संस्थान लगातार बदल रहे एकीकृत विश्व के अनुरूप कार्य करने में सक्षम होगा।

□

# 65
# ब्रिक्स सम्मेलन

भारत दुनिया में शांति व सद्भावनापूर्ण संबंधों में आस्था रखता है, इसलिए भारत अपने ब्रिक्स सहयोगियों के साथ आर्थिक और सांस्कृतिक संबंधों की मधुरता को बरकरार रखने के लिए सदैव तत्पर रहता है। भारत वर्तमान मुद्दों पर समन्वय, परामर्श और सहयोग के लिए एक मंच के रूप में ब्रिक्स के साथ जुड़ाव को बहुत महत्त्व देता है। ब्रिक्स देशों के साथ भारत का जुड़ाव एक शांतिपूर्ण और समृद्ध दुनिया के निर्माण में योगदान करने के रूप में देखा जाता है। यह हमारे सक्रिय और व्यापकता पर आधारित अंतरराष्ट्रीय दृष्टिकोण का पर्याय है।

ब्रिक्स यानी ब्राजील, रूस, भारत, चीन और द. अफ्रीका देशों के नाम के पहले शब्द से बना संगठन 'ब्रिक्स' के नाम से जाना जाता है। 'ब्रिक्स' नामक इस शब्द को पहली बार 2001 में गोल्डमैन सैक्स ने अगली छमाही में वैश्विक आर्थिक रुझानों का पूर्वानुमान लगाने के लिए एक संदर्भ के रूप में उपयोग किया था। एक समूह के रूप में पहली बार इसे सितंबर 2006 में संयुक्त राष्ट्र महासभा की बैठक में चिह्नित किया गया था।

ब्रिक्स राज्यों के साथ भारत का व्यापार लगभग 95 बिलियन अमेरिकी डॉलर है। यह भारत की श्रम, सेवाओं, सामान्य फार्मास्यूटिकल्स और सूचना प्रौद्योगिकी में निहित है। अन्य क्षेत्रों में इंट्रा-ब्रिक्स लिंकेज को और अधिक मजबूत करने के लिए प्रयास किया जा रहा है।

उल्लेखनीय है कि ब्रिक्स देशों में दुनिया की कुल आबादी का लगभग 40 प्रतिशत भाग बसता है। दुनिया के कुल भूमि क्षेत्र का एक-चौथाई भाग भी ब्रिक्स देशों की सीमाओं के दायरे में आता है, इसलिए वैश्विक पटल पर यह एक महत्त्वपूर्ण संगठन है। 2006 में अपने संस्थागतकरण के उपरांत ब्रिक्स ने परामर्श, समन्वय और सहयोग के लिए कई तंत्र विकसित किए हैं। इनमें शिखर सम्मेलन, विदेश मंत्रियों, वित्तमंत्रियों और केंद्रीय बैंक के अधिकारियों, राज्यपालों, कृषि मंत्रियों, स्वास्थ्य मंत्रियों, विज्ञान और प्रौद्योगिकी मंत्रियों, शिक्षा मंत्रियों और राष्ट्रीय सुरक्षा सलाहकारों की बैठकें शामिल हैं।

पुतिन, मोदी, रूसेफ, शी और जुमा।

ब्रिक्स सम्मेलन की तसवीरें।

इस मंच पर शैक्षणिक फोरम, थिंक टैंक काउंसिल, बिजनेस फोरम, बिजनेस काउंसिल, ट्रेड एंड इन्वेस्टमेंट इश्यूज, ब्रिक्स मेयर और फ्रेंडशिप शहरीकरण फोरम, प्रतियोगिता प्राधिकरणों की बैठकों सहित कई अन्य सहयोग तंत्र स्थापित किए गए हैं, जोकि सदस्य देशों के लिए एक उपयुक्त वातावरण मुहैया करवाता है। अस्तु, सभी सदस्य देश पारस्परिक सहयोग के मुद्दों पर नियमित रूप से बातचीत करते हैं। आवश्यकता पड़ने पर ब्रिक्स देश अन्य बहुपक्षीय बैठकों में एक-दूसरे से परामर्श करते हैं। पारस्परिक रूप से सहमत क्षेत्रों में विचारों का आदान-प्रदान करते हैं।

'न्यू डेवलपमेंट बैंक' के निर्माण का प्रस्ताव ब्रिक्स में रखकर भारत ने उल्लेखनीय योगदान दिया है। दरअसल, इस बैंक की स्थापना का विचार भारत द्वारा 2012 में दिल्ली में आयोजित चौथे ब्रिक्स शिखर सम्मेलन में प्रस्तावित किया गया था। इस बैठक का मुख्य विषय ही 'न्यू विकास बैंक' के निर्माण से संबंधित था। ब्रिक्स नेताओं ने 27 मार्च, 2013 को दक्षिण अफ्रीका के डरबन में आयोजित पाँचवें ब्रिक्स शिखर सम्मेलन में एक विकास बैंक स्थापित करने पर सहमति व्यक्त की। 15 जुलाई, 2014 को ब्राजील के फोर्टालेजा में आयोजित छठे ब्रिक्स शिखर सम्मेलन के पहले ही दिन ब्रिक्स राज्यों ने 'न्यू डेवलपमेंट बैंक' के निर्माण पर कानूनी मोहर लगाने हेतु एक समझौते पर हस्ताक्षर किए।

इस बैंक का मुख्यालय वर्तमान में ब्रिक्स टावर पूर्व ओरिएंटल फाइनेंशियल सेंटर, शंघाई, चीन में है। इसका पहला क्षेत्रीय कार्यालय दक्षिण अफ्रीका के जोहान्सबर्ग में है। इसका दूसरा क्षेत्रीय कार्यालय 2019 में साओ पाउलो, ब्राजील और फिर एक अन्य मॉस्को, रूस में भी स्थापित किया गया था।

भारत इसका पहला अध्यक्ष होगा। रूस इसकी गवर्निंग बोर्ड का उद्घाटन अध्यक्ष होगा और ब्राजील निदेशक मंडल का पहला अध्यक्ष होगा। अध्यक्ष पद का दायित्व ब्रिक्स के सदस्यों के बीच पाँच वर्षों में बदलता रहेगा। एन.डी.बी. पर समझौता यह निर्दिष्ट करता है कि प्रत्येक सदस्य के पास एक मत होगा, किसी के पास कोई वीटो शक्ति नहीं होगी।

इस संगठन के तहत वैश्विक स्तर पर सुधार के लिए क्षेत्रीय और वैश्विक स्तर पर राजनीतिक, आर्थिक, व्यापारिक व वित्तीय क्षेत्र आतंकवाद के खिलाफ सहयोग और अंतरराष्ट्रीय अपराध के खिलाफ एक व्यूह-रचना बनाई गई है।

इस सम्मेलन में ब्रिक्स के सदस्य देश ब्राजील के राष्ट्रपति दिल्मा रूसेफ, रूस के राष्ट्रपति व्लादिमीर पुतिन, भारत के प्रधानमंत्री नरेंद्र मोदी, चीन के राष्ट्रपति शी जिनपिंग और दक्षिण अफ्रीका के राष्ट्रपति जैकब जुमा शामिल हुए थे।

एन.डी.बी. पर हुए समझौते के अनुसार—"बैंक ऋण, गारंटी, इक्विटी भागीदारी और अन्य वित्तीय साधनों के माध्यम से सार्वजनिक या निजी परियोजनाओं का समर्थन

करेगा।" इसके अलावा, यह अंतरराष्ट्रीय संगठनों और अन्य वित्तीय संस्थाओं के साथ सहयोग करेगा और बैंक द्वारा समर्थित परियोजनाओं के लिए तकनीकी सहायता प्रदान करेगा। इस बैंक की प्रारंभिक अधिकृत पूँजी 100 बिलियन है, जिसे 1 मिलियन शेयरों में विभाजित किया गया है।

ब्रिक्स का 13वाँ शिखर सम्मेलन भारत में प्रधानमंत्री के रूप में नरेंद्र मोदी का पहला बड़ा अंतरराष्ट्रीय शिखर सम्मेलन था। उल्लेखनीय है कि ब्रिक्स के पाँच नेताओं के अलावा अर्जेंटीना के राष्ट्रपति क्रिस्टीना फर्नांडीज डी किर्चनेर को भी सम्मेलन में शामिल होने के लिए आमंत्रित किया गया था।

उल्लेखनीय है कि 16 जून, 2009 को गठित ब्रिक्स का 14वाँ शिखर सम्मेलन 24 जुलाई, 2022 को वर्चुअली संपन्न हुआ। चीन की अध्यक्षता में हुए इस शिखर सम्मेलन में न्यू विकास बैंक आकस्मिक रिजर्व व्यवस्था, ब्रिक्स भुगतान प्रणाली इत्यादि विषयों पर विचार-विमर्श किया गया।

□

# 66

# नागा समस्या का अंत

उल्लेखनीय है कि सरदार वल्लभभाई पटेल ने 652 रियासतों को एक सूत्र में पिरोकर वर्तमान भारत के निर्माण का पुनीत कार्य तो कर दिया, किंतु भारत के कुछ क्षेत्रों में समस्याएँ स्वतंत्रता के पूर्व से ही बनी हुई थीं। इन समस्याओं का निराकरण आजादी के बाद भी नहीं किया जा सका। नागा समस्या भी एक ऐसी ही जटिल समस्या थी, जिसका 2015 में समाधान ढूँढ़ लिया गया।

सर्वविदित है कि नागा एक नृजातीय समूह है, जो विभिन्न जनजातियों में विभाजित है। ब्रिटिश काल के पूर्व से नागा अपनी पृथक् पहचान एवं उसके संरक्षण के लिए प्रसिद्ध रहे हैं। वर्ष 1929 में 'साइमन कमीशन' के समक्ष सर्वप्रथम नागाओं ने अपने भविष्य का निर्धारण स्वयं करने की माँग कर प्रतिरोध की शुरुआत का प्रारंभिक साक्ष्य दिया था। नागा इस क्षेत्र में भारत के पूर्वोत्तर तथा म्याँमार में फैले हुए हैं। वर्ष 1935 के भारत शासन अधिनियम से तत्कालीन बर्मा या वर्तमान राज्य म्याँमार को भारत से पृथक् कर दिया गया। इस पृथक्करण से उपजे राजनीतिक सीमा के निर्धारण ने नागा समुदाय को भारत एवं म्याँमार में विभाजित कर दिया।

नागालैंड के विभिन्न वर्गों की उपर्युक्त माँगों को संगठनात्मक रूप देने हेतु अनुगामी जापु फिजो के नेतृत्व में 'नागा राष्ट्रीय परिषद्' की 2 फरवरी, 1946 को स्थापना की गई। इस परिषद् के तहत नागालैंड के कुछ वर्गों ने भारत से अलग होकर एक स्वतंत्र देश की माँग करनी शुरू कर दी थी। वे एक वृहत नागालैंड अर्थात् नगालिम का स्वप्न देखने लगे, जिसमें अरुणाचल प्रदेश, असम, मणिपुर तथा म्याँमार के भी कुछ क्षेत्र शामिल थे। इसके लिए वे ऐतिहासिक कारकों एवं पृथक् संस्कृति का हवाला देते थे।

उल्लेखनीय है कि इस समुदाय के ही कुछ वर्ग भारत में ही रहना चाहते थे, किंतु उनकी माँग थी कि नागालैंड को विशेष शर्तों के साथ राज्य का दर्जा दिया जाए। साथ ही उन्होंने यह भी माँग की कि नागा समूह नगालिम के प्रशासन के लिए एक पृथक् संविधान 'येहजाबो' व एक पृथक् झंडे को बनाने की इजाजत दी जाए।

*नागा समस्या से जुड़े कुछ चित्र।*

उल्लेखनीय है कि 14 अगस्त, 1947 को 'नागा राष्ट्रीय परिषद्' ने नागालैंड को एक स्वाधीन राज्य घोषित कर दिया। फिजो ने एक भूमिगत नागा फेडरल गवर्नमेंट और 'नागा फेडरल आर्मी' का भी गठन किया था, जिस पर 1953 में केंद्र सरकार ने प्रतिबंध लगा दिया। 1956 में 'नागा राष्ट्रीय परिषद्' ने अलग से संघीय सरकार की स्थापना की। उनका यह संघर्ष शनैः-शनैः हिंसा के मार्ग में अग्रेसित होने लगा।

वर्ष 1958 में पूर्वोत्तर के अशांत क्षेत्रों में 'सशस्त्र बल विशेष शक्तियाँ अधिनियम' लागू किया गया। इस क्षेत्र में पिछले कई दशकों से होनेवाली हिंसा को शांति की ओर ले जाने के प्रयास साथ-साथ चलते रहे हैं, लेकिन अभी तक किसी ठोस नतीजे तक नहीं पहुँचा जा सका है।

वर्ष 1963 में असम के 'नागा हिल्स' जिले को अलग कर नागालैंड राज्य का गठन किया गया। इसमें प्रमुख भूमिका 'नागा नेशनल काउंसिल' की मानी गई। इन समूहों ने भूमिगत सरकार तथा सेना का गठन किया। तत्कालीन भारत सरकार ने इसे भारतीय एकता-अखंडता के लिए अनुचित मानकर उचित कारखाई की।

वर्ष 1975 में फिजो के नेतृत्व में परिषद् ने केंद्र सरकार के साथ बातचीत के माध्यम से मुद्दों व मतभेदों को सुलझाने का विकल्प चुना और नागा नेशनल काउंसिल ने सरकार के साथ 'शिलॉन्ग समझौते' पर हस्ताक्षर किए। इस समझौते के अंतर्गत नागा नेशनल काउंसिल ने भारतीय संविधान को स्वीकार कर लिया, किंतु फिजो के शिष्य इसाक, मुइवा और खापलांग ने इस समझौते को मानने से इनकार कर दिया।

परिणामस्वरूप 1988 में नेशनल सोशलिस्ट काउंसिल ऑफ नागालैंड (एन.एस.सी.एन.) में दरार पड़ गई और यह दो भागों में विभाजित हो गई। फिजो के दो शिष्यों इसाक और मुइवा ने मिलकर—एन.एस.सी.एन. (आई.एम.) का गठन किया और फिजो के एक अन्य शिष्य 'खापलांग' ने एन.एस.सी.एन. (खापलांग) का गठन किया।

भारत सरकार और नागाओं में शांति वार्त्ता की राह में तीन प्रमुख चुनौतियाँ हैं, जिससे किसी एक समग्र निष्कर्ष पर पहुँचना काफी चुनौतीपूर्ण कार्य है—

- वृहद नागालैंड की माँग (अरुणाचल प्रदेश, असम और मणिपुर के क्षेत्र शामिल)।
- पृथक् संविधान, और
- पृथक् झंडा।

यद्यपि इन दोनों संगठनों का मकसद एक अलग देश को गठित करना था। अस्तु, नागालैंड समेत पूर्वोत्तर राज्यों में अलगाववाद को बढ़ावा देने में पड़ोसी देशों तथा चीन, बांग्लादेश, म्याँमार और नेपाल जैसे देशों का भी व्यापक रूप से समर्थन मिलता रहा, जिसके परिणामस्वरूप पूर्वोत्तर में शांति की स्थापना के प्रयासों की आस धूमिल प्रतीत होने लगी।

नागालैंड के विद्रोही संगठनों को चीन व पाकिस्तान ने भी किसी-न-किसी प्रकार से मदद पहुँचाकर सशक्त किया है। चीन के द्वारा प्रत्यक्ष रूप से भारत और म्याँमार को कमजोर करनेवाले आतंकी समूहों को सहायता प्रदान की जाती है, जिसमें अत्याधुनिक हथियारों समेत वित्तीय सहायता भी शामिल है।

हाल ही में एशिया के प्रमुख सैन्य विशेषज्ञों समेत 'म्याँमार आर्मी' के वरिष्ठ अधिकारियों द्वारा चीन पर आरोप लगाया गया कि वह प्रत्यक्ष रूप से म्याँमार विरोधी गुटों, जैसे—अराकान आर्मी और अराकान रोहिंग्या सालवेशन आर्मी समेत कई गुटों को

हथियार मुहैया कराता है। इसके साथ ही, म्याँमार सेना प्रमुख ने अंतरराष्ट्रीय समुदाय से इस संदर्भ में मदद की माँग की, क्योंकि ये संगठन अपने मकसद को पूरा करने के लिए हिंसात्मक घटनाओं को बढ़ावा देने लगे थे।

कालांतर में अर्थात् 1997 में एन.एस.सी.एन. (आई.एम.) ने केंद्र सरकार के साथ 'सीजफायर एग्रीमेंट' कर लिया, अर्थात् अब दोनों एक-दूसरे के खिलाफ हिंसा नहीं करेंगे, बल्कि बातचीत के माध्यम से शांतिपूर्वक हल निकालेंगे। हालाँकि, एन.एस.सी.एन. (खापलांग) ने केंद्र सरकार के खिलाफ संघर्ष को जारी रखा, जो आज भी भारत की आंतरिक सुरक्षा के लिए एक चुनौती है।

इसके बाद भारत सरकार और एन.एस.सी.एन. (आई.एम.) के बीच लगातार बातचीत जारी रही। दरअसल यह सर्वविदित है कि यदि एक नगालिम का निर्माण किया जाता है तो नागालैंड के पड़ोसी राज्य मणिपुर, अरुणाचल प्रदेश तथा असम की सीमाओं में भी परिवर्तन करने की आवश्यकता होगी। इस प्रकार एक समस्या को दूर करने का मतलब अन्य राज्यों में इसी प्रकार की अन्य समस्याओं का जन्म देना है। इतना ही नहीं, नागाओं की माँग पृथक् संविधान एवं पृथक् झंडे की भी है। ध्यान देने योग्य है कि जम्मू-कश्मीर को स्वतंत्रता पश्चात् इसी प्रकार की सहूलियतें दी गई थीं, किंतु इसका कोई लाभ सामने नहीं आ सका और न ही उग्रवाद कम हुआ।

इन्हीं तथ्यों को ध्यान में रखकर हाल ही में केंद्र सरकार ने जम्मू-कश्मीर का विशेष राज्य का दर्जा समाप्त कर दिया। यदि केंद्र नागाओं के लिए इस प्रकार की व्यवस्था करती है तो यह केंद्र सरकार की नीति पर प्रश्नचिह्न लगाएगा। अलग झंडे की माँग भी इसी प्रकार की समस्या को जन्म देगी। ध्यातव्य है कि कुछ समय पूर्व कर्नाटक सरकार ने राज्य झंडे की माँग की थी, लेकिन केंद्र ने इस माँग को अस्वीकार कर दिया था। झंडा किसी देश की पहचान का द्योतक होता है। इसी आधार पर 'एक देश एक ध्वज' का विचार मान्य है।

अस्तु समस्या के समाधान हेतु क्रमशः बातचीत के दौर चलते रहे। असल में, परस्पर विरोधी माँगों के कारण नागालैंड में शांति स्थापित करना काफी चुनौतीपूर्ण कार्य था। इस संबंध में विद्वानों का मानना है कि "सरकार को नागा शांति की प्रक्रिया को लागू करते हुए अन्य राज्यों की सीमाओं को अक्षुण्ण रखते हुए इन राज्यों में रहनेवाली नागा आबादीवाले क्षेत्रों को अधिक स्वायत्तता प्रदान के विकल्प तलाशने चाहिए। इसके साथ ही, नागा संस्कृति एवं विकास हेतु पृथक् बजट प्रदान किया जाना चाहिए।"

इसी दौरान भारत सरकार के गृह मंत्रालय में कार्यरत आर.एन. रवि को नागालैंड का गवर्नर नियुक्त किया गया, क्योंकि वे नागालैंड की यथास्थिति से भलीभाँति अवगत थे। अतः उन्होंने ही नागालैंड के विभिन्न विद्रोही संगठनों और भारत सरकार के बीच

सफलतापूर्वक शांतिवार्त्ता स्थापित कराकर अपने अपेक्षित दायित्व का निर्वहन किया।

अंततोगत्वा 3 अगस्त, 2015 को भारत सरकार व राष्ट्रीय सोशलिस्ट काउंसिल ऑफ नागालैंड के नेता इसाक मुइवा के बीच एक 'फ्रेमवर्क एग्रीमेंट' पर हस्ताक्षर हुए। इसके बाद केंद्र सरकार ने नागालैंड के अन्य छोटे-छोटे विद्रोही संगठनों के साथ भी बातचीत की, ताकि यहाँ वास्तविक रूप से शांति स्थापित की जा सके। सभी को एक वृहद् समझौते के तहत लाया जा सके ताकि एक शताब्दी से भी अधिक समय से व्याप्त संघर्ष समाप्त किया जा सके।

□

# 67

# आम आदमी पार्टी सत्तारूढ़

आम आदमी लोकतंत्र की प्राणवायु होता है। इसी एक आम आदमी पर लोकतंत्र की भव्य इमारत खड़ी होती है। अन्ना आंदोलन के सहभागीदार अरविंद केजरीवाल ने इसी आम आदमी के बलबूते पर दिल्ली की गद्दी पर अपना एकाधिकार जमाया। 2015 में उनकी 'आम आदमी पार्टी' ने दिल्ली के विधानसभा चुनावों में अद्भुत प्रदर्शन करते हुए सबको चौंका दिया। केजरीवाल, जिन पर पूरी बीजेपी टूट पड़ी थी, उन्होंने भारतीय जनता पार्टी को चारों खाने चित कर दिया। 70 सीटोंवाली दिल्ली विधानसभा में आम आदमी पार्टी ने जहाँ 67 सीटें जीतीं, वहीं भारतीय जनता पार्टी ने मात्र 3 सीटें। भारत का पुराना दल कांग्रेस तो खाता भी नहीं खोल पाया।

कई सियासी विशेषज्ञों के विश्लेषण में यह बात सामने आई है कि बीजेपी ने इस चुनाव में अरविंद केजरीवाल को केंद्रबिंदु बनाकर बड़ी गलती की। प्रधानमंत्री से लेकर सभी नेताओं ने केजरीवाल पर कड़े हमले किए, जिसके कारण पार्टी पिछड़ गई। दूसरी ओर केजरीवाल ने महीनों पहले से चुनावों में जीत की व्यूह-रचना बनानी शुरू कर दी थी। उनके कार्यकर्ताओं ने दिल्ली के घर-घर जाकर पार्टी का प्रचार किया, जिसका सकारात्मक परिणाम सामने आया।

आम आदमी पार्टी क्या है ? संक्षेप में इसे 'आप' भी कहा जाता है। यह सामाजिक कार्यकर्ता अरविंद केजरीवाल एवं अन्ना हजारे के लोकपाल आंदोलन से जुड़े बहुत से सहयोगियों द्वारा गठित एक भारतीय राजनीतिक दल है। इसके गठन की आधिकारिक घोषणा 26 नवंबर, 2012 को भारतीय संविधान अधिनियम की 63वीं वर्षगाँठ के अवसर पर जंतर-मंतर, दिल्ली में की गई थी।

सन् 2011 में 'इंडिया अगेंस्ट करप्शन' नामक संगठन ने अन्ना हजारे के नेतृत्व में हुए जन लोकपाल आंदोलन के दौरान भारतीय राजनीतिक दलों द्वारा जनहित की उपेक्षा के खिलाफ आवाज उठाकर समूचे भारत में हलचल पैदा कर दी थी।

*अरविंद केजरीवाल व 'आप' की जीत के कतिपय चित्र।*

यद्यपि यहाँ पर यह उल्लेख करना आवश्यक होगा कि गांधीवादी चिंतक अन्ना भ्रष्टाचार विरोधी जन लोकपाल आंदोलन को राजनीति से अलग रखना चाहते थे। उन्होंने सत्ता या शक्ति की आकांक्षा नहीं रखी, जबकि अरविंद केजरीवाल और उनके सहयोगियों के उद्देश्य अलग थे। वे एक पार्टी बनाकर चुनाव लड़ना चाहते थे। इस मतभेद के मैदान में जन लोकपाल आंदोलन से जुड़े मनीष सिसोदिया, प्रशांत भूषण व योगेंद्र यादव आदि ने अरविंद केजरीवाल का साथ दिया, जबकि किरण बेदी व संतोष हेगड़े आदि कुछ अन्य लोगों ने अन्ना हजारे के पक्ष में अपनी सहमति प्रकट की।

अतः अपने सहयोगियों के साथ मिलकर केजरीवाल ने 2 अक्तूबर, 2012 को एक राजनीतिक दल बनाने की घोषणा की और भारतीय संविधान की वर्षगाँठ के दिन 26 नवंबर को औपचारिक रूप से 'आम आदमी पार्टी' का गठन कर लिया। दिसंबर 2013 में दिल्ली विधानसभा चुनाव में उन्होंने अपने दल को 'झाड़ू' चुनाव चिह्न के साथ पहली बार चुनावी मैदान में उतार दिया। अस्तु इस चुनाव में 'आप' ने 28 सीटों पर जीत दर्ज की। अरविंद केजरीवाल ने सत्तारूढ़ कांग्रेस पार्टी की निवर्तमान मुख्यमंत्री शीला दीक्षित (कांग्रेस) को लगभग 25,000 वोटों से पराजित किया। दिल्ली के उपराज्यपाल नजीब जंग ने भाजपा द्वारा सरकार बनाने से मना करने के बाद आम आदमी पार्टी विधायक दल के नेता अरविंद केजरीवाल को सरकार बनाने के लिए

आमंत्रित किया। अत: केवल 8 सीटों पर सिमटी कांग्रेस के समर्थन से केजरीवाल ने दिल्ली में अपनी सरकार बना ली।

28 दिसंबर, 2013 को उन्होंने दिल्ली के 7वें मुख्यमंत्री पद की शपथ ली। अरविंद केजरीवाल सबसे कम उम्र के मुख्यमंत्री बने, लेकिन 49 दिनों के बाद अरविंद केजरीवाल की सरकार ने त्याग-पत्र दे दिया, क्योंकि 14 फरवरी, 2014 को विधानसभा द्वारा जन लोकपाल विधेयक प्रस्तुत करने के प्रस्ताव को समर्थन न मिल सका। इस कारण दिल्ली में पहली बार राष्ट्रपति शासन लगा दिया गया। 'आप' का मानना है कि वे किसी विशेष विचारधारा द्वारा निर्देशित नहीं हैं। उन्होंने वर्तमान व्यवस्था को बदलने के लिए राजनीति में प्रवेश किया है। केजरीवाल के शब्दों में, "हम आम आदमी हैं। अगर वामपंथी विचारधारा में हमारे समाधान मिल जाएँ तो हम वहाँ से विचार उधार ले लेंगे और अगर दक्षिणपंथी विचारधारा में हमारे समाधान मिल जाएँ तो हम वहाँ से भी विचार उधार लेने में खुश हैं।"

□

# 68

# जयललिता-युग का समापन

एक लोकप्रिय व सशक्त नेता जे. जयललिता की मृत्यु से पूरे तमिलनाडु में हाहाकार मच गया। उनके विरह में तमिलनाडु के 597 लोगों ने अपनी जान दे दी। कई लोग सड़कों पर आकर बिलख-बिलखकर रोने लगे, क्योंकि वे अपनी प्रिय नेता को भगवान् की तरह पूजते थे। किसी राजनेता के लिए इतना प्यार, समर्पण व सम्मान पहली बार देखा गया।

उल्लेखनीय है कि इससे पूर्व 1984 में जयललिता के मेंटॉर और ए.आई.ए.डी.एम.के. के संस्थापक एम.जी. रामचंद्रन की मौत के समय भी लोगों ने इसी तरह से भावुक होकर अपनी जान गँवाई थी। खैर, अन्नाद्रमुक ने घोषणा की कि तमिलनाडु की पूर्व मुख्यमंत्री जे. जयललिता के निधन के बाद उन सभी लोगों के परिवारों को तीन-तीन लाख रुपए की सहायता मिलेगी, जिन्होंने उनके विरह में अपनी जान गँवाई है।

उल्लेखनीय है कि जयललिता को डिहाइड्रेशन होने के कारण 22 सितंबर, 2016 को अपोलो अस्पताल में भरती कराया गया था। वे 75 दिनों तक अस्पताल में भरती रहीं। बाद में उनकी हालत जटिल होती गई और 5 दिसंबर, 2016 को चेन्नई अपोलो अस्पताल ने एक प्रेस नोट जारी कर बताया कि "रात 11:30 बजे उनका निधन हो गया। उन्हें दिल का दौरा पड़ने के बाद आई.सी.यू. में भरती कराया गया था।"

जयललिता के शव को दफनाया गया, क्योंकि वे उस द्रविड़ आंदोलन की समर्थक थी, जो हिंदू धर्म की किसी परंपरा और रस्म में यकीन नहीं रखता। द्रविड़ आंदोलन से जुड़े होने के कारण उन्हें द्रविड़ पार्टी की नींव ब्राह्मणवाद के विरोध के लिए डालनी पड़ी थी। सामान्य हिंदू परंपरा के खिलाफ 'द्रविड़ मूवमेंट' से जुड़े नेता अपने नाम के साथ जातिसूचक उपाधि का भी इस्तेमाल नहीं करते।

फिर भी जयललिताजी के जीवन और आस्था को देखते हुए एक ब्राह्मण पंडित ने अंतिम विधि करके उनके मृतक शरीर को दफन किया। उल्लेखनीय है कि उनके राजनीतिक गुरु एम.जी.आर. को भी उनकी मौत के बाद दफनाया गया था।

*जे. जयललिता से संबंधित विविध तसवीरें।*

जयललिता की पार्टी ए.आई.ए.डी.एम.के. उनकी राजनीतिक विरासत को सहेजना चाहती है। ठीक उसी प्रकार, जिस तरह से एम.जी.आर. की सँभाली थी। कथित तौर पर यह भी कहा गया कि इस मामले में जो रस्म अपनाई गई, वह श्री वैष्णव परंपरा से ताल्लुक रखती। खैर!

तमिलनाडु की मुख्यमंत्री जे. जयललिता की मौत को लेकर एक नया मोड़ उस समय आ गया, जबकि उनके करीबी सहयोगी वी.के. शशिकला के भाई वी. दिवाकरन ने कहा कि "जयललिता की मृत्यु 4 दिसंबर, 2016 को शाम 5:15 पर हुई थी, न कि 5 दिसंबर को। आधिकारिक घोषणा में एक दिन की देरी हुई, ताकि राज्य भर में अपोलो

अस्पतालों की श्रृंखला को पर्याप्त सुरक्षा प्रदान की जा सके।" उनका यह बयान ऐसे समय में आया, जबकि जयललिता को अस्पताल में भरती कराने की परिस्थितियों की जाँच एक आयोग कर रहा था।

तमिलनाडु में मांडवा जिले के पांडवापुरा ताल्लुका के मेलुरकोट गाँव में 24 फरवरी, 1948 को जनमी जयललिता जयराम जब स्कूल में पढ़ रही थीं, तभी उन्होंने 'एपिसल' नाम की अंग्रेजी फिल्म में काम किया, लेकिन अभिनेत्री से राजनेता बनी जयललिता के बारे में बहुत कम लोगों को पता है कि वे अभिनेत्री कतई नहीं बनना चाहती थीं। वे बहुत अच्छी छात्रा थीं। स्कूल के दिनों में उन्हें सर्वश्रेष्ठ छात्रा की शील्ड मिली थी। दसवीं कक्षा की परीक्षा में उन्हें पूरे तमिलनाडु में दूसरा स्थान मिला। एक बार गरमियों की छुट्टियों के दौरान वो अपनी माँ के साथ एक समारोह में गईं, जहाँ एक प्रोड्यूसर वी.आर. पुथुलू ने उन्हें अपनी फिल्म में काम करने का प्रस्ताव दिया। उनकी माँ ने उनसे पूछा और उन्होंने 'हाँ' कर दी।

अपनी दूसरी ही फिल्म में जयललिता को उस समय तमिल फिल्मों के चोटी के अभिनेता एम.जी. रामचंद्रन के साथ काम करने का मौका मिला। 15 वर्ष की आयु में कन्नड़ फिल्मों में मुख्य अभिनेत्री की भूमिकाएँ करने लगी थीं। इसके बाद वे तमिल फिल्मों में काम करने लगीं। 1965 से 1972 के दौर में उन्होंने अधिकतर फिल्में एम.जी. रामचंद्रन के साथ कीं। उन्होंने तमिल के अलावा तेलुगु, कन्नड़ और एक हिंदी तथा एक अंग्रेजी फिल्म में भी काम किया।

फिल्मी कॅरियर के बाद उन्होंने एम.जी. रामचंद्रन के साथ 1982 में राजनीतिक कॅरियर की शुरुआत की। उन्होंने 1984 से 1989 के दौरान तमिलनाडु से राज्यसभा के लिए राज्य का प्रतिनिधित्व भी किया। वर्ष 1987 में रामचंद्रन के निधन के बाद उन्होंने खुद को रामचंद्रन की विरासत का उत्तराधिकारी घोषित कर दिया।

वे 24 जून, 1991 से 12 मई, 1996 तक राज्य की पहली निर्वाचित मुख्यमंत्री बनीं। वे राज्य की सबसे कम उम्र की मुख्यमंत्री थीं। अप्रैल 2011 में जब 11 दलों के गठबंधन ने 14वीं राज्य विधानसभा में बहुमत हासिल किया तो वे तीसरी बार मुख्यमंत्री बनीं।

23 मई, 2016 को जयललिता ने छठी बार मुख्यमंत्री पद की शपथ ली थी। ए.आई. डी.एम.के. प्रमुख जे. जयललिता को मद्रास विश्वविद्यालय के ऑडिटोरियम में आयोजित शपथ ग्रहण समारोह में राज्यपाल के. रोसैया ने पद और गोपनीयता की शपथ दिलाई।

अपनी मृत्यु के समय वे भारत की कद्दावर राजनीतिज्ञ तथा तमिलनाडु की मुख्यमंत्री थीं। वे दक्षिण भारतीय राजनीतिक दल 'ऑल इंडिया अन्ना द्रविड़ मुनेत्र कड़गम' (अन्ना द्रमुक) की महासचिव थीं। राजनीति में उनके समर्थक उन्हें 'अम्मा' (माँ) और कभी-कभी 'पुरातची तलाईवी' (क्रांतिकारी नेता) कहकर बुलाते थे।

□

# 69
# सर्जिकल स्ट्राइक

अभी तक का इतिहास यह बताता है कि पाकिस्तान से सामान्य संबंध स्थापित करने हेतु भारत सदैव झुकता रहा और पाकिस्तान झुकाता रहा। कहते हैं कि 'सब दिन होत न एक समान'। नरेंद्र मोदी के प्रधानमंत्री बनते ही भारतीय विदेश नीति में भी बदलाव के बादल उमड़ने-घुमड़ने लगे थे। उनके नेतृत्व में भारत ने पाकिस्तान को बता दिया कि अब वह किसी प्रकार की खुराफात सहन नहीं करेगा। ईंट का जवाब पत्थर से देगा। मोदी की इस नीति के कारण ही पाकिस्तान अभी शांत बैठा है, वरना वह भारत पर हमला करना, उथल-पुथल मचाना, आतंकवादी घटनाओं को शह देना अपना धर्म समझता रहा है।

पूरी दुनिया जानती है कि पाकिस्तान ने हमेशा भारत की दोस्ती का जवाब पीठ पीछे वार करके दिया है। युद्धविराम को तोड़ते हुए अनौपचारिक रूप से सीमा पर घुसपैठ करने की कोशिश की है, लेकिन भारत ने कई बार इन बातों को नजरअंदाज किया। शायद इसीलिए पाकिस्तान ने 18 सितंबर, 2016 को फिर भारतीय सीमा पर स्थित उरी में घुसपैठ की। सुबह 5:30 बजे 4 उग्रवादियों ने एल.ओ.सी. के पास भारतीय आर्मी के ब्रिगेड मुख्यालय उरी पर हमला किया। उन लोगों ने 17 ग्रेनेड फेंके थे, जिससे बेस कैंप के टेंट में आग लग गई, जिसमें 17 जवान शहीद हो गए। इन उग्रवादियों और सेना के बीच 6 घंटों तक फायरिंग चलती रही, जिसमें अंततोगत्वा उन चारों उग्रवादियों को मार गिराया गया। इस अटैक में 17 जवान शहीद हुए। साथ ही 20-30 जवानों को गंभीर चोटें भी आईं।

यद्यपि इस हमले की जिम्मेदारी किसी भी संगठन ने नहीं ली, लेकिन शक उग्रवादी संगठन जैश-ए-मोहम्मद पर था कि उसने ही हमले की योजना बनाकर उसे अंजाम दिया है।

उरी हमले की चौतरफा निंदा की गई। प्रधानमंत्री नरेंद्र मोदीजी ने कहा, "भारत उरी हमले को कभी नहीं भूलेगा।"

*उरी हमले के कुछ चित्र।*

पाकिस्तान ने भारत के द्वारा लगाए गए आरोपों को नकारते हुए कहा, "इसमें उनकी सेना का कोई हाथ नहीं है।" इस बयान में सत्यता को लेकर संशय था। अस्तु दुनिया के बहुत से देशों ने भारत के साथ खड़े होकर पाकिस्तान की कड़ी निंदा की।

इस हमले के बाद भारत सरकार ने तुरंत फैसला लिया। रिपोर्ट के अनुसार, भारत के राष्ट्रपति और जम्मू-कश्मीर के मुख्यमंत्री को काररवाई करने से पहले विश्वास में ले लिया गया था। डी.जी.एम.ओ. की घोषणा के अनुसार, "पाकिस्तान को इस काररवाई के बारे में सूचित कर दिया गया था।"

फिर उरी हमले के 11वें दिन प्रधानमंत्री नरेंद्र मोदी के नेतृत्व में 28-29 सितंबर, 2016 को देर रात भारतीय सेना ने पाक-अधिकृत कश्मीर (पी.ओ.के.) में आतंकवादी प्रशिक्षण शिविरों पर 'सर्जिकल स्ट्राइक' प्रारंभ कर दी।

'सर्जिकल स्ट्राइक' के तहत भारतीय सेना ने देर रात लगभग 2:30 बजे भीम्बर, हॉटस्प्रिंग, केल और लीपा क्षेत्रों को निशाना बनाया, जिसमें 40-50 आतंकबादी और दो पाकिस्तानी सैनिक मारे गए। 'सर्जिकल स्ट्राइक' लगभग डेढ़ घंटे तक चली। इसमें जो भारतीय कमांडो शामिल थे, वे इस अभियान के बाद सुरक्षित रूप से भारतीय ठिकानों पर लौट आए।

दरअसल पाकिस्तान की तरफ से बढ़ती घुसपैठ के जवाब के लिए 'सर्जिकल स्ट्राइक' जरूरी थी। यद्यपि सबको यही लग रहा है, भारत ने अचानक कैसे ऐसी रणनीति बना ली? उरी हमले के बाद प्रधानमंत्री जब 'वार रूम' में गए थे, उसी दिन से 'सर्जिकल स्ट्राइक' की तैयारी शुरू हो गई थी। 10 दिन की तैयारी के बाद यह ऑपरेशन हुआ। दरअसल, सीमा पार से आनेवाले आतंकवादियों को रोकने के लिए 'सर्जिकल स्ट्राइक' ऑपरेशन सबसे अच्छा विकल्प था।

'सर्जिकल स्ट्राइक' से क्या तात्पर्य है? यह एक ऐसी सैन्य काररवाई है, जिसमें एक से अधिक सैन्य लक्ष्यों को नुकसान पहुँचाया जाता है और उसके पश्चात् हमला करनेवाली सैनिक इकाई तुरंत वापस लौट आती है। इस तरह की काररवाई में प्रयास किया जाता है कि गैर-सैनिक ठिकानों, जैसे—आसपास की इमारतें, बिल्डिंग, वाहन या सार्वजनिक आधारभूत संरचनाओं को कम-से-कम नुकसान पहुँचे।

दूसरे शब्दों में, 'सर्जिकल स्ट्राइक' सटीक सैन्य काररवाई का एक रूप है। यद्यपि इस प्रकार के आक्रमणों में सामान्यतया वायुसेना का इस्तेमाल किया जाता है। इस अभियान के दौरान यह कोशिश की जाती है कि सटीक बमबारी की जाए, जिसमें आसपास की सुविधाएँ कम-से-कम क्षतिग्रस्त हों।

2003 में इराक युद्ध की शुरुआत में बगदाद की बमबारी एक 'सर्जिकल स्ट्राइक' का उपयुक्त उदाहरण है।

इस 'सर्जिकल स्ट्राइक' की याद में मोदी सरकार ने 29 सितंबर को 'पराक्रम दिवस' मनाने का ऐलान किया। जनवरी 2017 में 'सर्जिकल स्ट्राइक' से जुड़े 5 जवानों को शौर्य चक्र, 13 सैनिकों को सेना का बहादुरी मेडल और दो कमांडोज को युद्ध सेवा मेडल से नवाजा गया। मेजर टैंगो को कीर्ति चक्र से नवाजा गया।

□

# 70

# नोटबंदीकरण का राजनीतिकरण

अर्थव्यस्था में निहित अव्यवस्थाओं को दूर करने व भ्रष्टाचार का उन्मूलन करने के लिए प्रधानमंत्री नरेंद्र मोदी ने एक कड़ा कदम उठाते हुए 8 नवंबर, 2016 को रात आठ बजे अचानक राष्ट्र को संबोधन करके 500 और 1,000 रुपए के नोटों की नोटबंदी करने का ऐलान कर दिया।

दूरदर्शन पर दिए गए अपने संबोधन में उन्होंने कहा कि "इस नोटबंदी का उद्‌देश्य केवल काले धन पर नियंत्रण ही नहीं, बल्कि जाली नोटों से छुटकारा पाना भी था। इससे निश्चित तौर पर जनता को परेशानी होगी, परंतु देश के विकास के लिए यह एक आवश्यक बुराई है।" काले धन का पता लगाना और सफाया करने के अतिरिक्त नोटबंदी के अनेक दूरगामी उद्‌देश्य भी थे, जोकि निम्नानुसार हैं—

- काला धन पकड़ना,
- करदाताओं की संख्या बढ़ाना,
- नकदी के कारण बढ़े संपत्ति मूल्य को रोकना और कम करना,
- भारी-भरकम नकदी भंडार, विशेषकर बड़े नोटों को नियंत्रित करना,
- जनता के पास मौजूद अधिशेष नकदी वापस लेना,
- बैंकों को अतिरिक्त जमाओं को फ्रैक्शनल रिजर्व मॉडल के जरिए उधार देने योग्य संसाधनों में बदलने की क्षमता प्रदान करना,
- ब्याज दरें नीचे लाना,
- घरेलू बचत में वित्तीय बचत की हिस्सेदारी बढ़ाना,
- क्षमता से बाहर गई जमीन की कीमतों को कम कर घरों को किफायती बनाना,

*8 नवंबर, 2016 को विमुद्रीकरण के बाद की स्थिति के दृश्य।*

- असंगठित क्षेत्र को संगठित बनाना तथा उसके लिए संगठित सहायता उपलब्ध कराना, रोजगार रहित ऊँची वृद्धि के बजाय रोजगारवाली वृद्धि की ओर बढ़ना,
- जाली नोट खत्म करना तथा कश्मीरी आतंकवादियों और नक्सलियों की नकदी का सफाया कर देना।

इस ऐलान के साथ ही जहाँ एक ओर जनसामान्य चौंक गए, वहीं विपक्ष ने इस मुद्दे का राजनीतिकरण करना प्रारंभ कर दिया। कहा गया, "एकाएक ऐसी घोषणा करना अलोकतांत्रिक है।" आलोचकों के द्वारा यह भी कहा गया, "यह सरकार की तानाशाही प्रवृत्ति का प्रमाण है।" पश्चिम बंगाल की मुख्यमंत्री ममता बनर्जी के ट्वीट को री-ट्वीट कर दिया गया, जिसमें उन्होंने केंद्र के इस फैसले को कठोर कहा था।

दिल्ली के मुख्यमंत्री अरविंद केजरीवाल ने इस मुद्दे पर तत्काल प्रतिक्रिया व्यक्त नहीं की, लेकिन 12 नवंबर को एक संवाददाता सम्मेलन में उन्होंने कहा—"नोटबंदी के नाम पर देश में 'बड़े घोटाले' को अंजाम दिया गया। सरकार ने कुछ लोगों को पहले ही आगाह कर दिया था। पिछले तीन महीनों में बैंकों में हजारों करोड़ रुपए जमा कराए गए। बैंक में जमा कराई गई इतनी बड़ी रकम से शक पैदा होता है।"

केरल की माकपा नीत एल.डी.एफ. सरकार ने सरकार के आकस्मिक ऐलान की आलोचना करते हुए कहा कि "इस कदम से देश से काला धन खत्म नहीं होगा।" केरल के वित्तमंत्री टी.एम. थॉमस इसाक ने कहा कि "1,000 और 500 के नोटों को बंद करना काले धन की समस्या का निवारण नहीं है। पूरा काला धन इस रूप में नहीं होता। बहुत सारा धन विदेशों में जमा है और हवाला के रास्ते से आता है।"

कांग्रेस, आम आदमी पार्टी, तृणमूल कांग्रेस, सी.पी.एम. आदि दलों ने नोटबंदी का विरोध करते हुए 28 नवंबर को 'भारत बंद' का आह्वान किया था। खैर, अब तो व्यावहारिकता के धरातल पर देखें तो विमुद्रीकरण की घोषणा हो चुकी थी।

प्रधानमंत्री मोदी की आधिकारिक घोषणा के बाद रिजर्व बैंक के गवर्नर उर्जित पटेल और आर्थिक मामलों के सचिव शक्तिकांत दास द्वारा एक संवाददाता सम्मेलन में बताया गया कि सभी मूल्यवर्ग के नोटों की आपूर्ति में 2011 और 2016 और बीच में 40 प्रतिशत की वृद्धि हुई थी। 500 और 1,000 के रुपयों में इस अवधि में क्रमश: 76 प्रतिशत और 109 प्रतिशत की वृद्धि हुई। इससे जाहिर होता है कि भारतीय अर्थव्यवस्था में जाली नकदी की भरमार है। इन नकली नोटों का इस्तेमाल भारत के खिलाफ आतंकवादी गतिविधियों में किया जा रहा है, इसलिए 500 और 1,000 के नोटों को खत्म करने का निर्णय लिया गया।

उल्लेखनीय है कि मूल्य के आधार पर 31 मार्च, 2016 को प्रसारित रिजर्व बैंक ऑफ इंडिया की रिपोर्ट के अनुसार, परिसंचरण में नोटों की कुल कीमत 16.42 लाख करोड़ है, जिसमें से 86 प्रतिशत यानी 14.18 लाख करोड़ 500 और 1,000 के नोट हैं। 28 अक्तूबर, 2016 को भारत में 17.77 लाख करोड़ की मुद्रा परिसंचरण में थी।

कुछ खबरों के अनुसार, विमुद्रीकरण की यह योजना छह महीने पहले बननी शुरू हो गई थी। सरकार के इस फैसले की जानकारी केवल मुख्य सचिव नृपेंद्र मिश्रा, पूर्व और वर्तमान आर.बी.आई. गवर्नर, वित्त सचिव अशोक लवासा, आर्थिक मामलों के सचिव शक्तिकांत दास और वित्तमंत्री अरुण जेटली को थी। इस योजना को लागू करने की प्रक्रिया भी दो महीने पहले शुरू हो गई थी।

बैंकों से नोट बदलने की प्रक्रिया 30 दिसंबर, 2016 तक चली। इसके उपरांत पुराने नोट बदलने का कार्य केवल रिजर्व बैंक द्वारा ही किया गया। नोटबंदी के आदेश के बाद पुराने नोट बदलने की प्रक्रियाएँ बड़ी दु:खदायी रहीं। एटीएम से किसी एक दिन में 2,500 रुपए तक निकाल सकते थे। एक दिन में ग्राहक बैंक काउंटर से 24,000 रुपए से अधिक नहीं निकाल सकता था, लेकिन इसमें एटीएम से निकाली गई राशि शामिल नहीं थी। किसी एक हफ्ते में एक ग्राहक 24,000 रुपए तक बैंक से निकाल सकता था। इसमें भी वह रकम शामिल नहीं थी, जो एटीएम से निकाली गई हो। एक महीने के अंदर कोई

भी ग्राहक 20,000 रुपए तक ही नकद बैंक काउंटर से निकाल सकता था। इससे उन लोगों को परेशानी का सामना करना पड़ा, जिनके घरों में शादियाँ या अन्य कोई कार्यक्रम पहले से होना संभावित था।

आर.बी.आई. ने 30 दिसंबर तक उस सीमा को खत्म कर दिया, जिसमें एटीएम पर किए गए महीने के पाँच लेन-देन के बाद के इस्तेमाल पर शुल्क लगता था। एक बार में 2,000 रुपए तक बैंक में बदल सकते थे। इसके लिए किसी भी सरकारी फोटो-आई. डी. की एक फोटोकॉपी चाहिए थी। बैंक में एक फॉर्म भरने के बाद पुराने नोट बदल सकते थे।

इसी दौरान काले धन को बाहर निकालने के लिए यह प्रावधानित किया गया कि कोई भी व्यक्ति अपने निजी बैंक खाते में जितना चाहे पैसा जमा कर सकता है, जिसमें 500 और 1,000 के नोट शामिल हैं। इस प्रक्रिया में थर्ड पार्टी डिपॉजिट की अनुमति नहीं दी गई, लेकिन अगर मजबूरन करना पड़े तो जमा करनेवाले की और जिसका खाता है, उसकी असली आई.डी. दिखानी पड़ेगी।

500 और 1,000 रुपए के नोटों के विमुद्रीकरण से उत्पन्न नकदी की कमी की समस्या से निपटने के लिए भारत सरकार ने डिजिटल भुगतान को प्रोत्साहन देना आरंभ किया है। प्रोत्साहन के लिए डिजिटल भुगतान करने पर सेवा कर में छूट तथा कई इनामों (लकी ड्रॉ) की घोषणा की गई। इ-बैंकिंग लेन-देन पर कोई भी रोक नहीं लगाई और कोई व्यक्ति आर.टी.जी.एस., एन.ई.एफ.टी., आई.एम.पी.एस., पेटीएम, मोबाइल बैंकिंग इत्यादि के माध्यम से जितने चाहे पैसा किसी दूसरे को दे सकता था।

उल्लेखनीय है कि काले धन को सफेद करने के लिए एक ही व्यक्ति बार-बार पंक्ति में लगकर बैंकों में भीड़ बढ़ा रहे थे। भीड़ को नियंत्रित करने के लिए अब बैंकों में नोट बदलनेवाले के उँगली में अमिट स्याही लगाई गई। आयकर विभाग तथा अन्य विभागों ने जगह-जगह छापे मारे, जिसमें भारी मात्रा में पुराने तथा नए नोट मिले। इसमें कई बैंक अधिकारियों की मिलीभगत का भी परदाफाश हुआ। 'स्वैच्छिक घोषणा योजना' (आई.डी.एस.) के तहत गुजरात के महेश शाह ने 13,800 करोड़ से ऊपर के काले धन का खुलासा किया था।

अनेक बाजारों में दुकानों को आयकर विभाग के छापे के डर के कारण से बंद कर दिया गया। हवाला ऑपरेटर भी भागे-भागे फिरने लगे और सोचने लगे कि इस तरह की भारी नकदी के साथ क्या करना चाहिए? देश के कई राज्यों में आयकर विभाग ने छापे मारे। आयकर विभाग ने दिल्ली के चाँदनी चौक, मुंबई में तीन जगहों और चंडीगढ़, लुधियाना के साथ-साथ कई शहरों में अवैध तरीके से नोट बदलने और हवाला कारोबार के शक में छापे डाले।

विमुद्रीकरण के कारण बी.एस.ई. सेंसेक्स 651.49 अंक गिरा। यह गिरावट 2.36 प्रतिशत की है। इसके साथ-साथ निफ्टी में भी भारी गिरावट दर्ज की गई। एन.एस.ई. में 2.64 प्रतिशत या 225.40 अंकों की गिरावट दर्ज की गई।

इससे पहले, जनवरी 1946 में भी 1,000 और 10,000 रुपए के नोटों को वापस ले लिया गया था और 1,000, 5,000 और 10,000 रुपए के नए नोट 1954 में पुनः शुरू किए गए थे। 16 जनवरी, 1978 को जनता पार्टी की गठबंधन सरकार ने फिर से 1,000, 5,000 और 10,000 रुपए के नोटों का विमुद्रीकरण किया था, ताकि जालसाजी और काले धन पर अंकुश लगाया जा सके।

मोदी सरकार के इस कदम की जहाँ कुछ लोगों ने आलोलना की तो कई लोगों ने प्रशंसा भी की। तत्कालीन सूचना एवं प्रसारण मंत्री एम. वेंकैया नायडू ने ट्वीट किया—"भ्रष्टाचार और काले धन पर श्री नरेंद्र मोदीजी की यह 'सर्जिकल स्ट्राइक' है। भ्रष्टाचार के विरुद्ध भारत की लड़ाई में साथ दें।"

राज्यमंत्री राज्यवर्धन सिंह राठौड़ ने भी प्रधानमंत्री के फैसले की सराहना की। मानव संसाधन विकास मंत्री प्रकाश जावड़ेकर ने कहा कि यह आम आदमी के लिए वास्तविक स्वतंत्रता है। संस्कृति मंत्री महेश शर्मा ने ट्वीट किया कि विमुद्रीकरण भ्रष्टाचार, काले धन और आतंकवाद से लड़ने के लिए ऐतिहासिक कदम है।

झारखंड के मुख्यमंत्री रघुबर दास ने फैसले की प्रशंसा करते हुए कहा कि अर्थव्यवस्था को पटरी पर लाने के लिए बड़े कदम उठाना आवश्यक था। महाराष्ट्र के मुख्यमंत्री देवेंद्र फडणवीस ने इस कदम को राष्ट्र की प्रगति में मील का पत्थर बताते हुए साहसिक कदम बताया। उन्होंने कहा कि काले धन के विरुद्ध इस लड़ाई में भारत की जनता सच्चे सैनिकों की तरह सहयोग करेगी। बिहार के मुख्यमंत्री नीतिश कुमार ने विमुद्रीकरण का समर्थन किया और कहा कि यह शेर की सवारी करने जैसा साहसिक निर्णय है।

कई सर्वेक्षणों से पता चलता है कि भारत की अधिकतम जनता ने इस विमुद्रीकरण की घोषणा का स्वागत किया तथा जनता इसके सकारात्मक प्रभावों के प्रति आशान्वित थी। इसी का जीता-जागता उदाहरण है मोदी सरकार का पुनः सत्ता में आना। उल्लेखनीय है कि भारत में विमुद्रीकरण के निर्णय से प्रभावित होकर कुछ अन्य देशों ने भी विमुद्रीकरण का निर्णय लिया, जिसमें वेनेजुएला और ऑस्ट्रेलिया शामिल हैं। पाकिस्तान की सीनेट ने भी 5,000 के नोटों को बंद करने का प्रस्ताव किया।

इस तरह यह देखा गया कि आम जनता को भले ही थोड़ा कष्ट हुआ था, लेकिन अंततोगत्वा विमुद्रीकरण अपने बहुआयामी उद्देश्य हासिल करने या निर्धारित बदलाव करने में कामयाब रहा।

□

# 71
# डोकलाम विवाद

भारत को पड़ोसी देश चीन भी अब नजरअंदाज नहीं कर सकता। इसी का ज्वलंत उदाहरण 28 अगस्त, 2017 को हुआ वह समझौता है, जिसके तहत चीन ने डोकलाम इलाके से अपनी सेनाएँ पीछे हटाने का निर्णय लिया था, इसी के साथ इस विवाद पर विराम लग गया।

डोकलाम सिक्किम राज्य की सीमा पर स्थित वह स्थान है, जो चीन और भूटान के पठारी सीमा को भी छूता है। इसलिए यह स्थान हमेशा से विवादास्पद रहा है। दरअसल, यह भारत, चीन और भूटान तीनों ही देशों का एक तिहरा जंक्शन क्षेत्र है। हालाँकि, डोकलाम भूटान के क्षेत्र में आता है, लेकिन इसके ऊपर चीन अपना प्रभाव बनाए हुए था। यह स्थिति भारत के लिए खतरा पैदा कर सकती थी।

2017 में विवाद डोकलाम में एक सड़क निर्माण को लेकर शुरू हुआ। चीन यदि भारत, भूटान और चीन के तिराहा बिंदु तक सड़क निर्माण करने में सफल हो जाता तो भूटान और भारत दोनों ही देशों की सुरक्षा के लिए खतरनाक साबित हो जाता, इसलिए 9 जून को भूटान ने इस सड़क के निर्माण के खिलाफ चीन का विरोध किया। साथ ही भूटान ने अपनी सेना को हाई अलर्ट कर अपनी सीमा सुरक्षा को बढ़ा दिया। भारत ने भी इस सड़क निर्माण कार्य पर अपनी असहमति जताते हुए इसका विरोध किया।

दरअसल, डोकलाम विवाद भारत के लिए सुरक्षा संबंधित समस्या थी। यदि भारत इस विवाद में रुचि नहीं लेता तो चीनी सेना भूटान को पछाड़कर इस स्थान पर अपना कब्जा जमा लेती। यहाँ पर चीनी सेना आ जाने से संभावित था कि सेना चीन से यहाँ तक के लिए सड़क तैयार कर लेती। उस अवस्था में चीनी सेनाओं का सड़क मार्ग से भारत आना आसान हो जाता, जोकि खतरे से भरपूर था। यहाँ पर चीनी सेना आ जाने से भारत के सिलीगुड़ी का चिकन नेक क्षेत्र भी खतरे में आ जाता। भारत को पूर्वोतर से जोड़नेवाला चिकन नेक का हिस्सा सिलीगुड़ी कॉरिडोर चुंबी वैली से मात्र 100 किलोमीटर की दूरी पर स्थित है।

*डोकलाम के कुछ चित्र।*

सिलीगुड़ी कॉरिडोर 27 किलोमीटर में फैला वह स्थान है, जोकि उत्तर-पूर्वी भारत के कई हिस्सों को भारत से जोड़ता है। यहाँ पर चीन की घुसपैठ हो जाने से चीन न सिर्फ उत्तर-पूर्व के '7 सिस्टर स्टेट' को भारत से अलग कर देगा, बल्कि उन राज्यों पर अपना कब्जा जमाने का दुस्साहस भी कर सकता था, इसलिए यह भारत के लिए बहुत आवश्यक था कि वह इस विवाद को सुलझा ले।

दरअसल, भारत अब सन् 1962 में हुए भारत-चीन युद्ध के इतिहास को नहीं दोहराना चाहता था, इसलिए अपनी सुरक्षा को ध्यान में रखते हुए उसने इस निर्माण कार्य का कड़ा विरोध किया। डोकलाम बॉर्डर विवाद पर भारत और चीन की सेना काफी समय से आमने-सामने थीं। इस समय यह विवाद विश्व स्तर का होता जा रहा था।

ऐतिहासिक रूप से देखें तो डोकलाम तिब्बत के यातुंग बाजार का हिस्सा था, लेकिन यह भूटान और चीन के द्वारा दावा किए जाने के कारण एक विवादित क्षेत्र बन गया। डोकलाम चुंबी घाटी का हिस्सा तिब्बत में निहित है। डोकलाम भारतीय क्षेत्र के नाथुला दर्रे से 15 किलोमीटर की दूरी पर दक्षिण-पूर्व में अवस्थित है। यह भारत और चीन को 30 किलोमीटर तक अलग करता है। हालाँकि, चीन का कहना है कि डोकलाम क्षेत्र का उपयोग तिब्बत के चरवाहे करते थे।

सन् 1890 में ब्रिटिश आयुक्त ए. डब्ल्यू और चीनी आयुक्त हो चांग जंग के बीच व्यापारिक संबंधों और चुंबी घाटी की सीमा हदबंदी को लेकर एक एंग्लो-चीनी संधि हुई थी। भूटान और भारत के बीच 1949 से ही परस्पर विश्वास और मित्रता का संबंध है। दोनों देशों के बीच सैन्य सहयोग का करार था। 1988 और 1998 में हुए भूमि बिल समझौते के माध्यम से चीन और भूटान ने यथास्थिति रखते हुए डोकलाम क्षेत्र में शांति बहाली पर अपनी सहमति जताई थी। तदुपरांत चीन भूटान के कुछ क्षेत्र पर अतिक्रमण करता आ रहा है, लेकिन डोकलाम में अभी तक पी.एल.ए. की कोई स्थायी उपस्थिति नहीं थी। पहली बार, चीन डोकोला से जूमली में भूटान आर्मी शिविर की ओर एक सपाट सड़क का निर्माण कर रहा था।

दूसरी तरफ, 2007 में भारत और भूटान के बीच हुई दूसरी संधि के अनुसार भूटान अब भारत से अपने रक्षा मामले में निर्देश लेने के लिए बाध्य नहीं है। वह इस मामले में स्वतंत्र रूप से अपना निर्णय ले सकता है। इस मैत्री संधि के अनुच्छेद 2 में कहा गया है, "भूटान और भारत के बीच घनिष्ठ दोस्ती और सहयोग के संबंधों को ध्यान में रखते हुए, भूटान साम्राज्य की सरकार और भारत गणराज्य की सरकार निकट सहयोग करेगी, वह अपने राष्ट्रीय हितों से संबंधित मुद्दों पर एक-दूसरे के साथ है।"

जब भूटान की सुरक्षा खतरे में आ गई और भूटान ने भारत से लिखित में मदद माँगी तो भारत ने इस डोकलाम विवाद पर सक्रियता दिखाई। वैसे भी विश्व स्तरीय कानून के प्रावधानानुसार यदि कोई देश अपनी संकटकालीन स्थिति में अपने पड़ोसी देश से मदद माँगता है तो पड़ोसी देश बिना किसी हिचक के अपने पड़ोसी देश की सहायता कर सकता है।

अत: 16 जून, 2017 को करीब 300 से 270 भारतीय सैनिकों ने दो बुलडोजर्स के साथ भारत-चीन सीमा पार कर पी.एल.ए. को डोकलाम में सड़क बनाने से रोक दिया। 9 अगस्त, 2017 को चीन ने दावा किया कि केवल 53 भारतीय सैनिक और एक बुलडोजर अभी भी डोकलाम में हैं। जबकि भारत ने इस दावे को नकारते हुए कहा है कि अभी भी वहाँ पर चीन के लगभग 300-350 सैनिक उपस्थित हैं।

दरअसल, चीन ने भारत की आंतरिक स्थिति का तब आकलन किया, जब उसे लगा कि भारतीय अर्थव्यवस्था नोटबंदी और जी.एस.टी. थोड़ी मंदी के दौर से गुजर रही है तो चीन ने इन परिस्थितियों को एक अवसर के बतौर भुनाया। उसने डोकलाम तक सड़क निर्माण कर भारत पर कब्जा करने की योजना बनाना प्रारंभ कर दिया, लेकिन भारत ने उसके इरादे को सिरे से खारिज करने के लिए अपनी सेनाएँ डोकलाम में तैनात कर दीं। दोनों देशों की सेनाएँ डोकलाम की सीमा पर ढाई महीने तक डटी रहीं। दोनों ही सेना वहाँ से हटने का नाम नहीं ले रही थीं। भारत तो किसी भी कीमत पर डोकलाम से नहीं हटा, साथ ही उसे अमेरिकी सेना से मदद की उम्मीद थी। यदि ऐसा होता तो यह चीन के लिए बहुत बुरा साबित हो सकता था।

अस्तु चीन से समझदारी से काम लिया। सितंबर माह में प्रस्तावित ब्रिक्स शिखर सम्मेलन से थोड़ा ही पहले एक समझौता कर सेनाओं को वापस बुला लिया गया। इस प्रकार दोनों देशों ने आपसी सहमति से यह विवाद सुलझा लिया। भारत तो शुरू से ही इस विवाद को बातचीत के जरिए सुलझाना चाहता था। खैर, जो भी हो, लेकिन इतना तो कहा जा सकता है कि यह भारत की कूटनीतिक विजय का पर्याय है।

□

# 72
# अनुच्छेद 370 की समाप्ति

5 अगस्त, 2019 को 70 साल पहले की गई भूल को सुधार लिया गया। कश्मीर की तत्कालीन परिस्थितियों को देखते हुए पं. जवाहरलाल नेहरू ने अक्तूबर 1949 को एक संविधान संशोधन कर जम्मू व कश्मीर को विशेष दर्जा देने के लिए संविधान में अनुच्छेद 370 का प्रावधान रखा। यह प्रावधान शांति स्थापित करने के लिए किया गया था, लेकिन ऐसा हो न सका। भारत विरोधी ताकतें जब-तब सिर उठाती रहीं। अतः प्रधानमंत्री नरेंद्र मोदी ने एक साहसिक कदम उठाते हुए इस विवादास्पद अनुच्छेद को हमेशा के लिए समाप्त कर दिया।

यूँ तो इतिहास गवाह है कि अनुच्छेद 370 का विरोध नेहरू के दौर में ही कांग्रेस पार्टी के भीतर भी होता रहा था। उल्लेखनीय है कि भारत के पहले कानून मंत्री भीमराव आंबेडकर अनुच्छेद 370 के विरोधी थे। उन्होंने इसका मसौदा तैयार करने से मना कर दिया था। डॉ. आंबेडकर के मना करने के बाद शेख अब्दुल्ला नेहरू के पास पहुँचे और नेहरू के निर्देश पर एन. गोपालस्वामी आयंगर ने इस अनुच्छेद का मसौदा तैयार किया था।

भारतीय जनसंघ के संस्थापक श्यामाप्रसाद मुखर्जी ने शुरू से ही अनुच्छेद 370 का विरोध किया। उन्होंने इसके खिलाफ लड़ाई लड़ने का बीड़ा उठाते हुए कहा था कि "इससे भारत छोटे-छोटे टुकड़ों में बँट रहा है।" मुखर्जी ने इस कानून के खिलाफ भूख हड़ताल की थी। वे जब इसके खिलाफ आंदोलन करने के लिए जम्मू-कश्मीर गए तो उन्हें वहाँ घुसने नहीं दिया गया। वे गिरफ्तार कर लिये गए थे। 23 जून, 1953 को हिरासत के दौरान ही उनकी रहस्यमय ढंग से मौत हो गई।

11 सितंबर, 1964 को प्रकाशवीर शास्त्री ने अनुच्छेद 370 को हटाने का एक प्रस्ताव संसद में पेश किया था। इस विधेयक पर भारत के गृहमंत्री गुलजारी लाल नंदा ने 4 दिसंबर, 1964 को जवाब दिया। सरकार की तरफ से आधिकारिक बयान में उन्होंने

एकतरफा रुख अपनाया। जब अन्य सदस्यों ने इसका विरोध किया तो उन्होंने कहा, "यह मेरा सोचना है, अन्यों को इस पर वाद-विवाद नहीं करना चाहिए।" इस तरह का एक अलोकतांत्रिक तरीका अपनाया गया। गृहमंत्री नंदा पूरी चर्चा में अनुच्छेद 370 के विषय को टालते रहे। वे बस इतना ही कह पाए कि विधेयक में कुछ कानूनी कमियाँ हैं, जबकि इसमें तत्कालीन कांग्रेस सरकार की कमजोरी साफ दिखाई दे रही थी।

*अनुच्छेद 370 समाप्ति से संबंधित कुछ चित्र।*

हिंदू महासभा, भारतीय जनसंघ, भारतीय जनता पार्टी और शिव सेना शुरू से ही 370 को हटाने की माँग करते आए हैं। अंततः यह अनुच्छेद अगस्त 2019 में समाप्त कर दिया गया। इस बाबत भारत सरकार ने 5 अगस्त, 2019 को राज्यसभा में केंद्रीय गृहमंत्री अमित शाह द्वारा एक ऐतिहासिक जम्मू-कश्मीर पुनर्गठन अधिनियम पेश किया, जिसमें जम्मू-कश्मीर राज्य से संविधान का अनुच्छेद 370 और अनुच्छेद 35ए हटाने और राज्य का विभाजन जम्मू-कश्मीर एवं लद्दाख दो केंद्रशासित क्षेत्रों के रूप में करने का प्रस्ताव किया गया। जम्मू-कश्मीर केंद्रशासित क्षेत्र में अपनी विधायिका होगी, जबकि लद्दाख बिना विधायी शक्तिवाला केंद्रशासित क्षेत्र होगा।

केंद्र सरकार द्वारा अनुच्छेद 370 को हटाने के लिए संसद में पेश प्रस्ताव इस प्रकार है—"संविधान के अनुच्छेद 370 के खंड (1) द्वारा प्रदत्त शक्तियों का प्रयोग करते हुए राष्ट्रपति, जम्मू और कश्मीर राज्य सरकार की सहमति से, निम्नलिखित आदेश करते है—इस आदेश का नाम 'संविधान (जम्मू और कश्मीर पर लागू) आदेश, 2019' है। यह तुरंत प्रवृत्त होगा और इसके बाद यह समय-समय पर यथा संशोधित संविधान (जम्मू और कश्मीर पर लागू) आदेश, 1954 का अधिक्रमण करेगा।"

सर्वविदित है कि राजा हरिसिंह ने शुरू में स्वतंत्र रहने का फैसला किया था और वे भारत या पाकिस्तान किसी भी देश में शामिल नहीं होना चाहते थे, लेकिन बाद में जब कबाइली और सादे कपड़ों में पाकिस्तान की सेना ने कश्मीर पर हमला किया तो हरिसिंह ने भारत से मदद माँगी। तब भारत ने कहा कि अगर वे जम्मू-कश्मीर के 'इंस्ट्रूमेंट ऑफ एक्सेशन' पर हस्ताक्षर करते हैं तो उस स्थिति में भारत उनकी मदद कर सकता है।

अस्तु 26 अक्तूबर, 1947 को हरिसिंह ने 'इंस्ट्रूमेंट ऑफ एक्सेशन' पर हस्ताक्षर किए और तत्कालीन गवर्नर जनरल लॉर्ड माउंटबेटन ने 27 अक्तूबर, 1947 को इसे स्वीकार करते हुए कहा था, "सरकार की यह इच्छा है कि जैसे ही कश्मीर में कानून व्यवस्था बहाल हो जाती है और वहाँ से आक्रमणकारी बाहर कर दिए जाते हैं, वैसे ही राज्य को भारत में शामिल करने का फैसला वहाँ के लोगों द्वारा लिया जाएगा।"

अतः 1948 में भारत सरकार द्वारा जम्मू-कश्मीर पर पेश किए गए श्वेत पत्र में लिखा गया कि भारत में कश्मीर का शामिल होना पूरी तरह से अस्थायी और अल्पकालीन है। 17 मई, 1949 को जम्मू-कश्मीर के पूर्व मुख्यमंत्री शेख अब्दुल्ला को वल्लभभाई पटेल और एन. गोपालास्वामी आयंगर की सहमति से लिखे एक पत्र में पूर्व प्रधानमंत्री जवाहरलाल नेहरू ने भी यही बात दोहराई थी।

27 मई, 1949 को संविधान सभा द्वारा अनुच्छेद 370 को पारित किया गया था। इस प्रस्ताव को पेश करते हुए आयंगर ने कहा था कि यद्यपि अधिमिलन पूरा हो गया है, लेकिन जब कश्मीर में स्थिति सामान्य हो जाएगी, वहाँ पर जनमत-संग्रह कराया जाएगा।

इस तरह यह कहा जा सकता है कि भारतीय संविधान का अनुच्छेद 370 एक ऐसा अनुच्छेद था, जो जम्मू और कश्मीर को स्वायत्तता प्रदान करता था। संविधान के 21वें भाग में अनुच्छेद के बारे में परिचयात्मक बात कही गई थी—'अस्थायी, संक्रमणकालीन और विशेष प्रावधान।'

धारा 370 के प्रावधानों के अनुसार, संसद को जम्मू-कश्मीर के बारे में रक्षा, विदेश मामले और संचार के विषय में कानून बनाने का अधिकार है, लेकिन किसी अन्य विषय से संबंधित कानून को लागू करवाने के लिए केंद्र को राज्य सरकार का अनुमोदन चाहिए। इसी विशेष दर्जे के कारण जम्मू-कश्मीर राज्य पर संविधान का अनुच्छेद 356 लागू नहीं होता था। इस कारण राष्ट्रपति के पास राज्य के संविधान को बरखास्त करने का अधिकार नहीं है।

1976 का शहरी भूमि कानून जम्मू-कश्मीर पर लागू नहीं होता। इसके तहत भारतीय नागरिक को विशेष अधिकार प्राप्त राज्यों के अलावा भारत में कहीं भी भूमि खरीदने का अधिकार है, यानी भारत के दूसरे राज्यों के लोग जम्मू-कश्मीर में जमीन नहीं खरीद सकते थे।

भारतीय संविधान के अनुच्छेद 360, जिसके अंतर्गत देश में वित्तीय आपातकाल लगाने का प्रावधान है, लेकिन वह भी जम्मू-कश्मीर पर लागू नहीं होता था। इस स्थिति में जम्मू और कश्मीर का भारत में विलय करना ज्यादा बड़ी जरूरत थी और इस काम को अंजाम देने के लिए अनुच्छेद 370 का समाप्त होना अत्यधिक आवश्यक था।

अनुच्छेद 35ए, राज्य के स्थायी निवासियों को परिभाषित करने और उन्हें विशेष अधिकार तथा सुविधा प्रदान करने के लिए जम्मू-कश्मीर विधायिका को अधिकार देता है। अनुच्छेद 35ए के तहत राज्य में जमीन खरीदने से संबंधित कुछ विशेषाधिकार वहाँ के नागरिकों को दिए गए हैं।

उल्लेखनीय है कि अनुच्छेद 370 के तहत दिए गए प्रावधानों में समय-समय पर परिवर्तन होता रहा है। जम्मू-कश्मीर की विधानसभा द्वारा पारित संशोधित प्रावधान इस प्रकार हैं—

- 1954 में चुंगी, केंद्रीय आबकारी, नागरिक उड्डयन और डाकतार विभागों के कानून और नियम जम्मू-कश्मीर में लागू किए गए।
- 1958 से केंद्रीय सेवा के आई.ए.एस. तथा आई.पी.एस. अधिकारियों की नियुक्तियाँ इस राज्य में होने लगीं।
- 1959 में भारतीय जनगणना का कानून जम्मू-कश्मीर पर लागू हुआ।
- 1960 में सर्वोच्च न्यायालय ने जम्मू-कश्मीर उच्च न्यायालय के निर्णयों के विरुद्ध अपीलों को स्वीकार करना शुरू किया, उसे अधिकृत किया गया।

- 1964 में संविधान के अनुच्छेद 356 तथा 357 इस राज्य पर लागू किए गए। इन अनुच्छेदों के अनुसार जम्मू-कश्मीर में संवैधानिक व्यवस्था के गड़बड़ा जाने पर राष्ट्रपति शासन लागू करने के अधिकार प्राप्त हुए।
- 1965 से श्रमिक कल्याण, श्रमिक संगठन, सामाजिक सुरक्षा तथा सामाजिक बीमा संबंधी केंद्रीय कानून राज्य पर लागू हुए।
- 1966 में लोकसभा में प्रत्यक्ष मतदान द्वारा निर्वाचित अपना प्रतिनिधि भेजने का अधिकार दिया गया।
- 1966 में ही जम्मू-कश्मीर की विधानसभा ने अपने संविधान में आवश्यक सुधार करते हुए—'प्रधानमंत्री' के स्थान पर 'मुख्यमंत्री' तथा 'सदर-ए-रियासत' के स्थान पर 'राज्यपाल' इन पदनामों को स्वीकृत कर उन नामों का प्रयोग करने की स्वीकृति दी। पहले 'सदर-ए-रियासत' का चुनाव विधानसभा द्वारा हुआ करता था, अब राज्यपाल की नियुक्ति राष्ट्रपति द्वारा होने लगी।
- 1968 में जम्मू-कश्मीर के उच्च न्यायालय ने चुनाव संबंधी मामलों पर अपील सुनने का अधिकार सर्वोच्च न्यायालय को दिया।
- 1971 में भारतीय संविधान के अनुच्छेद 226 के तहत विशिष्ट प्रकार के मामलों की सुनवाई करने का अधिकार उच्च न्यायालय को दिया गया।
- 1986 में भारतीय संविधान के अनुच्छेद 249 के प्रावधान जम्मू-कश्मीर पर लागू हुए।

उल्लेखनीय है कि इस अनुच्छेद में ही उसकी संपूर्ण समाप्ति की व्यवस्था बताई गई है। धारा 370 का उप-अनुच्छेद 3 बताता है—"पूर्ववर्ती प्रावधानों में कुछ भी लिखा हो, राष्ट्रपति प्रकट सूचना द्वारा यह घोषित कर सकते हैं कि यह धारा, कुछ अपवादों या संशोधनों को छोड़ दिया जाए, तो समाप्त की जा सकती है।"

अत: इस संवैधानिक व्यवस्था के तहत मोदी सरकार ने धारा 370 की समाप्ति कर दी। प्रधानमंत्री नरेंद्र मोदीजी के इस साहसिक कार्य से निश्चित तौर पर उनकी लोकप्रियता में वृद्धि हुई है।

□

# 73
# राम मंदिर शिलान्यास

अंततः एक लंबी सुनवाई के पश्चात् 9 नवंबर, 2019 को सर्वोच्च न्यायालय के मुख्य न्यायाधीश रंजन गोगोई की अध्यक्षता में पाँच जजों की बेंच ने पिछले फैसले को पलट दिया और हिंदू मंदिर के निर्माण के लिए भूमि को एक ट्रस्ट को सौंपने का आदेश दिया। इसने सरकार को मसजिद बनाने के लिए सुन्नी वक्फ बोर्ड को वैकल्पिक 5 एकड़ जमीन देने का भी आदेश दिया।

सर्वोच्च न्यायालय के मुख्य न्यायाधीश रंजन गोगोई ने कहा कि राम जन्मभूमि स्थान न्यायिक व्यक्ति नहीं है, जबकि भगवान् राम न्यायिक व्यक्ति हो सकते हैं। ढहाया गया ढाँचा ही भगवान् राम का जन्मस्थान है। इस स्थान के प्रति हिंदुओं की यह आस्था निर्विवादित है। विवादित 2.77 एकड़ जमीन रामलला विराजमान को दी जाए। इसका स्वामित्व केंद्र सरकार के रिसीवर के पास रहेगा। तीन महीने के भीतर ट्रस्ट का गठन कर मंदिर निर्माण की योजना बनाई जाए।

सुन्नी वक्फ बोर्ड से अदालत ने कहा, "उत्तर प्रदेश सुन्नी वक्फ बोर्ड विवादित जमीन पर अपना दावा साबित करने में विफल रहा। मुसलिमों ने ऐसा कोई साक्ष्य पेश नहीं किया, जो यह दरशाता हो कि वे 1857 से पहले मसजिद पर पूरा अधिकार रखते थे।"

इसके साथ ही सर्वोच्च न्यायालय ने कहा, "मीर बकी ने बाबरी मसजिद बनवाई। लेकिन जहाँ यह मसजिद बनाई, वह स्थान खाली जमीन पर नहीं था। मसजिद के नीचे जो ढाँचा था, वह इसलामिक ढाँचा नहीं था।" इसके साथ ही न्यायालय ने यह भी कहा, "यह एकदम स्पष्ट है कि 16वीं शताब्दी का तीन गुंबदों वाला ढाँचा हिंदू कारसेवकों ने ढहाया था, जो वहाँ राम मंदिर बनाना चाहते थे। यह ऐसी गलती थी, जिसे सुधारा जाना चाहिए था।"

धर्म और आस्था के बारे में सुप्रीम कोर्ट ने कहा—"प्राचीन यात्रियों द्वारा लिखी

किताबें और प्राचीन ग्रंथ दरशाते हैं कि अयोध्या भगवान् राम की जन्मभूमि रही है। ऐतिहासिक उद्धरणों से संकेत मिलते हैं कि हिंदुओं की आस्था में अयोध्या भगवान् राम की जन्मभूमि रही है।"

रामायण के मुताबिक अयोध्या को हिंदू धर्म की पवित्र एवं धार्मिक नगरी प्रभु श्रीराम की जन्मस्थली माना जाता है। अयोध्या एक प्राचीन धार्मिक नगर है, जो कि इतिहास में कोसल राज्य की राजधानी थी। इस नगरी का उल्लेख बड़े-बड़े महाकाव्यों में भी किया गया है। भगवान् राम ने त्रेता युग में अधर्म, अन्याय एवं आतंक का विनाश करने एवं मनुष्य की रक्षा करने के लिए भगवान् विष्णु के अवतार के रूप में जन्म लिया था।

*राम जन्मभूमि से संबंधित कतिपय चित्र।*

मर्यादा पुरुषोत्तम राम की जन्मस्थली अयोध्या को हिंदुओं के 7 पवित्र तीर्थस्थलों में से एक माना गया है, जिसकी स्थापना मनु ने की थी। वेदों में इसे ईश्वर की नगरी भी बताया गया है। यह नगरी कई धर्मों की आस्था से जुड़ी हुई है।

अत: सर्वोच्च न्यायालय की बेंच के पाँचों न्यायाधीशों ने एकमत होकर विवादित स्थल को मंदिर का स्थल मानते हुए फैसला रामलला के पक्ष में सुनाया। अत: अब वहाँ पर भव्य श्री राम मंदिर निर्माण का मार्ग प्रशस्त हो गया। इसके साथ ही पी.एम. ने घोषणा की कि सरकार द्वारा अधिगृहीत 67 एकड़ जमीन भी ट्रस्ट को दी जाएगी।

वस्तुत: प्रारंभ से ही अयोध्या सांप्रदायिक राजनीति और चुनाव से पहले ध्रुवीकरण का केंद्र रहा है। लेकिन सर्वोच्च न्यायालय के इस निर्णय ने निश्चित रूप से एक सांप्रदायिक राजनीति को समाप्त कर दिया है। सर्वोच्च न्यायालय के निर्णय को सभी पक्षों द्वारा स्वीकार किया जाना, निर्णय के बाद शांति और सामंजस्य को बनाए रखना आदि द्वेष पर सद्भाव की जीत को दरशाता है। न्यायालय के निर्देश पर भारत सरकार ने श्रीराम जन्मभूमि के लिए 'श्रीराम जन्मभूमि तीर्थ क्षेत्र' नाम से ट्रस्ट गठित किया।

प्रधानमंत्री नरेंद्र मोदी ने 5 अगस्त, 2020 को अयोध्या में मंदिर के भूमि पूजन से पहले हनुमानगढ़ी के दर्शन किए और वहाँ पर परिजात वृक्ष का रोपण किया। इसके अभिजीत मुहूर्त में भव्य राम मंदिर का भूमि पूजन कर उन्होंने जय श्रीराम और हर-हर महादेव की गूँज के बीच मंदिर की नींव रखी। इस शिलान्यास के साथ ही बहुप्रतीक्षित मंदिर निर्माण का कार्य प्रारंभ हो गया।

इस अवसर पर भूमि पूजन में आर.एस.एस. प्रमुख मोहन भागवत और उत्तर प्रदेश की राज्यपाल आनंदीबेन पटेल, मुख्यमंत्री योगी आदित्यनाथ समेत लगभग 175 लोग इस ऐतिहासिक लम्हे के गवाह बने।

भूमि पूजन के बाद प्रधानमंत्री मोदी, मुख्यमंत्री योगी, आर.एस.एस. चीफ भागवत मंच पर पहुँचे। कार्यक्रम के लिए तैयार किए गए मुख्य मंच पर प्रधानमंत्री नरेंद्र मोदी, राज्यपाल आनंदीबेन पटेल, मुख्यमंत्री योगी आदित्यनाथ, आर.एस.एस. प्रमुख मोहन भागवत और श्रीराम जन्मभूमि तीर्थ क्षेत्र ट्रस्ट के अध्यक्ष महंत नृत्य गोपाल दास थे, जबकि महासचिव चंपत राय ने संचालन किया।

अपने संबोधन के दौरान मुख्यमंत्री योगी आदित्यनाथ भावुक हो गए। उन्होंने कहा, "500 वर्षों का लंबा और कड़ा संघर्ष अब लोकतांत्रिक और संविधान सम्मत तरीके से संपन्न हुआ। इस घड़ी की प्रतीक्षा में हमारी कई पीढ़ियाँ चली गईं। राम मंदिर के निर्माण का सपना लिये अनेक लोगों ने बलिदान दिया। प्रधानमंत्री नरेंद्र मोदी के नेतृत्व में आज गौरवान्वित होने का अवसर मिला। राम मंदिर का सपना सच हो रहा है। अवधपुरी की धरती समृद्धशाली बनेगी। हम सबके लिए यह उमंग, उत्साह

और भावनात्मक दिन है। मैं सभी लोगों का उत्तर प्रदेश की भूमि पर अभिनंदन करता हूँ। जय-जय श्रीराम!"

आर.एस.एस. प्रमुख मोहन भागवत ने कहा, "आडवाणीजी घर में बैठे यह क्षण देख रहे होंगे। कई लोग इस अवसर पर आ नहीं सके। समय ऐसा चल रहा है। पुरुषार्थ का भाव हमारे रग-रग में है। भगवान् राम का उदाहरण है। सब राम के हैं और सबमें राम हैं। यह सभी भारतवासियों के लिए है। कोई अपवाद नहीं। अब भव्य राम मंदिर बनेगा। मंदिर के पूर्ण होने से पहले हमारा मन मंदिर पूरा होना चाहिए। हृदय में भी राम का बसेरा होना चाहिए। इसलिए हमें सभी द्वेष, विकार, भेदों को तिलांजलि देकर संपूर्ण जगत् को अपनाने की क्षमता रखनेवाला मनुष्य होना चाहिए।"

प्रधानमंत्री मोदी ने संबोधन की शुरुआत रामायण की चौपाई से की, "राम काज कीनु बिन मोहि कहाँ विश्राम!" उन्होंने आगे कहा, "सदियों का इंतजार आज समाप्त हो रहा है।" इस अवसर पर पूरा भारत भावुक था। करोड़ों लोगों को तो आज विश्वास ही नहीं हो रहा था कि वे इस पावन क्षण को अपनी आँखों से देख रहे हैं। समूचा देश ही भाव-विभोर हो गया। ऐसा लग रहा था, मानो भगवान् राम का आशीर्वाद दर्शकों के सिर-माथे पर बरस रहा हो। आनंद की वह अद्‌भुत वेला इतिहास के पन्नों में सिमटकर अमर हो गई।

उल्लेखनीय है कि इस मंदिर का पहली बार शिलान्यास 7 नवंबर, 1989 को तत्कालीन प्रधानमंत्री राजीव गांधी के कार्यकाल में किया गया था। मंदिर के वास्तु का दायित्व अहमदाबाद के चंद्रकांत सोमपुराजी पर था। वे वर्ष 1986 से जन्मभूमि मंदिर निर्माण की देखभाल कर रहे हैं। भूमि पूजन करा रहे पुजारी ने बताया, "1989 में दुनिया भर से श्रद्धालुओं ने ईंटें भेजी थीं। ऐसी 2 लाख 75 हजार ईंटें हैं, जिनमें से 'जय श्रीराम' लिखी हुई 100 ईंटें ली गई हैं। उनमें से 9 ईंटें यहाँ रखी गई हैं।"

उल्लेखनीय है कि 'लार्सन एंड टुब्रो कंपनी' को मंदिर निर्माण का कार्य दिया गया है, निर्माता कंपनी के सलाहकार के रूप में ट्रस्ट ने 'टाटा कंसल्टेंट इंजीनियर्स' को चुना है। संपूर्ण मंदिर पत्थरों से बनेगा। मंदिर तीन मंजिला होगा। प्रत्येक मंजिल की ऊँचाई 20 फीट होगी, मंदिर की लंबाई 360 फीट तथा चौड़ाई 235 फीट है, भूतल से 16.5 फीट ऊँचा मंदिर का फर्श बनेगा, भूतल से गर्भगृह के शिखर की ऊँचाई 161 फीट होगी।

□

# 74

# तीन तलाक को तिलांजलि

21वीं सदी में भी महिलाओं का शोषण करनेवाली अनेक प्रथाएँ भारत में प्रचलित हैं। उन्हीं में से एक थी—तिहरा तलाक या तीन तलाक की प्रथा। इस कुप्रथा की आड़ में कोई भी मुसलमान पुरुष अपनी पत्नी को तीन बार 'तलाक' बोलकर, लिखकर या किसी इलेक्ट्रॉनिक रूप में भेजकर उससे विवाह-संबंध-विच्छेद (तलाक) कर लेता था। जबकि कुरान में सीधे तौर पर तीन तलाक का कोई जिक्र नहीं है और न ही पैगंबर मोहम्मद ने इसके बारे में स्पष्ट कुछ कहा है।

कुरान में सिर्फ एक बार तलाक बोलने से ही तलाक होने का जिक्र है। लेकिन ऐसा तलाक देने के पहले दोनों पक्षों के बीच सुलह कराने की कोशिश कराना आवश्यक है। कुरान के इस नियम को कोई नहीं मानता। अपनी सुविधानुसार तीन तलाक के रिवाज की आड़ में मुसलिम महिलाओं के साथ सालों से यह अन्याय होता आया है।

गत वर्षों दो बच्चों की माँ 35 वर्षीय मुसलिम महिला सायरा बानो के साथ भी यही अन्याय हुआ। जब वह अपना इलाज कराने के लिए उत्तराखंड में अपनी माँ के घर गई तो उसे उसके पति ने तलाकनामा दे दिया। सायरा बानो ने इलाहाबाद में रहनेवाले अपने पति और दो बच्चों से मिलाने की कई बार गुहार लगाई, लेकिन उन्हें हर बार दरकिनार कर दिया गया, लेकिन वह हारनेवालों में से नहीं थी।

उसने अपने वकील बालाजी श्रीनिवासन से बात की और 23 फरवरी, 2016 को सुप्रीम कोर्ट में याचिका दायर कर दी। अपनी याचिका में उन्होंने कहा कि तीन तलाक की प्रथा को पूरी तरह प्रतिबंधित करना चाहिए। कुरान और शरियत में एक बार में तीन बार तलाक बोलने की प्रथा का जिक्र नहीं है। दूसरी बात, कई पत्नियाँ रखने की प्रथा भी गैर-कानूनी है। ये सारी प्रथाएँ गैर-कानूनी, असंवैधानिक, लैंगिक न्याय के विरुद्ध हैं, समता के खिलाफ हैं। भारतीय संविधान के अनुच्छेद 14 और 15 का उल्लंघन है।

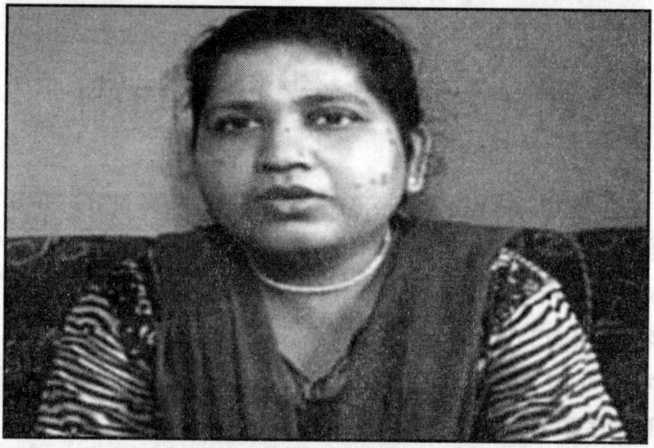

*तीन तलाक की प्रथा की समाप्ति के कुछ चित्र।*

बताया जाता है कि जब परेशान सायरा बानो एक मौलवी के पास गई तो मौलवी ने सायरा बानो से कहा, "आपके धर्म की वजह से आपके पास मूल अधिकार नहीं हैं। ऐसे में अगर आप हिंदू, ईसाई या किसी अन्य धर्म को माननेवाली महिला हैं तो आप ठीक हैं, लेकिन अगर आप मुसलिम हैं तो आपके पास मूल अधिकार नहीं हैं।"

श्रीनिवासन कहते हैं, "इसलिए सायरा बानो ने कोर्ट में जाकर अपने संवैधानिक अधिकारों के हनन की बात रखी और सर्वोच्च अदालत ने इस मामले पर सुनवाई करने का फैसला लिया।" वे आगे कहते हैं, "मुझे आश्चर्य है कि आज तक किसी ने इस बारे में क्यों नहीं सोचा ? शायद यह एक ऐसी चीज थी, जिसका सही वक्त आ चुका था।"

बालाजी श्रीनिवासन ने बी.बी.सी. से बात करते हुए बताया, "यह पहला मौका था, जब एक मुसलिम महिला ने अपने तलाक को इस आधार पर चुनौती दी कि इससे उसके मूल अधिकारों का हनन हुआ।"

इसके साथ ही तीन तलाक का मुद्दा पुनः जीवित हो गया। उल्लेखनीय है कि बीते कई सालों में कई महिलाएँ अलग-अलग अदालतों में तीन तलाक को चुनौती देती आई हैं। उल्लेखनीय है कि तीन तलाक पर 20 देशों में प्रतिबंध है। वे देश हैं—

- अल्जीरिया
- मिस्र
- इराक
- जॉर्डन
- कुवैत
- लेबनान
- लीबिया
- मोरक्को
- सूडान
- सीरिया
- ट्यूनीशिया
- संयुक्त अरब अमीरात
- यमन
- इसके अलावा इंडोनेशिया, मलेशिया और फिलीपींस जैसे दक्षिण-पूर्व एशियाई देश तलाक के लिए सख्त कानून रखते हैं।

इन देशों का जिक्र सुप्रीम कोर्ट में ट्रिपल तलाक पर बने पैनल ने भी किया था। पैनल ने ताहिर महमूद और सैफ महमूद की पुस्तक 'मुसलिम लॉ इन इंडिया' का जिक्र किया। इसमें अरब के देशों में तीन तलाक को समाप्त किए जाने की बात कही है।

सायरा बानो प्रकरण पर फैसला सुनाते हुए सुप्रीम कोर्ट की संवैधानिक बेंच ने 22 अगस्त, 2017 को तीन तलाक को गैर-कानूनी करार दिया था। मुख्य न्यायाधीश जे.एस. खेहर सहित पाँच न्यायाधीश भारत में प्रमुख धर्मों—हिंदू धर्म, ईसाई धर्म, इसलाम, सिख धर्म और पारसी धर्म के न्यायाधीशों की बेंच ने 3-2 से फैसला सुनाते हुए सरकार से तीन तलाक पर छह महीने के अंदर कानून लाने को कहा था।

उनमें से तीन जस्टिस कुरियन जोसेफ, जस्टिस रोहिंगटन नरीमन और यू.यू. ललित ने कहा, "धर्म के तहत जो पाप है, वह कानून के तहत मान्य नहीं हो सकता।" उन्होंने

जोर देकर कहा, "तीन तलाक एक अनुमेय प्रथा हो सकती है, लेकिन यह प्रतिगामी और अयोग्य है। यह समानता के अधिकार का उल्लंघन करती है।"

अंततः इस संविधान पीठ ने 1,400 साल पुरानी प्रथा को चुनौती देनेवाली याचिका पर सुनवाई करते हुए इस प्रथा को असंवैधानिक व गैर-कानूनी करार दिया। साथ ही केंद्र सरकार को यह निर्देशित किया गया कि इस कुप्रथा को समाप्त करने हेतु संसदीय कानून बनाए।

उल्लेखनीय है कि इस बाबत संसद में यह बिल लोकसभा से तीन बार पास हुआ, लेकिन राज्यसभा में अटक गया था। इसके बाद इसे कानूनी जामा पहनाने के लिए सरकार ने अध्यादेश का रास्ता चुना। तीन तलाक पर सुप्रीम कोर्ट के फैसले के बावजूद इसका इस्तेमाल होने पर सरकार सितंबर 2018 में अध्यादेश लाई। तीन तलाक देने पर पति को तीन साल की सजा का प्रावधान रखा गया, हालाँकि, किसी संभावित दुरुपयोग को देखते हुए विधेयक में अगस्त 2018 में संशोधन कर दिए गए थे।

वैधानिक प्रावधानानुसार 6 महीने के अंदर इस पर संसद की मुहर लगनी जरूरी थी। जनवरी 2019 में इस अध्यादेश की अवधि पूरी होने से पहले दिसंबर 2018 में एक बार फिर सरकार बिल को लोकसभा में नए सिरे से पेश करने पहुँची। 17 दिसंबर, 2018 को लोकसभा में बिल पेश किया गया। हालाँकि, इस बार फिर विपक्ष ने राज्यसभा में इसे पेश नहीं होने दिया और बिल को सलेक्ट कमेटी में भेजने की माँग की जाने लगी। एक बार फिर बिल अटक गया, लेकिन अंततः यह विधेयक लोकसभा में 25 जुलाई को पारित हो गया।

अंततः वह दिन भी आ गया, जबकि यह विधेयक राज्यसभा में भी पारित हो गया। इस प्रकार 30 जुलाई, 2019 की तारीख भारत के संसदीय इतिहास में एक अहम स्थान रखती है। उच्च सदन में ऐतिहासिक तीन तलाक बिल के पारित होने के बाद मुसलिम महिलाओं को न्याय और सम्मान की दिशा में एक ऐसी सफलता हासिल हुई है, जिसकी प्रतीक्षा दशकों से थी। इसके बाद यह विधेयक राष्ट्रपति के पास गया और फिर उनकी मंजूरी मिलने के बाद यह विधेयक लागू हो गया।

तीन तलाक विधेयक के प्रमुख प्रावधान इस प्रकार हैं—तलाक-ए-बिद्दत यानी एक बार में तीन तलाक देना गैर-कानूनी है। तीन तलाक संज्ञेय अपराध मानने का प्रावधान, यानी पुलिस बिना वारंट गिरफ्तार कर सकती है, लेकिन तब, जब महिला खुद शिकायत करेगी। खून या शादी के रिश्तेवाले सदस्यों के पास भी केस दर्ज करने का अधिकार होगा। पड़ोसी या कोई अनजान शख्स इस मामले में केस दर्ज नहीं कर सकता। मौखिक, लिखित, इलेक्ट्रॉनिक (एस.एम.एस., इ-मेल, व्हाट्सएप) पर तलाक को अमान्य करार दिया गया। आरोपी पति को तीन साल तक की सजा का प्रावधान रखा गया।

इस पीठ ने कहा, "उपरोक्त कारणों से, हम इस निष्कर्ष पर पहुँचे हैं कि कानून की धारा 7(सी) तथा सी.आर.पी.सी. की धारा 438 को कायम रखते हुए इस कानून के तहत अपराध के लिए आरोपी को अग्रिम जमानत याचिका देने पर कोई रोक नहीं है; हालाँकि, अदालत को अग्रिम जमानत देने से पहले शिकायतकर्ता विवाहित मुसलिम महिला की बात भी सुननी होगी।"

न्यायालय ने यह भी कहा कि पीड़ित महिला के अनुरोध पर मजिस्ट्रेट समझौते की अनुमति दे सकता है। पीड़ित महिला पति से गुजारा भत्ते का दावा कर सकती है। महिला को कितनी रकम दी जाए, यह जज तय करेंगे। पीड़ित महिला के नाबालिग बच्चे किसके पास रहेंगे, इसका फैसला भी मजिस्ट्रेट ही करेगा।

अंत में, यह उल्लेखित करना समयोचित होगा कि तीन दशक पूर्व एक अवसर आया था, जब शाह बानो मामले में 400 से अधिक सांसदोंवाली कांग्रेस मुसलिम महिलाओं को इस दंश से मुक्त नहीं करा पाई थी। 1985 में सुप्रीम कोर्ट ने तीन तलाक से पीड़ित शाह बानो के पक्ष में फैसला देते हुए उसे 500 रुपए प्रतिमाह के गुजारा भत्ते का प्रावधान रखते हुए कहा था कि यह फैसला शरीयत के अनुसार है। परंतु मुसलिम पर्सनल लॉ बोर्ड, मौलवियों और वोटबैंक की राजनीति के दबाव में तत्कालीन प्रधानमंत्री राजीव गांधी ने अदालत के आदेश के विपरीत फैसला लिया।

तत्कालीन केंद्रीय मंत्री आरिफ मोहम्मद खान न्यायालय के आदेश को तर्कसंगत मानते थे, लेकिन जब न्यायालय के आदेश के अनुरूप तामिली नहीं हुई तो अपना विरोध जताते हुए उन्होंने मंत्री पद से इस्तीफा दे दिया। सुप्रीम कोर्ट के पूर्व न्यायाधीश वी.आर. कृष्णा अय्यर ने पत्र लिखकर राजीव गांधी के फैसले को कानून के खिलाफ बताया, किंतु वर्षों तक यह मुद्दा ठंडे बस्ते में रहा।

मोदी सरकार आने के बाद यह विषय जब उनके कार्यकाल में आया तो महिला उत्पीड़न का एक अध्याय ही समाप्त कर दिया गया। विपक्ष के तमाम गतिरोध के बावजूद प्रधानमंत्री नरेंद्र मोदी के नेतृत्व में सरकार ने इसे पूरा करने की दिशा में प्रयास जारी रखे और अंततः उसे कामयाबी मिली। अतः आनेवाले समय में प्रधानमंत्री नरेंद्र मोदी का नाम निश्चित रूप से राजा राममोहन राय और ईश्वरचंद्र विद्यासागर सरीखे सामाजिक सुधारकों की श्रेणी में रखा जाए तो अतिशयोक्ति नहीं होगी। एक कहावत है—'जहाँ चाह है, वहाँ राह है।'

□

# 75

# कोरोना संकट व राजनीतिक परिदृश्य

राजनीतिक व्यवस्थाएँ मानव जीवन को सुलभ व सुरक्षित बनाने के लिए होती हैं। सत्ता व आधिपत्य की राजनीतिक प्रक्रिया में मानव का मूल्य कई बार कमतर दृष्टिगत होता है। स्वयं को जोड़-तोड़ का बादशाह समझनेवाले नेतागण व उनके तहत कार्य करनेवाले ज्ञान-विज्ञान के जानकारों ने कभी सपने में भी नहीं सोचा होगा कि एक दिन उनकी सत्ता व शक्ति को कोई नन्हा सा विषाणु चुनौती दे जाएगा। आश्चर्य किंतु सत्य, 2019 में यह सब हुआ। एक नन्हे विषाणु से उपजी कोविड-19 महामारी ने समूची मानवजाति को जीवन का रहस्य समझा दिया। वैश्विक जगत् में राजनीतिक गलियारों की दशा व दिशा मोड़ दी।

इस महामारी ने सबको समझा दिया कि जीवन क्षणिक है। लम्हे-लम्हे से बना यह एक ऐसा संयोजन है, जो अनिश्चितता के बादल तले मानव को मायावी लोक में बाँधकर रखता है। आत्मा तो अमर है, मगर काया कल रहेगी या नहीं, इस बात का संशय सदैव बना रहता है, तदुपरांत हम सब अपनी ही दुनिया में यों मग्न रहते हैं, मानो हम अमर होकर आए हैं।

इस नन्हे वायरस ने मानव के इस अहं को तोड़ दिया। सभी ने उसके आगे हार मान ली। पद, पैसा व प्रतिष्ठा का मोल नहीं रह गया। कहते हैं, मौत किसी की हैसियत नहीं देखती। कोरोना वायरस भी मौत की चादर ओढ़कर आया। वह बिना किसी भेद के हर वर्ग के लोगों को अपने साथ ले जाकर मौत के मुँह में छोड़ आता था।

कोरोना मौत का पर्याय प्रतीत होने लगा। सार्वजनिक स्थानों पर कीड़े-मकोड़ों की भाँति मरे पड़े लोगों को देखकर सभी इस कदर सहम गए कि इससे बचने के उपाय सोचने में ही बुद्धिमानों की बुद्धि बौरा-सी गई थी। ऐसे में यही कहा जा सकता है कि कोरोना का खौफ ही इतना था कि इनसानी हुनर का खफा होना लाजिमी था।

किसी को पता नहीं होता था कि कब, किसके पास, किस रूप में कोरोना का वायरस आ जाए। इसलिए सब अपनी-अपनी जान को सहेजने में व्यस्त थे। पड़ोस में पड़ी लाश को भी कोई हाथ नहीं लगाता, न किसी की मरने पर कोई आँसू बहाता। सबकी संवेदनाएँ मर-सी गई थीं। उन दिनों हालात कुछ इस प्रकार के थे कि जिंदा लोगों के पास पेट भरने के लिए खाद्यान्न नहीं होता। बीमारों के लिए अस्पतालों में स्थान नहीं होता और मुर्दें को जलाने के लिए श्मशान में सामान नहीं होता।

## कोविड-19

दिसंबर 2019 में चीन के वुहान प्रांत के सी-फूड और पोल्ट्री बाजार में कोरोना का पहला मरीज पाया गया। इस बीमारी का विषाणु नया था। चिकित्सा वैज्ञानिकों द्वारा इसकी पहचान नहीं की जा सकी। इसलिए इसे कोरोना वायरस फैमिली के विस्तार के रूप में जाना गया। कालांतर में वैज्ञानिकों ने इस विस्तार का नाम '2019-nCoV' दिया। इस बीमारी का संक्रमण तीव्र गति से दुनिया के अन्य भागों में भी फैलने लगा। बड़े पैमाने पर मौतें होने लगीं। खौफ का माहौल बन गया। तब अमेरिकी राष्ट्रपति डोनाल्ड ट्रंप ने इसे 'चीनी वायरस' कहकर बुलाया। विश्व स्वास्थ्य संगठन के हस्तक्षेप के बाद इस विषाणु को 'नॉवेल कोरोना वायरस' कहा गया, क्योंकि यह एक अनोखा व नया वायरस था। कोरोना वायरस से उपजी बीमारी को 'कोविड-19' नाम दिया गया। CO—कोरोना के लिए, VI—वायरस के लिए और D—डिजीज के लिए है।

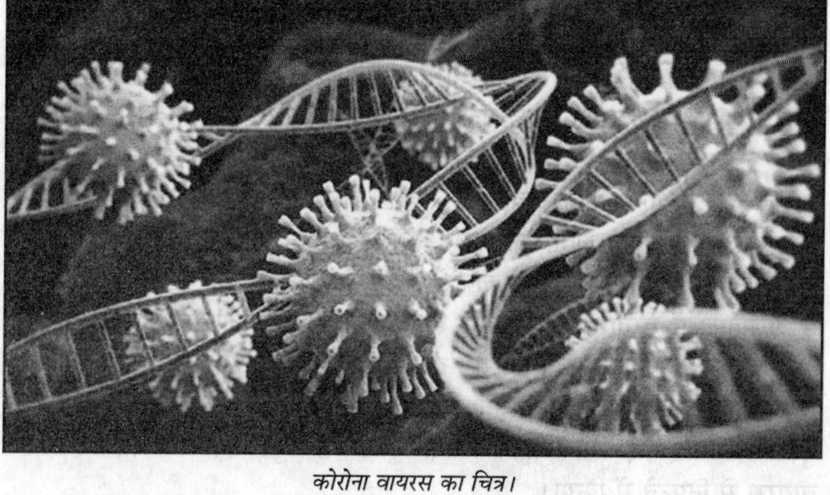

*कोरोना वायरस का चित्र।*

विद्वानों का मानना है कि लातिनी भाषा में 'कोरोना' का अर्थ 'मुकुट' होता है। चूँकि इस वायरस के कणों के इर्द-गिर्द उभरे हुए काँटे जैसे ढाँचों से इलेक्ट्रॉन सूक्ष्मदर्शी में मुकुट जैसा आकार दिखता है, इसलिए इस वायरस का नाम 'कोरोना' रखा गया था। इसके अलावा कोरोना का एक अन्य अर्थ भी है। सूर्यग्रहण के समय चंद्रमा सूर्य को ढक लेता है तो चंद्रमा के चारों ओर किरण निकलती प्रतीत होती है, उसको भी 'कोरोना' कहते हैं। भले ही यह एक भयानक वायरस है, परंतु वैज्ञानिकों द्वारा लिया गया इसका चित्र मनमोहक प्रतीत होता है।

## कोरोना वायरस

कोरोना वायरस एक बड़े वायरस परिवार का सदस्य है। यह कई प्रकार के विषाणुओं (वायरस) का एक समूह है जो स्तनधारियों और पक्षियों में रोग उत्पन्न करता है। ये आर.एन.ए. वायरस होते हैं। इनके कारण मानवों के श्वास-तंत्र में संक्रमण पैदा होता है, जिसकी परिणति हलकी (जैसे—सर्दी-जुकाम) से लेकर अति गंभीर (जैसे—मृत्यु) तक हो सकती है। गाय और सूअर में इनके कारण अतिसार हो सकता है, जबकि इनके कारण मुरगियों में ऊपरी श्वास-तंत्र के रोग उत्पन्न हो सकते हैं। हाल ही में किए गए शोध से यह प्रमाणित हो गया है कि कोरोना वायरस ही कोविड-19 नामक बीमारी की उत्पत्ति का कारण है।

## कोविड-19 के लक्षण

कोविड-19 के लक्षण एक मामूली जुकाम से लेकर ज्यादा गंभीर रोगों तक की वजह हो सकती है, जैसे कि मिडिल-ईस्ट रेस्पिरेटरी सिंड्रोम और सीवियर एक्यूट रेस्पिरेटरी सिंड्रोम। कोरोना वायरस जूनोटिक है, जिसका अर्थ है पशुजन्य रोग। यह वायरस इनसान और जानवर के लिए घातक है। 30 जनवरी, 2020 को विश्व स्वास्थ्य संगठन ने इस वायरस ऑउटब्रेक को सामाजिक स्वास्थ्य इमरजेंसी घोषित कर दिया, जो कि एक अंतरराष्ट्रीय चिंता का कारण बना। कोविड-19 वायरस अलग-अलग लोगों को अलग-अलग तरह से प्रभावित करता है। संक्रमित हुए ज्यादातर लोगों को छोटे से लेकर मध्यम लक्षण तक की बीमारी होती है और वे अस्पताल में भरती हुए बिना ठीक हो जाते हैं। गंभीर लक्षण दिखाई देने पर तुरंत चिकित्सक की सहायता लेने की राय दी गई। यानी इस विषाणु का प्रभाव व्यक्तिगत शारीरिक प्रतिरक्षण पर निर्भर करता है। प्रारंभ में इसका कोई इलाज नहीं था। घरेलू नुस्खे आजमाए गए। चिकित्सकों ने सर्दी-जुकाम में प्रयुक्त इलाज का प्रयोग कोरोना वायरस से निपटने में किया।

## टीकाकरण एकमात्र इलाज

प्रारंभिक तौर पर कोविड-19 के संक्रमण से खुद को और दूसरों को बचाने के लिए चेहरे पर मास्क लगाने, दूसरों से दूरी बनाकर रखने तथा बार-बार हाथ धोते रहने आदि सावधानियों को जारी रखने की सलाह दी जाती है। इसके अलावा इसका एकमात्र इलाज टीकाकरण ही है, जिसका उद्देश्य गंभीर तीव्र श्वसन सिंड्रोम कोरोना वायरस-2 (SARS-CoV-2) के खिलाफ अधिगृहीत प्रतिरक्षा प्रदान करना है, जो वायरस 'कोरोना वायरस रोग-2019' का प्रमुख कारण है।

जनवरी 2020 में टीके विकसित करने की चुनौती स्वीकार करनेवाली दवा कंपनियाँ सामने आईं। ब्रिटेन, अमेरिका और यूरोपीय संघ में कोविड-19 के लिए टीके फाइजर-बायोटेक और मॉडर्ना के बने, लेकिन प्रारंभिक परीक्षणों में विफल रहे। मार्च 2020 तक भारत में दो खुराकवाले (कोवैक्सिन और कोविशील्ड) टीके तैयार किए गए, जो कि आपातकालीन उपयोग प्राधिकरण के माध्यम से जनता के लिए उपलब्ध कराए गए। शुरू में ये टीके स्वास्थ्य कार्यकर्ताओं, बुजुर्गों और उच्च जोखिमवाले मरीजों को लगाए गए। कोविड-19 के टीके अपेक्षाकृत नए थे, इसलिए इसके दुष्प्रभावों में दर्द, लालिमा, दाने, इंजेक्शन स्थल पर सूजन, थकान, सिरदर्द, मायलगिया (मांसपेशियों में दर्द) और जोड़ों के दर्द आदि सामने आए। अब कोविड-19 के प्रभावी इलाज हेतु भारत में एहतियाती खुराक उपलब्ध है।

जून 2022 के एक अध्ययन के अनुसार, COVID-19 टीकों ने 8 दिसंबर, 2020 से 8 दिसंबर, 2021 तक 185 देशों और क्षेत्रों में अतिरिक्त 14.4 से 19.8 मिलियन मौतों को रोका। इसी प्रकार राष्ट्रीय सार्वजनिक स्वास्थ्य एजेंसियों की अधिकारिक रिपोर्टों के अनुसार, 22 सितंबर, 2022 तक दुनिया भर में COVID-19 टीकों की 12.7 बिलियन खुराक दी जा चुकी है। इस प्रकार यह कहा जा सकता है कि इस महामारी को रोकने के लिए जितनी जल्दी हो सके, टीके लगवाने व मास्क पहनने, अपने हाथ धोने और दूसरों से शारीरिक दूरी बनाए रखने की सलाह दी जाती है।

## महामारियों का ऐतिहासिक परिदृश्य

इतिहास गवाह है कि पहले भी अनेक बार महामारियों ने अपने जाल में फँसाकर लाखों की जान ली है। पिछले 400 वर्षों से हर 100 वर्ष के बाद एक महामारी का फैलाव पृथ्वी पर होता ही है, जिसमें भारी संख्या में मानव मौत के मुँह में समा जाते हैं। इसके पीछे कौन सी शक्ति कार्यरत है? यह अभी तक शोध का विषय है। इस रहस्य से परदा हटाने के लिए सामाजिक वैधानिकों व वैज्ञानिकों को मिलकर कार्य करने की आवश्यकता है।

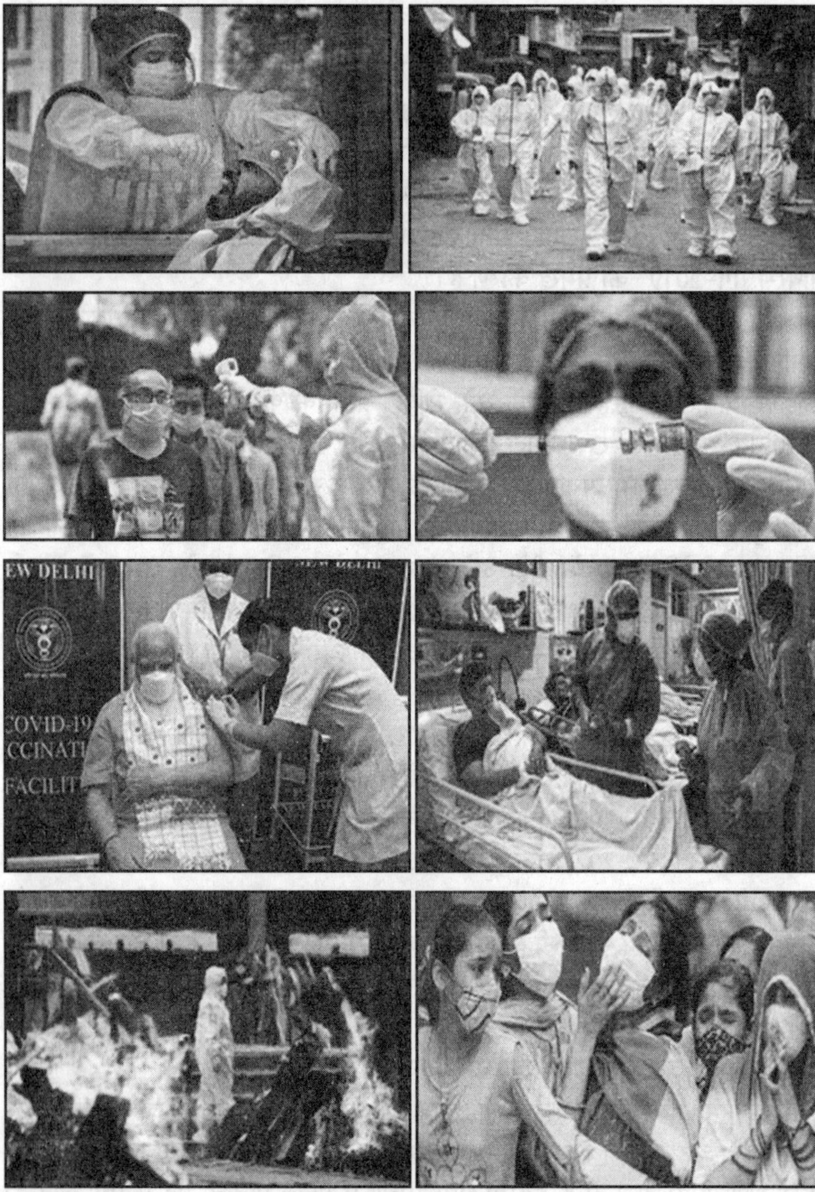

*कोरोना काल के कुछ चित्र।*

बहरहाल जो इतिहास के पन्नों में दर्ज हो चुका है, यदि उसपर नजर डालें तो हम पाएँगे कि सन् 1720 में 'ग्रेट प्लेग ऑफ मर्सिले' नामक एक महामारी फैली थी। वस्तुतः

यह प्लेग था, जो कि फ्रांस के एक शहर मर्सिले के नाम से जाना जाता है, क्योंकि इसका उद्भव व सर्वाधिक प्रसार इसी शहर में हुआ था। इस शहर में प्लेग से मरनेवालों की संख्या एक लाख से ज्यादा थी। बाद में जब इसका प्रसार अन्य स्थानों पर भी हुआ तो उन स्थानों पर मरनेवालों की संख्या भी पचास हजार के पार पहुँच गई।

इस महामारी के ठीक सौ वर्ष बाद, यानी सन् 1820 को 'कॉलरा' के नाम से एक महामारी का पदार्पण हुआ, जिसने एशियाई देशों में जमकर कोहराम मचाया। ओमान, बैंकॉक, भारत, चीन, फारस की खाड़ी के देशों, जापान, जावा, मॉरिशस, मनीला व सीरिया आदि के लगभग एक लाख लोगों की जानें ले लीं। सर्वाधिक मौतें थाईलैंड, इंडोनेशिया व फिलिपींस में हुईं।

इसके सौ वर्ष बाद, यानी 1920 में 'स्पेनिश फ्लू' ने पूरी दुनिया में खौफ की चादर बिछाकर एक करोड़ सत्तर लाख लोगों को असामयिक मृत्यु के मुँह में धकेल दिया। उन दिनों में भी पूरी दुनिया में सिसकियों की आवाजें गूँजती थीं। कीड़े-मकोड़ों की भाँति मानव सड़कों व गलियों में मृत पड़े थे। हर कोई अपने को बचाने की चिंता में सामाजिक चिंता से परे व्यवहार करता था।

सन् 2019 में फिर महामारी ने इस पृथ्वी को अपनी आगोश में ले लिया। हमारे युग की इस वैश्विक महामारी का नाम है 'कोरोना'। भले ही यह चीन की कोख से जनमी है, लेकिन यह समयचक्र में उपजी महामारी है। इस महामारी ने 195 देशों में अपने पाँव फैला लिये हैं। लाखों की संख्या में लोग देवागमन कर रहे हैं। विश्व स्वास्थ्य संगठन ने कोरोना वायरस को महामारी घोषित कर दिया है। कोरोना वायरस बहुत सूक्ष्म, लेकिन प्रभावी वायरस है। यह वायरस मानव के बाल की तुलना में 900 गुना छोटा है, लेकिन है बहुत घातक। इस वायरस का संक्रमण समूची दुनिया में तेजी से फैल रहा है। इस खौफ की लहर फैल गई है।

महामारियों का इतिहास यह बताता है कि जीवन का यथार्थ मौत है। इसलिए वक्त रहते इसकी कद्र कर ली जाए। आनेवाला वक्त पता नहीं अपना हो, न हो। दूसरी बात, नव अवतरित महामारियाँ मानव को वैराग्य की ओर भी ले जाती हैं। वे यह समझाने का प्रयास करती हैं कि अपनों के प्रति अति मोह घातक है। मानव शरीर नश्वर है। कभी-न-कभी हम सबको इहलोक से परलोक जाना ही है, फिर चाहे वह महामारी का दौर हो या सामान्य दिन। इसलिए आज, अभी से जीवन के हर पल को जी भर के जीने का प्रण कर लें। हर पल खुश रहने का खुद-से-खुद वादा कर लें और मौत से, खौफ से परे प्रसन्नता से अपना दामन भर लें।

## कोरोना का वैश्विक राजनीति पर प्रभाव

जर्मनी के चांसलर समेत यूरोपीय महाद्वीप के अन्य प्रमुख नेताओं का मानना

है कि 'कोरोना वायरस के प्रभाव से पूरे महाद्वीप में प्रथम विश्वयुद्ध के बाद उत्पन्न हुए आर्थिक संकट जैसी परिस्थितियाँ निर्मित हो सकती हैं।' निश्चित तौर पर कोरोना संकट के साए में वैश्विक राजनीति में भी तमाम बदलाव आए हैं। अमेरिका और चीन जैसी दो वैश्विक महाशक्तियों के बीच टकराव से वैश्विक राजनीति पर गंभीर प्रभाव होने की आशंका व्यक्त की जा रही है। दूसरी ओर कोरोना ने परस्पर विरोधी रहे ईरान और अमेरिका को नजदीक ला दिया है, जिससे तृतीय विश्वयुद्ध के रूप में मँडरानेवाला संभावित खतरा टलता नजर आ रहा है। यद्यपि इस वैश्विक आपदा से निपटने में नाकाम रहे इटली में कुछ समय के भीतर ही राजनीतिक प्रतिनिधित्व का संकट भी देखने को मिल सकता है। यूरोपियन यूनियन से अलग होने के बाद ब्रिटेन में गठित नई सरकार पर यह संकट आर्थिक व राजनीतिक रूप से अतिशय दबाव उत्पन्न होता नजर आता है। कोरोना वायरस की उत्पत्ति का केंद्र होने से दुनिया भर में चीन के प्रति दुनिया का नजरिया बदला है। अस्तु उसे वैश्विक विनिर्माण के नए केंद्र स्थापित करने में अत्यधिक समय और धन की आवश्यकता होगी। कोरोना संक्रमण से सर्वाधिक प्रभावित राष्ट्र अमेरिका रहा, इसके बाद ब्राजील और फिर भारत। सर्वाधिक मौतें भारत में ही हुईं। जो भी हो, लेकिन यह तो स्पष्ट है कि वह मंजर खौफनाक था।

## कोरोना का भारतीय राजनीतिक व्यवस्था पर प्रभाव

कोरोना वायरस के प्रभाव से भारत भी अछूता नहीं रहा है, लेकिन सरकार की तत्परता ने इस प्रभाव को कम कर दिया है। प्रधानमंत्री नरेंद्र मोदी ने अपने कई संबोधनों में 'संकट को अवसर में बदलने' की बात कही है और ये महामारी केंद्र के लिए और मोदी प्रशासन के लिए वाकई किसी अवसर से कम नहीं है। भारत ने दुनिया के कई देशों की तुलना में अपने यहाँ कोविड-19 के प्रसार को सुव्यवस्थित ढंग से नियंत्रित किया है। सहयोगात्मक संघवाद के सिद्धांत को अपनाकर समस्त भारतवासियों की सुरक्षा के उपयुक्त प्रयास किए हैं। 50 करोड़ से ज्यादा मुफ्त टीके लगानेवाला भारत दुनिया का पहला देश बन गया है। भारत ने सिर्फ अपनी ही नहीं, बल्कि पड़ोसी देशों, जरूरतमंद देशों को भी आवश्यक सहायता प्रदान कर अनुकरणीय कार्य किया है। इसे वैश्विक स्तर पर एक बड़ी उपलब्धि मानी जाती है।

## सामूहिक संकल्प और एकजुटता

19 मार्च, 2020 को भारतीय प्रधानमंत्री नरेंद्र मोदी ने कोरोना वायरस के बारे में दूरदर्शन के माध्यम से देशवासियों को संबोधित करते हुए कहा—'भारत के सामूहिक

संकल्प और एकजुटता को प्रदर्शित करने के लिए सभी लोग मिट्टी का दीपक प्रज्वलित करें।' सभी ने खुशी-खुशी ऐसा करके राष्ट्र के प्रति एकजुटता के भाव प्रकट किए। उस समय न तो कोई दलगत भेद था और न ही किसी राजनीतिक विचारधारा का पुट। सभी एक रंग में रँगे थे और वह रंग था—मानवजाति के संरक्षण का, देश की एकता व अखंडता का।

## जनता कर्फ्यू

इसी कोरोना संकट से उपजे खौफ के उन दिनों में 30 मिनट के लाइव टेलीकास्ट के दौरान भारतीय प्रधानमंत्री नरेंद्र मोदी ने सभी नागरिकों को 22 मार्च, 2020 को सुबह 7 से 9 बजे तक 'जनता कर्फ्यू' करने के लिए कहा। इस कर्फ्यू के दौरान उन्होंने सभी को घर में रहने के लिए कहा था। सभी नागरिकों ने वैसा ही किया। उन्होंने लोगों से शाम 5 बजे अपने दरवाजे, खिड़कियों या बालकनियों के सामने इकट्ठा होने और पाँच मिनट के लिए तालियाँ व थालियाँ बजाने के लिए कहा। साथ ही राज्य और स्थानीय अधिकारियों से कहा गया कि वे ठीक 5 बजे सायरन बजाएँ व कानून व्यवस्था का ध्यान रखें। यह छोटे-छोटे कार्य भारत की आंतरिक मजबूती को दरशाता है। यह भारत की एकता व अखंडता का पर्याय है। यह इस बात का भी संकेत है कि भारतवासी संकट के समय एक हो जाते हैं। राजनीतिक दल भी एकता का परिचय देने से नहीं कतराते।

## लॉकडाउन

कोरोना वायरस के कहर से निपटने के लिए प्रधानमंत्री नरेंद्र मोदी ने पूरे भारत में 21 दिनों के लिए लॉकडाउन लगाने का आदेश दिया। उनकी योजनानुसार 24 मार्च की मध्यरात्रि से 14 अप्रैल, 2020 तक सभी लोग घर से बाहर न निकले, इसके लिए लॉकडाउन लगाए गए। निश्चित तौर पर कोरोना महामारी के उपरांत लगाए गए लॉकडाउन के कारण देश की आर्थिक स्थिति कमजोर हो गई और करोड़ों लोगों का रोजगार चला गया। लॉकडाउन के दौरान आवश्यक वस्तुओं को मुहैया करवाने की जिम्मेदारी शासन ने अपने हाथों में ली। मेडिकल स्टोर खुले रखे। कोरोना वायरस की इस महामारी से निपटने के लिए भारत की केंद्र सरकार और राज्य सरकारों ने क्रमशः राष्ट्रीय और राजकीय हेल्पलाइन सेवाएँ लागू की हैं। पीपीई, आईसीयू, वेंटिलेटर और प्रशिक्षण, चिकित्सा सुविधाओं का विकास किया। जरूरतमंद लोगों तक खाद्यान्न पहुँचाया। उस समय राज्य कल्याणकारी राज्य की अवधारणा की साक्षात् अनुभूति हो रही थी।

पुलिस प्रशासन व चिकित्सक—सभी अपने-अपने स्तर पर समाजसेवा व राज्यसेवा में दिन-रात जुटे हुए थे। मीडिया ताजा जानकारी देने के दायित्व को बखूबी निभा रहा

था। कभी-कभी कोरोना कहर की वास्तविक तसवीरें इनसानी वजूद को हिलाकर रख देती थीं। लोग सहम जाते थे। बहुत से लोगों ने तो भय से ग्रसित होकर समाचार सुनना ही बंद कर दिया था।

अंत में यह कहा जा सकता है कि वैश्विक राजनीतिक पटल पर किए गए निदानों की तुलना में भारत ने कोरोना के खिलाफ जंग में महती भूमिका का निर्वहन किया है। भारत की राजनीतिक व्यवस्था एकतात्मकता की ओर झुककर संघात्मक स्वरूप का आधारस्तंभ बनी। सभी को साथ लेकर चलने की नीति ने भारत को कोरोना संकट से उबरने में मदद की। 28 सितंबर, 2022 को प्रधानमंत्री श्री नरेंद्र मोदी ने देशवासियों से आग्रह किया—'अब हमें जल्दी-से-जल्दी कोरोना के खौफ से बाहर निकलकर भारत को आगे ले जाने में अपनी-अपनी भूमिकाओं का निर्वहन करना है।'

पिछले कुछ सालों तक भारत में एक सशक्त नेतृत्व का संकट महसूस किया जा रहा था। 'यह अत्यधिक हर्ष का विषय है कि कोरोना संकट के समय भारत एक सशक्त नेतृत्व के हाथों में था।' मेरा मानना है कि 'यह नेतृत्व की सशक्तता का ही परिणाम है कि भारत कोरोना वायरस के प्रकोप से अपने राज्य के साथ-साथ, अपने पड़ोसी देशों व जरूरतमंद राज्यों की भी मदद कर पाया है। यही सफल नेतृत्व भारत को वैश्विक महाशक्ति बनने की ओर अग्रसर करेगा।'

□□□